Prolog

„Die Welt ist akkumulierte Geschichte." So lapidar beginnt Pierre Bourdieu seinen Essay „Ökonomisches Kapital, kulturelles Kapital, soziales Kapital".[1] Der Satz erinnert daran, dass nichts von dem, was die Menschen als Bezugssystem ihres Lebens und Handelns in ihrer Zeitgenossenschaft erleben, so naturgegeben und unverrückbar ist, wie es scheinen mag. Vielmehr gehen die gegebenen Zustände auf zahllose Einzelentscheidungen zahlloser Einzelner in der Vergangenheit zurück. Wenn manche dieser Entscheidungen anders ausgefallen wären, wäre die Welt eine andere.

Dem Historiker mag der Titel unserer Festschrift, „Die Vergangenheit ist ein Prolog"[2], gewagt erscheinen, legt er doch nahe, dass Geschichte einen Sinn hat – oder, dem Englischen nachempfunden, Sinn „macht". Historiker misstrauen solchen teleologischen Geschichtsauffassungen. Zu viele Ideologien, die dem Lauf der Geschichte „Ziele" unterlegten und diese zu erreichen suchten, koste es, was es wolle, haben diese Haltung diskreditiert. Aber wir suchen immer nach einem Sinn – spätestens in unserem eigenen Leben. Nach einer Sentenz Sören Kierkegaards lebt man zwar „vorwärts", aber „das Leben [muss] rückwärts verstanden werden".[3] Rückblickend suchen wir nach Begründungszusammenhängen für den Verlauf der Geschichte und letztlich nach einem Sinn (der sich aus erreichten Zielen ergibt).

Diese Sicht auf die Welt verweist auf die Verantwortung jedes Einzelnen vor der Geschichte. Und zwar für die eigene, persönliche ebenso wie für die Geschichte des Gemeinwesens, der „Welt". Sie ist formbar. Auch die Zukunft wird von zahllosen Entscheidungen zahlloser Einzelner gestaltet. Inwieweit sie dabei gewissen Gesetzmäßigkeiten folgen, darüber werden Philosophen, Theologen, Anthropologen, Neurobiologen und Geschichtstheoretiker trefflich streiten.

Diese Sicht auf Geschichte ist natürlich kulturell geprägt und gilt nicht gleichermaßen für alle Weltgegenden. Sie ist typisch für ein Denken in der europäischen Tradition. Griechisches, römisches, jüdisches, christliches, aufklärerisches und modernes Denken münden in eine spezifische Melange z. B. der Auffassung vom Individuum und seinem Verhältnis zu Gemeinschaft, Gesellschaft und Staat oder auch der Ansicht über das, was Kunst ist, darf oder soll.

DIE VERGANGENHEIT IST EIN PROLOG

25 Jahre Bundesakademie für kulturelle Bildung Wolfenbüttel

Wolfenbütteler Akademie-Texte Band 50

Bundesakademie für kulturelle Bildung Wolfenbüttel 2011

DIE VERGANGENHEIT IST EIN PROLOG

IN
HA

INHALTSVERZEICHNIS

INHALTSVERZEICHNIS

Der Ort, wo aus Kunst Kultur wird

Für die Kulturschaffenden und Kulturvermittler, die ab den 1960er Jahren geboren wurden, gab es die Bundesakademie für kulturelle Bildung Wolfenbüttel „schon immer“. Denn als sie in das Alter kamen, dass Fortbildung ein Thema wurde, war sie schon da und begleitete viele über viele Stationen ihrer professionellen Entwicklung. Heute, 25 Jahre nach der Gründung, ist sie endgültig ein selbstverständlicher Ort für Kunst, Kultur und ihre Vermittler geworden, Treffpunkt und Forum für alle, die in professioneller Qualität in Künsten und Kulturbetrieb arbeiten wollen, insbesondere mit dem Ziel der Kulturvermittlung und kulturellen Bildung. Welche Ideen und Entscheidungen trugen zu ihrer Gründung im Jahre 1986 bei?

Die Initiative für eine neue Fortbildungseinrichtung im Kulturbereich kam Ende der 1970er Jahre aus der Zivilgesellschaft, aus den damals noch jungen Kulturverbänden Niedersachsens unter Führung des Landesmusikrates.[4] Sie verlangten nach einem Institut, das denjenigen, die in Künsten, Kulturbetrieb und vor allem Kulturvermittlung arbeiten, qualitätvolle und gleichwohl bezahlbare Weiterbildung ermöglicht. Insbesondere im Blick war die damals aufblühende Kulturszene außerhalb des traditionellen Kulturbetriebs, für den beispielhaft das Stadttheatersystem und die Kulturorchester standen. Das war nicht ohne die öffentliche Hand zu erreichen.

Am 13. Mai 1986 fand die Gründungsversammlung der Bundesakademie für kulturelle Bildung Wolfenbüttel e.V. statt – nach etwa achtjähriger Vorgeschichte und im Beisein des damaligen niedersächsischen Ministers für Wissenschaft und Kunst, Johann-Tönjes Cassens, der dieses Projekt von seinem Vorgänger Eduard Pestel geerbt und engagiert verfolgt hatte. Ungeachtet des Namens und des bundesweiten Auftrages von Anfang an begann die Bundesakademie Wolfenbüttel also als niedersächsisches Projekt. Bis heute engagiert sich Niedersachsen als institutioneller Förderer des Hauses in gesamtstaatlicher Verantwortung in der Qualitätsentwicklung kulturel-

Karl Ermert, geb. 1946, Dr. phil., Germanist und Historiker, nach beruflichen Stationen an der Universität Trier, der Ev. Akademie Loccum und dem Institut für Entwicklungsplanung und Strukturforschung GmbH an der Universität Hannover seit 1999 Direktor der Bundesakademie für kulturelle Bildung Wolfenbüttel. Inhaltliche Schwerpunkte: Theorie kultureller Bildung, Kulturpolitik, Kultur und Demografie, bürgerschaftliches Engagement/Ehrenamt in der Kultur. Zahlreiche Veröffentlichungen als Autor und als Herausgeber, v.a. in der Reihe Wolfenbütteler Akademie-Texte (s. www.bundesakademie.de/publikationen.htm)

ler Bildung. Der Bund trat dem Trägerverein 1988 bei, trug, aus Mitteln der damals noch existierenden „Zonenrandförderung", nicht unerheblich zu den notwendigen Investitionen im Schloss Wolfenbüttel und in der Schünemannschen Mühle bei und beteiligt sich seither über Projektförderung kontinuierlich auch an den laufenden Kosten.

In der ersten Hälfte der 25 Jahre seit der Gründung musste das Haus aufgebaut werden – im Wortsinne und im übertragenen Sinne. Das forderte alle Beteiligten enorm – und war nicht immer einfach. Für die zweite Hälfte der Zeit wird man – bei aller gebotenen Bescheidenheit der zeitgenössisch Betroffenen – sagen können, dass die Akademie ihren Weg zu einem eigenen, anerkannten Profil der Themen und Qualitäten fand. Die Akademie arbeitet an der Schnittstelle zwischen Kunst und Gesellschaft, dort wo aus Kunst Kultur wird.[5] Die Akzeptanz der Arbeit wuchs qualitativ und quantitativ sehr erfreulich.

Zum Hintergrund – und den vielen „historischen" Entscheidungen Vieler – gehört auch, dass das Thema Kulturelle Bildung eine politische Karriere gemacht hat, die sich die Ideengeber von einst wohl nicht vorstellen konnten, schon gar nicht während der langen Planungszeit zwischen 1978 und 1986. Heute ist über alle politischen Lager hinweg, im Kultur- und Bildungs„betrieb" sowieso, aber auch bis weit in die Ökonomie hinein, völlig unbestritten, dass nicht nur kulturelle Bildung im Allgemeinen, sondern auch und speziell künstlerisch-kulturelle Bildung unverzichtbarer Teil der Allgemeinbildung ist. Sie dient der Persönlichkeitsbildung ebenso wie der Befähigung zur allgemeinen gesellschaftlichen Teilhabe und der Verbesserung der Berufsfähigkeit.[6] Das geht noch immer nicht mit einer angemessenen ressourcenmäßigen Aufwertung in den Praxisfeldern der Kulturellen Bildung einher, am wenigsten – leider – in den sogenannten musischen Fächern Kunst, Musik und Darstellendes Spiel/Theater an den Schulen. Aber insgesamt gibt es eine Tendenz zum Positiven. Dazu trägt bei, dass auch die großen Kulturinstitutionen wie Theater, Orchester, Museen und Bibliotheken ihre Verantwortung gegenüber der kulturellen Bildung breiterer Bevölkerungsmilieus erkannt haben und sich zunehmend in der Kulturvermittlung im Sinne kultureller Bildung engagieren – nicht zuletzt im Sinne der eigenen Publikumsbildung.

Das Unternehmen Festschrift

Unsere Festschrift zum Jubiläum der Akademie war bei weitem nicht so umfangreich geplant, wie sie jetzt vorliegt. Aber die Einladung zur Beteiligung im Umfeld der Kooperationspartner und nicht zuletzt der Dozentinnen und Dozenten unserer Kurse fand ein geradezu überwältigendes Echo. Wir waren und sind immer noch hingerissen von diesem Zeugnis der Verbundenheit.

Das Ergebnis ist mit fast 100 Beiträgen schon quantitativ unübersehbar geworden. Inhaltlich ist ein Band entstanden, der ebenso unterhaltsam wie bildsam zu allen möglichen Aspekten von Künsten, Kultur und kultureller Bildung Einblicke, Ausblicke und oft auch Anstöße liefert. Die „Vergangenheit als Prolog“ in der Erinnerung von Zeitzeugen kommt nicht zu kurz. Und glücklicherweise auch nicht der Humor. Der Band zeigt, warum die Künste so angesehen sind: Sie sind ein Hort der Kreativität. Das macht die Festschrift im besten Sinne begreifbar. Und das gilt, wie man sieht, nicht nur für die Künstlerinnen und Künstler selbst, sondern oft genug auch für ihre Partnerinnen und Partner in Wissenschaft, Verwaltung, Verbänden, Bildung und Management.

Wir bedanken uns bei allen Autorinnen und Autoren sehr herzlich für ihre Ideen, guten Worte und Glückwünsche. „Die Vergangenheit ist ein Prolog“ – dass es die Akademie gibt, hat Gründe, die auch zukünftig gelten. **Wolfenbüttel, im März 2011**

1 In: Soziale Ungleichheiten. Soziale Welt, Sonderband 2. Hg. v. R. Kreckel. Göttingen 1983. Zitiert nach dem Wiederabdruck in: Kulturtheorie. Hg. v. D. Kimmich, S. Schahadat, T. Hauschild. Bielefeld 2010. S. 271–286.

2 Der Satz findet sich übrigens auch in verschiedenen Zitatensammlungen, die sich mit den Wechselfällen des Lebens beschäftigen. Ein Autor ist nicht bekannt.

3 „Es ist wahr, was die Philosophie sagt, dass das Leben rückwärts verstanden werden muss. Aber darüber vergisst man den andern Satz, dass vorwärts gelebt werden muss.“ (Sören Kierkegaard: Die Tagebücher 1834–1855.)

4 Zur Gründungsgeschichte der Akademie vgl. Karl Ermert: Vorwort danach. In: 20 Jahre Bundesakademie Wolfenbüttel. Festversammlung am 27. April 2006. Dokumentation. S. 3. (Veröffentlicht durch die Bundesakademie für kulturelle Bildung Wolfenbüttel. Verfügbar unter http://www.bundesakademie.de/pdf/dokumentation_jub20.pdf. Zugriff am 06.03.11), sowie im vorliegenden Band die Beiträge von Lore Auerbach, Wilhelm Schmidt, Gründungsdirektor Steffen Tiggeler und Werner Schaub.

5 Einen Überblick über den Diskurs zum Verhältnis von Kunst und Kultur gibt Max Fuchs: Kunst als kulturelle Praxis. Kunsttheorie und Ästhetik für Kulturpolitik und Pädagogik. München 2011 (= Kulturelle Bildung Bd. 20).

6 Das spiegelt politisch z. B. der Abschlussbericht der Enquetekommission „Kultur in Deutschland“ des Deutschen Bundestages von Ende 2007 in seinem Kapitel Kulturelle Bildung. Ein weiterer Beleg: Der zweijährlich erscheinende Bericht „Bildung in Deutschland“ im Auftrage der Bundesregierung soll in seiner Ausgabe 2012 ein Schwerpunktkapitel „Kulturelle Bildung“ enthalten.

Kultursache

Die fünf Fachbereiche Bildende Kunst, Literatur, Museumspädagogik, Musik und Theater der Bundesakademie Wolfenbüttel bieten heute ein breitgefächertes Angebot zur fachspezifischen Weiterbildung auf dem künstlerischen sowie kulturellen Sektor an. Wer bei uns Kurse belegt, arbeitet mit am Prozess der Förderung der Sinne und erwirbt kulturelle Kompetenz zum pädagogischen Nutzen anderer. Die ästhetische Erziehung des Menschen ist für uns zugleich ein politischer Auftrag.

FÜR:

Guten Morgen, Frau Ehlert !
Und dann wollte ich mich auf jeden Fall schon einmal für die außerordentlich gute Zusammenarbeit bedanken.

Norbert Gabrysch

Kultursache 1993

Grußwort der Niedersächsischen Ministerin für Wissenschaft und Kultur

Sehr geehrte Damen und Herren,

im Namen des Landes Niedersachsen gratuliere ich der Bundesakademie in Wolfenbüttel zu 25 erfolgreichen Jahren im Dienste der kulturellen Bildung.
Inspirationen dazu bieten die berühmten Köpfe dieser Stadt allemal: Leibniz, Lessing und Praetorius haben den Geist Wolfenbüttels maßgeblich geprägt. Zugleich repräsentieren diese Gelehrten auch die Verbindung von Ost und West, denn alle drei sind im Osten Deutschlands geboren, bevor sie auf unterschiedlichsten Wegen nach Wolfenbüttel kamen, um dort zu wirken: Lessing in Kamenz in der Oberlausitz, Leibniz in Leipzig und Praetorius in Creuzburg bei Eisenach. Der Geist von Leibniz, Lessing und Praetorius ist bis heute in Wolfenbüttel spürbar. Mit 180 Angeboten im Jahr 2011 in den Bereichen Bildende Kunst, Musik, Museum, Theater und Literatur zeigt die Akademie, dass sie ihrer Aufgabe als zentrale Fort- und Weiterbildungseinrichtung des Landes Niedersachsen für Kulturschaffende und in der Kultur Tätige gerecht wird.

Kreatives und künstlerisches Handeln sind im Leben unverzichtbar: für Kinder, für Jugendliche, für Erwachsene. Deshalb ist es wichtig und notwendig, diese bei jedem Menschen vorhandenen Begabungen zu unterstützen und zu fördern. Die Bundesakademie für kulturelle Bildung stellt sich dieser Aufgabe seit 25 Jahren. Sie qualifiziert und professionalisiert Lehr- und Fachkräfte, ehrenamtliche Mitarbeiter und Künstler in den Bereichen der kulturellen Bildung Wolfenbüttel, der Kunstvermittlung sowie im Bereich des Kulturmanagements und der Kulturverwaltung. Zudem bietet sie mehrteilige berufsbegleitende Fortbildungen mit Zertifikat an, aber auch spezielle Fortbildungen für die niedersächsischen Kulturverbände. Alle Angebote sind generell bundesweit ausgerichtet und für jeden Interessenten zugänglich.

Des Weiteren stellt sich die Bundesakademie im Rahmen eines kulturpolitischen Diskurses aktuellen Fragen in Tagungen, Kolloquien oder Werkstattgesprächen. In der Reihe Wolfenbütteler Akademie-Texte publiziert sie die Arbeitsergebnisse ihrer Veranstaltungen. Die dort veröffentlichten Erkenntnisse sind ein wahrlich intellektueller Fundus für jeden Kunstinteressierten. Für Studierende der Hochschule für Bildende Künste hält die

Akademie ein besonderes Angebot bereit. Die Bundesakademie für kulturelle Bildung Wolfenbüttel und die Hochschule für Bildende Künste Braunschweig haben vereinbart, dass Studierende an ausgesuchten Veranstaltungen der Bundesakademie teilnehmen können und diese Teilnahme im Rahmen des Studiums mit Leistungspunkten angerechnet wird.

Das breite Spektrum an kultureller Bildung und Fortbildung, Kunstvermittlung und Qualifizierung, welches das Haus anbietet, ist selbstverständlich nicht umsonst zu haben. Damit die Bundesakademie für kulturelle Bildung über mehr Planungssicherheit verfügen kann, wurde die institutionelle Förderung des Landes Niedersachsen 2005 durch eine Zielvereinbarung geregelt, die für eine verlässliche finanzielle Ausstattung sorgte. 2009 wurde diese Zielvereinbarung um weitere vier Jahre bis 2013 verlängert. Damit wird deutlich, dass das Land Niedersachsen den hohen Stellenwert dieser besonderen Einrichtung anerkennt.

Investitionen in Bildung und Kultur sind Investitionen in die Köpfe und Herzen von Menschen. Sie tragen dazu bei, unsere Gesellschaft zukunftsfähig zu machen. Kunst und kulturelle Bildung sind daher kein schmückendes Beiwerk, sondern unverzichtbar. Dazu leistet die Bundesakademie für kulturelle Bildung Wolfenbüttel einen wichtigen Beitrag. Der Erfolg einer solchen Einrichtung jedoch steht und fällt mit dem Engagement der Mitarbeiterinnen und Mitarbeiter. Das motivierte Team in Wolfenbüttel sorgt kontinuierlich für Qualität und Innovation. Dafür möchte ich allen Dank und Anerkennung der Niedersächsischen Landesregierung aussprechen. Herzlichen Glückwunsch zu einem gelungenen Vierteljahrhundert Kulturarbeit!

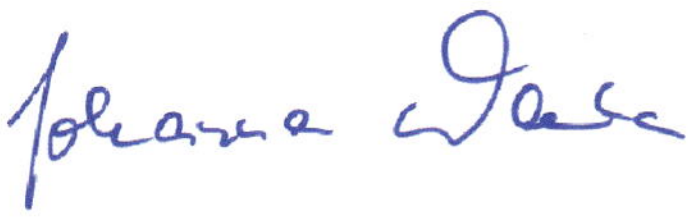

Prof. Dr. Johanna Wanka

Johanna Wanka, Prof. Dr. rer. nat., geb. 1951 in Rosenfeld (Sachsen), verh., 2 Kinder. Studium der Mathematik Univ. Leipzig, Wissenschaftliche Tätigkeit an der Technischen Hochschule Merseburg. 1993 Professorin für Ingenieurmathematik an der FH Merseburg. 1994–2000 Rektorin der FH Merseburg; zahlreiche Ämter in der Wissenschaftsadministration; 2000–2009 Ministerin f. Wissenschaft, Forschung u. Kultur des Landes Brandenburg. Seit Januar 2010 Stellv. Vorsitzende d. Konrad-Adenauer-Stiftung. Seit April 2010 Ministerin f. Wissenschaft u. Kultur des Landes Niedersachsen.

Grußwort der Bundesministerin für Bildung und Forschung

Wer sich mit Kunst und Kultur beschäftigt, eröffnet sich neue Wege, um seine Persönlichkeit zu entwickeln und sein Leben aktiv zu gestalten. Kulturelle Bildung fördert kreativ-künstlerische Fähigkeiten und ergänzt somit auch die mathematisch-naturwissenschaftlichen und technischen Fertigkeiten. Kulturelle Bildung ist die Grundlage für Integration im weitesten Sinne, sie stärkt souveräne Urteilskraft und hilft dem Einzelnen, sich in einer höchst vielgestaltigen Welt zu orientieren.

Die Bundesakademie für kulturelle Bildung Wolfenbüttel weckt seit nunmehr 25 Jahren ein breites und tiefes Verständnis für alle Ausprägungen menschlicher Lebensweisen. Die Themenvielfalt der Akademie lässt eine professionelle und intensive Beschäftigung mit den Anforderungen an kulturelle Bildung und fundierte Einblicke in alle gesellschaftlichen Bereiche erkennen. Ob bei praktischen Schulungen oder theoretischen Reflexionen, ob bei Fragen der Kulturpolitik oder des Managements, ob beim Umgang mit klassischen Künsten oder neuen Medien: Stets vernetzen die Verantwortlichen sinnstiftend Jung und Alt, Innovatives und Bewährtes.

Ein klares Konzept garantiert, dass sich die Programmfülle in einer komplexen Ordnung auffächert. Der kluge Sachverstand, mit dem die Inhalte aufbereitet werden, und der hohe Anspruch sorgen für Ansehen und Akzeptanz. Um den Seminarteilnehmern die Augen für nie gesehene Gegenstände und die Ohren für unerhörte Klangfarben zu öffnen, schlägt die Akademie oft auch ungewöhnliche Wege ein.

Allen, die am Erfolg der Akademie ihren Anteil haben, danke ich für ihr Engagement. Ich wünsche den Verantwortlichen weiterhin fruchtbringende Ideen und viel Erfolg bei der Weiterentwicklung kultureller Bildung.

Prof. Dr. Annette Schavan, MdB

WOLFENBÜTTELER ZEITUNG 27.12.84 (ähnlich: Braunschw. Ztg.):

3. Bundesakademie für Wolfenbüttel

MdL Schmidt sprach mit Ministerialbeamten im Bonner Innenministerium

Die günstige Gelegenheit beim Schopfe gepackt hat der Wolfenbütteler SPD-Landtagsabgeordnete Wilhelm Schmidt. Er nutzte den Besuch des Parlamentarischen Staatssekretärs im Bundesinnenministerium, Dr. Horst Waffenschmidt (CDU), im Grenzdurchgangslager Friedland zu einem Gespräch über die Errichtung der 3. Bundesakademie für kulturelle Bildung in Wolfenbüttel aus. In Begleitung von MdL Schmidt war Ratsherr Reinhard Odenstein (SPD) mit nach Friedland gereist.

Bereits seit einigen Wochen war — bisher vergeblich — die Vereinbarung eines Gesprächstermins zum Thema „3. Bundesakademie" versucht worden, denn aus dem Bundesinnenministerium waren negative Reaktionen und Signale zu diesem Projekt zu hören gewesen. Gerade im Zuge der in den letzten Monaten von MdL Schmidt aktivierten Bemühungen zur Verwirklichung des seit 1979 für Wolfenbüttel beschlossenen Projekts war die Bonner Skepsis als besonders gefährdend eingeordnet worden.

In ihrem Gespräch mit dem Parlamentarischen Staatssekretär wiesen die beiden Wolfenbütteler SPD-Politiker darauf hin, daß der Bund bereits 1979 seine Beteiligung an den Baukosten und an der Unterhaltung der Bundesakademie angekündigt hätte. In Wolfenbüttel erwarte man die Einhaltung dieser Zusagen und damit die Gleichbehandlung mit den bestehenden Kulturakademien in Remscheid und Trossingen.

MdL Schmidt und Ratsherr Odenstein überreichten dem Staatssekretär eine größere Anzahl von Unterlagen, unter anderem die Resolution des Rates der Stadt Wolfenbüttel vom 9. Mai 1984, in der alle Beteiligten aufgefordert werden, umgehend die Errichtung der 3. Bundesakademie voranzutreiben. MdL Schmidt wies Dr. Waffenschmidt auch darauf hin, daß alle Mandatsträger (über die Parteigrenzen hinweg) und die Vertreter aller in der Lessingstadt ansässigen Kultureinrichtungen die Akademie wollen und mit allen Möglichkeiten dazu beitragen möchten, den Akademie-Start so bald, wie es geht, zu schaffen.

In dem Gespräch erläuterte Schmidt stichwortartig die Notwendigkeit einer derartigen Akademie:

- Verbesserung der Aus- und Weiterbildungsmöglichkeiten für haupt- und ehrenamtliche pädagogische Mitarbeiter in den Kulturbereichen Theater, Musik, Bildenden Kunst, Literatur und Museumspädagogik,
- Aufwertung der kulturellen Infrastruktur der Region unter Einbeziehung der bereits vorhandenen hervorragenden Kultureinrichtungen (Schloß, Herzog-August-Bibliothek, Landesmuseum, Musikverbände, Kunsthochschule),
- Verbesserung der Wirtschafts- und Arbeitsmarktstruktur des Zonenrandgebiets.

„Kommen Sie doch einfach bei nächster Gelegenheit nach Wolfenbüttel! Hier ‚vor Ort' können Sie sich von den hervorragenden Voraussetzungen zur Schaffung der 3. Bundesakademie ebenso überzeugen wie von der Schönheit dieser alten Residenz." Nach diesen Worten der Wolfenbütteler sagte Staatssekretär Dr. Waffenschmidt im Beisein mehrerer ihn begleitender Ministerialbeamter wohlwollende, intensive und baldige Prüfng der Angelegenheit zu.

Annette Schavan, Prof. Dr.; geb. 1955 in Jüchen; studierte Erziehungswissenschaft, Philosophie und Katholische Theologie in Bonn und Düsseldorf; Promotion in Kath. Theologie; Honorarprofessur für Kath. Theologie an der FU Berlin. Nach verschiedenen beruflichen und politischen Funktionen 1995 bis 2005 Ministerin für Kultus, Jugend u. Sport in Baden-Württemberg; seit 1998 Stv. Vorsitzende der CDU Deutschlands; seit 2005 MdB und Bundesministerin für Bildung und Forschung.

Siehe auch Beitrag von Wilhelm Schmidt.

Vorstandssache – Gute Arbeit ermöglichen

Grußwort des Trägervereinsvorsitzenden

Die Bundesakademie für kulturelle Bildung Wolfenbüttel blickt auf eine beachtliche Erfolgsgeschichte zurück. Der Jubiläumsband ermöglicht, zurück und nach vorn zu schauen. Er gibt Ansporn für die Zukunft. Er ist in Quantität und Qualität ein beeindruckendes Zeugnis der Verbundenheit der politischen und fachlichen Partnerinnen und Partner gegenüber dem Haus wie seiner ausgezeichneten Vernetzung in seinem Umfeld. Aus kleinen Anfängen ist heute eine profilierte Einrichtung, ein kulturpolitisches Forum und ein überaus wirksames Institut für Fort- und Weiterbildung, eben tatsächlich eine Bundesakademie für kulturelle Bildung, geworden.

Die Bundesakademie wird von einem Verein getragen, in dem neben den Bundesländern Niedersachsen (als institutionellem Förderer) und Bremen, dem Bund, Stadt und Landkreis Wolfenbüttel überwiegend Kulturverbände auf Bundesebene sowie eine Reihe von Einzelpersonen Mitglied sind. Sie wählen den Vorstand. Der Vorstand trägt, wie das in Vereinen üblich ist, die Verantwortung für den ordnungsgemäßen Betrieb. Daran muss er nicht unbedingt schwer tragen. Jedenfalls gilt das für den gegenwärtigen Vorstand, der mit seinen gewählten Mitgliedern seit Ende 1998 im Amt ist.

Der Vorstand ist klein. Zwei Mitglieder werden gewählt, ein weiteres vom Niedersächsischen Ministerium für Wissenschaft und Kultur benannt. Der Akademiedirektor hat Organstellung und begleitet die Vorstandsarbeit. Die Vorstandsmitglieder haften politisch und im Rahmen des Vereinsrechts auch materiell für die Entwicklung der Bundesakademie, verantworten die Arbeitsprogramme und den Wirtschaftsplan und balancieren, soweit erforderlich, die Interessen der Mitglieder des Trägervereins und die des Ministeriums aus.

Der Vorstand konzentriert sich auf strategische Absprachen mit der Akademieleitung, wirkt quasi als Aufsichtsrat, aber inszeniert sich nicht als zusätzlicher Akteur. Vielmehr ermöglicht er in klarer Rollendefinition eine weitgehend selbständige Profilbildung der hauptberuflichen Fachleute im operativen Geschäft. Damit ist ein offener Arbeitsrahmen und eine positive Funktionstrennung gegeben, die sich in den zurückliegenden Jahren als besonders produktiv bewährt hat.

Es mag ein Paradoxon der Organisationsentwicklung und Akademiegeschichte sein – eine Vorstandsarbeit, die sich zurücknimmt und erfolgreich unkenntlich macht, um besondere Gestaltungschancen zu ermöglichen. Aber genau dieses Konzept ist aufgegangen. Weniger ist manchmal mehr.

Voraussetzung ist natürlich eine umsichtige und kompetente Akademieleitung. Aber wenn das gegeben ist, wird der Vorstand – mit einem Augenzwinkern formuliert – weitgehend überflüssig. Die Mitglieder des Vorstandes nehmen deshalb ein Ehrenamt der eigenen Art wahr, das gleichwohl zu einem Faktor für den Erfolg, für die Entwicklung und Profilierung der Bundesakademie wurde.

Unter diesen Bedingungen von Freiheit und Eigenverantwortung haben sich Engagement und Gestaltungsraum, Kreativität und Kompetenz der Mitarbeiterinnen und Mitarbeiter sowie eines großen Kreises profilierter externer Dozentinnen und Dozenten in sehr effektiver Weise entwickelt, zumal diese Grundsätze durch die Akademieleitung auch im Innenverhältnis weitergeführt wurden.

Chapeau. Ad multos annos. Glückwunsch, Bundesakademie!

Ist das alles nur Jubiläumsjubel?

Institutionen, Vereine und Verbände haben jeweils ihre eigene Geschichte. In diesen „Betriebsbiographien“ ist es – wie sich vielfach zeigt – eben nicht selbstverständlich, dass die jeweiligen Rollen in dieser Weise klar definiert und dann auch durchgehalten werden.

Dazu zählt in Wolfenbüttel auch die Rolle des Beirates der Bundesakademie, der mit hoher fachlicher Autorität kritische Rückfragen, Expertisen und Impulse formuliert, aber weder nach der Satzung noch praktisch eine operative Rolle spielt.

Die Akademie muss ihre internen Verfahren nicht ständig neu aushandeln. Das gibt Raum für Wesentliches. Allerdings ist der Vorstand alle vier Jahre neu zu legitimieren. Im personellen Kern erfolgte dies im Blick auf den heutigen Vorstand über einen langen,

Dietrich Burggraf, geb. 1951, Dipl.-Pädagoge, Leiter und Geschäftsführer des Bildungszentrums HVHS Hustedt e. V.; 1998 – 2004 und seit 2008 bis heute Vorsitzender des Trägervereins der Bundesakademie für kulturelle Bildung Wolfenbüttel e. V.; 1988 – 2001 Leiter der VHS Emden e. V., mit Stadtbibliothek Emden und internationalem Filmfest Emden-Norderney; 2001-2005 Geschäftsführer der VHS Braunschweig GmbH mit VHS Arbeit GmbH und Haus der Familie GmbH; 2005 Innovationspreis des Deutschen Instituts für Erwachsenenbildung (DIE) für die Organisationsentwicklung der VHS Braunschweig GmbH. 2005-2009 Direktor der Ada-und-Theodor-Lessing-Volkshochschule Hannover. 2006 – 2010 Lehrauftrag an der Leibniz Universität Hannover. Diverse Ehrenämter. - Arbeitsschwerpunkte: Organisationsentwicklung, Kultur- und Bildungsmanagement, Politische Bildung/Kultur- und Sozialgeschichte.

bei Ablauf der gegenwärtigen Amtsperiode dann 16-jährigen Zeitraum, der der Akademie Stabilität gegeben hat. Offensichtlich trägt der Verein als Ganzes die gute Entwicklung der Bundesakademie. Offensichtlich bilden sich die niedersächsische Kulturpolitik ebenso in der Bundesakademie ab wie die Interessen der Fachverbände und die des Bundesministeriums für Bildung und Forschung. Und nicht zuletzt spricht die Resonanz der teilnehmenden Künstler und Kulturvermittler für die erfolgreiche, fachlich ausgewiesene Arbeit der Akademie.

Am Ende der gegenwärtigen Amtsperiode wird der Generationswechsel im Team der Programmleitungen eingeleitet und bei der Akademieleitung vollzogen sein. Neue kulturelle Ausdrucksformen, künstlerische Entwicklungen und kulturpolitische Diskurse werden die Akademie prägen. Der Vorstand bleibt gut beraten, nicht operativ tätig zu werden, sondern gute Arbeit ganz einfach gut zu ermöglichen.

Alle MitarbeiterInnen der BAW haben einen typischen Gegenstand für diese Collage zur Verfügung gestellt, anhand dessen jede und jeder (jedenfalls für uns) erkennbar ist.

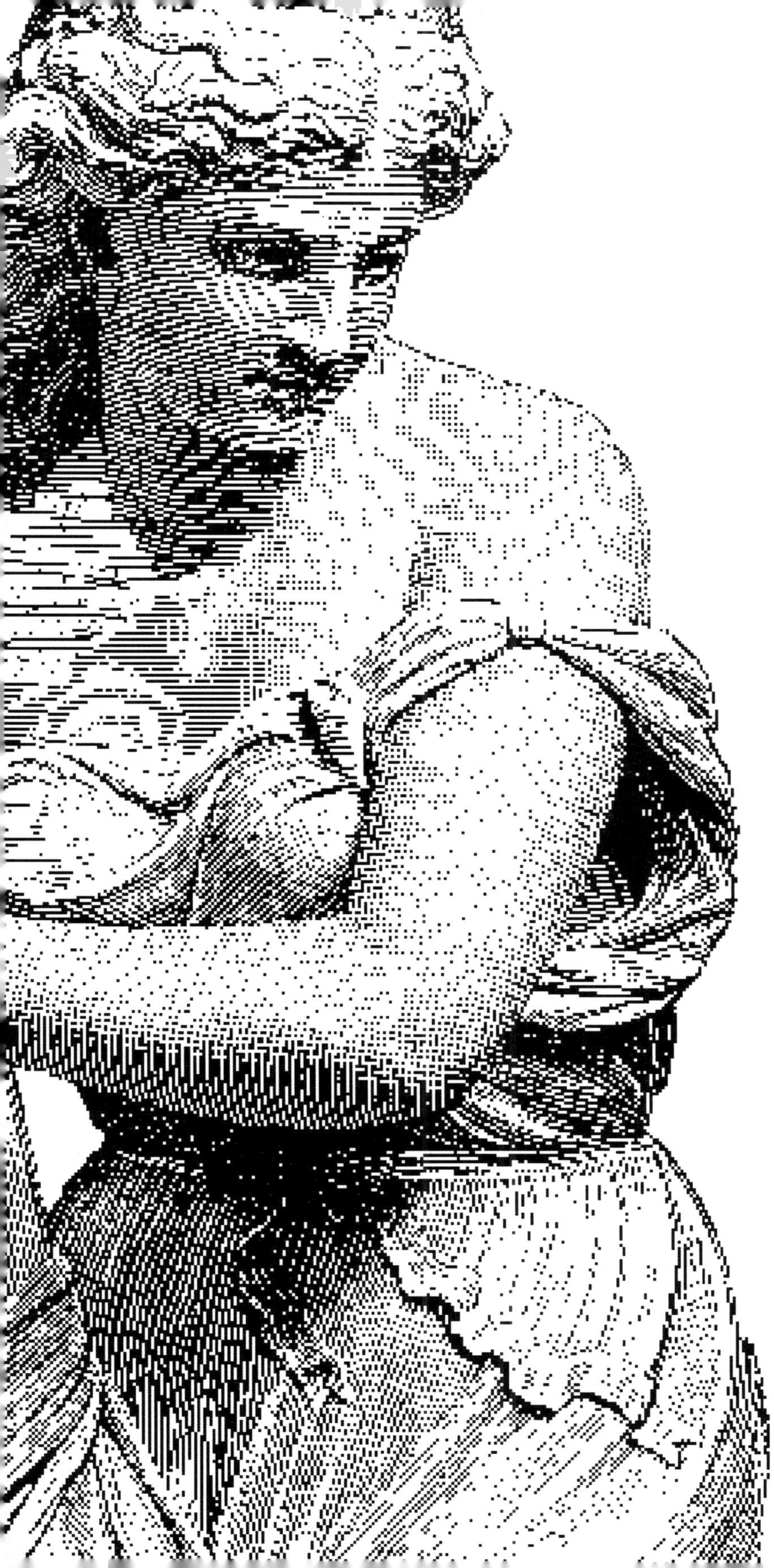

Die Muse zierte jahrelang das Jahresprogramm.

Vom Nachreifen alter Meister

Eine Skizze zu Chancen des Mentoring[1]

Traditionelle Gesellschaften – in der Darstellung ethnographischer Schriften – werden als Polarität zur Moderne präsentiert. Claude Lévi-Strauss' Gegenüberstellung von „heißen" (modernen) und „kalten" (traditionellen) Gesellschaften macht das deutlich.[2] Die einen dramatisieren ihre Geschichte, die anderen suchen ihre Wirkungen aus dem Gedächtnis zu verbannen. In den 80er Jahren des vergangenen Jahrhunderts übten die Mythen und Riten des „wilden Denkens" eine große Faszination und Anziehungskraft auf eine zivilisationskritische Jugend aus. Das Studienfach Ethnologie wurde – neben anderen Orchideen-Fächern – zum Kampfplatz kulturkritischer Geister. Besondere Faszination übten damals – auf Anthropologen, Theaterleute und Psychologen gleichermaßen – die Übergangsriten aus.

An der Schwelle zum Erwachsenwerden fanden und finden in zahlreichen Kulturen Initiationsriten statt. Deren Gehalt war die Anerkennung junger Menschen als vollwertige Mitglieder der Gemeinschaft und die Erlangung eines ihrem Lebensalter und ihrer wachsenden Verantwortung angemesseneren Status. Dazu fanden von der ganzen Gruppe zelebrierte Handlungen und Bewährungsproben statt, die eine Art Ausnahmezustand bedeuteten und geprägt waren von starken Emotionen der beteiligten Jugend. Der australische Ethnologe W.E.H. Stanner hat das eindrucksvoll beschrieben:

„Die Geschicklichkeit, mit der die Aborigines dieses Schauspiel abwickelten, das in gewissem Sinn ein natürliches Theater war, lässt sich kaum überbieten. Aber, es war weit mehr. Es war höchst erzieherisch, die Arbeit von Lehrern, die Meister ihres Faches waren. Die älteren Aborigines hatten einen tiefen Einblick in die Grundzüge menschlicher Psyche. Sie arbeiteten mit der Einbildungskraft der Jungen. Sie entwickelten in ihnen das Gefühl, auf einen unbekannten und geheimnisvollen Höhepunkt vorbereitet zu werden. Disziplin und Freundlichkeit, Furcht und wiedergewonnene Sicherheit, Feierlichkeit und Lustigkeit, Gefahr und Schutz, Geheimnisvolles und Weltliches verschmolzen in dem umfassenden Plan, den Jungen das Gefühl zu geben, dass sie sich während der ganzen Zeit in guten Händen befänden. All dies zeigte sich auf das Dramatischste gegen Ende der Zeremonie."[3]

Ein modernes Äquivalent dieser Rites de passages[4], das seit etwa 10 Jahren eine erfreuliche Renaissance erlebt, ist eine Übergangsbeziehung, die unter dem Begriff „Mentoring“ bekannt geworden ist. Es handelt sich um die Begleitung von Schüler/ inne/n beim Start ins Berufsleben.

Verhältnisse zwischen Jung und Alt zeichnen sich in der Moderne durch eine größere Bandbreite an Wahlmöglichkeiten aus. Neben Familien- und formalen Beziehungen (Lehrer/Schüler, Ausbilder/Lehrling) bestehen weitere außerfamiliale Generationenbeziehungen, die in der Regel durch gleichberechtigte Kommunikation auf Augenhöhe gekennzeichnet sind. Die Rolle von Lernenden und Lehrenden ist flexibel und austauschbar.

Zeitgenössische Mentorate, Patenschaften und Berufseinstiegsbegleitung stiften den Einsatz eines bislang ungenutzten Humanpotenzials: Eine Wegbegleitung mit dem Kurs Zukunft.

Die Ambivalenzen im Verhältnis von Jung und Alt sind dabei sowohl Herausforderung wie Motivation für ein Miteinander, das keinem direkten Vorbild folgt und mehr einer gemeinsamen Entdeckungsreise ähnelt, für deren Gelingen oder Scheitern die Beteiligten gleichermaßen Verantwortung tragen.

Merkmale des Mentoring

Zu den grundlegenden Anforderungen gehört die Bereitschaft der Mentorin/ des Mentors seine Kenntnisse und Erfahrungen zur Verfügung zu stellen, um Zugänge in Bereiche zu öffnen, in die hinein sich die/ der Mentee entwickeln will.

Er/sie hat ein Interesse daran, dem jungen Menschen, der seine/ ihre Begleitung sucht, auf dem Transit von einem Anfangspunkt bis zu einer gewissen Vertrautheit und Sicherheit in der neuen Umgebung Partner/in zu sein. Dabei kommt der Qualität der Beziehung entscheidende Bedeutung zu.

Und er/sie sollte, nach dem gelungenen Übergang, die Sensibilität und das Gespür dafür haben, wann der richtige Zeitpunkt ist, den Schützling in die Selbständigkeit zu entlassen. Gegebenenfalls nötige Beratung zu einem späteren Zeitpunkt bliebe punktuell.

Gleiches gilt spiegelbildlich für den/ die Mentee.

Volker Amrhein, M.A., geb. 1954; verheiratet, 3 Jungs, ab 1977 Studium der Theaterwissenschaft und Philosophie in Frankfurt/M. und Berlin, 1982–1994 Regieassistent, Theaterpädagoge und Kulturmanager, 1994–1997 Leitung des Modellprogramms „Begegnung intergenerativer Projekte“ im sozial-kulturellen Kontext, seit 1997 Leitung des Projektebüros "Dialog der Generationen", Pfefferwerk Stadtkultur gGmbH. Die Serviceeinrichtung vernetzt im Auftrag des BMFSFJ bundesweit Generationen verbindende Projekte und Programme. E-Mail: dialog-der-generationen@pfefferwerk.de; www.generationendialog.de

Charakteristisch für diese emotional besetzte Beziehung[5] ist der intensive Austausch über alle Aspekte des Transits. Denn die Begleitung auf dem neuen Terrain kann mit Furcht und Zittern verbunden sein, mit Selbstüberschätzung oder ihrem Gegenteil, mit Unsicherheiten, Trainings- und Übungsbedarfen, deren Bearbeitung allmählich dazu führt, dass ein belastbares Vertrauensverhältnis entsteht.

Albrecht Müller-Schöll, der langjährige wissenschaftliche Begleiter der Kampagne „Dialog der Generationen"[6], bezeichnete seine Tätigkeit als Berater solcher Projekte gern als „Geburtshilfe". Und in der Tat gehört die Mäeutik zum Mentoring, denn die Verwandlung, die mit der Öffnung neuer und weiterer Horizonte einhergeht, wird nicht selten als Neugeburt empfunden.

Im Bereich des beruflichen Übergangsmanagements sind Mentor/inn/en schon heute eine wichtige Institution, die im Zuge einer verlängerten Lebensarbeitszeit eine begrüßenswerte Selbstverständlichkeit werden könnte.[7]

Doch längst nicht alle Defizite sozialen oder formalen Lernens sind damit auszugleichen. Das ist eine Erfahrung, die häufig auf dem Fuße folgt.

Frühe Versäumnisse sind nur zu beheben, indem früher interveniert wird. Zu dieser Überzeugung gelangte auch die von der Freudenberg Stiftung ins Leben gerufene „Weinheimer Initiative".[8] Es handelt sich dabei um eine kommunale Gesamtstrategie zur beruflichen und sozialen Integration für Jugendliche mit Berufsstartschwierigkeiten.
Das Modell, getragen von Schule, Jugendhilfe, Wirtschaft, Verwaltung, Kammern und zivilgesellschaftlichen Akteuren, entfaltet eine beachtliche Wirksamkeit. Um seine Reichweite zu erhöhen, wurde der Ansatz durch ergänzende Maßnahmen erweitert. Sie firmieren unter dem Titel „Weinheimer Bildungskette".[9]

Die Bildungskette hat sich mittlerweile zu einer breiten kommunalen Verantwortungsgemeinschaft in den Bereichen Bildung und Beruf entwickelt. Ihr Augenmerk richtet sie vor allem auf die Übergänge Familie/Kita, Kita/Schule, Schule/Beruf. Durch die hier angesiedelten Projekte sollen die Kinder darin unterstützt werden, ihr jeweiliges individuelles Potenzial zu entfalten und Schlüsselkompetenzen für Beruf und Lebensführung zu erwerben.

Schwellensituationen wie diese, die mit Entwicklungsleistungen verknüpft sind, eignen sich besonders für die Begleitung durch erfahrene Pat/inn/en oder Weggefährten.

Der Soziologe Kurt Lüscher hat in einem Beitrag kürzlich darauf hingewiesen, dass Programme unter dem Dach „Dialog der Generationen" im Kern Bildungsprojekte sind. „Sie beinhalten besondere Formen des Lernens, die man als Generationenlernen bezeichnen kann."[10]

Hier scheint ein Leitbild Lebenslangen Lernens auf, das das Miteinander der Generationen mit individuellen Entwicklungsmöglichkeiten koppelt. Eine so verstandene gemeinsame Lernpraxis böte eine Grundlage, um nicht allein jene Kinder und Jugendliche zu fördern, die vom (Aus-)Bildungsbetrieb abgehängt werden.[11] Es öffnete auch Perspektiven für Prozesse des Nachreifens der mittleren und älteren Generation. Denn Generativität hängt nicht davon ab, dass jemand sich um seine eigenen Kinder kümmert, sondern davon, ob sie oder er den Wunsch verspürt, etwas für die Zukunft der kommenden Geschlechter zu tun. Wer immer sie sein mögen.

1 Die Darstellung und Reflexion des Themas Mentoring war ein Beitrag des Projektebüros „Dialog der Generationen" anlässlich der Tagung „Alte Meister – Über Rolle und Ort Älterer in Kultur und kultureller Bildung" in Wolfenbüttel (30.11. bis 02.12.05).

2 Claude Lévi-Strauss, La pensée sauvage, Paris 1962, S. 309 f.

3 W.E.H. Stanner, White Man Got No Dreaming, 1979; übersetzt für Trickster Nr. 11, November 1983 von Ulrike Herle.

4 Von Arnold van Gennep geprägte Bezeichnung für Riten, die die Entwicklung und den Übergang von einer Lebensstufe (Altersstufe, Familienstand) in die nächste begleiten.

5 Vgl. Renée Houde, Das Mentorat: eine Übergangsbeziehung; in: Das Generationenhandbuch, Konzepte – Projekte – Arbeitsmittel, Hrsg.: Schweizerische Stiftung pro juventute, Verlag Pro Senectute, Zürich 2000

6 KABI, Konzertierte Aktion Bundes Innoviationen, Nr. 22, 24. März 1995, Hrsg.: Bundesministerium für Familie, Senioren, Frauen und Jugend, Bonn

7 vgl. dazu Markus Zürcher, Generationenpolitik – von der Vision zur Umsetzung; in: Generationenbeziehungen – Auf dem Weg zu einer Generationenpolitik, Hrsg.: Schweizerische Akademie der Geistes- und Sozialwissenschaften, Bern 2010

8 Vgl.: http://www.freudenbergstiftung.de/fileadmin/user_upload/WEINHEIMER_INITIATIVE_2007.pdf

9 Dazu:http://www.weinheimer-initiative.de/Portals/7/Dokumente%20der%20Mitglieder/Weinheimer%20Bildungskette%202010.pdf

10 Siehe dazu: http://www.generationendialog.de/_uploadfiles/file/Vortrag%20-%20Kurt%20L%C3%BCscher%202010%20Borderholm.pdf

11 http://www.ad-hoc-news.de/abgeh-ngte-unterschicht--/de/News/21603267

So weit hatte 1986 niemand gedacht

Die Anfänge der Bundesakademie für kulturelle Bildung Wolfenbüttel

1973 veröffentlichte die Bund-Länder-Kommission für Bildungsplanung und Forschungsförderung ihren *Bildungsgesamtplan für Deutschland*. Er behandelte vor allem die Situation in Schulen und Hochschulen und mahnte Reformen an. Die Kommission hatte allerdings die Kultur offensichtlich nicht als Teil der Bildung betrachtet. Deren Fehlen wurde so heftig kritisiert, dass 1977 der *Ergänzungsplan musisch-kulturelle Bildung* nachgeschoben wurde. Die Bundesakademie für kulturelle Bildung in Wolfenbüttel verdankt ihre Entstehung diesem Plan.

Die starken Musikverbände waren lange zuvor die ersten gewesen, eine zentrale Fortbildungsstätte zu errichten. 1958 wurde die Akademie Remscheid für Musik, Spiel und Tanz gegründet, viele Jahre später erweitert um die Bereiche Literatur, Theater und bildende Künste. 1973 folgte die Akademie für musikalische Jugendbildung in Trossingen. Beide Akademien hatten ihren Schwerpunkt – die eine zunächst, die andere bis heute – in der Musik. Der Ergänzungsplan musisch-kulturelle Bildung forderte eine Akademie, die im Sinne der Soziokultur interdisziplinär arbeiten und zudem die Akademien in West- und Süddeutschland um eine in Norddeutschland ergänzen sollte.

Seit 1977 planten mehrere Gremien an einer norddeutschen, mehreren Bereichen der Kultur gewidmeten Akademie. Es gab verschiedene Hindernisse. Die einzelnen Fachverbände waren noch nicht gewohnt, interdisziplinär zu denken. Zudem widersprach die Idee einer *Bundes*akademie dem Anspruch der Länder auf ihre Kulturhoheit. Zeitgleich gab es die Konkurrenz einer Reihe von norddeutschen Städten um den Sitz der Bundesakademie, die am Ende Wolfenbüttel 1985 gewann. Nach mehr als acht Jahren Vorbereitung wurde im Sommer 1986 der Trägerverein gegründet, mit den Ländern Niedersachsen, Schleswig-Holstein und Bremen, der Stadt und dem Landkreis Wolfenbüttel sowie einigen Kulturverbänden als Gründungsmitgliedern. Erst 1988 trat der Bund in den Trägerverein ein. Finanziell beteiligte er sich an den Baumaßnahmen mit Mitteln aus dem Zonenrandförderungsprogramm. Inhaltlich fördert er die Bundesakademie bis heute nicht institutionell, sondern mit Projektmitteln.

Zeitgleich mit der Gründung des Trägervereins wurde Steffen Tiggeler zum Direktor bestellt. Er fand nichts vor, weder Räume noch Mitarbeiter. Ihm zur Seite stand ein dreiköpfiger Vereinsvorstand und ein elfköpfiger Beirat, paritätisch besetzt mit je zwei Vertretern aus Bundesverbänden der Musik, der Bildenden Kunst, der Literatur, des Theaters und der Museen, dazu eine Persönlichkeit aus dem Bereich der Soziokultur, die die Interdisziplinarität gewährleisten sollte. Diese Konstruktion hatte zur Folge, dass zu Beginn im Beirat vor allem Partikularinteressen der einzelnen Sparten, nicht aber die Interessen des Ganzen im Vordergrund standen.

Der Beirat wählte mich, eine Vertreterin der Musik, aber seit Jahren auf Landes- und Kommunalebene kulturpolitisch tätig, zu seiner Vorsitzenden. Durch diese Funktion war ich zugleich beratendes Mitglied des Vorstands. Während 15 Jahren, über drei Amtszeiten hinweg, habe ich den Aufbau der Bundesakademie begleiten dürfen.

Der Beirat, dem in der Aufbauphase eine wichtige Funktion zukam, musste sich erst zusammenfinden. Die auf Bundesebene gut organisierten Fachverbände der Musik und der Bildenden Kunst dominierten zunächst und erreichten, dass ihre Fachbereiche als erste eingerichtet wurden und hauptamtliche Leiter erhielten. Für jeden der anderen vorgesehenen Fachbereiche gab es mehrere, teilweise rivalisierende Verbände. Die Verbände der Literatur hatten sich zunächst sogar aus politischen Gründen ganz verweigert und konnten nur mühsam für eine Mitarbeit gewonnen werden.

Die ersten Jahre waren von sehr mühevoller, zeitintensiver Arbeit geprägt. Der Vorstand tagte in recht kurzen Zeitabständen mit dem Direktor in dessen winzigen Räumen im kleinen Museum in der Kanzleistraße, oft aber auch in Braunschweig in den Amtsräumen des Regierungsvizepräsidenten Dr. Schnöckel, um ihm als einzigem Vorstandsmitglied, das noch berufstätig war, die Anreisezeiten zu ersparen. Gleichzeitig mussten Interimsarbeitsräume ge-

Lore Auerbach, Dr. h.c., Jahrgang 1933, aufgewachsen in den Niederlanden, England und Deutschland. Studium für das Lehramt am Grund-, Haupt- und Realschulen, Musikstudium, Diplomkulturpädagogin. Lehrerin an Grund- und Hauptschule, Musikschule, Fachschule für Sozialpädagogik, Gründungsleiterin der Musikschule Hildesheim. Kommunal- und Landespolitikerin. Vorstandsämter in kultur- und musikpolitischen Dachverbänden auf Landes-, Bundes- und Europaebene. Mitglied und Vorsitzende des Beirates der Bundesakademie Wolfenbüttel von 1987 bis 2002. Ehrenbürgerin der Bundesakademie seit 2003.

funden, der Ausbau der Räume im Schloss und des Gästehauses begleitet, die Berufung von pädagogischen Mitarbeitern und der Aufbau einer Verwaltung geleistet werden. Für jede Personalentscheidung allein waren drei Sitzungen erforderlich: für die Abstimmung des geforderten Profils und die Abfassung des Ausschreibungstextes, für die Sichtung der Bewerbungen und für die Durchführung der Gespräche mit den Bewerbern der engeren Wahl. Mehrfach mussten Verfahren wiederholt werden, weil kein Bewerber überzeugt hatte.

1987 konnte der Fachbereich Musik die ersten Kurse anbieten – noch ehe das Gästehaus und das Schloss zur Verfügung standen, die erst 1989 bzw. 1991 bezogen werden konnten. Die Teilnehmer wohnten in Hotels, der Unterricht fand in den verschiedensten gerade zur Verfügung stehenden Räumen statt. Es musste viel improvisiert werden. Wenig später kamen Kurse der Bildenden Kunst dazu. Heftig umstritten war im Beirat die Reihenfolge der Einrichtung der weiteren Fachbereiche. Am Ende fiel die Entscheidung auf den Bereich Museum, da hierfür an keiner anderen Stelle Fortbildung angeboten wurde, während Literatur und Theater, wenn auch mit anderem Akzent, auch zum Angebot der Akademie Remscheid gehörten. Vielleicht, weil das Profil für den Fachbereich Museum völlig neu entwickelt werden musste, kam es zu mehreren kurzen Besetzungen der Leitung mit dazwischen jeweils längeren Vakanzen, bis schließlich der 1991 eingestellte Dr. Grünewald Steiger das Amt übernahm. Inzwischen ist er der dienstälteste Mitarbeiter im Haus. 1989 waren zum ersten Mal alle fünf Fachbereiche mit Leitungen besetzt. Aber auch in den Bereichen Literatur und Theater gab es mehrfache Leiterwechsel, bis sich das Team konsolidiert hatte. Seit 1999 besteht es nun unverändert. Auch die Direktoren wechselten, aber mit erst dem dritten Direktor in 25 Jahren herrscht hier eine beachtliche Kontinuität.

Alle fünf Jahre erfolgt die Wahl des Beirats. Die Zusammensetzung bewegte sich allmählich fort von den nur fachbezogenen paritätischen Besetzungen hin zur Beteiligung auch allgemein-kulturpolitisch profilierter Persönlichkeiten. Anders als zu erwarten gewesen wäre, folgte der Beirat damit den kulturpolitischen Entwicklungen an der Bundesakademie anstatt sie anzustoßen.

Nach den oft mühsamen, für alle Beteiligten das Maß eines Ehrenamtes oft sprengenden Aufbaujahren sehe ich die Bundesakademie für kulturelle Bildung Wolfenbüttel heute als anerkannten Raum für anspruchsvolle Fortbildung und als Initiatorin wichtiger kulturpolitischer Debatten. Ob vor Jahren als Dozentin, heute noch gelegentlich als Prüferin bei Abschlüssen berufsqualifizierender Lehrgänge oder als Teilnehmerin von Gastbelegungen: immer komme ich gerne in „meine" Bundesakademie, freue mich an kleinen – immer positiven – Veränderungen und an der Wiederbegegnung mit Altvertrautem, vor allem aber an der Begegnung mit den Lehrenden und Lernenden.

25 Jahre – so weit hatte 1986 niemand gedacht! Es galt immer nur, die nächsten Schritte zu tun, die nächste Hürde zu überwinden. Und nun sind sie schon vorbei! Alles Gute für die nächsten 25 Jahre, verbunden mit dem Wunsch nach vielen weiteren Impulsen für das kulturelle Leben in Deutschland!

Wolfenbütteler Zeitung, 12.05.1987

An der Wolfenbütteler Bundesakademie

Beirat konstituiert

Der von der Mitgliederversammlung der Bundesakademie für kulturelle Bildung in Wolfenbüttel gewählte Beirat hat sich jetzt konstituiert. Dabei wählte das in der vorläufigen Geschäftsstelle der Bundesakademie (Kanzleistraße) tagende Gremium Lore Auerbach zur Vorsitzenden und Professor Peter Voigt zu deren Stellvertreter.

Lore Auerbach ist stellvertretende Vorsitzende des Ausschusses für Wissenschaft und Kunst des Niedersächsischen Landtages. Als Präsidentin der Arbeitsgemeinschaft Deutscher Chorverbände (ADC) vertritt sie im Beirat den Bereich vokale Musik. Professor Voigt leitet eine Meisterklasse an der Hochschule für Bildende Künste in Braunschweig. Er vertritt im Beirat der Akademie die bildende Kunst.

Weitere Mitglieder des Beirats sind Dr. Walter Weidmann (Vizepräsident des Deutschen Musikrats) für den Fachbereit Musik; Hans Wilhelm Sotrop (Vorstandsmitglied des Bundesverbandes Bildender Künstler — BBK) für den Fachbereich Bildende Kunst; Generalintendant Mario Krüger, Braunschweig, und Norbert Radermacher (Leiter des Theaterpädagogischen Zentrums Lingen) für den Fachbereich Theater; Dr. Udo Liebelt (Sprengel Museum Hannover) und Dr. Gerhard Ribbrock (Städtisches Museum Mühlheim/Ruhr) für den Fachbereich Museumspädagogik; Professor Dr. Gotthardt Frühsorge (Herzog-August-Bibliothek Wolfenbüttel) für den Fachbereich Literatur und Professor Bruno Tetzner (Leiter der Akademie Remscheid für musische Bildung) als Vertreter der außerschulischen kulturellen Jugendbildung.

Siehe auch Beitrag von Wilhelm Schmidt.

Es geht um wenig und ganz viel

Sabine Baumann hat mich seit einigen Jahren eingeladen, einmal im Jahr in einem Wochenendworkshop meine Erfahrungen mit den Teilnehmern zu teilen.
Mich berührt jedes Mal, wie sich die Teilnehmerinnen, Kunstvermittlerinnen, gestandene KünstlerInnen oder solche, die daran arbeiten, auf diese Fortbildungen einlassen. Eine wichtige Auszeit für viele, raus aus dem üblichen Alltag und Verunsicherungen in Kauf nehmend. Die Erwartungen sind groß, nur ein Wochenende, was soll da alles angestoßen und gelernt werden. Der Druck wächst, die Spannung steigt, mir geht es da wie allen. Die einen, die Kunst machen wollen oder zeichnen lernen in drei Tagen, die anderen, die endlich mal wieder mit diesem Medium experimentieren möchten, und ich, die etwas Grundsätzliches anstoßen möchte, wie den persönlichen Zugang zum eigenen Ausdrucksvermögen finden und die spezifischen Eigenschaften des Mediums Zeichnung kennen lernen. Dann sage ich erst mal, das Atmen nicht vergessen, den Po auf dem Stuhl und die Füße auf dem Boden spüren, die Schulter ruhen lassen. Und wir machen alle zusammen kleine Konzentrationsübungen mit den Händen.

Die berühmten Störenfriede, wie: Kunst machen Wollen, ständige Bewertungen und Vergleiche vornehmen, den Blick auf andere richten, so werden wollen wie, an diesem Wochenende werden sie in die Wüste geschickt.
Es geht um ganz wenig und ganz viel. Sich erlauben auf dem Papier eine Spur zu hinterlassen, beim Zeichnen mit den Augen der Hand folgen. Die Hand zeichnet, die Augen schauen zu. Offen sein für das, was sich zeigt, sich Zeit lassen, ausprobieren, entstehen lassen. Das Medium Zeichnung ist sehr unmittelbar, das ist Pein und Segen. Es ist kein großer Aufwand nötig, ein Stift, ein Stück Papier und schon kann die Reise losgehen.

Meinen herzlichen Glückwunsch zum 25. Geburtstag an diese wunderbare kulturelle Einrichtung mit ihren engagierten interessierten warmherzigen Mitarbeitern!

> aus der Serie: "hier gewesen – da geblieben", o. T.
14,2×21 cm, Bleistift 2010

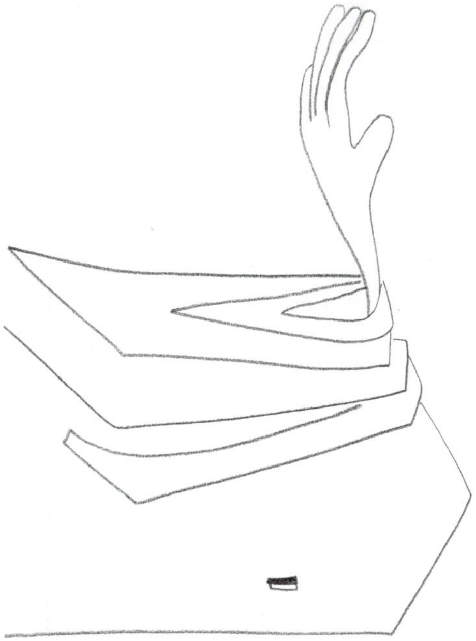

Monika Bartholomé, Jahrgang 1950, 1991–94 Lehrauftrag für Zeichnen und Druckgrafik an der GH Siegen; verschiedene Preise und Stipendien; seit 1985 zahlreiche Einzel- und Gruppenausstellungen und Performances im In- und Ausland; lebt und arbeitet in Köln.

Vom Beschwerdechor in Wolfenbüttel, dem keine wirklichen Beschwerden einfielen

Meine ehrenamtliche Tätigkeit für den Dachverband der Deutschen Kunstvereine begann mehr oder weniger in Wolfenbüttel. An einem nebligen Wintertag 1997 gingen Heiner Schepers, damals Vorsitzender, und ich als seine damalige Stellvertreterin durch ein verregnetes, graues Städtchen, um in einem verzauberten Schloss in gemütlicher Wärme von Sabine Baumann empfangen zu werden. Das war der Beginn einer langen und engen Kooperation zwischen der Arbeitsgemeinschaft Deutscher Kunstvereine und der Bundesakademie für kulturelle Bildung in Wolfenbüttel.

„Es gibt zu viele aufgeblasene Künstler
ich will keine Erdnüsse von Food Designern.
Wieso gibt es Nebel, warum kann ich kein kroatisch?
Wo bleiben die 500 Milliarden für Kultur?“[1]

Viele Seminare zur Professionalisierung und Qualifizierung der Kunstvereine haben wir gemeinsam konzipiert und durchgeführt, Qualitätsmanagement für Kunstinstitutionen erfunden, die Ergebnisse publiziert, die Erfahrungen weitergegeben. Selten waren TeilnehmerInnen dabei gewesen, die schon einmal in Wolfenbüttel waren. Aber wenn sie sich nach den Seminaren verabschiedeten, versprachen alle wiederzukommen, um beim Rauschen des Mühlenbachs die Intensität des Meinungsaustausches erneut genießen zu können.

„Tagesschau als Live Stream ist zu abgehackt
zuwenig schöne Männer in der Kunstvermittlung.
Stress, Stress, Stress, Stress.....“

Als Sabine Baumann und ich dann vor einigen Jahren beschlossen, die guten Tagungs-Bedingungen zu nutzen, um die Diskussion zu neuen Formen der Kunstvermittlung zu intensivieren, den Praxis- und Theorieaustausch zu befördern, konzipierten wir zwei große Tagungen. Werden die Interessierten nach Wolfenbüttel kommen?! Sie kamen. Der außerordentlich gute Besuch war der Beleg dafür, dass das Thema vielen am Herzen lag und die Diskussionen gewannen in der Sache und für das Netzwerk eine große Bedeutung.

„Angela ist nicht Obama
und was habt Ihr gegen Kochta's rote Jacke?
Alle sagen immer ‚Alles klar'
Wieso wächst in meinem Ohr immer so viel Haar?"

Das Haus, die MitarbeiterInnen, meine Kollegin Sabine Baumann und alle Beteiligten haben die Atmosphäre geschaffen, in der produktive Arbeit möglich war. Unvergesslich bleiben die künstlerischen Interventionen von what Rika Colpaert und Herman Labro[2] mit ihren zarten raumgreifenden Installationen aus Trinkhalmen und anderen Dingen, und der unter der Anleitung von Oliver Kochta-Kalleinen, vertont und dirigiert von Catriona Shaw, entstandene einzige Wolfenbütteler Beschwerdechor.

„Warum gibt es keine Spielplätze für Senioren?
Warum haben Jugendliche immer Hunger?
Google Earth soll mich nicht überwachen
Das beste fällt mir immer erst hinterher ein!" (sic! d. A.)

1 Die Textabschnitte sind dem Beschwerdechor entnommen, der im Rahmen eines Workshops mit Oliver Kochta-Kalleinen während der Tagung „Kunstvermittlung zwischen Konformität und Widerständigkeit", 2008, entstand. Der Chor bestand aus den TeilnehmerInnen der Tagung.

2 Die beiden Kunstvermittler aus Leuven/Belgien hatten einfache Materialien ausgelegt, die im Laufe der Tagung von den TeilnehmerInnen verarbeitet, benutzt, zweckentfremdet wurden.

Leonie Baumann, seit 2011 Rektorin Kunsthochschule Berlin-Weißensee, 1991–2011 Geschäftsführerin der Neuen Gesellschaft für Bildende Kunst Berlin (NGBK), 1997 stellvertretende Vorsitzende und 2003-2009 Vorsitzende der Arbeitsgemeinschaft deutscher Kunstvereine (AdKV/www.kunstvereine.de), seit 2006 Sprecherin Rat für die Künste Berlin (www.rat-fuer-die-kuenste.de), Autorin, Jury- und Beiratstätigkeiten, Lehraufträge, Autorin, Kuratorin und Kunstvermittlerin.

Ja damals …

für Olaf Kutzmutz

Vier Mal durfte ich Jahr um Jahr in der Kulturmühle zu Wolfenbüttel zu Gange sein. Immer für eine Woche, meist zum Jahresende. 2003, beim ersten Mal, war's im März. Dann 2004 im November, 2005 Dezember, ja! Und schließlich 2006 – November, wann sonst – das Fußball-Sommermärchen war da längst gelaufen. Das möcht' doch reichen, um „Ja damals" zu raunen und den Goldenen Legendenmantel umzutun.

Mummenschanz?

Es wird erzählt – nämlich jetzt und hier – daß zu Zeiten mitten unter den Schriftgelehrten in der kulturellen Bildung graphischer Mummenschanz getrieben wurde – im Auftrag von – jawohl! Olaf Kutzmutz, veranstaltet von dem Zeichenzausel F. W. Bernstein. Den Teilnehmerinnen und Teilnehmern aber ist dies, wie es sich gehört, als Bildungsurlaub angerechnet worden oder aber als Lehrerfortbildung.

Eine Bettgeschichte

F.W. Bernstein, der Zeichenzausel, sah in der musischen Mühle in Wolfenbüttel ein Blatt Papier, da war noch nichts drauf, es war sehr leer. Da nahm der Zeichner seinen Stift und hat sein Bett gezeichnet – auch das war leer.

Als er sich schlafen legte in der Nacht, da war in den Heizungsröhren im oberen Stockwerk ein nervendes KNIKK und KNAKK, so dass er keinen Schlaf fand.

Da nahm der Zeichenzausel F. W. Bernstein die Matratze, hat sie auf den leeren Flur getragen samt Kopfkissen und Zudecke, und er fand guten Schlaf. Es wird erzählt, daß in den Röhren ein Störteufel ramenterte, den Olaf Kutzmutz darein gebannt hatte, damit er den graphischen Mummenschanz nicht störte.

Das MORALPHABET

Einmal haben die Teilnehmerinnen und Teilnehmer ein Gemeinschaftswerk verrichtet und in kleiner Auflage kopiert; das war das MORALPHABET – und sie nannten es einen „TUGENDSPIEGEL". Auf dem Titelblatt war um eine graphische Allegorie – eine schöne, aber tugendhafte Frau – als Parole ein Rundtext geschrieben: „Ewiger Ruhm in der Welt wird durch die Tugend gestiftet".

Auch Olaf K. hat mitgemacht und gleich zum Buchstaben A den Zweizeiler gestiftet:

„Der Anstand zieht den Schwanz gern ein
der Abenteurer lässt das sein“

Oft aber wurde bei diesen Zusammenkünften zur Jahresendzeit – aber auch schon 2003 im März, in Bewunderung und Staunen der Großfürsten der Zeichnerei gedacht. Insbesondere war die Rede oft von F. K. Waechter, der im Jahre des Herrn 2002 in der Mühle lehrte. Und die Getreuen sprachen unter sich: wir sehen seine Striche, seine Formen und Gestalten, und wissen noch immer nicht, wie er’s gemacht.

F. W. Bernstein, studierter Kunsterzieher, Mitbegründer der Neuen Frankfurter Schule, bis 1999 Professor für Karikatur und Bildgeschichte an der Hochschule der Künste Berlin, Schöpfer des Zweizeilers „Die schärfsten Kritiker der Elche/waren früher selber welche“, setzte als Dichter, Cartoonist und Zeichenlehrer an der Bundesakademie nach Robert Gernhardt und F. K. Waechter die Tradition der Text-Bild-Werkstätten fort; lebt in Berlin.

Wolfenbüttel-Haikus

Lieber Karl Ermert,

im November 2010 in Nagasaki, beim Weltkongress der UNI (Union Network International), jetlag-geplagt, holte es mich wieder ein: „Die warten noch auf deinen Beitrag für den Jubiläumsband!" Hier ist er nun: Haikus für die Akademie Wolfenbüttel. Einer der japanischen Großmeister Matsuo Basho (1644–1694) gab den Anstoß. Sein Frosch-Haiku ist wahrscheinlich das meistzitierte Haiku überhaupt. Doch was verbindet das Haiku mit Wolfenbüttel? Zuerst überraschend, aber dann nicht verwunderlich: Die Epigramme Lessings. Der fördernde Wiederentdecker Friedrich von Logaus (1605–1655) hat diese Form für die deutsche Dichtung wiederbelebt. Meine Haikus verbinden Lessing und Logau mit der Fünf-Elemente-Lehre der taoistischen Philosophie. Sie sind thematisch von Basho inspirierte und inhaltlich von Lessing und Logau adaptiert. Ich hoffe, das passt zu Eurem Jubiläum. Der Akademie und ihrem guten Gedeih´n ad multos annos!

Herzlich
Dein
Heinrich Bleicher-Nagelsmann

Haiku und Epigramm
In Nagasaki
fiel mir Wolfenbüttel ein.
Basho trifft Lessing

Nach Logau
So ich Reime schrieb
zu üben, sind sie andren auch,
so sie dort belieben

Holz
Bess´res Sinngedicht,
das lässt sich leicht ermessen,
bewahrt´ verschwiegnes Pult

Feuer
Willst du Lilien weiß
zu roten Rosen machen,
küss die Galathee

Erde
A: Was nutzt dir nun
dein so ferner Garten? He?
B: Dass ich dich dort nicht seh!

Metall
Ein Kleid und ein Schwert,
ein Pferd – und den einen Gott,
was brauche ich mehr?

Wasser
Singen, das den Frosch
im tiefen Schlamm entzücket,
muss ein Quaken sein.

Lessing: An den Leser
Du, dem kein Epigramm gefällt,
Es sei denn lang und reich und schwer.
Wo sahst du, dass man einen Speer
Statt eines Pfeils vom Bogen schnellt?

Heinrich Bleicher-Nagelsmann, geb.1952 in Hagen/Westfalen. Studium der Publizistik, Geschichte und Germanistik in Münster. Volontariat und Redakteurstätigkeit bei diversen Tageszeitungen. Wissenschaftlicher Angestellter beim Hauptvorstand der IG Druck und Papier. Lehrbeauftragter am Ludwig-Uhland-Institut für empirische Kulturwissenschaften der Universität Tübingen. Seit 2002 Bereichsleiter Kunst und Kultur beim Bundesvorstand ver.di und Bundesgeschäftsführer des Verbandes deutscher Schriftsteller VS.

Das ist und bleibt unverzichtbar

Spricht man über ästhetische Bildung, spricht man natürlich in erster Linie über die Kinder und Jugendlichen unserer Gesellschaft, die davon profitieren sollen. Dabei gilt es auch den Fragen nachzugehen, was ihre Bedürfnisse sind, welche Interessen sie haben und was sie im Allgemeinen bewegt. Theater steht dabei nicht an erster Stelle. Das ist eine Tatsache, die angesichts eines beständigen Wandels innerhalb sozialer wie auch kommunikativer Strukturen nicht zu leugnen ist. Eine vor rund 10 Jahren vom Deutschen Bühnenverein durchgeführte Befragung von jungen Menschen zwischen 16 und 29 Jahren, die nie ins Theater gehen, ergab, dass Kino, Fernsehen und Computer als maßgebende Konkurrenz anzusehen sind. Allein 32 Prozent der Befragten sahen damals zwischen drei und vier Stunden am Tag fern, heute sorgt das Internet mit seiner rasanten Entwicklung der sozialen Netzwerke und Multimediadienste noch für zusätzliche Ablenkung.

Es ist also für die Theater und Orchester nicht einfacher geworden, junge Menschen für ihre Kunst zu begeistern. Und dennoch oder gerade deswegen lässt sich ein stetiger Aufwärtstrend hinsichtlich der kulturellen Jugendarbeit beobachten. Viele Theater verfügen mittlerweile über eine eigene Abteilung für Kinder- und Jugendtheater, gründen Jugendclubs oder ein junges Theater und bieten ein speziell auf jüngeres Publikum abgestimmtes Programm. Hinzu kommt eine Vielzahl an Projekten, die Jugendliche an die ihnen zumeist recht fremden Themen Oper und Konzert, aber auch an den Tanz heranzuführen versuchen, etwa die gerade neu gegründete „Junge Oper" der Staatsoper Hannover oder das 2005 ins Leben gerufene Berliner Projekt „TanzZeit – Tanz in Schulen", um nur zwei Beispiele zu nennen.

Die Theater und Orchester sind sich also längst der Tatsache bewusst, dass sie einen Beitrag zur ästhetischen Bildung leisten müssen. Dabei geht es nicht nur um die Gewinnung zukünftiger Zuschauer, sondern weit darüber hinaus um einen inneren Zusammenhalt in der Gesellschaft, an dem die Kunst, und damit verbunden nicht zuletzt die kontinuierliche ästhetische Bildung von Kindern und Jugendlichen, maßgeblichen Anteil hat.

Besonders hervorzuheben sind dabei Institutionen wie die Bundesakademie für kulturelle Bildung Wolfenbüttel, die sich seit 25 Jahren mit großem Engagement als Ort der Praxis für

ROLF BOLWIN

die Belange von „Kunst, Kultur und ihren Vermittlern" einsetzt. Das ist und bleibt unverzichtbar.

Der Bühnenverein gratuliert herzlich zum Jubiläum und freut sich auf viele weitere Jahre guter Zusammenarbeit.

© Jutta Brüdern, Braunschweig

Rolf Bolwin, geboren 1950 in Gelsenkirchen, studierte an der Universität in Bonn Jura, Politische Wissenschaft und Geschichte und arbeitete zunächst als Rechtsanwalt in Bonn. Von 1982 bis 1991 im Justitiariat des Deutschlandfunks in Köln tätig, zuletzt als Leiter der Rechtsabteilung. Seit 1992 Geschäftsführender Direktor des Deutschen Bühnenvereins. In dieser Funktion Mitherausgeber des im Decker-Verlag erschienenen Kommentars zum Bühnen- und Tarifrecht. Mit zahlreichen Publikationen hat er sich zudem in den letzten Jahren an der öffentlichen Debatte um die zukünftige Struktur der Staats- und Stadttheater beteiligt.
E-Mail: debue@buehnenverein.de.

„... triffst du nur das Zauberwort“

Liebe Bundesakademie,

eigentlich geht es ja immer nur um das Leben. Um das Leben und den Tod. Und das, was dazwischen ist, das Unaussprechliche, das Andere (oder die Anderen), um die Zwischenwelten. Also doch nur um das Leben. Was ja nicht wenig ist. Gewiss, die Formen changieren, die Sprache hüpft, springt, ist behäbig oder lebendig, sie weicht aus, oft genug ist sie zu griffig oder in den Farben zu stark. Das alles wird erkennbar, zumal, wenn darüber gesprochen, gestritten und Maß genommen wird.

Die Literatur und deren Förderung sind an der Bundesakademie gut vertreten. Ich verfolge die Arbeit des Programmbereichs Literatur seit langer Zeit und habe vor allem die Entwicklungen der letzten zehn Jahre mit großer Sympathie begleitet. Das geschah nicht nur aus der Ferne, meine Arbeit war mit der des Programmbereichs Literatur auch ganz praktisch verknüpft. Mit der Akademie durch den Literaturrat verbunden, in dem ich tätig war, gab es zahlreiche Berührungspunkte und Möglichkeiten, sich über literarische Entwicklungen in Niedersachsen und darüber hinaus auszutauschen – sei es in Wolfenbüttel, sei es auf einer Tagung in der Loccumer Akademie, bei Lesungen, bei Preisverleihungen, auf Empfängen, den Buchmessen, also in Berufskontexten jedweder Art. Es war mir jedenfalls eine Freude!

Was für ein Ort! Wolfenbüttel! Der Ort hat einen guten Klang durch das Schloss, durch die Bibliothek, Lessing. Ein Kumulationspunkt für Autoren, die sich dort in kleinstädtischer Abgeschiedenheit dem Schreiben widmen wollen, es lernen wollen, vertiefen. Autoren, die angeregt wieder nach Hause fahren.

Was soll man Ihnen wünschen? Vor allem das: Dass Sie weiterhin – trotz Netz und den Auswirkungen des Netzes – nie den Mut verlieren, die Kunst zu fördern. Dass Sie Autoren auf Ihrem Weg helfen, sich adäquat im Dschungel der Literatur und deren Förderung zurechtzufinden. Dass Sie sich im Dienste der Literatur sehen und weiterhin so engagiert Ihre wertvolle Arbeit tun.

„Man kann schreiben, wenn man es kann“, sagt Duco van Weerlee. Nun benötigt man Talent, um die Technik zu entwickeln, aber auch die Technik, um das Talent fortzuführen.

Dies ermöglicht und unterstützt der Programmbereich Literatur auf vielfältigste Weise.

Ich wünsche seinem Leiter Olaf Kutzmutz und der gesamten Bundesakademie mit ihrem Direktor Karl Ermert alles Gute für die nächsten 25 Jahre.

Angelika Busch; geb. 1949; 1995 bis 2000 Geschäftsführerin Literaturrat Niedersachsen, seither Geschäftsführerin des Börsenvereins des deutschen Buchhandels, Landesverband Niedersachsen-Bremen. Zurzeit Vorsitzende der Literaturkommission in Niedersachsen. (E-Mail: a.busch@boersenverein-niedersachsen-bremen.de).

Fensterblicke aus dem Wolfenbütteler Schloss

Seit der herzogliche Hof nach Braunschweig zog, steht das Wolfenbütteler Schloss mit seinen rund dreihundert Räumen leer. So prächtig wie der Palast von außen wirkt mit seinen Wassergräben, der verzierten Brücke , der mächtigen Kapellenkuppel und dem hochaufragenden Uhrenturm, so gespenstisch wirkt der Bau im Innern: düster, kalt und zugig. Gar bei Frost gerinnt die Tinte.

Dennoch beseelt ein guter Geist das Schloss: Lessing lebt als einziger Bewohner in einigen der Zimmer und stemmt sich gegen den Verfall. Just in diesem Winter 1772 hat der Dichter sein Theaterstück Emilia Galotti hierorts vollendet. Beglückt schaut Lessing aus dem Fenster auf die seiner Wohnung gegenüberliegende Bibliotheksrotunde. Ihre Kuppel liegt schon in der Sonne. Es ist einer dieser heiteren Morgen, an denen oft im Januar das Licht heller scheint, die Luft nach Erde riecht.

Das unverwechselbare Gebäude mit seinem mächtigen Globus auf dem Dach ist dem Dichter ans Herz gewachsen; birgt es doch einen kostbaren Schatz: hunderttausende Bände und Schriften. Bücher sind für Lessing magische Wesen, haben ein Gesicht, sprechen zu ihm, erschließen Unbekanntes. Und so ist es der tägliche morgendliche Fensterblick auf die Bibliotheksrotunde, der dem Dichter Flügel wachsen lässt, ihm Ansporn gibt zum Forschen und zum Schreiben, sodass zeitlose Dichtung entsteht an diesem Ort.

Jahre später leben neue Bewohner im Wolfenbütteler Schloss: französische Emigranten. Der Herzog von Braunschweig, Karl Wilhelm Ferdinand, hat seinem ehemaligen Kriegsgegner, dem Marquis de Castries mit seinem Gefolge auf der Flucht vor den Jakobinern Asyl gewährt. Mehr noch: die beiden Männer sind Freunde geworden. Sie geben ein Beispiel für Versöhnung und Völkerverständigung. Bald wächst in Wolfenbüttel ein vielfältiger kultureller Austausch zwischen Deutschen und Franzosen.

An einem Hochsommertag im Jahre 1796 hört der Marquis vom Schlossplatz Lärm, er schaut aus dem Fenster: ein strohbedeckter Leiterwagen rumpelt über das Kopfsteinpflaster. Straßenköter laufen der Fuhre hinterher. Es geht hü und hott. Die Pferde scheuen, sind nur mit Mühe zu zähmen. Ein Gassenjunge entert den Karren und lüftet das Geheimnis der Ladung: das Lessingdenkmal kommt. Zwischen Zeughaus und Rotunde hält der Wagen, ist sofort umstellt von neugierigen Menschen, einige klatschen. Die Fuhrleute legen zwei Bohlen als Rutsche an den Wagen. Einige Schaulustige spucken in die Hände, fassen mit an. Der Stein, mit Stricken gesichert, schlittert unter Hauruckrufen zu Boden. Hier wird der Standort des Denkmals sein. Der Marquis de Castries greift zum Opernglas, betrachtet die Szene genauer: Das Monument erweist sich als viereckige, türhohe, nach oben verjüngende Stele aus grauem Blankenburger Marmor. Die Seiten zieren in Augenhöhe aufgeschraubte weiße Marmorplatten. Die vordere trägt Lessings Profil im Hochrelief, die hintere zeigt allegorische Masken der griechischen Musen Komödie und Tragödie.

Dass just bei seinem Einzug hier im Schloss dies Lessing-Denkmal vor seinem Fluchtort errichtet wird, beglückt den Franzosen. Von jetzt an lässt ihn sein täglicher Fensterblick hoffen, dass die Völker Freunde werden.

Auch im neunzehnten Jahrhundert wirkt ein weltoffener Geist im Wolfenbütteler Schloss: die Reformpädagogin Anna Vorwerk gründet in den Räumen eine höhere Mädchenschule und ein Lehrerinnen-Seminar; später zusätzlich eine Gewerbeschule sowie eine Bildungsanstalt für Turnlehrerinnen. So wird das Schulleben im Schloss sehr bald zum Hort und Ausgangspunkt für die Gleichberechtigung der Frauen im Lande.

An einem warmen Vormittag 1887 im August tollen Schülerinnen durch den Pausenhof, schallt jugendliches Lachen auf den Fluren. Von draußen hört Anna Vorwerk ein Krachen, ein donnerndes Gepolter. Sie geht ans Fenster, wo auch schon Lessing und der Marquis de Castries standen. Sie schaut auf einen Trümmerberg: die Bibliotheksrotunde, der eindrucksvolle Fachwerkbau, steht nicht mehr, wurde abgerissen. Schalbretter liegen kreuz und quer in einem Bauschutt-Scherbenhaufen. Nichts ist mehr zu sehen von der Kuppel mit ihren hohen Bogenfenstern, dem Bibliothekssaal, den Gewölben, der Galerie, den Säulen und dem Vorbau mit der doppelläufigen Treppe. Zerstört ist dieses Wolfenbütteler Pantheon. Zwei

Georg Oswald Cott, geb. 1931, lebt als Dichter in Braunschweig. Nach einer Handwerkslehre studierte er Ernährungswissenschaft und Germanistik, arbeitete als Berufsschullehrer und lehrte an der Univ. Hannover. Er veröffentlichte Hörspiele, Erzählungen und v.a. Gedichte und erhielt diverse Preise und Auszeichnungen. 21 Buchtitel sind bisher erschienen, u.a. Lessings Grab (Erzählung, Braunschweig 1998); Karrenspur (Gedichte, Bergen/NL 2001), Eine Hand freihalten (Gedichte, Hauzenberg 2010). Mitglied im P.E.N. 2011 Verdienstkreuz am Bande des Landes Niedersachsen.

Dutzend Ackerwagen stehen in einer Schlange bis zum Grossen Zimmerhof, rücken einzeln vor an die Abbruchstelle. Dort werfen Knechte all die Trümmer auf die Ladefläche: Bretter, Balken, Fensterrahmen, Treppenstufen und was sonst zerschlagen wurde. Starke Rösser ziehen Riesenbalken aus dem Schutt. Es sind die turmhohen Eichenstämme, die zwei Jahrhunderte den Fachwerkbau stabil gehalten haben.

Anna Vorwerk wird traurig, fängt sich aber schnell. Es geht ihr, wie es im Leben oft geschieht: wo Abschied herrscht, wächst zugleich ein Hoffen. Großzügig öffnet sich ein freier Platz, reicht bis zum neuen Bibliotheksgebäude und gibt den Blick frei über die Wiesen vor dem Lechlumer Holz. Auch die Oker ist jetzt zu sehen, schlägt einen Bogen an der Leibnizstraße. Spontan beschließt die Wackere: dort am Fluss soll für ihre Lehrerinnen ein Feierabendhaus entstehen. Schon bald bei ihren Fensterblicken sieht sie Tag für Tag Zimmerleute, Maurer, Maler werken und wie das Alterswohnheim Stück für Stück vollendet wird .

So ist es folgerichtig, gar geboten: dass auch im zwanzigsten und einundzwanzigsten Jahrhundert weiterhin Weltoffenheit im Wolfenbütteler Schloss zuhause ist und sich entfaltet!

Wer wäre mehr berufen, das kulturelle Erbe dieses Ortes zu wahren, zu mehren und in die Welt zu tragen als seine heutigen Bewohner: die Menschen der Bundesakademie für kulturelle Bildung – zumal der Fensterblick aus ihren Räumen auf die Figur von Lessings Nathan fällt.

< Nathan schaut auf die Bundesakademie für kulturelle Bildung in Wolfenbüttel

> Lessing-Denkmal in Wolfenbüttel vor der Rotunde um 1796. Zeichnung von Max Cott

G.E. LESSING
EINST

Zum Verfassen von Grußworten – Idee für ein Fortbildungsangebot der Bundesakademie

Zu ihrem 25-jährigen Bestehen möchte ich der Bundesakademie Wolfenbüttel gern ein Fortbildungsangebot schenken, ein Seminar zum Verfassen von Grußworten. Warum?

Einweihungen, Ausstellungs- oder Projekteröffnungen und ganz besonders Jubiläen sind im Kulturbereich häufige Anlässe, die Arbeit von KollegInnen ins rechte Licht zu rücken und einen Rahmen zu schaffen für zwanglose Begegnungen und kollegialen Austausch jenseits der ansonsten vorherrschenden Tagesordnung – und doch nicht ohne Bedeutung für die alltägliche Arbeit. Doch werden m. E. die Chancen, die ein solches Zusammentreffen bietet, oft verschenkt: eine Vielzahl von RednerInnen (meist sind es Redner) wiederholt das schon zuvor Gesagte, manch Redner bewegt sich mit seinen Ausführungen auf einer Ebene, die wenig konkreten Bezug zu der zu würdigenden Einrichtung hat, andere betreiben eher Eigenwerbung oder sind in ihren Darstellungen zu ausufernd oder detailverliebt. Ein paar einfache, leicht zu merkende Regeln können hier helfen:

1. Ein Grußwort muss den Jubilar würdigen

Klingt selbstverständlich; dazu sind Grußworte ja da. Doch wie viele Reden habe ich schon gehört, in denen es um „Gott und die Welt" ging und die Redner die Lage der Kultur im Allgemeinen und die eigene Klugheit im Besonderen zum Mittelpunkt ihrer Ausführungen machten. Ein Grußwort für die Bundesakademie Wolfenbüttel beispielsweise müsste unbedingt das gute Lernklima und die Gastfreundlichkeit der Einrichtung betonen. Dass sich alle MitarbeiterInnen der Akademie von der Hauswirtschaft über die Verwaltung und die Programmverantwortlichen bis zum Direktor als Dienstleister für die FortbildungsteilnehmerInnen und die DozentInnen verstehen, das kann man an der Begrüßung, am reichhaltigen Frühstücksbuffet, an den mit Medien, Material und Pausengetränken hergerichteten Räumen, an den hingebungsvoll inszenierten Führungen durch das Schloss oder die Herzog-August-Bibliothek und an vielem anderen mehr mit allen Sinnen wahrnehmen. Mit Blick auf mögliche Hörer/Leser des Grußworts aus den Reihen der kulturpolitischen Verantwortungsträger wäre darüber hinaus unbedingt die Entwicklung der vergangenen Jahre zu loben und zu preisen, die zu einer stärker spartenübergreifenden Bearbeitung von Themen sowie zur Öffnung für das Kulturmanagement und kulturpolitische Fragen geführt hat.

2. Ein Grußwort muss die Gäste unterhalten

Zu Beginn der Arbeit an einem Grußwort steht die Frage, welche Form, welchen Zugang ich statt eines klassischen Grußworts wählen könnte, um einerseits dem Jubilar und dem von ihm gewählten Rahmen zu entsprechen und dennoch andererseits ein überraschendes Element zu beinhalten, das die Gäste aufhorchen lässt. Ein origineller Einstieg oder ein humorvoller Blickwinkel auf den Jubilar sind dann oft schon die „halbe Miete". Jedoch Achtung: nicht überziehen, sonst läuft man Gefahr, die Selbstdarstellung vor die Würdigung zu setzen.

Im Falle der Bundesakademie kann man wohl sagen: Einer Bildungseinrichtung im Grußwort eine Fortbildungsidee zu schenken, läuft jedenfalls nicht Gefahr, zu originell zu sein.

3. Ein Grußwort sollte einen persönlichen Bezug zum Jubilar enthalten

Um glaubwürdig die Vorzüge der zu ehrenden Einrichtung heraus zu stellen und die Neugier der Hörer/Leser zu befriedigen, ist es hilfreich, eigene Erfahrungen und/oder einen persönlichen Beitrag zum Wohle der Einrichtung in das Grußwort einfließen zu lassen.

Im vorliegenden Fall: Gehen wir mal davon aus, ich wollte die Hörer davon überzeugen, dass ich immer wieder gern in der Bundesakademie bin – ob als Teilnehmer, als Dozent oder als Kooperationspartner; dann wäre es hilfreich, dies mit eigenen positiven Erfahrungen zu konkretisieren – oder aber es zu unterstreichen durch ein glaubwürdiges Angebot etwa in der Art: „Ich wäre bereit, eine Fortbildung zum Verfassen von Grußworten im Programmbereich PMO anzubieten – ohne Honorar, allein gegen Kost und Logis."

Das bekannte Dilemma unserer Kommunikation ist auch bei Grußworten nicht auszuhebeln: Wer etwas über andere mitteilt, sagt immer auch etwas über sich selber. Statt des aussichtslosen Versuchs, dieses zu umgehen oder aufzulösen, bleibt nur, sich das bewusst zu machen, es in möglichst charmanter Form offen zu legen und so gut wie möglich mit dem Dilemma zu „spielen".

Gerd Dallmann, Jg. 1953, Soziologe, M.A.; verheiratet, 1 Kind, lebt und arbeitet in Hannover. 1981–1988 Mitarbeiter im Kultur- und Kommunikationszentrum Pavillon in Hannover; seit 1988 Geschäftsführer der Landesarbeitsgemeinschaft Soziokultur in Niedersachsen (LAGS). Weitere Tätigkeiten und Funktionen: Mitglied des Kuratoriums des Fonds Soziokultur und des Pro-visio-Beirats der Stiftung Kulturregion Hannover. Div. Publikationen zu kultureller Praxis und Kulturpolitik, www.soziokultur-niedersachsen.de.

4. Fasse Dich kurz

Ein Grußwort kommt selten allein. Das Buffet lockt. Lange Ausführungen laufen Gefahr, sich gegen die elementaren Bedürfnisse der ZuhörerInnen zu richten; dann kann der Inhalt noch so richtig sein, er geht zwangsläufig unter.

Ein griffiger Wunsch wie „Alles Gute für die Zukunft" und das Versprechen, dem Jubilar auch weiterhin verbunden zu bleiben, setzen den ersehnten Schlusspunkt.

von links: Schiffwall 1, ehemals für Mägde und Knechte der Mühle, nun mit Zimmern für die Teilnehmenden ausgestattet; Rosenwall 17, Gästehaus ‚Schünemanns Mühle'; Rosenwall 16, Schünemanns Wohnhaus

Bleibende Begegnung

24.10.1996, aus der Erinnerung

Da lud die Bundesakademie wieder zu einer ihrer wunderbar anregenden Veranstaltungen. Autorenförderungsprogramm „Das zweite Buch". Diesmal Prosa. Vier AutorInnen. „Kunst ist Übertreibung". Erst öffentliches Gespräch, danach kleinere Runde am langen Tisch. Gastliche Atmosphäre, bekannte Gesichter, gute Gefühle. Sabine P., eine zarte Frau, kurzer Putz, runde Brille. Habe leider kein Foto von mir von früher dabei. Wir kommen ins Gespräch. Über Frisuren und Brillen, über Frauenbilder und Männerblicke. Über Moral. Über Heimat. Über die Solitude. Über Gott und die Welt. Über Schreiben und Lesen, Kind und Kegel. Über uns.
Dann mischt sich der Rundfunkredakteur ein, reißt das Gespräch an sich. Er redet nicht über ihre Literatur. Nein. Er redet über ihren Mann, auch Schriftsteller. Und redet und fragt und redet. Gemengelage zwischen Verwunderung, Höflichkeit, Unmut. Ich setze mich weg.

Später kommt Frau P. zu mir. Es ist schwierig, den Faden wieder aufzunehmen. Irritation und Ärger über derlei typische Vorkommnisse und die offenbare Unfähigkeit, darauf angemessen zu reagieren.

Es ist spät geworden. Ich muss zurück nach Hannover.

15.12.1996, Brief

Liebe S. D., vielleicht ist dies u das in diesem Brief sozusagen doppelt-gemoppelt, weil schon angerissen in unseren beiden abgerissenen Gesprächsanfängen. Aber schreiben will ich Ihnen auf alle Fälle, na, wissen Sie ja, ich fand erstaunenswert und schön, wie da unerwartet 2 wildfremde Leute offenbar sich etwas zu sagen haben. Von hier aus heute 2 Sprünge ohne weitere lange Einleitung ... Ob Sie Zeit und Lust finden, mir ein bißchen von sich zu erzählen? Denn das hier war nicht gemeint als Müllabladen, eher ein Versuch, an das anzuknüpfen, was uns anscheinend beide beschäftigt. Vielleicht fanden Sie ja in dem Buch Sachen, die Ihren Erfahrungen und Gedanken völlig widersprechen; da wäre ich gespannt, wie Sie das sehen. Von unterm Meeresspiegel herzliche Grüße an Sie. S. P.

6.2.1997, Brief

Liebe S. P.! Nun erhalten Sie endlich eine Antwort. ... Nach meinem Umzug im Büro fährt mir nun nicht mehr der Verkehr sechsspurig über den Schreibtisch, ich zitiere Linda A. E. „Zimmer-Juhu“, sie meinte das leise Büro, ich verstand „Flimmer-Juhu“, denn das war mindestens ebenso aktuell. ...

Meine Zuständigkeit für Frauen in Kunst und Kultur kennen Sie noch nicht. Darüber verhandele ich häufig mit Andrea E. aus Wobü. Das Thema Frauen und Kunst und Macht würde ich gerne mit Ihnen fortsetzen. Nur nicht mehr heute. Und ich freue mich auch über Müllabladebriefe. Herzliche Grüße gen Westen. S. D.

5.12.1997, Brief

Liebe Susanne, hast Du schon die Schuhe aufgestellt für Scht Nikolaus? Weißt Du, was Schwippbogen sind? Hier stehen sie im Dorf seit Ende November in jedem Dorffenster; vielleicht leidet Ihr in Hannover ja auch unter dieser Symptomatik. Hier kommt nun der „richtige“ Brief entlang an Deiner letzten Post und unserem letzten Telefonat. Das habe ich in aller Verschwommenheit noch so seltsam nah in Erinnerung wie unser erstes Reden, das so quasi aus dem Nichts zwischen 2 doch ganz Fremden von Frisur auf Identität rüberschwebte. ... So, mal langsam Schluss. Hattest Du dies Jahr noch bedenkenswerte Lektüre? So richtig, was, wo Du mit aller Kraft sagen würdest, das soll gelesen werden, ob neu oder alt?

Wie geht es Dir? Und geht es auf der Arbeit? Hast Du irgendwelche großen kleinen Pläne für 1998? Sei wohl behalten – und ich freu mich, wenn Du von Dir hören lässt. Liebe Grüße S.

Es folgen viele Briefe, Postkarten, E-Mails. Telefonate. Besuche hier und da. Lange Spaziergänge zur Bohrinsel. Morgens vom Mann Tee ans Bett. Äpfel und Akeleisamen aus dem Garten am Tief. Nun blüht das Hahnenfußgewächs zartrot im Lindener Garten und bildet verholzende Rhizome.

Susanne Degener, Studium der Literaturwissenschaft und Kunstpädagogik. Seit 1978 in unterschiedlichen Kulturbereichen tätig: u.a. Regieassistenz im Theater, Co-Leitung eines Kulturzentrums, Geschäftsführung eines Filmfestivals, Projektleitung in einer Kulturmarketingagentur, seit 1991 im Niedersächsischen Ministerium für Wissenschaft und Kultur tätig (Literaturförderung, Kulturelle Bildung, seit 2006 Kulturtourismus, Kultur und Regionalentwicklung). Von 2005 bis 2006 Mitglied im Vorstand der Bundesakademie.

DOROTHEE DENNERT

Blick zurück ...
auf eine Zeit voller Aktivität und Anregungen als Mitglied des Beirats von 1997–2002

Heute, aus der Perspektive des Ruhestandes, erinnere ich mich gerne an meine Tätigkeit als Beirätin in der Bundesakademie für kulturelle Bildung in Wolfenbüttel. Was diese Zeit für mich so spannend machte, dieser Frage möchte ich im Folgenden nachspüren.

Damals, als ich mich dazu entschloss, war ich als Museumspädagogin des Hauses der Geschichte in Bonn, im dritten Jahr nach seiner Eröffnung, beruflich sehr stark gefordert. Dazu kam die Vorstandstätigkeit im Deutschen Museumsbund, die mir Einblicke in die deutsche Museumslandschaft gewährte. Schließlich war ich aktiv bei der Gründung des Bundesverbandes Museumspädagogik und über ICOM/CECA mit der internationalen Museumspädagogen-Szene sehr gut vernetzt. Zunächst hatte ich Zweifel, ob ich mir eine weitere ehrenamtliche Aufgabe zumuten sollte. Doch schon bald sah ich, wie sich trotz der zusätzlich anfallenden Arbeit die oben angedeutete Vernetzung positiv für mich persönlich und für die Arbeit im Beirat auswirkte. Heute sehe ich die damalige Entscheidung eindeutig als berufliche Bereicherung an.

Meine Berufung in den Beirat in Wolfenbüttel hatte eine Vorgeschichte. Ich hatte meinen ersten Kontakt mit der Bundesakademie bereits 1987 als Vorsitzende des Arbeitskreises Museumspädagogik in Rheinland-Pfalz und im Saarland. Kurz nach der Gründung der Akademie gab es dringenden Beratungsbedarf für den Fachbereich Museumspädagogik. Dazu wurden Vertreter aus den damaligen Landesverbänden Museumspädagogik eingeladen. Der eigentlich zuständige Bundesverband Museumspädagogik wurde erst 1991 gegründet. Später, in den 1990er Jahren, war ich im Fachbereich Museumspädagogik als Dozentin bei einer Fortbildung zum Thema „Museen und Tourismus" tätig. Zudem hatte ich schon Jahre vor meiner Beiratstätigkeit ein freundschaftlich-kollegiales Verhältnis zu Andreas Grünewald Steiger, dem Leiter des Fachbereichs Museum seit 1991, den ich regelmäßig bei Tagungen oder Vorstandssitzungen des Bundesverbandes Museumspädagogik traf.

Erfahrungen aus dem Haus der Geschichte und Arbeit im Beirat

Zu Beginn der Beiratstätigkeit schien sich aus meiner damaligen Perspektive beim Vergleich der beiden Arbeitsfelder zunächst nicht soviel zu überschneiden. Die Bundesakademie sprach mit ihrem Programmangebot eher die kleineren, personell nicht so stark besetzten Museen an und nahm die Vielfalt der Museumstypen – vom Kunst- bis zum Technikmuseum in den Blick. Ich dagegen arbeitete an einem großen, besucherstarken Haus mit dem Schwerpunkt auf der deutschen Zeitgeschichte. So ließen sich die Seminarthemen in Wolfenbüttel selten direkt auf meine eigene Museumsarbeit übertragen. Doch ich erhielt schnell Einblick darin, welche Themen von den MuseumskollegInnen besonders nachgefragt wurden. Und dazu konnte ich dann doch zahlreiche Erfahrungen aus Bonn direkt an Andreas Grünewald Steiger weitergeben, z.B. zur Entwicklung museumspädagogischer Begleitmaterialien zu Ausstellungen, zur Gestaltung von Ausstellungstexten, zur Besucherdienstentwicklung, zur Auswahl, Aus- und Fortbildung von Begleitern für die Arbeit in den Ausstellungen, zu Besucherbefragungen, zu Konzept und Gestaltung von Büchern zur Ausstellung, sowie zur Einbindung neuer Medien in die Ausstellungsgestaltung. Andreas Grünewald Steigers Besuche im Haus der Geschichte in Bonn verstärkten den inhaltlichen und institutionellen Austausch. Das wurde noch konkreter, als sich das Haus der Geschichte bereit fand, als „Referenzmuseen" für die QuAM-Lehrgänge zu dienen.

Beiratstätigkeit und Vorstandsarbeit im Deutschen Museumsbund

Als Beiratsmitglied in Wolfenbüttel nutzte ich jede Gelegenheit, Informationen über die Arbeit des Fachbereichs Museum im Vorstand und bei den Mitgliedern des Deutschen Museumsbundes weiterzugeben. Damals träumten wir noch von einer Situation, die wohl heute eingetreten ist, wie Andreas Grünewald Steiger in einer Email an mich vom 24. August 2010 schrieb: *„Die Angebote laufen wie verrückt, wir haben lange Wartelisten, und das Thema ‚Bildung im Museum/Museumspädagogik' ist ein absoluter Top-Seller. Wie schön, denn nach so langer Zeit des Vegetierens dieses wichtigen Themas wurde es auch Zeit, dass die Museumspädagogik endlich als unverzichtbares Muss im*

Dorothee Dennert, Jg. 1943, war mehr als dreißig Jahre in Museen tätig, zuletzt als Museumspädagogin in der Stiftung Haus der Geschichte der Bundesrepublik Deutschland. Neben ihrer Museumstätigkeit war sie langjähriges Vorstandsmitglied im Deutschen Museumsbund, sowie bei ICOM Deutschland und Vizepräsidentin von ICOM/CECA (dennert_dorothee@yahoo.com).

Museum verstanden und eingeschätzt wird." Vielleicht hat die damalige Weitergabe der Informationen aus Wolfenbüttel an die Museumskollegen im DMB den Boden ein wenig vorbereitet.

Vernetzung des Bundesverbandes Museumspädagogik mit der Bundesakademie

In Wolfenbüttel gab es erstmalig einen Ort, an dem professionelle Fort- und Weiterbildung im Bereich der Museumspädagogik institutionell angeboten werden konnte, was in dieser Form die museumspädagogischen Landesverbände und der 1991 gegründete Bundesverband Museumspädagogik, die ehrenamtlich funktionierten, nicht leisten konnten. Vor allem seit der Gründung des Bundesverbandes besteht ein enger Kontakt zum Fachbereich Museumspädagogik in Wolfenbüttel mit zahlreichen Kooperationsprojekten. Während meiner Beiratstätigkeit war es die Entwicklung des ersten berufsbegleitenden Lehrgangs Museumskommunikation unter dem Namen „QuAMPlusPerfekt". Die erste Vorsitzende des Bundesverbandes Renate Dittscheidt-Bartolosch stand dem Fachbereichsleiter damals mit großem Arbeitseinsatz zur Seite.

Der Fachbereich Museumspädagogik konnte sich immer auf die Zusammenarbeit mit den kompetenten Mitgliedern des Bundesverbandes Museumspädagogik verlassen. Neben anderen Seminarleitern wirkten sie als Dozenten und Dozentinnen mit und gaben den Veranstaltungen des Fachbereichs eine besondere, kommunikative Atmosphäre. Viele Teilnehmerinnen und Teilnehmer stellten dies nach den Veranstaltungen heraus und betonten, dass die Seminare ein Stück freiheitlicheres und kreativeres Denken erlaubten, als es der Dienst in einer Institution in der Regel ermöglicht.

Nachhaltiges Lernen – E-Mail-Interview mit einer Teilnehmerin am QuaM-Projekt 2006

Das Interview soll einen kleinen Einblick in die Arbeitsweise und Atmosphäre in Wolfenbüttel geben. Julia Maassen war eine meiner studentischen Hilfskräfte im Haus der Geschichte. Nach ihrem Examen absolvierte sie ein Volontariat in einem deutschen Museum, unterbrochen durch einen Austausch mit einem französischen Museum. Während dieser Ausbildungszeit an zwei Museen nahm sie 2006 an zahlreichen Wochenenden an der Fortbildung im Rahmen des QuaM-Projektes teil. Für diesen Beitrag befragte ich sie schriftlich nach ihren Erfahrungen und Erlebnissen, da sie jetzt in Frankreich wohnt und arbeitet.

Dennert: *Du weißt, dass ich von 1997 bis 2002 zum Beirat der Bundesakademie für kulturelle Bildung in Wolfenbüttel gehörte. In diesen 5 Jahren wurde u.a. der erste Qualifizierungslehrgang „QuamPlusPerfekt" konzipiert, durchgeführt und auch von mir als Beirätin konstruktiv kritisch begleitet. Ich erinnere mich, dass Du selbst an einem solchen, inzwischen weiterentwickelten Lehrgang teilgenommen hast. Wer waren die TeilnehmerInnen und woher kamen sie?*

Maassen: *Im Seminar 2006 waren zum Teil VolontärInnen, zum Teil fest angestellte MitarbeiterInnen aus Museen und ein Student. Alle kamen mit konkreten Lernzielen aus verschiedenen Städten in Deutschland, aus der Schweiz, Italien und den Niederlanden.*

D.: *Wie hast Du die Fortbildung erlebt?*

M.: *Wir waren eine muntere Runde. Von Treffen zu Treffen wurden die Abende länger, besonders beim Seminar zum Thema „Museumskoffer". Es war wunderbar, in kleiner Runde Erfahrungen auszutauschen und Ideen zu entwickeln – das brachte mir mehr als z.B. die Tagung der Volontäre, an der ich ebenfalls 2006 teilgenommen hatte.*

D.: *Hat Dir die Fortbildung, die Du, wie viele andere Teilnehmer auch, aus eigener Tasche gezahlt hast, viel für die Praxis gebracht?*

M.: *Der Nutzen für die Praxis war für mich zunächst nur indirekt, da ich an meiner Ausbildungsstätte im Arithmeum in Bonn keine Möglichkeit zu Veränderungen hatte. Andere konnten ihre Ideen in ihrer Institution dagegen verwirklichen.*

D.: *Wie hast Du die Fortbildung im Unterschied zur Arbeit am Haus der Geschichte erlebt?*

M.: *Sie ergänzte meine Erfahrungen, die ich am Haus der Geschichte als studentische Hilfskraft und als Begleiterin im*

Besucherdienst gemacht habe. Aber auch wenn ich dort an einem konkreten Projekt mitgeplant habe, so erlebte ich doch viel Alltagsarbeit, die bei der Fortbildung eher nicht zur Sprache kam.

D.: *Wie war das Thema Deiner Abschlussarbeit?*

M.: *Ich habe eine Lehrermappe (in deutsch und französisch) für Schulausflüge ins Historial in Peronne entwickelt. Dabei habe ich mich eng an dem Konzept der Lehrermaterialien im Haus der Geschichte orientiert. Die Mappe habe ich entwickelt in der Hoffnung auf eine Stelle in Peronne. Das hat aus verschiedenen Gründen nicht funktioniert (Finanzlage, Werbestrategie, Räumlichkeiten). Die Mappe ist aber bis heute immer in Reichweite, und ich schaue oft hinein, sei es wegen einer sprachlichen Formulierung, sei es um eine Wissensfrage zu beantworten. Zurzeit plane ich eine „entreprise", die es mir ermöglichen soll, mit dem Historial freiberuflich zusammenzuarbeiten. Dabei wird mir der Grundstock der Lehrermappe mit Sicherheit wieder nützlich sein.*

D.: *Zum Schluss eine letzte Frage: Hast Du noch Kontakt zu Teilnehmern aus deinem Kurs?*

M.: *Ja, den gibt es, auch wenn er allmählich ein wenig bröckelt. Bisher haben wir uns jedes Jahr in einer anderen Stadt getroffen: Kassel, Berlin, Paris. Dieses Jahr hat es erstmalig nicht geklappt, aber ich weiß, dass ich mindestens sieben Teilnehmern eine Mail schreiben könnte, um Informationen zu bekommen, ein Treffen vorzuschlagen oder einfach um Hallo zu sagen.*

Persönlicher Gewinn

Ich genoss ganz besonders die Atmosphäre der Unterkunft im Gästehaus der Bundesakademie, was nach langer Anreise aus Bonn, meist nach einem hektischen Arbeitstag im Museum, zur Erholung beitrug und mich positiv auf den folgenden Sitzungstag einstimmte. Außerdem schätzte ich vor den Sitzungen den regen persönlichen Informationsaustausch mit Andreas Grünewald Steiger über das jeweils geplante Jahresprogramm. Er stellte mir seine neuen Ideen vor, und wir überlegten, bei welchen Themen meine Unterstützung in der Beiratssitzung gefragt sein könnte. Schließlich lernte ich die ganze Bandbreite kultureller Bildungsarbeit kennen, wenn während der Sitzungen die Fachbereichsvertreter aus Musik, Literatur und Theater aus ihren Fachbereichen berichteten und deren Beiratsmitglieder dazu Stellung nahmen.

Wünsche für die Zukunft

Nach diesen persönlich gefärbten Erinnerungen an die Beiratstätigkeit für den Fachbereich Museum in der Bundesakademie möchte ich mit Wünschen für die Zukunft den Beitrag beenden: Hoffentlich hält die Begeisterung der Teilnehmer für die Veranstaltungen weiter an, sie ist der beste Garant für den Erfolg. Die hohen Anmeldezahlen sprechen dafür. Die bisher erfolgreiche Suche nach aktuellen und Zukunftsthemen für den Bildungsbereich der Museen sollte weiterhin in Kooperation mit den Beiratsmitgliedern und den oben erwähnten Verbänden erfolgen. Mindestens ebenso wichtig ist die Auswahl der Dozentinnen und Dozenten, die neben dem fachlichen Wissen vor allem die Fähigkeit haben sollten, Theorie und Praxis in einem guten Verhältnis so zu präsentieren, dass sie Kreativität und selbstständiges Denken der Teilnehmer herausfordern und gemeinsames Lernen ermöglichen. Die schwer beschreibbare, aber von vielen Seminarteilnehmern erlebte gute, weil offene Arbeitsatmosphäre sollte als Qualitätsmerkmal erhalten bleiben. Auch der Umgang mit der mühsamen Organisation der Tagesarbeit in einem Museum sollte im Tagungsangebot nicht vergessen werden. Schließlich hat sich die Vernetzung der einzelnen Fachbereiche von kultureller Bildung als befruchtend erwiesen. Ich erlebte sie bereichernd in den Beiratssitzungen. Warum sollte sie nicht auch für die Teilnehmenden an Veranstaltungen der Bundesakademie eine Art Markenzeichen von Wolfenbüttel werden.

Schließlich möchte ich mich bedanken: vor allem bei Andreas Grünewald Steiger als Fachbereichsleiter Museum und bei Karl Ermert als Akademieleiter für die anregenden fünf Jahre im Beirat der Bundesakademie für kulturelle Bildung in Wolfenbüttel!

HUGO DITTBERNER

Lessing-Tage in Wolfenbüttel

Was soll ich noch von einem Ort und seiner Institution sagen, nachdem die gewohnte und geliebte Wiederkehr nun doch unterbleibt – oder etwas ganz anderes wird: ein Besuch? Ich will es etwas pathetisch mit einer doppelten Wiederholung versuchen, mit einem Vierzeiler und einem (erläuternden) Zitat aus meiner Dankesrede anlässlich der Verleihung der Ehrenbürgerwürde der Bundesakademie im Jahr 2005.

Himmelsrichtung

Wann diese weißen Wolken oben
über Wolfenbüttel waren ob überhaupt
frag ich bei solchem Wetter schon
wenn ich die Weisheit vom Himmel lese.

„Denn in der Tat gibt es außer meinem Wohnort und vielleicht dem einen oder anderen, auch fiktiven Ort meiner jugendlichen Erinnerung keinen Ort, zu dem ich so gern wiederkomme wie zu dem Wolfenbüttel dieser Bundesakademie. Mein Wolfenbüttel, das persönliche Wolfenbüttel ergibt sich, so geht es wohl allen, zu einem beträchtlichen Teil aus jenen kleineren und größeren Unvergesslichkeiten, die einem zustoßen und nachgehen, so dass man sich zu ihnen und über sie zu dem ganzen Ort hingezogen fühlt. Der abgesessene oder noch nicht aufgesessene Herzog August des Denkmals, der die Kuppe seines Pferdes nur wenig überragt und auch noch, beim Näherhinsehen, auf einer kleinen Erhebung steht, Pferde und Bücher im Sinn. Gleich fühlte ich mich, ich weiß gar nicht recht warum, an Bamme aus Fontanes „Vor dem Sturm“ erinnert, der die Tête zu den Freiheitskämpfen nimmt.

Der Prospekt der Kanzleistraße, wo in der Nummer 5 Herr Tiggeler, der Gründungsdirektor der Bundesakademie, praktizierte, schmeichelte meinen römischen Architekturerfahrungen. Später, das erste Mal Gast in der Schünemannschen Mühle, nahm ich erstaunt das Frisiertuch, das ein zartdenkender Grundausstatter zu meiner Versöhnung mit der Welt des Musiktheaters gewählt zu haben schien. Andrea Ehlerts beheimatende Anwesenheit und ihre rettenden Ausrüstungen, die Schreib- und Kosmetikkoffer, ihre ermunternden Hinweise zu Vorräten statten mein Wolfenbüttel aus, und froh war und bin ich, mich in meinem Urteil über die gelassene Zugänglichkeit der Pfeifenraucher bestätigt zu finden, wenn ich Karl Ermert treffe.

Ich habe, ein Mensch im Gespräch unterwegs auf dem baumbestandenen Gelände der Bibliothek, gerade da, wo einst das achte Weltwunder, die sparsam aus Holz errichtete Bibliotheksrotunde, stand, die mich an meine Augenblicke im römischen Pantheon hätte erinnern können – und es schneite herein! – ich habe als dieser beiläufig pathetische Wolfenbüttler Gast aus dem feuchten Gras eine verheißungsvoll glänzende Kastanie aufgehoben. Der Freund und Kontrahent vieler kritischer Übungen, Lutz Arnold, erinnert sich vielleicht. Ich habe mit einem ähnlich berückenden Gefühl jene zurecht berühmte Tafel studiert, mit der das Haus bezeichnet wird, in dem Lessing ein Jahr glücklich war. Und manches Mal wurde ich in Hoffmeisters Antiquariat von einem verirrten Sonnenstrahl getroffen, wenn ich mein Glück fassen wollte.

Mit dieser stillen Pointe will ich von dem anekdotischen Teil, der die bedenkenswerte wie bedenkliche Tendenz hat, unser Leben zu beanspruchen, zu dem sogenannt wirklich Wichtigen übergehen, obwohl es zunächst gar nicht so klingen mag. Nach der Wahl des ersten Fachbereichsleiters Literatur unter etlichen Bewerbern, Hartmut Kasper, erwähnte dieser neue Mitarbeiter, heute sei übrigens sein dreißigster Geburtstag. Das Merkwürdige nun war, dass er auch später immer einen Geburtstag zu vermelden hatte, von Menschen, von Ideen, Ereignissen, ja Sensationen. In ihm lernte ich, am Ende jener dafür inzwischen berühmten 80er Jahre, einen Protagonisten der Leichtigkeit des Seins kennen und bewundern, die unser Problembewusstsein alt aussehen ließen.

Ein bisschen von dieser alltäglichen Festlichkeit (ich erinnere an das Frisiertuch) gehörte zum Gründungsgeist der Bundes-

Hugo Dittberner, geb. 1944, Dr. phil., lebt und arbeitet schriftstellerisch in Echte; als Mentor der Autorenförderung „Das zweite Buch" hat er an der Bundesakademie von 1993 bis 2008 Programme erfunden und betreut, die jungen Schriftstellern den Weg in das literarische Leben ebneten. Ehrenbürger der Bundesakademie seit 2005.

akademie für kulturelle Bildung, und wer will, kann in der Würde des erarbeiteten Begriffs der Multiplikatoren als ihrer, der Bundesakademie, Zielgruppe noch ein Fortwirken lustvoll ersonnener Schneeballsysteme ausmachen. Das Glamouröse und Abhebende dieses Geistes, das die kontinuierliche Arbeit, das eigentliche Schaffen in Frage stellen könnte, hat sich in der Praxis der Akademie und ihrer fünf Fachbereiche mit so viel Seriosität, Information, Technik, Kompetenz, Vielfalt und auch mit Fürsorge verbunden, dass die Bundesakademie eine anerkannte und gern genutzte Institution geworden ist.

Der Verband deutscher Schriftsteller hatte mich damals gebeten, im Beirat einen Ausbildungsgang für Schriftsteller an der Bundesakademie anzuregen; denn den gab es in der alten Bundesrepublik nicht, jedenfalls nicht in dem Maße wie am Leipziger Johannes R. Becher-Institut der DDR. Kasper und ich entwarfen nach einem dreitägigen Symposion mit Schreib-Lehrern aus Europa ein Konzept und legten es dem Literatur-Fonds in Darmstadt als Antrag zur Förderung vor; scheiterten aber am ruhigen Besserwissen etablierter Leute. Das Projekt wäre vergessen worden, wenn nicht der neue Direktor, Professor Gotthard Frühsorge, an der Idee, nun nicht der Aus-, sondern, nach der Einheit, einer Autoren-Fortbildung festgehalten und Linda Engelhardt von der Stiftung Niedersachsen dafür gewonnen hätte, die dies Projekt mit Elan und Noblesse zu dem ihren gemacht hat.

Das Förder-Projekt „Das zweite Buch" für Autoren, das im Wechsel vier durch eine Jury ausgewählte Schriftsteller in den Sparten Prosa, Lyrik, Essay bei ihrer Arbeit an den „Zweitlingen" finanziell und mit drei Kolloquien hier in Wolfenbüttel zu unterstützen versucht, habe ich im ersten Prosa-Jahr, 1993, betreut; Heinz Kattner übernahm diese Aufgabe im folgenden ersten Lyrik-Jahr; und seitdem, seit dem ersten Essay-Jahr, bis ins jetzige 13. Jahr, einem Prosa-Jahr, bin wieder ich es, der zu dieser schönen Übung nach Wolfenbüttel kommt. Oft haben wir das Projekt vorgestellt, bedacht, formuliert, in Dokumentationen präsentiert, auch evaluiert und, natürlich nicht mehr als behelfsweise, Ziele wie Modernisierung, Professionalisierung der Autoren, Information und Bildung vor allem auch junger Leser in öffentlichen Veranstaltungen, proklamiert. Im Kern geht es um kritische Lektüren und grundsätzliche Gespräche zu neu entstehenden (zweiten) Büchern: um Lessing-Tage hier in Wolfenbüttel, die den Stipendiaten bei der Verwandlung in

Autoren, die Autoren bleiben, helfen und zum literarischen Leben Wolfenbüttels, Niedersachsens, ja ganz Deutschlands in Europa beitragen möchten ..."

Nun sind, wie angedeutet, die Jahre des „Zweiten Buchs", noch in der Fortsetzung mit Olaf Kutzmutz, und auch des parallel zehn Jahre von Lutz Arnold einberufenen und, auch kulinarisch, geleiteten „Literarischen Collegiums" schon wieder seit Jahren Vergangenheit, Teil der inzwischen 25jährigen Geschichte der Bundesakademie Wolfenbüttel; unvergessene Lessing-Tage mir. Glück auf! also wünsche ich der Bundesakademie für kulturelle Bildung in Wolfenbüttel weiterhin.

Mit der Zeit erzählen? fragt er

MARCEL BEYER · HEINER EGGE

GUNDI FEYRER · YOKO TAWADA

Das zweite Buch

herausgegeben von
Hugo Dittberner
in Zusammenarbeit mit
Andrea Ehlert und Linda Anne Engelhardt

WALLSTEIN VERLAG GÖTTINGEN

Geburtstagsbrief
Gedankenspiel

Eine Legende die Akademie Kultur in Wolfenbüttel in alle Welt Bildung
Sehr empfehlenswert Liebesgrüße Liebesbriefe Gästebuch im Gästehaus Willkommen
Schlossmusik Barockstruktur Musenkuss und Musentreff Magie der Museumskönner
Mittel und Methoden mit System Profis brauchen Handwerkszeug Werkzeugkasten
Fundgrube Fundus Lexikon Archiv und Sammlung Magnet Palette Farbenzauber Dynamo
Katalysator Sternstunden dazu gelernt Skizzen und Szenarien Ordnung schaffen Zuordnen
Anordnen Versprechen Grundlagen Zukunft Vision Auftritte und Modelle
Verschwörung mit dem Herzen Kreative Kompetenzen mit leichter Hand QUAM
Querverweise Austausch Qualitäten Superheld Superlativ Sinn und Sinnlichkeit Sinnieren
Ausblick Einblick Durchblick Ausdruck Eindruck Golden Goal Zielbaum Zielgerade
Abweichung und Nebengleise Umwege Holzwege Hauptwege über den Tellerrand wo geht
es lang neue Richtung orientalisch musikalisch Spuren legen Reiseleiter und Begleiter
Weggefährten Mitstreiter Zusammengehen Mitgehen Fortkommen Meilensteine
Entstehen Entwickeln Beobachten Beachten Blicke schärfen Betrachten Bilden Abbilden
Nachbilden Bebildern Wertschätzen und Vermitteln Mitteilen Hören Machen Einbilden
Arbeiten Umbauen Frisch gewagt bad girls bad boys Leckerbissen Schnapsideen
Geistesfutter Götterspeise Lebenskünste unentdeckt geheimnisvoll Offenbarung
Geniestreich Klassiker Gostwriter Tagebücher polyphon denkbar Fantasie Raum und Zeit
erforschen Erinnerung Gedächtnis Speicher Erkenntnis Gewinnen Verflechten Verknüpfen
Betören Verführen Mitreißen Freundschaft Freunden begegnen Menschenkenner Mehrwert
Masterplan A B und das hohe C Denkfabrik kluger Kopf Kopfgeburten Praxisfelder
Vom Denken zum Machen Reformen Beim Machen neu Denken Gedankensprünge
Gedankenkraft Courage Schaffenskraft Ideen Quelle Innovationen Sprudel Gedanken Reise
Emotionen Glücksgefühle Konzentration Ruhe Gelassenheit durchdenken mitdenken
nachdenken vordenken umdenken debattieren formieren diskutieren schlafen träumen
Okerrauschen Gedankenrausch Gedankenfluss Versunkenheit Vertiefung Wahrnehmen
Utopien Entdeckungen Lichtblick Gedankenblitze Strahlkraft Ausstrahlung Wirkungsweise
Außenwirkung Selbstbewusstsein Alltag Festtag Systematik Analyse Plattform Form
Gestaltung neue Bildformate Kombinationen Konstruktionen Kollektionen Kontext und
Verbundenheit Besucherforschung Museumsarbeit Hut ab vor Geschichten universell
individuell parallel Handschlag für die Kunst Klangfarben Farbklänge Flügelschläge
Zuspielen Mitspielen Luftikus Atmosphären Authentisch Absichtsvoll Facettenreich im
Fokus Spektral Zentral Dezentral Vielfalt Differenz Aussicht Nachsicht Nachhalt
Ihr seid Helden Unschlagbar Gut Ihr gebt alles Ihr könnt alles weiter so
Gratulation 25 Jahre Danke schön!

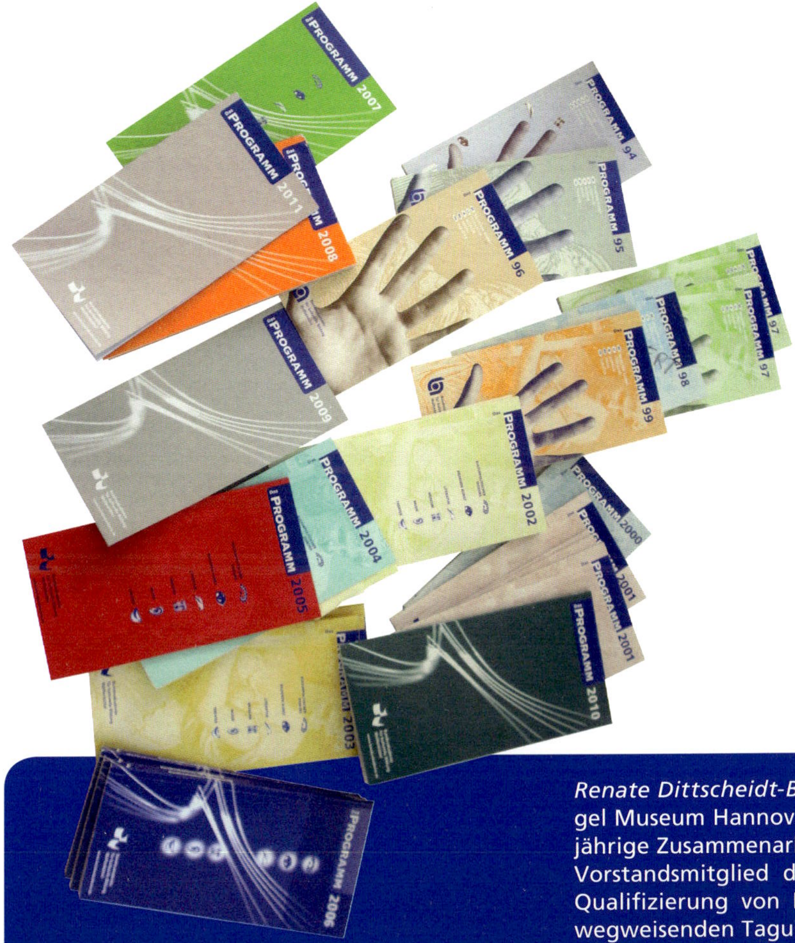

Renate Dittscheidt-Bartolosch, M.A., war 26 Jahre Museumspädagogin am Sprengel Museum Hannover. Mit der Bundesakademie Wolfenbüttel verbindet sie langjährige Zusammenarbeit im Fachbereich Museum. Als Teilnehmerin, Dozentin und Vorstandsmitglied des Bundesverbands Museumspädagogik wirkte sie bei der Qualifizierung von Museumspersonal mit, im Zertifikatlehrgang QuAM und in wegweisenden Tagungen zur Kommunikation und Bildung in Museen der Bundesakademie Wolfenbüttel. info@kindermuseum-hannover.de

........AB DANKE IDEE MUS..AB DANKE EIDES UM..AB DANKE DIESE UM...

liegt man in der bundesakademie endlich im bett

meins, sagt der gedanke
                                        eins, sagt er
frisch hüpft er
mit den flügeln: hüpft
übers hirnbeet
letzte kontrolle: schon flügge
meinst, sagt er, einst
                    sagt er: gehörte ich dir
jetzt bin ich
ich, sagt er, mit stolzgeschwellter
brust
                    eis sagt er
meise sagt er, und zeigt sie dir
lachend, krachend: verwirrt
und enthüpft ...

entschlüpft, schnauft, schlauft ...

säusle nur, liebe mühle
saus

Bettbezug aus dem Gästehaus

Ulrike Draesner, geboren 1962, Dr. phil., studierte in Deutschland und England. Sie lebt als freie Autorin in Berlin. Ihr Werk umfasst Romane, Erzählungen, Gedichte, Essays und Übersetzungen aus dem Englischen und Französischen. Zuletzt erschienen: Richtig liegen. Geschichten in Paaren, Erzählungen (2011)„Vorliebe“, Roman (2010), „Schöne Frauen lesen“, Essays (2007) und der Gedichtband „berührte orte“ (2008). Draesner hat für ihr Werk zahlreiche Auszeichnungen erhalten, zuletzt den Literaturpreis Solothurn (2010). www.draesner.de

.......AB DANKES IDEE UM..AB KAUEND DIESEM...AB KAUEND DEM SEI...

Lehrer, die wir laufen ließen

Kutzmutz ist an allem schuld. Kutzmutz, Dr. Olaf Kutzmutz, von der Bundesakademie für kulturelle Bildung Wolfenbüttel. Er sprach mich an. Ob ich nicht ein Seminar geben könne. Wie man Kolumnen und Glossen schreibt. Hmmh. Warum sollte ich das tun? Ich bin kein Lehrer, ich fühle mich nicht berufen. Mein Vater war Lehrer, mein älterer Bruder ist es noch. Das pädagogische Potential der Familie sollte damit ausgeschöpft sein. Aber Herr Kutzmutz, der Fachbereichsleiter Literatur, ist sehr freundlich. Und hartnäckig. Und der Termin, den er vorschlägt, ist noch so weit weg. Über ein Jahr noch. Das klingt ungefährlich. Und dann heißt Herr Kutzmutz eben Kutzmutz. Wenn einer Kutzmutz heißt, wird er das Wort *nein* nicht oft hören müssen. Kutzmutz bittet, und die Welt willfährt.

Ich jedenfalls willfuhr und sagte zu. Das Jahr verging äußerst rasch, und plötzlich saß ich im Zug nach Wolfenbüttel. Lehrer für zwei Tage sollte ich sein, von Freitag Nachmittag bis Sonntag Mittag. Und das im Mai 2002, wo doch nichts mehr war wie früher! Seit dem Elftenseptember ist ja alles sowas von ganz anders, aus jedem Kopf heult und quasselt es heraus, Verstand, soweit vorhanden, wurde als Grabgebinde fortgeworfen. Dann aber lief ein Erfurter Schüler Amok, und schon wieder war nichts mehr, wie es nie gewesen war. Die ausgestellte Trauer durchreisender Wahlkämpfer allerdings wurde tatsächlich noch dicker und öliger aufgetragen als gemeinhin üblich.

Und in solchen Zeiten wollte ich, wenn auch nur für ein Wochenende, ein Lehramt antreten? War ich lebensmüde? Focus, das Magazin für avancierten Frettchenjournalismus, titelte: „Die Angst der Lehrer – Wie Pädagogen die Schule als täglichen Albtraum erleben". Das organisierte Selbstmitleid war zum Speien. Andererseits: Ist es nicht begrüßenswert, dass Leute wie Helmut Markwort jetzt sogar Angst vor Kindern haben?

Zur Einstimmung auf meine Arbeit las ich Elias Canetti „Masse und Macht", das Kapitel über den Befehl: „Die Befehlsempfänger, denen am gründlichsten mitgespielt wird, sind Kinder. Daß sie unter der Last von Befehlen nicht zusammenbrechen, daß sie das Treiben ihrer Erzieher überleben, erscheint wie ein Wunder. Daß sie es alles, nicht weniger grausam als jene, später an ihre eigenen Kinder weitergeben, ist so natürlich wie Beißen und Sprechen. Aber was einen immer überraschen wird, ist die Unverletztheit, mit der sich Befehle aus der frühesten Kindheit erhalten haben: Sie sind zur Stelle, wenn die nächste Generation ihre Opfer vorschickt. An keinem Befehl ist ein Jota anders geworden; sie könnten vor einer Stunde erteilt worden sein, und doch ist es in Wirklichkeit zwanzig, dreißig oder noch mehr Jahre her. Die Kraft, mit der das Kind Befehle empfängt, die Zähigkeit und Treue, mit der es sie bewahrt, ist nicht ein individuelles Verdienst. Intelligenz oder besondere Begabung haben damit nichts zu schaffen. Jedes, auch das gewöhnlichste Kind, verliert und vergibt keinen der Befehle, mit denen es mißhandelt wurde."

Fuhr ich nach Wolfenbüttel, um mich zu rächen? Für Lehrer, die in der ersten Stunde des neuen Schuljahrs grinsend vor die Klasse traten und fragten: „Wo sind die Sitzlinge? Sitzlinge heißen Sitzlinge, weil sie bei mir in der ersten Reihe sitzen. Hahaha!" Und dann mussten, unter dem Grienen und Feixen solcher Pädagogen, die im Vorjahr sitzen gebliebenen und neu in die Klasse gekommenen Schüler in die erste Reihe umziehen, vor den Augen aller anderen. Nur darum ging es: demütigen, klein machen, kaputt kriegen, das Mütchen kühlen. Ich habe das nicht selbst aushalten müssen, aber schon dabeizusitzen und zu erleben, wie jemand gebrochen werden sollte und brach, reicht für ein ganzes Leben. Das vergisst man nicht, und das verzeiht man nicht. Wozu auch?

Wir haben sie laufen lassen, alle. Wir schossen nicht und hätten das, außer in Gedanken, auch nie getan. Waren wir so großartige Humanismuskandidaten, randvoll mit all den guten Werten, über deren Verlust permanent gejammert wird? Keine Spur. Wir wussten aber: Das Leben ist, trotz solcher Quäler, doch viel zu verheißungsvoll, um es sich für immer zu versauen. So befreiend es gewesen wäre: Das war es nicht wert. Die Typen überleben und dann nichts wie weg – so ging es. Nicht alle Mitschüler haben das geschafft, einige blieben auf der Strecke, zur Strecke gebracht.

In Wolfenbüttel traf ich auf elf Erwachsene, darunter Herrn Kutzmutz, der für mich das Seminar leitete. Er machte den bösen Bullen, ich den guten. Sünden der Pädagogik wurden keine begangen. Ich rächte mich für nichts, nicht einmal an einem Kursteilnehmer, der mir so unsympathisch war wie ich ihm. Der Mann war ein pensionierter Lehrer.

Wiglaf Droste, geboren 1961 in Herford / Westfalen, ist Schriftsteller, Sänger und Vorleser, war Redakteur in Berlin (taz) und Frankfurt am Main (Titanic), veröffentlicht seit 1989 Bücher, Hörbücher und Musik-CDs, arbeitet als Sprachforscher fürs Radio, trägt seine Texte solo oder musikgestützt auf Bühnen im deutschsprachigen Raum vor und gibt seit 1999 gemeinsam mit dem Meisterkoch und Autor Vincent Klink die literarkulinarische Vierteljahresschrift 'Häuptling Eigener Herd' heraus. 2003 erhielt er den Ben Witter-Preis, 2005 den Annette-von Droste-Hülshoff-Preis, 2009 war er Stadtschreiber zu Rheinsberg. Droste lebt in Berlin. Leipzig oder unterwegs.

Kulturelle Bildung als politischer Auftrag. Ergebnisse der Enquete-Kommission „Kultur in Deutschland"

1979 veröffentlichte Pink Floyd das Album *The Wall*. Es sollte zu einem der erfolgreichsten Alben der Popgeschichte werden. *The Wall* erzählt die Geschichte des jungen Mannes Pink, der aufgrund der Überbehütung durch seine Mutter und der Abwesenheit seines im Krieg gefallenen Vaters sowie der Grausamkeit der Lehrer in seiner Kindheit eine imaginäre „Mauer" um sich herum errichtet, die ihn vor äußeren emotionalen Einflüssen schützen soll. Nachdem er die Mauer aufgebaut hat, verzweifelt der junge Mann an seiner Existenz, weil er durch sie von sozialen Kontakten weitgehend abgeschirmt ist. Dieses Beispiel soll verdeutlichen, was wir seit den 1970er Jahren wissen. Das Thema kulturelle Bildung geht weit über die Aufgabe hinaus, die Theatergänger der Zukunft möglichst früh an Kultureinrichtungen heranzuführen. Es geht um Persönlichkeitsentwicklung.

Die Enquete-Kommission „Kultur in Deutschland" des Deutschen Bundestages hat in einem von insgesamt sieben Schwerpunkten das Thema kulturelle Bildung ausführlich betrachtet und die Relevanz der kulturellen Bildung für die Entwicklung eines Menschen wie folgt beschrieben:

„Durch kulturelle Bildung werden grundlegende Fähigkeiten und Fertigkeiten erworben, die für die Persönlichkeitsentwicklung des jungen Menschen, die emotionale Stabilität, Selbstverwirklichung und Identitätsfindung von zentraler Bedeutung sind.[...] Sie fördert *soziale Handlungskompetenz* und Teilhabe und qualifiziert den Menschen für neue gesellschaftliche Herausforderungen."

Aus der Perspektive der sozialen Gerechtigkeit stellt sich nach dieser Definition die Frage nach der Teilhabe an kultureller Bildung. Der französische Soziologe Pierre Bourdieu hat darauf hingewiesen, dass materieller Besitz, also ökonomisches Kapital nicht das einzige Kriterium für soziale Ungleichheit ist. Auch soziales, symbolisches und kulturelles Kapital tragen dazu bei. Kulturelles Kapital umfasst Kultur und Bildung und ist in der Regel durch eine ungleiche Verteilung gekennzeichnet, weil nicht alle Familien in die Bildung der Kinder gleich viel an Kapital „investieren" können. Für Bourdieu setzen diejenigen ihre Spielregeln durch und legen fest, welche Kultur eine legitime ist und welche nicht, die über kulturelles Kapital verfügen. Das hat Folgewirkungen, die sich spätestens im Berufsleben durch höheres Einkommen und andere Privilegien auszeichnen (um dann erneut als kulturelles Kapital wieder eingesetzt zu werden – ein sich selbst erhaltendes System also). Kulturelles Kapital kann meiner Ansicht nach mit kultureller Bildung eben auch auf andere Weise erworben werden. Damit wird Teilhabe an kultureller Bildung zu einer Frage der sozialen Chancengleichheit, die uns als Sozialdemokraten besonders am Herzen liegt. Aus der Perspektive der sozialen Gerechtigkeit muss es darum gehen, unabhängig vom Geldbeutel der Eltern kulturelle Teilhabe durch kulturelle Bildung zu gewährleisten.

Diese Erkenntnis ist keinesfalls neu: In den 1970er Jahren prägten SPD-Kulturpolitiker das Motto „Kultur für alle“. Reflektieren wir jedoch selbstkritisch diesen Anspruch, dann stellen wir fest, dass wir von seiner Einlösung weit entfernt sind. Die Studie „Die kulturelle Spaltung der Gesellschaft“ aus dem Jahr 2005 macht dies deutlich: 45 Prozent der Deutschen waren noch nie in einem Konzert oder in einem Theater, 24 Prozent besuchen selten kulturelle Veranstaltungen. Besonders seltene Besucher sind Hauptschüler. Hier haben 48 Prozent noch nie eine Kultureinrichtung besucht. Angesichts dieser Zahlen wird deutlich, dass die Frage der Teilhabegerechtigkeit im Bereich der kulturellen Bildung nicht nur Sache der Eltern ist, sondern auch ein politischer Auftrag sein muss. Was ist also zu tun, um Teilhabe zu ermöglichen? Zwei Punkte scheinen mir wichtig, um kulturelle Bildung zu stärken: Die Verantwortlichkeiten in unserer föderalen Ordnung und strukturelle Maßnahmen, die nach Ansicht der Enquete ergriffen werden müssen.

Zu den Verantwortlichkeiten in der föderalen Ordnung

Die Zuständigkeit für die kulturelle Bildung liegt gemäß unserer föderalen Ordnung bei den Ländern. Sie haben die Verantwortung für die Schulen und zusammen mit den Kommunen gewährleisten sie die

Siegmund Ehrmann, MdB; verheiratet, 1 Kind; Diplom-Verwaltungswirt; Kulturdezernent der Stadt Moers a.D.; seit 2002 Mitglied des Bundestages; 2003–2007 Sprecher für die SPD-Bundestagsfraktion und stellvertretender Vorsitzender in der Enquete-Kommission „Kultur in Deutschland“; 2005–2009 stellvertretender Vorsitzender im Ausschuss für Kultur und Medien; seit 2009 Sprecher der Arbeitsgruppe für Kultur und Medien der SPD-Bundestagsfraktion; seit 2009 Beauftragter der SPD-Bundestagsfraktion für Kirchen und Religionsgemeinschaften. Seit 2009 Mitglied des Beirates der Bundesakademie für kulturelle Bildung Wolfenbüttel.

kulturelle Infrastruktur wie etwa Musikschulen, Jugendkunstschulen und Bibliotheken. Jugendfördergesetze in den Ländern regeln die Förderung der Kinder- und Jugendbildung, die alle künstlerischen Sparten umfassen. Gesetzliche Regelungen zu außerschulischen kulturellen Bildungseinrichtungen existieren in der Mehrheit der Länder nicht. Meist werden sie aufgrund von Richtlinien gefördert.

Der Bund hat nur wenige Kompetenzen auf dem Gebiet der kulturellen Bildung. Mit der Föderalismusreform hat sich der Bund weitgehend aus dem Bereich der Bildung zurückgezogen. Gleichwohl regelt das Kinder- und Jugendhilfegesetz im SGB VIII die Kompetenzen des Bundes im Bereich der kulturellen Bildung. Das Sozialgesetzbuch ist auch die Grundlage für den so genannten Kinder- und Jugendplan des Bundes, mit dem der Bund z.B. Träger kultureller Jugendbildung oder das Freiwillige Soziale Jahr Kultur fördert.

Darüber hinaus ist die kulturelle Bildung in Bund und Ländern unterschiedlichen Ressorts zugeordnet. So wird sie zum Teil in der Jugend-, zum Teil in der Bildungs- und zum Teil in der Kulturpolitik angesiedelt. Die Enquete-Kommission hat diese Aufteilung kritisch beurteilt. „Reibungsverluste" zwischen den Ressorts stehen den vielfältigeren Fördermöglichkeiten gegenüber. Eindeutig positioniert hat sich die Enquete-Kommission in der Frage von gesetzlichen Regelungen. Hier empfiehlt die Kommission den Ländern das Bibliotheks- und das Musik- sowie Jugendkunstschulwesen aus dem Status der „freiwilligen Leistung" herauszuführen und zu einer pflichtigen Selbstverwaltungsaufgabe zu erklären. Thüringen hat diese Anregung bereits aufgegriffen und ein Bibliotheksgesetz verabschiedet. Allerdings schrecken die meisten Länder davor zurück, weil es mit zusätzlichen finanziellen Mitteln verbunden ist.

Angesichts dieser Situation wird es in Zukunft mehr darum gehen, die Kräfte aller föderalen Ebenen zu bündeln. Ein gutes Beispiel ist das Projekt „Jedem Kind ein Instrument" kurz *Jeki*. *Jeki* stellt jedem Kind ein Instrument zur Verfügung und holt die Musikschullehrer zum Unterricht an die Grundschulen. Familien mit geringem Einkommen sind von den Gebühren befreit. Der Bund unterstützt das Projekt über die Kulturstiftung des Bundes (KSB) und ermöglichte dadurch, *Jeki* auf das ganze Ruhrgebiet auszudehnen. In meiner Heimatstadt Moers wird

Jeki auch angeboten und dort ist es ein unglaublicher Erfolg: 90 Prozent der Kinder bleiben nach dem ersten Schuljahr dabei.

Strukturelle Maßnahmen zur Förderung der kulturellen Bildung

Die Enquete-Kommission hat neben den Handlungsempfehlungen, die sich auf den rechtlichen Rahmen und auf die finanzielle Stärkung der kulturellen Bildung beziehen, auch Maßnahmen empfohlen, die ohne große finanziellen Anstrengungen zu erreichen sind. Im Bereich der Früherziehung etwa wünscht sich die Kommission neben einem kostenfreien Eintritt zu öffentlich geförderten Kultureinrichtungen eine bessere Zusammenarbeit zwischen Kindertagesstätten und Kultureinrichtungen. Im Bereich der schulischen Bildung stellt die Kommission fest, dass häufig ein Umsetzungsproblem besteht. So sind Fächer wie Musik oder Kunst besonders stark vom Unterrichtsausfall betroffen, an vielen Schulen müssen sich Jugendliche ab einer bestimmten Klassenstufe zwischen zwei Fächern wie Musik oder Kunst entscheiden und Fächer der kulturellen Bildung sind in manchen Ländern nicht als Abiturfach zugelassen. Zur Abhilfe dieser Umsetzungsprobleme empfiehlt die Kommission den Ländern bundesweite Bildungsstandards für die kulturelle Bildung zu definieren. Dazu zählt auch die Anerkennung von Fächern der kulturellen Bildung als Abiturfach sowie die Etablierung anderer künstlerischer Ausdrucksformen wie Film, Architektur, Design oder Neue Medien als eigenständiges Schulfach. In der Schule gibt insbesondere das Ganztagsangebot die Möglichkeit der Kooperation mit außerschulischen Kultureinrichtungen wie der Bibliothek, dem Theater oder aber wie bei *Jeki* mit der Musikschule. Ferner können Begegnungen mit Künstlern in der Schule ermöglicht werden, vorbildhaft nennt die Kommission die Niederlande. Dort werden regelmäßige Exkursionen in außerschulische Kultureinrichtungen vorgenommen, es gibt spezielle Schülerpässe für Preisnachlässe bei Kultureinrichtungen und es werden Kulturgutscheine für Kleinkinder ausgegeben. Ähnliche Projekte existieren in Großbritannien und in Norwegen.

Es gibt bei der außerschulischen kulturellen Bildung politische Steuerungsmöglichkeiten, die mit verhältnismäßig wenig zusätzlichen Mitteln umgesetzt werden können. So könnten z.B. öffentlich geförderte Kultureinrichtungen in den Bewilligungsbescheiden verpflichtet werden, kulturelle Bildungsangebote für Kinder und Jugendliche zu entwickeln und nachzuweisen. Schließlich sollten auch im Bereich der interkulturellen Bildung neue Akzente gesetzt werden. Interkulturelle Kompetenz ist in einem Einwanderungsland wie Deutschland wichtig für unser Zusammenleben. Gemeinsames Musizieren oder Theaterspielen baut Vorbehalte vor dem „Fremden" ab und fördert die Integration. Die öffentliche Bibliothek ist die Kultureinrichtung, die besonders stark von Migranten genutzt wird. Dabei stellt die Enquete-Kommission jedoch fest, dass immer noch zu wenig über das Sprech- und Leseverhalten sowie die Medienkompetenz von Migrantenkindern bekannt ist. Hier besteht erheblicher Forschungsbedarf. Wünschenswert wäre ferner eine stärkere Präsenz von Migranten als Akteure in Kultureinrichtungen.

Der Bericht der Enquete-Kommission wurde dem Deutschen Bundestag 2007 übergeben. Papier ist geduldig, heißt es so schön. All die Wünsche und Empfehlungen der Kommission sind ehrenwert, sie müssen sich aber letztendlich in der Praxis beweisen, zu der die politische Praxis maßgeblich dazugehört. Unabhängig von den einzelnen Empfehlungen halte ich eines für besonders wichtig: Kulturelle Bildung muss verstärkt in die politische und gesellschaftliche Aufmerksamkeit rücken. In der „Potsdamer Erklärung" der Konferenz der kultur- und medienpolitischen Sprecherinnen und Sprecher der SPD aus den Ländern, dem Bund und Europa haben wir folgendes beschlossen:

„Die Bildungspolitik muss zwingend den Aspekt der kulturellen Bildung und die Förderung der Medienkompetenz einschließen. Die kulturelle Bildung ist die zentrale Aufgabe der nächsten Jahre. Kunst, Musik und der Umgang mit den neuen Medien müssen in den Kindertageseinrichtungen und Schulen sowie in der Erzieher- und Lehrerausbildung integraler Bestandteil sein. Das sind die Orte, an denen Menschen ihre künstlerischen und kreativen Fähigkeiten entwickeln."

(www.siegmund-ehrmann.de/downloads/2010_09_03_pm_kum_sprecher_konferenz.pdf)

Ich möchte meinen Beitrag dazu leisten und werde mich weiterhin dafür engagieren.

Wolfenb. Zeitung 14. 10. 85

Bund Bildender Künstler (BBK) zur Bundesakademie:

„Staatsgeheimnis lüften"

Niedersächsische BBK-Delegierte tagten im Schloß

„Wir wollen Bewegung in eine Entwicklung bringen, die etwas eingefroren ist", erklärte Hans Manhart vom Bund Bildender Künstler (BBK) Niedersachsen am Sonnabend. Der BBK hatte sich das Schloß als Tagungsort für eine außerordentliche Delegiertenversammlung ausgesucht und das aus gutem Grund: „Auch symbolisch wollten wir deutlich machen, daß wir als Gründungsmitglied für die dritte Bundesakademie unsere Arbeit vor Ort aufnehmen." Keine Resolution stand am Ende der Tagung, dafür ein Absichtsprogramm.

„Es wird langsam Zeit, daß die Planung transparent wird und daß die Planung auch auf unsere inhaltlichen Wünsche abgestimmt wird", meinte Hans-Jürgen Zimmermann, der nun einer am Sonnabend konstituierten achtköpfigen Kommission angehört, die das „Staatsgeheimnis Bundesakademie in Wolfenbüttel" (Originalton Manhart) lüften möchte. Denn der in Niedersachsen 728 und bundesweit 8 500 Mitglieder zählende BBK fühlt sich in einem Informationsdefizit.

Trotz einiger Bemühungen war es dem niedersächsischen BBK nicht gelungen, Einblicke in neueste Planungsunterlagen beim Staatshochbauamt zu erhalten. So will die neugegründete Kommission beim niedersächsichen Ministerium für Wissenschaft und Kunst um Einblicke in Planungsunterlagen bitten. Gleichzeitig wird sie auch bei den BBK-Mitgliedern, den insgesamt 22 Verbänden und den außerdem beteiligten Ländern Hamburg, Schleswig Holstein und Berlin nach deren Ansichten fragen.

Im Hintergrund steht dabei ein schon existentes Raumkonzept des BBK und ein nun fixiertes Aufgabenspektrum einer dritten Bundesakademie mit Standort Wolfenbüttel. Denn nach Ansicht des BBK wäre jetzt der bildenden Kunst ein größerer Raum einzuräumen. Vier Schwerpunktbereiche legten die 40 Delegierten am Sonnabend fest: Kooperatives Gestalten und Kunst im öffentlichen Raum, Erwachsenen- und Jugendkulturarbeit, Kunst und Therapie sowie Kunstvermittlung. Der BBK, der sich für eine Verbesserung der Kultur- und Kunstförderung einsetzt, hat dabei auch die Erschließung neuer Berufsfelder im Auge.

„Wir müssen darüber nachdenken, ob die bestehende Konzeption verändert werden muß." Dazu soll noch im Winter dieses Jahres oder im Frühjahr des kommenden ein Initiativausschuß aller beteiligten Verbände zusammenkommen. Bis dahin arbeitet die Kommission — auch in Wolfenbüttel. Ein Angebot der Stadt liegt bereits vor, in Wolfenbüttel am Schiffwall ein ständiges Büro einzurichten.

ds

Am Sonnabend trafen sich die Delegierten des BBK Niedersachsen im Schloß zum Thema Bundesakademie. Dabei wählten sie eine Kommission, der nun Ursula Aniszewski (Lüneburg), Dagmar Brand (Hannover), Thomas Berger (Braunschweig), Lucy Hillebrand (Göttingen), Hans Manhart (Braunschweig), Hans-Joachim Sacht (Oldenburg), Hans-Jürgen Zimmermann (Hannover) und Wilfried Wolf (Osnabrück) angehören.

Foto: Dirk Sarnes

Siehe auch Beitrag von Wilhelm Schmidt.

„... das ist wunderbar und bleibt“

Von 1993 bis 2008 war die Bundesakademie für kulturelle Bildung Wolfenbüttel literarische Heimat des „Autoren-Förderungsprogramms – Das Zweite Buch“, 1995 bis 2004 traf sich hier das „Literarische Collegium“ – beides im Rahmen des Literatur-Förderungsprogramms der Stiftung Niedersachsen. Hier entstand ein Netzwerk bemerkenswerter Menschen, die die Gastfreundschaft der Akademie nicht vergessen werden. „Glückwunsch zum Jubiläum!“ rufe ich im Namen aller Frauen und Männer, die als Juroren, Stipendiaten, Referenten, Collegiaten und Begleiter dabei waren:

Autorenförderung

2008 Prosa · HUGO DITTBERNER · MARCEL BEYER · ULRIKE DRAESNER · DAGMAR LEUPOLD · JULIA SCHOCH · DANIELA DANZ · YORCK KRONENBERG · SVENJA LEIBER · STEFFEN POPP · KATJA LANGE-MÜLLER · MEIKE FESSMANN · MICHAEL REUDENBACH · KARLA MEHRTENS · **2007 Essay** · HUGO DITTBERNER · HEINZ LUDWIG ARNOLD · ANGELIKA OVERATH · FRANZ SCHUH · STEFAN WEIDNER · JÜRGEN BRÄUNLEIN · JÜRGEN BRÔCAN · CHRISTINA GRIEBEL · JAN KUHLBRODT · BRUNO BINGGELI · RALPH DUTLI · MEIKE FESSMANN · THOMAS LANG · KARLA MEHRTENS · OLAF NICOLAI · ANGELIKA OVERATH · CHRISTIAN PFEIFFER · **2006 Lyrik** · HUGO DITTBERNER · FRANZ JOSEF CZERNIN · STEFFEN JACOBS · MONIKA RINCK · LUTZ SEILER · DANIEL FALB · MATTHIAS GÖRITZ · HAUKE HÜCKSTÄDT · AXEL SANJOSÉ · MICHAEL BRAUN · JÖRG BUTTGEREIT · DOROTHEA GRÜNZWEIG · HARALD HARTUNG · KARLA MEHRTENS · HERFRIED MÜNKLER · MATTHIAS PINTSCHER · **2005 Prosa** · HUGO DITTBERNER · ULRIKE DRAESNER · FELICITAS HOPPE · GEORG KLEIN · KATHRIN SCHMIDT · TANJA JESCHKE · JÖRG MATHEIS · CHRISTINE PITZKE · TILMAN RAMMSTEDT · KATHARINA HACKER · WALTER KAPPACHER · HARTMUT KASPER · THOMAS LANG · ANITA LASKER WALLFISCH · JENS LÜPKE · **2004 Essay** · HUGO DITTBERNER · WOLFGANG PAUSER · CLAUDIA SCHMÖLDERS · RÜDIGER SAFRANSKI · MARION TITZE · JOHANNES GROSCHUPF · IRIS HANIKA · STEFAN HEIDENREICH · STEFAN WEIDNER · HUSSAIN AL-MOZANY · HEINZ LUDWIG ARNOLD · STEFAN KROHMER · PETER PÖRTNER · EDITH SEIFERT · STEPHAN WACKWITZ · **2003 Lyrik** · HUGO DITTBERNER · KATHARINA HÖCKER · JOACHIM SARTORIUS · RALF THENIOR · PETER WATERHOUSE · MARION

POSCHMANN · MONIKA RINCK · SILKE SCHEUERMANN · HENNING ZIEBRITZKI · MICHAEL BRAUN · WALTER HELMUT FRITZ · LUDGER GERDES · DAGMAR LEUPOLD · LORENZ WILKENS · RAINER WILLMANN · **2002 Prosa** · HUGO DITTBERNER · JULIA FRANCK · WILHELM GENAZINO · ANNA MITGUTSCH · BURKHARD SPINNEN · PATRICIA GÖRG · CARSTEN PROBST · JULIA SCHOCH · DAVID WAGNER · HEINZ LUDWIG ARNOLD · MAX BAUMANN · INES BODMER · LIANE DIRKS · DANIEL KEHLMANN · PETER KERSTEN · **2001 Essay** · HUGO DITTBERNER · ULRICH HORSTMANN · MICHAEL MAAR · EVA MEYER · ANGELIKA OVERATH · ESKE BOCKELMANN · JÜRGEN GROSSE · JUDITH KLEIN · MARION TITZE · HEINZ LUDWIG ARNOLD · LOTHAR BAIER · NIELS BIRBAUMER · SILVIA FÓMINA · URSULA KRECHEL · GÜNTER GERHARD LANGE · **2000 Lyrik** · HUGO DITTBERNER · ELKE ERB · DOROTHEA GRÜNZWEIG · BARBARA KÖHLER · ILMA RAKUSA · KATHARINA HÖCKER · LUTZ SEILER · FARHAD SHOWGHI · ULF STOLTERFOHT · HANS-JÜRGEN VON BOSE · MICHAEL BRAUN · FRANZ JOSEF CZERNIN · LUDWIG JANUS · WILHELM KLINGENBERG · BRIGITTE OLESCHINSKI · **1999 Prosa** · HUGO DITTBERNER · WEND KÄSSENS · STEFANIE MENZINGER · PERIKLES MONIOUDIS · INGO SCHULZE · KATRIN DORN · ULRIKE DRAESNER · JULIA FRANCK · TIM STAFFEL · HEINZ LUDWIG ARNOLD · BODO CHRIST · ANNE DUDEN · AYŞE ERKMEN · BURKHARD FRENZEL · WILHELM GENAZINO · WEND KÄSSENS · **1998 Essay** · HUGO DITTBERNER · KURT AEBLI · KURT DRAWERT · HANJO KESTING · GISELA VON WYSOCKI · BERND CAILLOUX · MICHAEL MAAR · WOLFGANG PAUSER · BRUNO STEIGER · ULRIKE GROSSART · ULRICH HORSTMANN · ANGELIKA OVERATH · MICHAEL RUTSCHKY · STEFAN SPEICHER · KLAUS WYBORNY · **1997 Lyrik** · HUGO DITTBERNER · ANNE DUDEN · HEINZ KATTNER · BRIGITTE OLESCHINSKI · JÜRGEN THEOBALDY · DOROTHEA GRÜNZWEIG · NORBERT HUMMELT · TOM POHLMANN · ERNEST WICHNER · MICHAEL BRAUN · PETER GOSSE · DIETER M. GRÄF · GERHARD GRÖSSING · FRITZ ALBERT POPP · THOMAS ROSENLÖCHER · DIETRICH E. SATTLER · PETER WATERHOUSE · **1996 Prosa** · HUGO DITTBERNER · MARCEL BEYER · GOTTHARDT FRÜHSORGE · RUTH KLÜGER · HANS JOACHIM SCHÄDLICH · HELLA ECKERT · INGEBORG HARMS · STEFANIE MENZINGER · SABINE PETERS · HEINZ LUDWIG ARNOLD · WERNER BEIWEIS · DORIS GERCKE · ROBERT GERNHARDT · HANJO KESTING · MARIE-JO LAFONTAINE · REINHARD LETTAU · ARBOGAST SCHMITT · **1995 Essay** · HUGO

Linda Anne Engelhardt, 1945 in Kalifornien/USA geboren, in USA und Südfrankreich aufgewachsen. Studium an der University of California und der Georg-August-Universität Göttingen. Berufsstationen: Rundfunkjournalistin, Gymnasiallehrerin, Referentin im niedersächsischen Kultusministerium. 20 Jahre in der Stiftung Niedersachsen tätig, zuletzt als Leiterin der Programmabteilung. Heute ehrenamtlich in den Bereichen Musik, Literatur, Hochschule und Soziales aktiv. Ehefrau, Mutter und Großmutter (lae_celle@t-online.de).

DITTBERNER · INGER CHRISTENSEN · HARTMUT KASPER · W.G. SEBALD · ROLF VOLLMANN · MARTIN AHRENDS · KURT DRAWERT · DURS GRÜNBEIN · FLORIAN FELIX WEYH · HEINZ LUDWIG ARNOLD · LOTHAR BAIER · ANNE DUDEN · WERNER FULD · HELMUT LETHEN · EVA MEYER · DIETRICH E. SATTLER · JÜRGEN VON STACKELBERG · ANDREAS WANG · **1994 Lyrik** · HEINZ KATTNER · MICHAEL HAMBURGER · HARTMUT KASPER · URSULA KRECHEL · PETER WATERHOUSE · HANS EICHHORN · DIETER M. GRÄF · BRIGITTE OLESCHINSKI · SABINE TECHEL · NIELS BIRBAUMER · ALEXANDER VON BORMANN · MICHAEL BRAUN · SIBYLLE CRAMER · FOSCO DUBINI · PETER HAMM · ROBERT HP PLATZ · HUBERT WINKELS · **1993 Prosa** · HUGO DITTBERNER · MARIA GAZZETTI · PAUL NIZON · JOACHIM SARTORIUS · MARCEL BEYER · HEINER EGGE · GUNDI FEYRER · YOKO TAWADA · HEINZ LUDWIG ARNOLD · ANGELA KRAUSS · DAS TRIO JEAN-PAUL · ILKA LAUCHSTÄDT · STEPHAN LOHR · KARL RIHA · TILL ROENNEBERG · DIETER WELLERSHOFF SOWIE HARTMUT KASPER · FRAUKE MEYER-GOSAU · JÖRG BONG · OLAF KUTZMUTZ · ANDREA EHLERT · LINDA ANNE ENGELHARDT

Das Literarische Collegium

HEINZ LUDWIG ARNOLD · MARCEL BEYER · MARICA BODROŽIĆ · BERND CAILLOUX · MARTIN R. DEAN · HUGO DITTBERNER · ULRIKE DRAESNER · ANNE DUDEN · HELLA ECKERT · HANS EICHHORN · ROBERT GERNHARDT · PATRICIA GÖRG · DOROTHEA GRÜNZWEIG · MICHAEL HAMBURGER · ROLF HAUFS · KERSTIN HENSEL · THOMAS HETTCHE · NORBERT HUMMELT · HEINZ KATTNER · DANIEL KEHLMANN · NAVID KERMANI · SARAH KIRSCH · THOMAS KLING · RUTH KLÜGER · BARBARA KÖHLER · UWE KOLBE · ANGELA KRAUSS · DAGMAR LEUPOLD · IRINA LIEBMANN · HUGO LOETSCHER · STEFANIE MENZINGER · STEN NADOLNY · ANDREAS NEUMEISTER · BRIGITTE OLESCHINSKI · ANGELIKA OVERATH · HERBERT ROSENDORFER · HANS JOACHIM SCHÄDLICH · ROBERT SCHINDEL · INGO SCHULZE · W.G. SEBALD · LUTZ SEILER · FARHAD SHOWGHI · JENS SPARSCHUH · MARLENE STREERUWITZ · YOKO TAWADA · BIRGIT VANDERBEKE · PETER WATERHOUSE · GISELA VON WYSOCKI · BEGLEITET VON ANDREA EHLERT UND LINDA ANNE ENGELHARDT

Blick in ein Zimmer im Gästehaus.

Wolf N. Büttel und die überschallschnelle Muse

Dasjenige meiner Seminare an der Bundesakademie, an das ich die lebhaftesten Erinnerungen habe, ist natürlich jenes Wochenende, an dem wir (mein Mitdozent Klaus N. Frick, Olaf Kutzmutz und ich) zusammen mit 15 Teilnehmern das Unmögliche versuchten: Innerhalb von nur 44 Stunden einen kompletten Science-Fiction-Roman von mehr als 300 Seiten zu schreiben – Zeit für Schlafen und Essen mit eingerechnet!

Der Trick war, es gemeinsam zu tun, und dass und wie wir es geschafft haben, ist an anderer Stelle ausführlich nachlesbar.[1] Hier will ich mir Gedanken machen über die Frage, *was* wir damals eigentlich getan haben.

Kreativität und Termindruck vertragen sich normalerweise nicht gut. Kreative Prozesse gedeihen besser in Freiheit, Unbeschränktheit, in spielerischer Atmosphäre. Kommt Zeitdruck auf, womöglich in Verbindung mit hohen Erwartungen an das Endergebnis, gerät jenes fast immer enttäuschend: „Erstbeste“ Ideen führen zu unausgegorenen Resultaten, die einem im besten Fall ein „Na ja“ entlocken, bestimmt jedoch kein „Aber hallo?!“.

Es gibt Unternehmensberatungen, die derlei anbieten: *Neuausrichtung Ihres Unternehmens – vormittags Brainstorming, und nachmittags gehen wir bereits an die Umsetzung der besten Ideen!* Es gruselt einen, wenn man sich das vorzustellen versucht, und man fragt sich unwillkürlich, ob die diversen Wirtschaftskrisen und Firmenpleiten nicht noch ganz andere Ursachen haben als die, von denen immer die Rede ist.

Ideen müssen reifen. Im Grunde weiß das jeder, es gefällt nur vielen nicht in der heutigen Zeit, die alles beschleunigen möchte und schneller für automatisch besser hält. Aber das eben gebrauchte Wort „unausgegoren“ beinhaltet das Wissen darum, dass Ideen „gären“ müssen. Damit aus einer Idee eine gute Idee werden kann, ist es nötig, dass sie erst ein paar Mal in Vergessenheit gerät und wieder daraus auftaucht: Unser Unbewusstes, größter und mächtigster Teil unseres Geistes, muss die Chance haben, sich mit ihr zu beschäftigen, sie zu überarbeiten, zu zerlegen und neu zusammenzusetzen – und das kann es nicht, solange wir darüber *nachdenken*. Grübeln macht Ideen nicht besser, das wissen wir alle, es macht nur Kopfschmerzen. Man muss Ideen loslassen, man muss warten können, bis der richtige Zeitpunkt da ist. Man muss lernen zu erkennen, wann eine Idee reif ist.

Dieser Zusammenhänge waren wir uns bei unserem 44-Stunden-Projekt durchaus bewusst. Aus diesem Grund trafen wir einige Vorkehrungen, um den kreativen Prozess über besagte Stundenzahl hinweg auszudehnen: Indem wir den großen Rahmen der Geschichte vorab festlegten und zudem alle Teilnehmer aufforderten, mit fertig entwickelten Figuren ins Seminar zu kommen, war ein gewisser Fundus ausgereifter Ideen verfügbar, als wir mit der gemeinsamen Planung der Handlung und dem eigentlichen Schreiben begannen.

Was aber sollte dieser ehrgeizige Plan dann? Ging es uns am Ende tatsächlich nur um einen Rekordversuch, wie nachher in der Presse hier und da geargwöhnt wurde?

Natürlich nicht – andernfalls hätten wir das Experiment Guiness-Book-of-Records-kompatibler gestaltet. Das Ziel des Seminars war nicht in erster Linie, ein Buch zu erschaffen, sondern – Autoren! Im Prinzip kam ein Lehrsatz der Dramaturgie zur Anwendung, der normalerweise auf Romanfiguren zielt: Aus was für einem Holz jemand geschnitzt ist, zeigt sich, wenn man ihn unter Druck setzt.

In diesem Seminar waren es die Autoren selbst, die unter Druck gesetzt wurden. Innerhalb von zweieinhalb Tagen musste jeder nicht nur an der Planung der Handlung mitwirken, sondern auch mindestens zwanzig Seiten Text verfassen, und das in Abstimmung mit den anderen! Unter einem solchen Zeitdruck kann man sich Schreibblockaden schlicht nicht erlauben, erst recht nicht, da man weiß, dass andere auf den eigenen Text warten, ja, darauf angewiesen sind, mehr noch, dass das gesamte Projekt scheitern wird, wenn auch nur einer einknickt!

Anders als bei sonstigen Seminaren ging es also plötzlich um etwas. Niemand wollte derjenige sein, an dem es gescheitert war: Sozialer Druck ist nicht umsonst eine der stärksten Triebkräfte des menschlichen Lebens.

Man muss dazu wissen, dass es sich bei etlichen der Teilnehmer um altgediente Wolfenbüttel-Semi-

Andreas Eschbach, Jahrgang 1959, schreibt seit seinem 12. Lebensjahr. Er studierte Luft- und Raumfahrttechnik und arbeitete zunächst als Softwareentwickler. Bis 1996 Geschäftsführer einer EDV-Beratungsfirma, lebt er inzwischen als freier Schriftsteller in der Bretagne. Er ist verheiratet und hat einen Sohn. Zu seinen bekanntesten Romanen zählen „Das Jesus-Video", „Die Haarteppichknüpfer", „Eine Billion Dollar" und „Ausgebrannt" (www.andreaseschbach.com, mail@andreaseschbach.com).

naristen handelte, die seit Jahren immer wieder an Schreibseminaren teilgenommen hatten, ohne dass sich dies jedoch in Form schriftstellerischer Karrieren, Buchveröffentlichungen oder zumindest fertiggeschriebener Manuskripte manifestiert hätte. Das „44-Stunden-Experiment" zielte darauf, diesen halbgaren Zuständen ein Ende zu setzen. Es sollte die „Mutter aller Schreibseminare" werden, zumindest aber das letzte Seminar für diejenigen, die daran teilnahmen: Eine weitere Steigerung, so die Idee, war nicht mehr denkbar.

Ich hatte mir ursprünglich vorgestellt, dass der Nutzeffekt unseres Experiments – abgesehen von dem Spaß, den ich mir davon versprach – darin liegen würde, eine „brachiale Erfahrung" zu schaffen (das Wort „brachial" scheint mir etwas mit dem Wort „brechen" zu tun zu haben, von wo aus es nicht weit ist bis zum „durchbrechen"), die den „unvollendeten" Autoren gewissermaßen „beweisen" sollte, dass ein Roman „machbar" war: Denn wenn alles klappte, würden sie am Ende des Seminars, nach nur zweieinhalb Tagen, ja einen kompletten Roman geschrieben *haben*! Und da es mit Romanen so ist wie mit den sprichwörtlichen Millionen, von denen immer die erste die schwerste ist, würde, so die Überlegung, der erste eigene Roman emotional kein unüberwindliches Hindernis mehr sein (zumal ohne die Hektik, die zu erzeugen wir uns für das Seminar vorgenommen hatten).

Tatsächlich passierte aber etwas ganz anderes.

Ich würde es heute so formulieren: Der Druck brachte den teilnehmenden Autoren zu Bewusstsein, welche Methoden für sie wirklich funktionierten.

Ein Schreibseminar ist ja im Grundsatz das Angebot, zu erfahren, „wie es andere machen". Sei es im Gespräch mit anderen Teilnehmern, sei es im Seminar selbst – immer geht es darum, neue Sichtweisen, Herangehensweisen, Verfahren, Kniffe und Tricks auszuprobieren und herauszufinden, was man davon übernehmen will und was nicht.

Das war in unserem 44-Stunden-Seminar anders. Hier wurden keine Methoden vorgestellt, hier wurde nur das angewandt, was man bereits zur Verfügung hatte. Und dabei zeigte sich (durchaus zur Überraschung aller Dozenten), dass man unter genügend hohem Druck aufhört, herumzuspielen, und instinktiv auf die Techniken zurückgreift, von denen man zutiefst weiß, dass sie für einen funktionieren. Und was sich fast als noch wichtiger erwies: Man lässt Methoden fallen, die nicht für einen funktionieren, von denen man aber bis dahin geglaubt hat, man müsste sie anwenden – sei es, weil eine Autorität es einem so gesagt hat, sei es, weil man ein gewisses Selbstbild damit verknüpft („ein richtiger Autor macht das so").

Tatsächlich arbeiten praktisch keine zwei Autoren auf die gleiche Weise (das ließ sich während der Arbeitsphasen eindrucksvoll beobachten; es ging bis dahin, dass nicht zwei Teilnehmer ihre Manuskripte auf dieselbe Art formatierten), und was für den einen Wunderwaffe ist, hilft dem anderen keinen Meter weiter: Es gibt also nicht die für alle „richtige Arbeitsweise", sondern es ist vielmehr ein wichtiger Schritt in der individuellen Entwicklung, herauszufinden, was die richtige Arbeitsweise für einen selbst ist.

Dazu verhalfen in diesem Seminar der aufgebaute Druck und in ein paar Situationen der eine oder andere Tipp im persönlichen Gespräch.

Durchaus mit langfristigem Effekt, wie die Zeit seither gezeigt hat: Einige der Teilnehmer – Wulf Dorn, Kathrin Lange, Ursula Poznanski – sind inzwischen, was ihre schriftstellerischen Karrieren anbelangt, regelrecht durchgestartet. Anderen hat das Seminar die Einsicht gebracht, dass der Roman an sich nicht ihr Ding ist, und sie haben sich in der Folge anderen Bereichen zugewandt – dem Theater etwa (Jürgen Baumgarten) oder dem Autorencoaching (Hans Peter Röntgen).

Ich stelle mir gern vor, dass diese Autoren durch die „44 Stunden" gewissermaßen einen kräftigen Tritt bekommen haben, endlich ernst zu machen mit ihrem Traum – oder sich von ihm zu befreien: was ja auch ein Entwicklungsschritt sein kann.

Doch es gibt noch einen weiteren Effekt, den das an diesem Wochenende praktizierte „Hochgeschwindigkeitsschreiben" gehabt haben könnte. Ob es so war, darüber kann ich nur spekulieren, aber ich glaube, dass ich nicht sehr falsch liege.

Und zwar: Es wird nicht überraschen zu hören, dass die Zeit im Lauf des Seminars knapp wurde. Sehr knapp. Allein bis das erste Viertel des Romans stand, waren alle Zeitpläne bereits Makulatur. Die Nächte wurden kurz und kürzer, die Nerven spannten sich, je länger es ging, die Stunden schienen zu verfliegen, das Ende in rasendem Tempo näher zu kommen – kurzum, der Druck stieg im Lauf des Seminars, stieg über das Maß dessen, was sich rational beherrschen lässt. Es hieß irgendwann „Augen zu und durch“, schreiben auf Teufel komm raus, so schnell die Finger nur trugen.

Doch vergleicht man die ersten Szenen des Romans mit den letzten, kommt man unweigerlich zu dem Schluss, dass die zuletzt entstandenen Texte die besten sind – emotional packend, sprachlich dicht und aus einem Guss.

Warum?

Es gibt viele Möglichkeiten der Erklärung. Natürlich darf man von einem gewissen „Trainingseffekt“ ausgehen: Der Anfang eines Romans ist nicht selten schwieriger als dessen Ende, wenn alle Handlungen wie von selbst auf ihren Höhepunkt zustürzen. Auch hatten sich die Teilnehmer mit der Zeit natürlich besser aufeinander eingespielt.

Aber vielleicht war es auch noch mehr als das. Vielleicht war es gerade der Druck, die Zeitnot, die Übermüdung, die dazu trieb, es „einfach laufen zu lassen“, blindlings drauflos zu schreiben und sich den Teufel darum zu scheren, wie es wurde, Hauptsache, es wurde *fertig* ...

Ich hoffe es jedenfalls. Denn dann hätte dieses Wochenende den Teilnehmern die Erfahrung vermittelt, dass Worte auch noch aus einer anderen Quelle fließen können als der rationalen Überlegung. Dass es so etwas gibt wie das Zen des schnellen Schreibens. Dass manchmal Erstaunliches geschieht, wenn man schneller schreibt, als man denken kann. Dass die Muse auch bei Überschallgeschwindigkeit noch küssen kann.

So lautet mein Fazit meiner Zeit in Wolfenbüttel: Am meisten gelernt haben wir – und zwar Teilnehmer wie Dozenten – ausgerechnet in dem Seminar, in dem es gar nicht darum gegangen war, etwas zu lernen.

1 Andreas Eschbach, Klaus N. Frick, Olaf Kutzmutz (Hg.); Wolf N. Büttel: Sie hatten 44 Stunden. Roman und Dokumentation. Wolfenbüttel 2006. Wolfenbütteler Akademie-Texte Bd. 23.

Papierstapel der vorliegenden Publikation

........AB MA DENKE DU SEI..AB MAUS DENKE DIE..AB USA DENKE MIED..

Glückwunsch :
ein guter Künstler ist ein schlechter Lehrer, von dem man gut
BUN
ich erinnere an Hans Hofmanns
no mi
*
in New York in den 40.+ 50.ger Jahren. Niemand hat gewußt, was er

Barbara Fahrner, lebt und arbeitet in Frankfurt und New York. 1982 Beginn der Arbeit an Künstlerbüchern. 1986–1987 Arbeit am „Kunstkammerprojekt“, ausgestellt in Deutschland, Holland, USA.1992 Stipendium der Herzog August Bibliothek. Seit 1992 Zusammenarbeit mit Granary Books. 1997–2002 Projekt: Die Zweite Enzyklopädie von Tlön. Weitere Projekte: Oberfläche und Tiefe, Zettelwerk und Listen. Ab 2009 Arbeit an DAS MUSTER DAS VERBINDET: Arbeiten in privaten Sammlungen, Museen und Bibliotheken in Australien, Neuseeland. Publikationen :Het „Kunstkammerprojekt“, Den Haag; Künstler machen Bücher, Frankfurt 1990; Barbara Fahrner: Das Kunstkammerprojekt, Wo!fenbüttel 1992; The Century of Artist's Books, New York 1995; A Book of the Book, New York 2000; The Cutting Edge of Reading. New York 1999; Barbara Fahrner: Künstlerbücher, Offenbach 2005.

Hase oder Igel? Ein niedersächsisches KUNSTSCHULmärchen

„Es war an einem Sonntagmorgen im Herbst, gerade als der Buchweizen blühte; die Sonne war am Himmel aufgegangen, und der Wind strich warm über die Stoppeln, die Lerchen sangen hoch in der Luft, und die Bienen summten im Buchweizen. Die Leute gingen in ihrem Sonntagsstaat zur Kirche, und alle Geschöpfe waren vergnügt, auch der Igel."[1]

So beginnt das Grimmsche Märchen „Der Hase und der Igel", das seine Wurzeln in Niedersachsen hat und hier Anlass für die Frage sein soll, ob die niedersächsischen Kunstschulen eher dem *Hasen* oder dem *Igel* gleichen.

Die Zeiten, in denen die ästhetisch-künstlerische Bildung als Spielerei abgetan wird, mit der man sich von der harten Realität erholen oder aber den zunehmenden Medienkonsum kompensieren könne, gehören zum Glück weitgehend der Vergangenheit an. Dass kulturelle Bildung wichtig für das Aufwachsen von Kindern und Jugendlichen ist, da sie ihre Persönlichkeitsentwicklung und kulturelle Teilhabe fördert, ist denjenigen, die in diesem Feld arbeiten, immer schon bewusst. In den letzten Jahren haben nun auch Gesellschaft, Wirtschaft und Politik erkannt, dass z. B. in Kunstschulen relevante Bildungs- und Lernprozesse stattfinden, gleichwohl diese Erkenntnis noch nicht mit einer entsprechenden Anerkennung einhergeht.

Dennoch ist diese Aufmerksamkeit natürlich einerseits sehr erfreulich. Damit steigen aber für die ästhetisch-künstlerische Bildung in den Kunstschulen andererseits auch die Erwartungen und Anforderungen, gerade angesichts gravierender gesellschaftlicher Veränderungen. Schlagwortartig seien hier Migrationsgesellschaft, demografischer Wandel, ökonomisches Nutzendenken, Ganztagsschulentwicklung und Verkürzung der Schulzeit, wachsender Rechtfertigungsdruck, die Bildungseffekte nachzuweisen und die zunehmende Bedeutung von Netzwerken erwähnt.

All dies wäre im Grunde ja auch weniger ein Problem als vielmehr eine Herausforderung für die Kunstschulen. Wenn in der gegenwärtigen Situation nicht die meisten Kunstschulen in Niedersachsen in einem entscheidenden Punkt (noch) den *Hasen* vergleichbar wären. *Denn, was macht der Hase, nach-*

dem er, den Sieg vor Augen, mit dem Igel den Wettkampf aufgenommen hat? Er rennt seine Bahnen rauf und runter, läuft letztendlich um sein Leben, scheint aber der Überlegenheit des Igels dennoch ausgeliefert zu sein.

Und was heißt das auf die Kunstschulen bezogen? Der Wandel und die Reformen in Gesellschaft und Bildung haben für die einzelne Kunstschule tiefgreifende Folgen, weil Kunstschulen in der Regel kleine Einrichtungen sind, die durch ihr eher unzureichendes infrastrukturelles Fundament keine allzu großen Bewegungen auffangen können. So ist denn auch die Mehrheit der zu über 50% ehrenamtlich geleiteten Kunstschulen in Niedersachsen um den Erhalt ihrer Existenz bemüht und kann daher auf die genannten gesellschaftlichen Veränderungen bestenfalls nur reagieren, sie aber keineswegs mitgestalten.

Der Vorteil des Hasen sind allerdings seine langen Beine – er fällt erst tot um, als er die Bahn zum 74. Mal läuft. Auch die Kunstschulen haben dank ihres ausgeprägten bürgerschaftlichen Verantwortungsbewusstseins einen sehr langen Atem. Aber ohne eine hinreichende finanzielle Basis laufen sie sich müde und powern sich mit der Zeit aus. Heutzutage werden dem Ehrenamt in den Kunstschulen gesamtgesellschaftliche Aufgaben abverlangt, deren Bedeutung und Verantwortung weit über ein bürgerschaftliches Engagement hinausgehen. Da die in den Kunstschulen stattfindenden Bildungsprozesse mit den Künsten Kontinuität benötigen, heißt, eine Kunstschule zu leiten, alltäglich ein kleines Unternehmen mit Einrichtungs- und Programmkonzeption, Personalverantwortung und Teilnehmerverwaltung, Buchhaltung, Organisation von Räumen sowie Marketing zu führen.

Schaut man sich nun Arbeitsfeld und Leistungen der Kunstschulen noch einmal genauer an, dann kommt man zu dem Schluss, dass die Kunstschule in ihrem Kern eigentlich ein *Igel* ist, und der *Igel* in ihnen macht sie zukunftsfähig. *Denn warum ist der Igel in dem Märchen so erfolgreich? Zwar hat er krumme Beine, aber er macht sich einen entscheidenden Vorteil zunutze. Er ist erfinderisch. Er hat eine Idee, mit der er sich zu helfen weiß und dank der er den Hasen trotz seiner langen Beine besiegt.*

Was hat das mit Kunstschulen zu tun? Das Spannungsfeld, in dem Kunstschulen arbeiten, fächert sich äußerst vielfältig auf: in inhaltliche, gesellschaftliche und institutionelle Heraus-

Sabine Fett, Dr. phil. Nach einer Banklehre Studium der Kunstgeschichte, Klass. Archäologie und Volkskunde an der CAU Kiel. Anschließend wiss. Volontariat in der Neuen Galerie der Staatlichen Museen Kassel und wiss. Mitarbeit u.a. im Staatlichen Museum Schwerin. Nach 1995 Ausstellungs- und Publikationstätigkeit zu Kunst, Kunsthandwerk und kultureller Bildung. Seit April 2001 Geschäftsführerin des Landesverbandes der Kunstschulen Niedersachsen e.V. (www.kunst-und-gut.de).

forderungen, zwischen Theorie und Praxis, materieller Existenzerhaltung auf der einen Seite und inhaltlicher Experimentierfreude auf der anderen Seite, zwischen Bildungsangebot, Dienstleistung und Eigensinn der Kunst, zwischen Freizeit und kultureller Grundversorgung, Anspruch und Realität, Ehrenamt und Bildungsauftrag, Breiten- und Spitzenförderung, Kunst und Leben ...

Kunstschulen waren insofern von jeher weit davon entfernt, statische Einrichtungen zu sein. Im Gegenteil, seit ihrer Entstehung müssen sie sich beständig auf neue Gegebenheiten einstellen. Ihre meist unsichere wirtschaftliche Lage mit wechselnden Förderstrukturen und -möglichkeiten erfordern eine hohe Flexibilität und Innovationsbereitschaft. Damit beweisen Kunstschulen täglich sog. „intermediäre"[2] Fähigkeiten und Potenziale. Zwischen Kultur, Bildung und Jugend angesiedelt, macht gerade diese Mittellage die eigentliche Stärke der Kunstschulen aus. An deren Grenzen und Überschneidungsbereichen übernehmen sie sog. Schnittstellenfunktionen, indem sie aktiv Übergänge, Austausch und Zusammenarbeit zwischen relevanten gesellschaftlichen Handlungsfeldern vor Ort gestalten. Denn an den Rändern positioniert, nutzen Kunstschulen ihre Bewegungsfähigkeit dazu, über ihren Tellerrand hinauszuschauen und eingefahrene Routinen zu hinterfragen, um noch ungewohnte Wege zu finden und für die Weiterarbeit mit Anderen neue Perspektiven aufzuzeigen. *Auch der Igel steht am Rand des Feldes und verbündet sich, damit er es im Blick behält, mit seiner Frau.*

Woher aber haben Kunstschulen diese Befähigung zum Intermediär? Eine Betrachtung der täglichen Praxis der Kunstschule gibt hierüber Aufschluss. Kunstschulen üben permanent den Spagat zwischen Kunst und Bildung, wobei sie die Pädagogik von der Kunst aus entwickeln. Das Arbeitskonzept der niedersächsischen Kunstschulen heißt dann auch „bilden mit kunst". Dabei stehen der jeweilige Kunstschüler und die jeweilige Kunstschülerin sowie die Prozesse, also die Erfahrungen, die diese in den Auseinandersetzungen mit den Künsten erleben, im Mittelpunkt. Die Künste tragen dazu bei, die Wahrnehmung zu schulen, das Ausdrucks- und Gestaltungsvermögen zu fördern, sie fordern zu Neugier und Mut heraus, sich immer wieder auf Neues und oft auch Unbekanntes einzulassen. Sie hinterfragen die Eindeutigkeit von schwarz-weiß, die Wertung richtig-falsch. Sie setzen Offenheit voraus, um Unsicherheit und oft auch Zumutungen zuzulassen und auszuhalten. Und sie fordern auf, Gegebenes zu hinterfragen und aus verschiedenen Blickwinkeln wahrzunehmen, um darüber zu neuen Ansichten zu gelangen. Wenn dann, wie es dem Profil der Kunstschulen entspricht, auch noch eine Vielzahl an künstlerischen Sparten – neben den Bildenden Künsten u.a. Theater, Tanz, Neue Medien und Fotografie – aufeinander trifft und zu interdisziplinärer Arbeit anregt, entsteht hierdurch eine Mentalität zu vernetztem Denken und Handeln.

Genauso wie die Mitarbeiter und Mitarbeiterinnen in den Kunstschulen mit den einzelnen Teilnehmerinnen und Teilnehmern eine „Bildung mit und durch Kunst" praktizieren und dadurch zur Entwicklung der jeweiligen Persönlichkeit beitragen, vermag es die „Organisation Kunstschule", das künstlerische Denken und Handeln von innen nach außen zu übertragen, und zwar nicht nur hinsichtlich der Inhalte, sondern auch in Bezug auf Strukturen. Das ist das zukunftsweisende Potenzial der Kunstschulen.

So stellen sich die Kunstschulen den eingangs genannten gesellschaftlichen Veränderungen und den daraus folgenden Anforderungen mit erhöhter Bereitschaft und zunehmender Notwendigkeit zur Kooperation: beginnend mit den Kindertageseinrichtungen im Bereich der ästhetischen Frühförderung, über Schulen, Museen und Kunstvereinen bis zu Mehrgenerationenhäusern, Seniorenheimen und Behinderteneinrichtungen. Die Kunstschulen sind in vielen der genannten Bereiche erfolgreich unterwegs, indem sie sich als aktive Mitgestalter einbringen, und, weil sie viel zu bieten haben, andere von sich profitieren lassen. Aber nur, wenn Kunstschulen aus der Stärke heraus kooperieren, d.h. sich mit ihrem inhaltlich-methodischen Profil in Kooperationen und Netzwerke einbringen werden, lassen sich qualitativ fundierte Synergien erwirken und nachhaltige, stabile Strukturen auf Augenhöhe schaffen. Denn wie heißt es in dem Märchen: *„Die Lehre aus dieser Geschichte aber ist ‚[erstens], dass sich keiner, und wenn er sich auch noch so vornehm dünkt, einfallen lassen soll, sich über einen kleinen Mann lustig zu machen, und wäre es auch nur ein Igel."*

1 www.1000-maerchen.de/fairyTale/861-der-hase-und-der-igel.htm.

2 Vgl. Constanze Eckert, DYNAMIT! Über das Lernen in Kunstschulen, in: Schnittstelle Kunst – Vermittlung, Bielefeld 2007, S. 345 ff.

Grau, strahlend

Als Gruß und „Geschenk" zum Jubiläum der Bundesakademie für kulturelle Bildung schickt das Werkbundarchiv-Museum der Dinge in Berlin die Darstellung eines historischen Geschenks, das sich in der Museumssammlung befindet.

Es handelt sich um eine Art Musterkoffer mit 45 Proben der Farbe „Grau", ein Präsent an den Werkbund-Architekten und wichtigen Vertreter der Nachkriegsmoderne Herbert Hirche zum 52. Geburtstag. Erdacht und ausgeführt wurde der „Graukoffer" von den Büro-Mitarbeitern Hirches und seinen ehemaligen Studenten.

45 Arten „Grau" mit deprimierenden Namen wie „Nieselregen", „Hoffnungslosigkeit" oder „Letzter Gruß". Begleitet von einem mit „Präsident Trauer" unterzeichneten Geburtstagsbrief, in dem häufig verwendete Schlagworte der Werkbund-Programmatik nach 1945 freundlich-ironisch zitiert wurden: die „Schwere der Zeit", der „Ernst der Lage", „Wohlstand", Völlerei" und „Maßhalten".

Der Koffer stand als Leitobjekt vom 21. Mai bis 25. Oktober 2010 in der Sonderausstellung „strahlend grau – herbert hirche zum 100. geburtstag" (kuratiert von Nicola von Albrecht).

Dieses historische Geschenk schien uns für den Anlass passend nicht wegen der Grau-Variationen, sondern wegen der ironisch-witzigen Form, die für jegliche kulturelle Bildungsarbeit stimmig ist.

Renate Flagmeier, Leitende Kuratorin Werkbundarchiv – Museum der Dinge Berlin. Studium der Kunstwissenschaft und Romanischen Literaturen in Berlin und Paris (M. A.). Seit 1991 wiss. Mitarbeiterin im Werkbundarchiv, Ausstellungskuratorin, u. a.: „ohne Titel. Sichern unter…“, (1995–98), „ware schönheit – eine zeitreise“(1999), „Asche und Diamant – Sammeln in einem offenen System“ (2000–2002), ab 2003 Ausstellungsexperimente unter dem Titel „Nomadisches Museum“. 2007 Projektleiterin und Kuratorin der Eröffnungsausstellung am neuen Standort, „Kampf der Dinge – eine Ausstellung im 100. Jahr des Deutschen Werkbunds“. Museologische Bildungsarbeit u. a. für die Bundesakademie für kulturelle Bildung Wolfenbüttel, die Museumsakademie Joanneum Graz, Lehraufträge an der Universität der Künste Berlin und an der Fachhochschule Joanneum Graz, www.museumderdinge.de

ALLES GUTE ZUM JUBILÄUM, LIEBE
BUNDESAKADEMIE!!!

O schaurig ist´s, übers Moor zu gehn,
wenn es wimmelt vom Heiderauche,
sich wie Phantome die Dünste drehn
und die Ranke häkelt am Strauche,
unter jedem Tritte ein Quellchen springt,
wenn aus der Spalte es zischt und singt,
o schaurig ist´s, übers Moor zu gehn,
wenn das Röhricht knistert im Hauche!

Annette von Droste-Hülshoff

Flix, geb. 1976, lebt als Cartoonist und Comiczeichner in Berlin; seit 2008 leitet er an der Bundesakademie in der Nachfolge von Robert Gernhardt, F. K. Waechter und F. W. Bernstein Werkstätten zu Text und Bild.

25 Jahre Bundesakademie – und 15 Jahre mit Science Fiction

Während in den USA oder in Großbritannien die Science Fiction sowie artverwandte Literaturgattungen wie die Fantasy längst im „Mainstream" angekommen sind, gilt sie im deutschsprachigen Raum häufig als Minderheitenprogramm: als weltfremde Literatur, in der es um Raumschiffe, exotische Waffen und verschrobene Wissenschaftler geht. Und während im englischsprachigen Raum durchaus bekannte Science-Fiction-Autoren wie Ray Bradbury, Philip K. Dick, Douglas Adams oder J. G. Ballard zum Literatur-Kanon gehören, ist das Genre hierzulande vor allem auf Taschenbücher, Heftromane und Kleinverlage fixiert.

Seit Jahrzehnten werden im deutschsprachigen Raum zu einem großen Teil Autoren aus dem englischsprachigen Raum veröffentlicht. Ein Grund mag sein, dass die Autoren in den USA und in Großbritannien weitaus mehr Möglichkeiten haben, literarische Erfahrung zu sammeln und in Zeitschriften und Anthologien erste Texte zu publizieren. Ein weiterer Grund könnte sein, dass diese Autoren in sogenannten Clarion Workshops und anderen Bildungseinrichtungen systematisch darin geschult werden, ihre Geschichten und Romane professionell aufzubereiten und sich kontinuierlich zu verbessern.

Seit dem Frühsommer 1995 bietet die Bundesakademie für kulturelle Bildung in Wolfenbüttel ein Segment in ihrem Programm an, das sich vorrangig an angehende Science-Fiction-Autoren richtet. (Einer der Dozenten dieser Reihe ist der Autor des hier vorliegenden Textes.) Meist sind es zwei Seminare im Jahr, eines im Frühjahr, eines im Herbst, und sie haben unterschiedliche Schwerpunkte: Mal geht es um Kurzgeschichten, mal um komplexe Romane.

Dabei behandeln die Seminare nicht nur Science Fiction, sondern im weitesten Sinne die Techniken der Unterhaltungsliteratur. Die Autorinnen und Autoren sollen nicht nur lernen, ihre eigenen Texte so gut wie möglich zu gestalten, sondern auch in die Lage versetzt werden, die Texte von Kolleginnen und Kollegen zu beurteilen und auf hohem Niveau zu kritisieren.

Im Lauf der Jahre hat sich eine Seminar-Atmosphäre entwickelt, in der sich Diskussionen, Vorträge, Textkritik im einzelnen und Schreibaufgaben ablösen. Eine große Ausnahme war das „44-er-Seminar" [vergleiche dazu den Beitrag von Andreas

Eschbach, S. 76–80], bei dem die Teilnehmerinnen und Teilnehmer tatsächlich einen 300 Seiten starken Roman verfassten.

Erfreulich ist ohnehin, dass immer wieder Autoren aus dem Kreis der Seminarteilnehmer erste Romane veröffentlichen konnten, wobei die Genres durchaus unterschiedlich sind. Es sind Science-Fiction-Romane dabei, was wohl niemanden verwundert, ebenso aber auch Thriller und Kinderbücher. Das ist ein Beleg dafür, dass gute Unterhaltungsliteratur letztlich überall die gleichen Kriterien erfüllen muss.

Und es ist ein Beleg dafür, wie vielfältig die Einflüsse sind, die von den Dozenten ausgehen und die diese wiederum von den Teilnehmern nach Hause mitnehmen. Als Dozenten wirkten Autoren und Lektoren gleichermaßen, sie kamen aus verschiedenen Verlagen und publizierten in unterschiedlichen Verlagsreihen.

Letztlich dienen die Science-Fiction-Seminare an der Bundesakademie für kulturelle Bildung Wolfenbüttel einem Ziel, das so nie direkt formuliert wurde, das die Dozenten aber stets im Hinterkopf hatten: Wir wollen bessere Romane lesen, und wir wollen eine selbstbewusste Science-Fiction-Szene. Wenn dazu die 15 Jahre dauernde Tradition der Science-Fiction-Seminare in Wolfenbüttel mithelfen kann, ist das eine schöne Erfolgsgeschichte ...

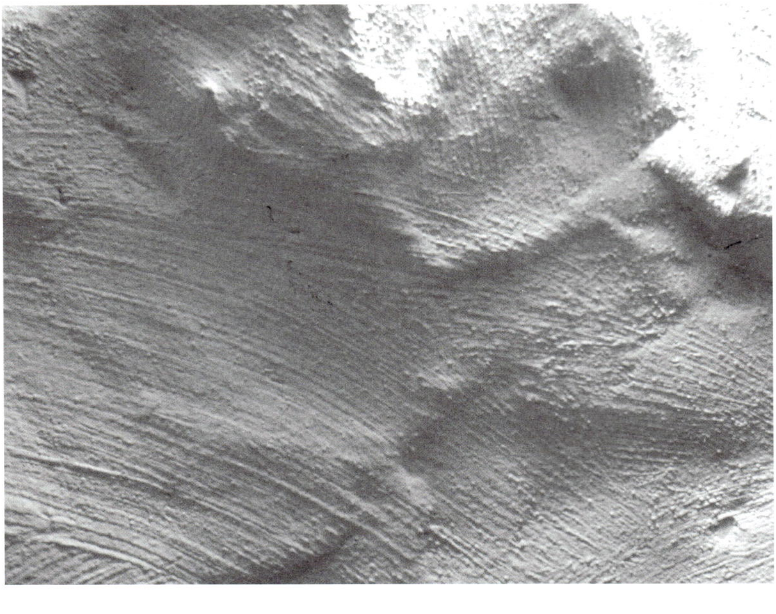

Klaus N. Frick wurde 1963 in Freudenstadt im Schwarzwald geboren und lebt heute in Karlsruhe. Seit Mitte der 80er Jahre als Redakteur und Autor tätig, seit 1999 Chefredakteur der Science-Fiction-Romanserie PERRY RHODAN. Gelegentlich veröffentlicht er eigene Texte, zuletzt den Fantasy-Kurzroman „Der Schatten des Friedens", klaus.frick@vpm.de

Abseits entspannten Rauschens

Hamburg, den 6.11.10
Liebe Kolleginnen und Kollegen, lieber Herr Dr. Ermert,

Sie kennen sicher die ständige Routine am Arbeitsplatz, aus dem nicht enden wollenden Strom eingehender Mails Relevantes herauszufischen und sich in frische Nachrichten zu vertiefen. Für die Mails aus Wolfenbüttel ist die Beurteilung der Relevanz schnell entschieden: Unbedingt lesenswert!

Das ist vor dem Hintergrund unserer so heiligen Länderhoheit in Sachen Kultur und Bildung leicht nachzuvollziehen. Es gibt wenig Orte und Strukturen in unserer Republik, die über alle Länderkonkurrenz – und Eitelkeiten – hinweg Impulse und Anstöße zur Profilierung kulturpolitischer Konzepte und Praxisprojekte geben können. Die Bundesakademie für kulturelle Bildung in Wolfenbüttel ist für mich eine der zentralen Einrichtungen und perspektivisch mit Blick auf die weitere Diskussion und Schärfung von Konzepten kultureller Bildung unverzichtbar.

Ich habe abseits entspannten Rauschens des bekannten Mühlbaches neben der Schünemannschen Mühle sowohl für den Diskurs um Perspektiven der Soziokultur, der Evaluation von Kulturprojekten, der Kinder- und Jugendkulturarbeit als auch der Debatte um Ansätze kultureller Bildung im Spannungsfeld von Schule und freier Kulturarbeit wertvolle Anregungen aufnehmen können.

Danke für Ihr großartiges Engagement und Ihre wertvollen Beiträge!

Herzliche Grüße aus Hamburg von
Werner Frömming

Werner Frömming, geboren 1953, Lehrerausbildung an der Universität Hamburg, langjähriger Geschäftsführer des Stadtteilkulturzentrums Goldbekhaus, Konzept- und Projektentwicklung für freie Träger und öffentliche Verwaltung, freiberufliche Lehrtätigkeit an der HAW und Universität Hamburg (Kulturpolitik, Kulturfinanzierung), seit 2001 Fachreferent in der Behörde für Kultur und Medien (Stadtteilkultur, Stadtentwicklung, Kinder- und Jugendkultur), Vorträge und Veröffentlichungen zum Themenfeld, seit 2010 Referatsleiter Kulturprojekte in der genannten Fachbehörde.

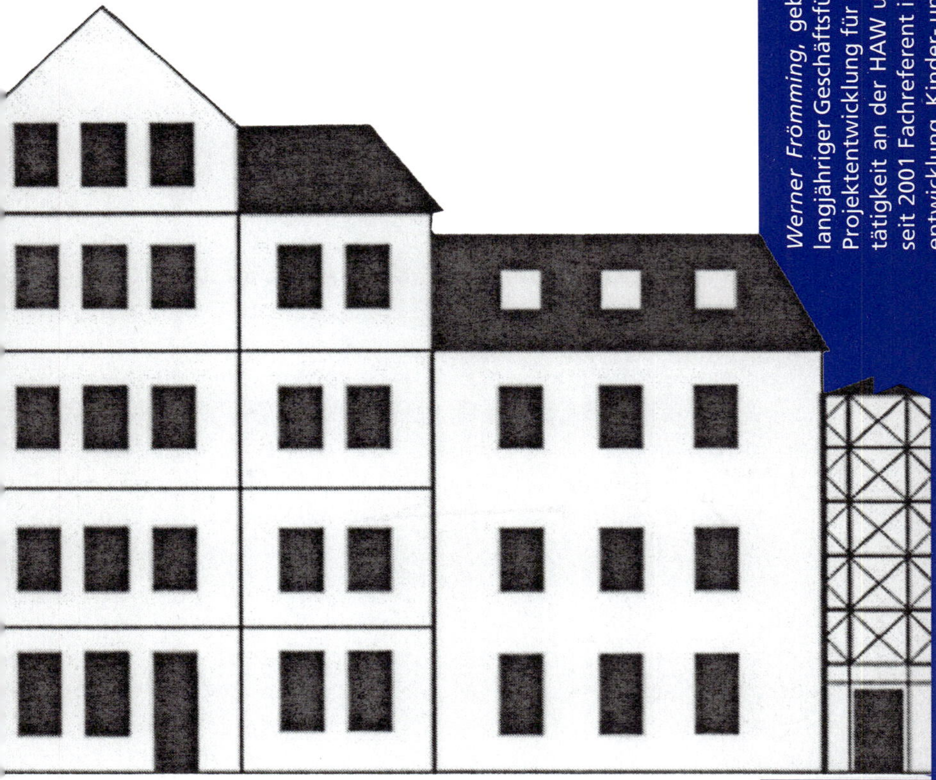

„Erziehung vor Verdun“

1994 erschien der erste Band einer Schriftenreihe „Texte zur kulturellen Bildung“ der Bundesakademie Wolfenbüttel, die nach dem Erscheinen dieses Buches nicht mehr fortgesetzt wurde. Die hier veröffentlichten Beiträge – Texte, Fotografien und grafische Dokumente unterschiedlichster Provenienzen – sollten im Selbstverständnis der Herausgeber mehr sein als ein Spiegel der Arbeit der fünf Fachbereiche der Akademie. Diese Veröffentlichung verstand sich als ein „Curriculum für Multiplikatoren im kulturellen Bereich“, wie es im „Editorial“ heißt, als möglicherweise erster Anstoß jedenfalls aus dem Erfahrungshorizont der Bundesakademie „für einen übergreifenden Diskurs aller Beteiligten, sowohl der Anbieter wie der Abnehmer, der Bildungspolitiker und Planer wie der Fachöffentlichkeit“. Der Anspruch der Herausgeber war hoch, vielleicht zu hoch.

Ich erinnere mich heute gewiss nicht an Einzelheiten, aber sehr genau daran, dass wir, die Macher dieses ersten gemeinsamen Produkts der Bundesakademie, Andrea Ehlert, Horst Forester, Andreas Grünewald Steiger, Hartmut Kasper, Franz Riemer, Ulrich Teske und der damalige Leiter der Akademie, eine höchst intensive Diskussion über die Idee, die uns antrieb, über den Nutzen einer solchen Veröffentlichung geführt haben.

Es gibt zwei Signale, die wahrgenommen werden wollen, um dieser Idee auf die Spur zu kommen.

Da ist einmal der theoretische Anspruch. Die „Seminarpraxis“ aller fünf Fachbereiche wird als „leiblich-sinnliche Tätigkeit“ annonciert, als „Fortbildungspraxis polyästhetischer Problemstellungen und Vorgehensweisen“, die grundsätzlich die „jeweiligen Gattungsgrenzen“, die sich kategorial in den Arbeitsgebieten und Kursangeboten der jeweiligen Fachbereiche spiegeln, überschreiten können und idealerweise in je konkreten Seminarangeboten auch überschreiten sollen.

Das zweite Zeugnis führt exemplarisch in das ideelle Zentrum unserer Veröffentlichung, in ihr Herzstück, die „Erziehung vor Verdun“. Damals als wir diskutierten, hatte ich nicht verstanden, dass dieses Wort „Erziehung vor Verdun“ als Provokation im Sinne „leiblich-sinnlicher Tätigkeit“, als methodischer Ansatz von interdisziplinär ausgestatteten Kursangeboten, an denen möglichst viele Fachbereiche mitwirken sollten, zu lesen war. Natürlich wussten wir alle, dass in diesem historischen Zitat allerersten Qualität ein berühmter Buchtitel von 1935 für

GOTTHARDT FRÜHSORGE

einen Neuansatz, historische Erfahrung für ästhetische Praxis zu aktualisieren, in Anspruch genommen wurde. Arnold Zweigs im Exil in Amsterdam erschienenes Buch stand, was seine Wirkungsgeschichte betrifft, immer im Schatten seines epochemachenden Vorgängers, der moralischen Abrechnung mit dem „Weltkrieg", mit Remarques „Im Westen nichts Neues". Die Veröffentlichung von 1994, in der Arnold Zweigs Titel wiederaufscheint, nimmt mit keinem Wort Bezug auf den literaturhistorischen Zusammenhang. Ich denke, ein nicht geringer Mangel unseres Buches, der aber nur aus der Situation von 1994 zu verstehen ist.

Heute, im Wiederlesen des Buches verstehe ich, dass das Titelzitat Zweigs in den Köpfen der Adressaten von 1994 ganz anders funktionieren sollte, anders als eine historische Erinnerung an das menschenmordende Töten vor Verdun.

„Erziehung vor Verdun" war der Titel einer Reihe von Veranstaltungen einschließlich einer Exkursion, die 1991 und 1992 die Bundesakademie Wolfenbüttel angeboten hatte. Dieser „Versuch einer Annäherung", der in der jeweiligen Seminarpraxis zum Leitmotiv geworden ist, hat seinen immer noch beeindruckenden Niederschlag in der besagten Veröffentlichung gefunden. Die Leiter der Exkursion zu den Schlachtfeldern nutzten – wie ich meine – überzeugend Begriff und Vorstellung eines „kulturgeschichtlichen Palimpsests" für die Wiederbegegnung mit den Plätzen des Sterbens vor Verdun. Ihnen war bewusst, dass das Grauen dieser Erde, die tiefgestaffelten Schichten des Andenkens an zerfetzte Leiber, Blut, nackte Knochen, Unterstände und Uniformreste als materielle Überlieferung nichts, aber auch gar nichts bewirken konnten, die historische Realität dieser Plätze in deren eigentlicher Sinnschicht wieder erfahrbar zu machen. Es konnte in den Veranstaltungen zum „Verdun"-Komplex der Bundesakademie nur um die Freisetzung von Reaktionen der Seminarteilnehmer gehen, die mit den Mitteln künstlerischer Umsetzung oder mit Mitteln politischer Kritik an den historischen Verhältnissen, die zu „Verdun" ge-

Gotthardt Frühsorge, Prof. Dr. phil., geb. 1936, Studium der Literaturwissenschaft, Geschichte, Philosophie und Theaterwissenschaft in Göttingen, Wien und Heidelberg. Promotion 1970, Habilitation 1979 an der Universität Heidelberg, apl.-Professor an den Universitäten Heidelberg und Braunschweig, Gastprofessor an der Universität Hildesheim. Von 1979–1992 Leitung der Abteilung zur Erforschung des 18. Jahrhunderts an der Herzog August Bibliothek Wolfenbüttel, 1992–1998 Leiter der Bundesakademie für kulturelle Bildung Wolfenbüttel.

führt hatten – in der Linie des politischen Leitmotivs Arnold Zweigs –, versuchen mussten, mit ihrer Begegnung mit „Verdun" intellektuell und psychisch fertig zu werden. Viele dieser Erwartungen haben in den schließlich vorgelegten Berichten unseres Buches ihren Niederschlag gefunden.

In der Summe dieser Reaktionen sollte ein ästhetischer Impuls realisiert werden, der möglicherweise und im besten Fall zum Ausgangspunkt eines neuen, weil gemeinsamen ästhetischen Konzepts der künstlerischen Arbeit aller Fachbereiche der Bundesakademie hätte werden sollen. So jedenfalls lese ich heute die Botschaft jenes Buches von 1994. Die Erinnerung an die Produktion dieses Bandes ist mächtig und bewegt bis heute meine Fantasie.

Die tiefste Schicht der Vergegenwärtigung des Todes, die – so oder so – alle Beiträge zum „Verdun"-Komplex unseres Buches durchzieht, erfahre ich aber aus Horst Foresters Beitrag „Bewältigung einer Überwältigung". Brechts wunderbare „Terzinen über die Liebe": „Sieh jene Kraniche in großem Bogen [...]", löst für Forester die „Vorstellung von Männern im Schlamm der Granattrichter (aus), die Liebe nicht mehr erleben, ja nicht einmal mehr erinnern können [...]. Für sie bleibt gerade noch ein Blick zum Himmel. Dort oben, so weit weg vom Element des Menschen, so erdfern lässt Brecht noch Liebe zu [...], wenn sie im Fluge beieinander liegen [...]."

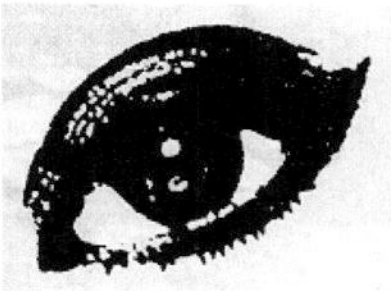

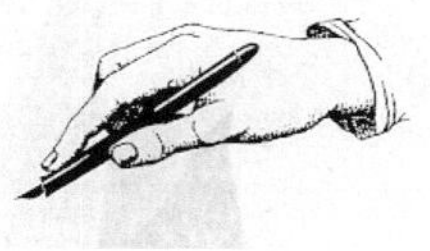

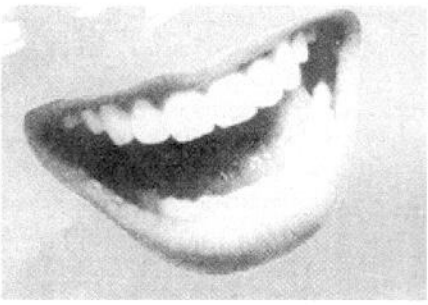

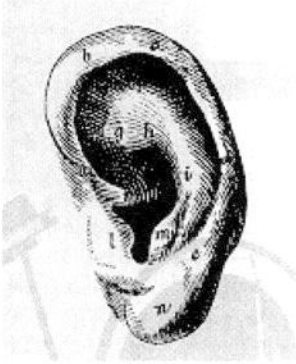

.......BADE AUS DEM KNIE..BEDANKE DA EIS UM..BEDANKE DIA MUSE....

25 Jahre kulturelle Weiterbildung in Wolfenbüttel

Die Bundesakademie in Wolfenbüttel ist ungefähr so lange in der Kulturarbeit tätig, wie ich es bin. Der Beginn meiner Tätigkeit in Remscheid war der 15. Oktober 1984. Nun mag man einwenden, dass die offizielle Eröffnung der Akademie in Wolfenbüttel erst 1986 war. Man muss allerdings die erhebliche Vorbereitungszeit mitrechnen, bis dies endlich geschehen konnte. Als mir die Idee einer nach Remscheid und Trossingen dritten Bundesakademie zum ersten Mal begegnete, waren die Papierberge mit Konzepten und Entwürfen schon enorm angewachsen. Ich bekam am Rande damit zu tun, weil mein damaliger Chef, der Remscheider Akademiedirektor Bruno Tetzner, als Berater involviert war. Spätestens seit meinem Amtsantritt als Leiter der Akademie Remscheid am 1. Januar 1988 war dann der Kontakt mit der Akademie in Wolfenbüttel, den Mitarbeitern und den inzwischen drei Direktoren recht eng.

Einige Erinnerungen

Interessant war die Suche nach einem noch freien Bereich im Markt der künstlerischen Fort- und Weiterbildung. Ein bis heute aktueller Ansatz für Wolfenbüttel: KünstlerInnen sollten es sein. Remscheider Erfahrungen früherer Jahrzehnte gingen dahin, dass hier recht wenig Fortbildungsbereitschaft vorliegt. Doch immerhin wurde und wird durch unterschiedliche Akzentsetzungen im Konzept die Tatsache abgemildert, dass man bei aller kollegialen Zusammenarbeit eben auch in Konkurrenz zueinander steht. Interessant auch die Beobachtung unterschiedlicher Leitungstypen. Remscheid wie Wolfenbüttel haben bislang jeweils drei Direktoren gehabt. In Remscheid teilten sich die drei Personen – zwei Musiker und ein Erziehungswissenschaftler – die über 50 Jahre Lebenszeit der Akademie in 10, 20 und 22 Jahre. Auch die Wolfenbütteler Direktoren hatten verschiedene Profile, eben weil der Aufbau einer Einrichtung andere Kompetenzen erfordert als die Konsolidierung. Jede der Leitungspersönlichkeiten hatte dabei ein bestimmtes Profil: die unternehmerische Qualität des ersten Leiters, der aufgrund seiner beruflichen Vorgeschichte vielleicht gar nicht wusste, wie gut er in diesem Feld werden sollte; der exponierte Literaturwissenschaftler, dem die notwendige Praxisorientierung seines Hauses vielleicht immer ein wenig fremd blieb; und schließlich der politisch hoch interessierte Mitgestalter des eigenen Programms, der Wolfenbüttel zu einer der ersten Adressen für kulturpolitische Diskussionen in Deutschland gemacht hat.

An vielen Stellen gab und gibt es eine gute Zusammenarbeit zwischen der älteren Schwester in Remscheid und dem Wolfenbütteler „Nachwuchs", der inzwischen längst flügge geworden ist: Die gemeinsame Arbeit im Arbeitskreis der Musikbildungsstätten, die beharrliche Arbeit an der Verbreitung der kulturellen Bildung, auch in gemeinsamen Projekten, und die vertrauensvolle Zusammenarbeit im Deutschen Kulturrat. Wolfenbüttel hatte immer schon einen guten Klang als Kulturort in Deutschland. Die Bundesakademie und ihre Mitarbeiter für kulturelle Bildung haben das Ihrige dazu getan, dass dieser gute Klang sich nicht bloß auf die Großmeister der deutschen Aufklärung bezieht.

Remscheid gratuliert ganz herzlich!

Max Fuchs, Prof. Dr., Erziehungs- und Kulturwissenschaftler, Jg. 1948, Direktor der Akademie Remscheid, Ehrenvorsitzender der Bundesvereinigung Kulturelle Kinder- und Jugendbildung, Präsident des Deutschen Kulturrates und Vorsitzender des Instituts für Bildung und Kultur, lehrt Kulturarbeit an den Universitäten Duisburg-Essen und Basel.

Der Cellist Siegfried Palm spielte in der Schünemannschen Mühle

Nicht nur Virtuose, auch geschickter Pädagoge

Von Jürgen Zibell

Professor Siegfried Palm ist ein international anerkannter Cellist, der sich vor allem für moderne Musik einsetzt. Virtuos und mit Temperament spielte er das erste Mal in Wolfenbüttel.

Er leitet in der Bundesakademie für kulturelle Bildung ein viertägiges Cello-Seminar für 16 junge Menschen aus verschiedenen Ländern der Bundesrepublik. Die Akademie nutzte die Gelegenheit und lud Palm zu einem Konzert in die Schünemannsche Mühle ein. Er ist nicht nur ein versierter Musiker, sondern auch ein geschickter Pädagoge, der charmant plaudert.

Er spielte Werke, die zwischen 1925 und 1992 entstanden. Der Saal war besetzt, die Zuhörer konzentrierten sich gespannt auf die Musik. Kein Geräusch, kein Knistern war zu hören. Die Spannung löste sich erst nach zwei Stunden in langanhaltendem Beifall für dieses besondere musikalische Erlebnis.

Im Gegensatz zu einem Orchester, bei dem die Gefahr besteht, daß die moderne Musik zu kompliziert wird und die Tonballungen zu stark werden, hat Siegfried Palm es leichter mit seinem klangvollen Cello — er spielt ein Instrument von Giambattista Grancino aus dem Jahr 1708 —, den Reiz und die Spannungen, aber auch die Schönheiten der Kompositionen seiner Zeitgenossen vorzustellen.

Das Cello hat einen warmen Ton und einen großen Tonumfang. Das ist nicht zu überhören, auch wenn zwischendurch einmal über die Saiten geschabt, auf das Griffbrett getrommelt, auf die Decke geklopft oder mit dem Bogen auf dem Saitenhalter gespielt wird. Wenn Siegfried Palm dann noch mit seinen kleinen Geschichten Bilder vom Komponisten und dessen Werk in den Köpfen der Zuhörer entstehen läßt, dann ist moderne Musik etwas, was man begierig in sich aufnimmt.

Im vergangenen Jahrhundert sei die Violine die Königin die Instrumente gewesen. Pablo Casals habe dann das Cello salon- und podiumsfähig gemacht, aber die Musik von Claude Debussy zum Beispiel für Teufelswerk gehalten. Durch ihn seien jedoch viele Komponisten angeregt worden, Cellomusik zu schreiben.

Palm eröffnete das Konzert mit der Sonate für Violoncello allein opus 25, Nummer 3, von Paul Hindemith. Der heute schon als klassisch geltende Komponist hat die Cellosonate auf Bach bezogen, den er verehrte. Zwei rhythmische Ecksätze rahmen zwei skurrile, witzige Teile ein, in deren Mitte das Cello einmal alle Möglichkeiten auslotet.

Von dem Kölner Bernd Alois Zimmermann spielte Palm die ebenfalls fünfsätzige Sonate für Cello solo aus dem Jahr 1960. Der Komponist habe mit diesem Stück Instrumentalgeschichte geschrieben, sagte Palm. Das Werk in Zwölftontechnik habe man zunächst für unspielbar gehalten, heute gehöre es ins Repertoire der Cellisten. Für Zimmermann sei das Cello Vox humana, und er nutzte alle Möglichkeiten. Kompositorische Raffinesse zeichnet die Sonate aus. Ständig wird b-a-c-h zitiert. Das Cello ist sehr zart, manchmal auch geschwätzig, die Saiten werden oft gezupft oder der Bogen federt darüber.

Mit Bunraku, 1958 vom Japaner Toshiro Mayuzumi komponiert, versetzte Palm die Zuhörer ins No-Theater. Vielfältige exotische und harmonische Klänge wurden hörbar, aber auch verfremdeter Klang und Melodienfetzen, vor allem aber der Kontrast zwischen

Professor Siegfried Palm, ein international anerkannter Cellist, gab in der Schünemannschen Mühle ein Konzert. *Foto: Wolfgang Lange*

Ruhe und Hast. Mit Tonverschiebungen arbeitet der Grieche Terzakis, der Professor auf Max Regers Lehrstuhl in Leipzig ist. 1992 entstand der Dialog der Seele mit ihrem Schatten, den Palm mit Leben erfüllte.

Vom polnischen Avantgardisten Krzysztof Penderecki spielte er das 1968 komponierte Capriccio per Siegfried Palm. Es war ein witziges Glanzstück am Schluß, mit dem der Musiker noch einmal seine Virtuosität bewies.

BUNDESVEREINIGUNG SOZIOKULTURELLER ZENTREN E.V.

Vielfalt. Aus Prinzip. – Vielfalt. Als Prinzip.

- **Vielfältig ...** sind die Inhalte und Arbeitsweisen der derzeit 468 soziokulturellen Zentren, die in den 14 Landesverbänden der Bundesvereinigung organisiert sind.
- **Vielfältig ...** sind die Themen unserer Zentren: von A wie Alltagskultur über I wie Interkulturelle Bildung, M wie MigrantInnenarbeit zu Z wie Zivilgesellschaft.
- **Vielfältig ...** sind die Sparten, in denen sich die Zentren engagieren: Theaterprojekte, Kinder- und Jugendarbeit, kommunales Kino, Förderung junger MusikerInnen, kreatives Schreiben, Stadtteilkulturarbeit und so weiter.
- **Vielfältig ...** zeigt sich das Umfeld, in dem unsere Mitglieder agieren, genau so engagiert im Großstadtkiez wie im Kleinstadtmilieu oder im ländlichen Raum.

Wir danken der Bundesakademie Wolfenbüttel für Anregung, Hilfe und Fortbildung und wünschen alles Gute für die Zukunft!

Bundesvereinigung Soziokultureller Zentren e.V.
Lehrter Str. 27-30 | 10557 Berlin | T 030.3 97 44 59-0 | F 030.3 97 44 59-9
bundesvereinigung@soziokultur.de | www.soziokultur.de

MATTHIAS GÖRITZ

Anweisung für Feiern,
zwei Schleifen für ein Hallelujah,
Happy Birthday, Ferdydurke
und andere Titel, die es nie ins Programm geschafft haben

Du hättest die steinernen Verletzungen, die wir im Leben –
im Laufe des Lebens – erlitten,
loben sollen.

Oder nicht? Wer sein Dasein immer auf Ent-
zaubern setzt, wie andere auf
-fernen, der schrumpft oder
soll Pessimist werden,
hörst du's
ziehn?

L wie Liebe oder
B wie Blasphemie.

Mir doch egal, was ihr denkt.
Ich wollte Gedichte schreiben, aber
jedes Gedicht ist ein Geschenk.

Es soll
einfach sein,
da.

Unausgepackt,

wie ein Strich.

Fragt man sich
ein Leben

lang wie's war,
was drin gewesen wäre.

Ich weiß es nicht, aber
Schleifen

sind schön
in der Gegend.

Verhüllte Tugend vor dem Wolfenbütteler Schloss.

Matthias Göritz, geb. 1969 in Hamburg, lebt als Schriftsteller in Frankfurt am Main. Er veröffentlichte u.a. die Gedichtbände „Loops" (2001) und „Pools" (2006) und erhielt zahlreiche Preise und Auszeichnungen. Sein Roman „Der kurze Traum des Jakob Voss" wurde mit dem Mara-Cassens-Preis für das beste Prosadebüt 2005 und dem Jury-Preis des Bayrischen Rundfunks ausgezeichnet. Göritz ist auch als Übersetzer u. a. von John Ashbery, Rae Armantrout und Nicholson Baker hervorgetreten. Zuletzt war er Gastautor des Goethe-Instituts Warschau im Rahmen des Projekts Promised City 2010.

ALBRECHT GÖSCHEL

Brauchen wir eine neue Solidarität? Herausforderungen für die kulturelle und politische Bildung

Meldungen zur Lage und Zukunft des Wohlfahrtsstaats in Deutschland lassen alle Warnlampen aufleuchten. Der demographische Wandel, im Zusammenhang und mit Wertewandel, Dienstleistungsgesellschaft und Globalisierung, wird nach aller Wahrscheinlichkeit bereits in zehn bis 15 Jahren eine Dienstleistungskrise im Gesundheitswesen, in der Altenversorgung und in der Pflege auslösen, wie sie uns bislang kaum vorstellbar war, so dass z. B der bekannte Psychiater und Psychologe Klaus Dörner von einer kommenden Versorgungskrise im Gesundheitswesen von geradezu epochalen Dimensionen spricht (2007). Auch wenn man sich diesen apokalyptischen Bildern nicht ohne weiteres anschließen mag, lässt sich schwer leugnen, dass die Altersverschiebung in der Bevölkerung, die der demographische Wandel auslöst, eine beträchtliche Herausforderung bedeutet, die mit den traditionellen Formen von Alterssicherung nicht zu bewältigen ist. Sieht man diese Entwicklungen im Kontext einer geschwächten Staatssouveränität, wie sie die Globalisierung mit sich bringt (Albrow 1998), lässt sich die Vermutung, dass alle staatlichen Ausgabenbereiche erheblichen Einschnitten, wie sie sich bereits gegenwärtig fast täglich ankündigen, sei es in Meldungen über skandalöse Zustände in Alten- und Pflegeheimen, über den Verfall von Schulgebäuden oder in immer neuen Hiobsbotschaften über Schließungen von Kultureinrichtungen, entgegen gehen.

Ganz offensichtlich droht Deutschland aber nicht nur eine Staats-, sondern auch eine Marktkrise. Eine sich ständig vertiefende soziale Spaltung in Verbindung mit Anstiegen der Kosten personenbezogener Dienstleistungen wird es für wachsende Teile schwierig oder unmöglich machen, Dienstleistungen, sei es des Gesundheitswesens, sei es der Kultur, auf entsprechenden Märkten anzukaufen. Im Kulturbereich lassen sich zwar große Teile personenbezogener Dienstleistungen, also so genannten „Live-Produktionen", entweder durch Gegenstände – CD, DVD etc. – bzw. mediale Massenproduktion ersetzen oder auch durch Einsatz technischer Mittel – Großlautsprecher für die Beschallung von Stadien bei Pop-Konzerten z.B. – technisch rationalisieren. Produktionen aber, die an die „personenbezogene Dienstleistung" für einen engen Abnehmerkreis gebunden bleiben, sei es im Gesundheits- und Pflegebereich, sei es in Kultur und Bildung, geraten unter Druck.

Angesichts dieser Bedrohungen scheint es über alle Maßen gerechtfertigt, nach eine neuen Solidarität zu fragen, die Versorgungsstandards entweder in bekannter Weise durch Steigerung der Staatsquote aufrecht erhält oder in anderer Weise, z.B. unabhängig von Institutionen sichert, wobei es im Folgenden eher um sozial- als um kulturpolitische Inhalte gehen soll.

So überzeugend aber die Verweise auf bestimmte Versorgungskrisen auch sein mögen, so scheint es doch, dass die Notwendigkeit einer neuen Solidarität sich sehr viel allgemeiner und umfassender begründen lässt, auch wenn die konkreten einzelnen Dienstleistungsprobleme in dieser Begründung enthalten sein mögen. Auch wenn man der gleichermaßen populären wie fragwürdigen Individualisierungsthese nicht uneingeschränkt folgen mag, wird man doch der Behauptung von einer „Auflösung der Ligaturen" (Dahrendorf 1994), von einer „Entbettung" des modernen Menschen (Giddens 1996) nicht ganz widersprechen können. Die Selbstverständlichkeit und Gegebenheit von Bindungen, von Einbettungen in soziale Zusammenhänge mit materiell relevanten Leistungsfunktionen ist in der Moderne mit Sicherheit zwar nicht komplett verloren, aber doch erheblich reduziert worden. Besonders neue Jugendstudien weisen immer wieder darauf hin, dass Jugendliche zwar über vielfältige und zahlreiche Kontakte verfügen, dass diese Beziehungen aber lose, wenig verbindlich und auch kaum belastbar zu sein scheinen. Verlässlichkeit, Schutz, Vertrauen, die Leistungen traditioneller Solidargemeinschaften, werden in der Moderne, in der Gegenwart zum raren Gut, das offenbar durch neue Solidarität bewusst und gezielt hergestellt werden muss. Solidarität scheint also notwendig zu sein, wenn auch erst einmal unklar ist, in welcher Form sie denn bestehen müsste, wie also neue Solidarität aussieht und wie sie sich möglicherweise von einer alten unterscheidet.

In klassischer sozialpolitischer Perspektive gilt Solidarität als dritte Ressource eines modernen Gemeinwesens neben denen des Marktes und des Staates, also neben den Ressourcen Geld und Macht (Kauf-

Albrecht Göschel, Dipl.-Ing., Dr. rer. pol.; geb. 1941; Studium der Architektur und Stadtplanung in Hannover und Berlin (Dipl.-Ing. Architektur), der Soziologie / Sozialpolitik in Essex, England; Promotion in Soziologie Universität Bremen; 1987 bis 2006 wissenschaftlicher Mitarbeiter / Projektleiter am Deutschen Institut für Urbanistik, Berlin; Arbeitsschwerpunkte: Kultur- und Sozialpolitik; Zukunft und Kultur der Stadt; Kultureller und Sozialer Wandel, Demographie, Generationsbeziehungen, Kultursoziologie, Architekturtheorie; Seit 2007 ehrenamtlicher Erster Vorsitzender des „Forums gemeinschaftliches Wohnen e.V."; Dozententätigkeit am Institut für Städtebau, Berlin (Referendarsausbildung u.a.), Lehrbeauftragter an der Hochschule für Musik und Darstellende Kunst, Wien; Akademiepreisträger der Evangelischen Akademie Baden 2007; verheiratet, lebt in Berlin.

mann 1997). Unklar und jeweils neu zu bestimmen sind allerdings die sozialen Zusammenhänge, in denen diese bürgerschaftliche Ressource der Solidarität entwickelt wird und zum Tragen kommt. Mit Blick auf die jüngere Vergangenheit der industriellen Moderne sind das letzten Endes nur zwei Bereiche, zum einen die Familie, zum anderen wiederum der Staat selber, der, wenn auch auf das Instrument der Macht gestützt, Solidarität einfordert. Alle dazwischen liegenden, zumindest alle eher informellen Solidarsysteme, sei es der Nachbarschaft, des Stadtquartiers, aber auch formalisierte wie die städtische Gemeinde, die Kommune, sind entweder weitgehend aufgelöst und haben ihre Leistungen an anonyme Bereiche wie den des Staates abgegeben, oder sie sind zu Instrumenten staatlicher Macht auch bei der Durchsetzung von Solidarität geworden, wie das weitgehend für die Kommunen behauptet wird. Selbst der Gegenpol zum Staat, die Familie, verliert an solidarischer Leistungsfähigkeit und überträgt ihre Leistungen in wachsendem Maße an den öffentlichen Bereich des Staates und der von ihm kontrollierten und verregelten Sicherheits- und Solidarsysteme, wie z. B. die gesetzlichen und privaten Krankenversicherungen, oder an institutionalisierte Leistungssysteme wie das Schul- oder Vorschulwesen. Dennoch funktioniert die Familie als Solidarsystem selbstverständlich noch in hohem Maße. Es wird geschätzt, dass z. B. ca. 70% aller Versorgungsleistungen bei Krankheit und Pflege nach wie vor von den Familien erbracht werden, allerdings mit deutlich abnehmender Tendenz, die sich angesichts des demographischen Wandels beschleunigen wird.

Als, von der Gegenwart aus gesehen, alte, aber noch existierende und wirkungsvolle Formen von Solidarität können demnach einerseits die der Familie, zum anderen die des Staates in der Form des Wohlfahrtstaates verstanden werden, und beide sind nach wie vor in höchsten Maße wirksam, wenn sie auch in ihren Leistungsfähigkeiten reduziert werden. Sie stellen die Pole denkbarer Solidarität dar, die Familie als persönliches „Kleinsystem", basierend auf Liebe, auf engster Vertrautheit und Intimität, auf unmittelbar nachvollziehbarer Verantwortung; der Staat als überpersönliches, auf Anonymität und Macht basierendes, rational begründbares „Großsystem" ohne jede direkte, empathische Beziehung der in dieser Solidarität verbundenen Menschen. Dazwischen liegende Gemeinschaften jedoch, die es mit Nachbarschaft, Stadtteil, Dorf,

Werkstatt oder weitläufiger Großfamilie bis weit in die Industrialisierung hinein gegeben hat, sind durch Markt und Staat (Baumann 2009) weitgehend aufgelöst. Auch für das Feld der Solidarität hat sich in der industriellen Moderne die Polarisierung von Gegensätzen – Familie auf der einen, Staat auf der anderen Seite – durchgesetzt, die insgesamt die Kultur der „klassischen" oder „ersten Moderne" prägt (Beck et al. 2001). Die Verbindungsglieder zwischen den Polen scheinen weitgehend verschwunden zu sein. Solidarität als dritte Ressource zwischen Markt und Staat, als die Ressource des Bürgers neben den Ressourcen Macht – des Staates – und Geld – des Marktes, scheint entweder auf den engsten Privatbereich der Familie reduziert oder in die Machtsphäre des Staates einbezogen zu sein.

Fragt man unter diesen Bedingungen nach „neuer Solidarität", sind zwei Antworten möglich: Entweder kann als „neu" eine Erneuerung „alter" Solidarität, also der der Familie oder des Staates gemeint sein, wo diese ihren Anforderungen nicht mehr genügen. Oder es geht um eine Rekonstruktion der Zwischenglieder zwischen Familie und Staat im Sinne der vielfältigen Gemeinschaftsformen, die zumindest bis zum Zeitalter der Industrialisierung und bis weit in dieses hinein sowohl die Familie als auch den Staat ergänzten und entlasteten. Die aktuellen Krisen sowohl der Familie als auch des Staates resultieren aber gerade aus einer Überforderung beider Pole durch die Auflösung der Zwischenglieder, der schwer greifbaren Mischformen, die historisch die Pole Familie und Staat eingefasst und in ihren Aufgaben und Anforderungen begrenzt und damit funktionsfähig gehalten haben. Fast müsste man eher sagen, dass bis weit in die Entwicklung des modernen Sozialstaats hinein eher dieser in begrenzter Weise die anderen Solidarsysteme punktuell ergänzt und entlastet habe und dass die wachsende Konzentration auf den Staat, die jetzt zur Staatskrise führen kann, sich erst seit dem Zweiten Weltkrieg durchgesetzt hat.

Die Suche nach einer „neuen" Solidarität müsste sich also von einer Familien-, vor allem aber von Staatsfixierung ab- und einer Rekonstruktion neuer Zwischenformen zuwenden, wenn ein Gemeinwesen „als Ganzes" und in ihm auch die noch existierenden Pole von Privat und Öffentlich, von Familie und Staat wirksam bleiben sollen. Vor allem müsste der in allen Bereichen erkennbaren, altem Sozialstaatsdenken verhafteten Tendenz, immer weitere Bereiche des Lebens auf den Staat zu übertragen, an ihn zu delegieren, mit neuen Zwischen- und Vermittlungsformen entgegen getreten werden, um einerseits der Familie, zum anderen dem Staat tatsächlich die Aufgaben zuweisen zu können, die ihnen entsprechen.

Zwischen den Polen Familie auf der einen, Staat auf der anderen Seite sind nun, in vager Anlehnung an historische Modelle, Solidaritätszusammenhänge denkbar, die zwar zum einen über die engste Intimität der Familie hinausgehen, die aber dennoch nicht in den anonymen Großzusammenhang des Staates münden. In ihnen verbinden sich ein gewisses Maß an persönlicher Vertrautheit und Bekanntschaft, also eine von Empathie getragene soziale Beziehungsform mit einem gewissen Maß an Rationalität und Unpersönlichkeit, wie es staatliche Solidarsysteme kennzeichnet. Wie haben es hier mit einer breiten, in jedem einzelnen Fall schwer zu definierenden Vermischung unterschiedlicher und in jüngster Zeit als gegensätzlich und unvereinbar gedachter Elemente von privat und öffentlich, von persönlich und anonym, von empathisch und distanziert, von gefühlsgetragen und rational zu tun, d.h. mit einer Vermischung all der Kategorien, die in der so genannten industriellen Moderne als klar von einander geschieden verstanden und als solche, in klarer Trennung von einander, auch realisiert wurden. Nachbarschaft in Haus, Quartier, Stadtteil oder „dritter Sozialraum" (Dörner 2007), Netzwerk von Bekanntschaften in einem nur vage begrenzbaren Areal mögen die populären Bereiche sein, in denen sich diese Übergänge erkennen lassen – wenn sie denn in nennenswerterem Umfang Leistungen und Aufgaben übernehmen, als dies ihnen in der urbanen Polarisierung von Öffentlichkeit und Privatheit zugeschrieben wird (Bahrdt 1969, Simmel 1995/1903).

Als potentiell exemplarisches und innovatives Beispiel könnte das „gemeinschaftliche Wohnen" dienen, das bislang nur in ganz wenigen Fällen existiert, sich aber dennoch nicht nur in der Politik, sondern auch bei wachsenden Anteilen der Bevölkerung einer steigenden Aufmerksamkeit erfreut.

Das „gemeinschaftliche Wohnen" zeigt in vieler Hinsicht, worum es geht oder doch gehen könnte – wenn es richtig verstanden und umgesetzt wird. Gemeinschaftliches Wohnen wird in höchst unterschiedlichen Formen verwirklicht. Es reicht von kleinen Gruppen mit 10 bis 20 Personen bis zu Großprojekten mit mehreren hundert Mitgliedern. Häufig zielen die Gruppen auf ein eigenes, nur für diesen Zweck errichtetes, von den zukünftigen Bewohnern in enger Zusammenarbeit mit einem Architekten entwickelten Gebäude. Genauso finden sich aber auch Mietprojekte. Wohngruppen nutzen das Gebäude eines Investors, das dieser ohne nennenswerte Anpassungen an die besonderen Wünsche einer Wohngruppe, evtl. nur mit einem Gemeinschaftsraum erstellt. In wachsendem Maße entstehen aber auch Wohnprojekte im Wohnungsbestand oder Quartiersprojekte, in denen Bewohner einer existierenden Bebauung in unterschiedlicher Weise Kooperationen vereinbaren, ohne dass diese baulich in Erscheinung treten oder Umzüge notwendig würden. Entscheidend ist in jedem Fall die Kooperation zwischen Fremden, zwischen Menschen, die nicht miteinander verwandt sind, die aber in räumlicher Nähe zueinander leben. Und immer, auch in den Projekten, die ein gemeinsames Gebäude errichten, behält jede Wohnpartei die komplette, voll ausgestattete Wohnung, die die Privatheit jedes Einzelnen oder jeder „Grundeinheit", zumindest der einzelnen Familie wahrt, genau so, wie durch das Wohnprojekt selbstverständlich auch „Staat" und „Markt", also der Pol des Öffentlichen, jeweils in vollem Umfang als äußere Rahmenbedingungen gewahrt und bestehen bleiben.

Die Wohnprojekte treten also zwischen den privaten Pol „Familie" und die öffentlichen Pole „Staat" und „Markt", ohne im Gegensatz zu den klassischen Gemeinschaftsutopien der Renaissance und utopischen Sozialisten der frühen Industrialisierung beide oder auch nur einen Pol, den der Privatheit, zu eliminieren. Allerdings ist diese Formulierung etwas irreführend, da der Zeit, aus der diese Utopien stammen, die Seite der Privatheit und damit die industriegesellschaftliche Differenzierung und Polarisierung von Gemeinschaften weitgehend unbekannt war. Eher wäre es zutreffend zu sagen, dass die Utopisten Lebenszusammenhänge im Beginn ihrer Fragmentierung neu zu einer Einheit zusammenzufassen suchen, sich dafür aber in Ermangelung einer Alternative auf das Modell der Anstalt, der geschlossenen Institution beziehen (Göschel 2010). Sie versuchen, die wesenhaften, essentialistischen, geschlossenen Einheiten, als die Gemeinschaften bis zum Beginn der Industrialisierung erscheinen, gegen ihre Auflösung unter den Bedingungen moderner Arbeitsteilung und Industrialisierung als effiziente Institutionen, aber gleichfalls in der Geschlossenheit und Ganzheitlichkeit traditioneller Gemeinschaften zu rekonstruieren und übernehmen dabei selbstverständlich das Zwangs- und Kontrollelement, das allen traditionellen Gemeinschaften eigen ist.

Mit dieser Einordnung wird das Problem neuer, intermediärer, gemeinschaftlicher und solidarischer Zusammenhänge, wie sie sich im gemeinschaftlichen Wohnen exemplarisch zeigen, deutlich. Sie stellen Kooperationsbeziehungen mit durchaus nennenswerten Leistungen und Solidaritäten dar, müssen diese aber unter Bedingungen weitgehender sozialer Differenzierung und ohne gesicherte Zwangsmittel, also unter den Bedingungen des Wertewandels zu Selbstbestimmungswerten aufbauen. Vor allem können sie sich nicht auf Rechtsgrundlagen stützen, wie sie im Familienrecht sogar die von Liebe getragene Einheit der Familie sichert. Noch viel weniger stehen Rechtssetzungen zur Verfügung, wie sie etwa im Sozialrecht durch staatliche Macht Solidarität im anonymen Bereich des Öffentlichen ohne persönliche Empathie garantieren. Weder die Bindekraft von Empathie noch die von staatlicher Gewalt steht den neuen Solidarformen intermediärer Gemeinschaften zur Verfügung, und dennoch müssen sie Verlässlichkeiten erreichen, die denen entsprechen sollen, die traditionelle Gemeinschaften unter dem Zwang der Not bei noch nicht existierendem Wohlfahrtstaat mithilfe gravierender informeller Kontrollen und Zwänge erreicht haben. Das Bestreben der Moderne, so könnte man sagen, war es, im Sinne einer Emanzipation diese Zwänge zu beseitigen und sich nur auf persönliche Liebe – in der Familie – oder auf verregelte, normierte, der persönlichen Willkür entzogene Macht des Staates zu stützen.

Als typisch „postindustrielle" Zusammenhänge stellen Kooperationsbeziehungen auf der Ebene intensivierter Nachbarschaft oder gemeinschaftlichen Wohnens bewegliche, undefinierte, rechtlich nicht fixierbare, „fluide" oder „hybride" Beziehungen dar, von denen ähnliche Verbindlichkeiten erwartet werden, wie von traditionellen Gemeinschaften. Sie sollen Schutz, Sicherheit, Vertrauen, Verlässlichkeit ohne Vertrag, Zuwendungen ohne Abrechnung eines Soll und Haben liefern, also all das, was, häufig höchst idealisierend, historischen Gemeinschaften oder rechtlich fixierten Solidarbeziehungen zugeschrieben wurde, ohne jedoch über die Zwangsmittel zu verfügen, die historische Gemeinschaften besaßen, bis sie durch Sozialstaatlichkeit und offene Märkte ersetzt wurden. Und sie sollen auch keine „Einzwecksolidaritäten" entfalten wie z.B.

Gewerkschaften, sondern das gesamte Alltagsleben umfassen, ohne jedoch Selbstverwirklichung zu beschränken oder als Einengung spürbar zu werden. Es soll also Schutz und Sicherheit von persönlichen Beziehungen geschaffen werden, ohne die emanzipatorischen Gewinne der Moderne einzuschränken oder in Zweifel zu ziehen. Selbst wenn sich ein Versagen von Staat und Märkten andeutet, scheint es nicht ganz leicht zu sein, sich eine Rückkehr in solche Solidargemeinschaften vorzustellen.

Mindestens vier typische Reaktionen auf diese Herausforderungen deuten sich an. Alle sind jedoch unverkennbar von Eingrenzungen und Verhaltensnormierungen geprägt, in denen das unerlässliche Element der Kontrolle zur Sicherung einer internen Gruppenverbindlichkeit unverkennbar deutlich wird. Zum einen scheint sich ein Wandel weg von typisch „altdeutschen" Tugenden hin zu westlichen Orientierungen abzuzeichnen. Galt Einsamkeit in deutscher Tradition als Stärke, als Ausweis von Unabhängigkeit und Souveränität, wurde eben dies aus einer ganz anderen kulturellen Geschichte in den USA eher als Schwäche gewertet. Zahlreiche Freunde und Bekannte zu haben, war hier, in einer Gesellschaft mit der Geschichte der Frontier, der offenen und auszudehnenden Grenze, vor der der Einzelne verloren war, eher Ausweis von Stärke als von Schwäche (Dahrendorf 1968). Ein wenig von dieser Einstellung scheint zurzeit auch in Deutschland erkennbar zu werden, allerdings unausweichlich verbunden mit dem Konservativismus, der in dieser Hinsicht auch die USA kennzeichnet und der in hoher Anpassungsbereitschaft an eben diese Beziehungen besteht. Ein Hang zur Konvention, eine wachsende Verachtung von Eigenständigkeit als Illoyalität und Außenseitertum ist nicht zu übersehen. Aber das Singledasein büßt doch etwas von seinem Glanz, von seinem Geruch von Freiheit und Abenteuer ein. Zumindest muss es in zahlreiche Beziehungen eingebettet sein, auch wenn diese sich, wie gesagt, häufig als wenig verlässlich und dauerhaft erweisen mögen.

Zum zweiten, und das mag nur eine andere Interpretation des gleichen Phänomens sein, werden postmaterielle Wertemuster erkennbar, in denen Kommunikation und Kooperation „um ihrer selbst willen" höher bewertet werden als materieller Besitz. Besonders in der Geschichte des gemeinschaftlichen Wohnens ist das gut erkennbar. So wurden in Schweden bereits in den 1920er und 1930er Jahren zahlreiche so genannte „Einküchenhäuser" errichtet, in denen in einer nur für die Bewohner geplanten Küche von professionellen Kräften regelmäßig alle Mahlzeiten zubereitet wurden, so dass die Hausfrauen von dieser Arbeit entlastet und für angenehmere Arbeiten freigesetzt wurden, wozu auch Berufsarbeit zählte (Vestbro 2010). Lange haben sich diese Projekte jedoch nicht gehalten. Sobald irgend möglich, wurden sie neueren – oder traditionellen – Bedingungen angepasst: In alle Wohnungen wurden Küchen eingebaut, die Gemeinschaftsküche stillgelegt. Aber gegenwärtig werden diese nun doch wieder genutzt, und zwar umschichtig von einer Familie oder einer Gruppe von Mitbewohnern, die dort selber für die Hausgemeinschaft kocht, weil man den kommunikativen Aspekt des gemeinschaftlichen Kochens und Essens schätzt, unabhängig davon, ob mit dieser Kooperation eine Effizienzsteigerung erreicht wird. Nicht eine bestimmte Leistung soll kostengünstig und effizient erbracht, sondern die umfassende, unspezialisierte „Einbettung" Aller in die Gruppe betont und befördert werden.

Dennoch kann man auch die hohe Bewertung kommunikativer Zusammenhänge, die sich in postmateriellen Milieus heute findet, möglicherweise als Kompensation von Mangel verstehen. In prekären Lebenslagen und Berufsperspektiven muss man sich wechselseitig helfen, um einen gewissen Lebensstandard zu halten. Es wäre also durchaus denkbar, dass sich die Postmaterialität, die sich hier zu entwickeln scheint, als symbolische Distinktion erweist, in der Kooperation zur Bewältigung erwartbaren oder bereits eingetretenen materiellen Mangels als kommunikativer Reichtum, als das eigentlich bessere Leben umgedeutet wird. Aus der historischen Arbeiterkultur sind die gleichen Vorgänge bekannt. Auch in ihr wurde auf die Ehrlichkeit, Aufrichtigkeit und Verlässlichkeit einer Kommunikation verwiesen, die der des Bürgertums mit seiner Kälte, Unaufrichtigkeit und Blasiertheit grundsätzlich moralisch überlegen sei. Heute würde sich dieser Überlegenheitsanspruch in Gruppen, die vom Prekariat bedroht sind, mit dem Begriff der Authentizität schmücken, der der Oberflächlichkeit und Belanglosigkeit von Kommunikation derer im Wohlstand entgegen gehalten wird.

Als drittes, und das steht mit der Bewertung eigener Kommunikation als „authentisch" in direktem Zusammenhang, unterliegen die neuen Kooperationsgemeinschaften der Gefahr kollektiver Identitätsbildung mit all den Abgrenzungsmechanismen nach außen und Zustimmungszwängen nach innen, die in solchen Konstruktionen unvermeidlich sind, und die beim Einwand einer hohen Konventionalität solcher Gruppierungen bereits erwähnt wurden. Eine Rekonstruktion der Leistungen historischer Gemeinschaften scheint auch in neuen Solidarzusammenhängen nicht ohne „Gruppenzwang“ möglich zu sein, der jetzt durch eine kollektive, moralisch begründete, die überlegene Moralität sichernde Gruppenidentität hergestellt werden muss. Die neue Aktualität kollektiver Identität und deren Destruktion universalistischer Bürgerrechte „von unten“ könnte hier neben ihrer Instrumentalisierung zur Sicherung einer regierungsdienlichen Homogenität „von oben“ (Offe 2003) eine Erklärung finden (Niethammer 2000).

Eine vierte Verirrung oder Pervertierung neuer solidarischer Kooperation im Zwischenfeld von Privatbereich, Intimität oder Familie einerseits, Öffentlichkeit, Anonymität oder Staat andererseits liegt in den Versuchen, die in der Tendenz fluiden, offenen, flexiblen Netzwerke, die solche Kooperationszusammenhänge darstellen, in feste, juristisch definierte Organisationen zu überführen, seien dies nun Vereine, Verbände oder ähnliches. Solche Organisationen geraten immer in den Sog, ein nach außen gerichtetes Organisationsinteressen zu formulieren, in dem sich ein Partialinteresse unter dem Vorwand des Allgemeinwohl rechtfertigen und durchsetzen lassen soll (Offe 2001). In der Regel, und da scheinen sich besonders Kooperationszusammenhänge wie das „gemeinschaftliche Wohnen“ in fataler Weise einig zu sein, wird das Organisationsziel als „öffentliche Finanzierung“, also als staatliche oder sozialstaatliche Förderung bestimmt, die aus gewissen Allgemeinwohleffekten der Kooperation gerechtfertigt wird. Die Gemeinwohleffekte ihrerseits werden häufig mit Einsparungen begründet, die der „Staat“ dadurch erreicht, dass Private in ihren privaten Kooperationsvorgängen Leistungen erbringen, die sonst, so die Annahme, von eben diesen „Staat“ zu erbringen wären.

Eine Zuspitzung dieser Argumentation wird dann erreicht, wenn der Aufwand für die – private – Kooperation als „Investment“ qualifiziert wird, der ein „Return of Investment“ in Form öffentlicher Förderung entsprechen müsse. Dass in jüngster Zeit häufig die Kommunen dieser geistigen und politischen Verirrung vorgearbeitet haben, wenn sie sich selbst als Unternehmen und ihre Bürger als „Kunden“ oder sogar als „shareholder“ bezeichnen, entschuldigt diese Verwechslung von

Wirtschaftsunternehmen und politischer Körperschaft keineswegs. Es macht nur das Problem deutlich, das darin besteht, dass unter unternehmerischer oder kultureller Identitätssicht jedes politische Gemeinwesen auch normativ an seinen Grenzen endet, obwohl Bürgerrechte zwar innerhalb der Grenzen eines Gemeinwesens realisiert werden müssen, dennoch aber nicht an diesen Grenzen enden, und dass politische Bürgerrechte Partizipations- und Kooperationsrechte und keine Tauschrechte oder Tauschbeziehungen sind, wie sie für Märkte und Unternehmen gelten. Die Interpretation „neuer Solidarität" nach dem Marktmodell, die sich großer Beliebtheit erfreut, entspricht in vieler Hinsicht der Beobachtung, dass sich gegenwärtig zahlreiche soziale Nischen bilden, die sich systematisch moralisch unterfordern, weil sie sich den moralischen Forderungen eines anonymisierten Wohlfahrtstaates oder gar einer globalen Medienwelt mit ihren täglichen Schreckensmeldungen, verbunden mit Aufforderungen zu globaler Solidaritätsbereitschaft, nicht mehr gewachsen zeigen (Offe 1989).

Dennoch sind die Reduktionen von Allgemeinwohl auf Partialegoismen unter dem Deckmantel eines Gemeinwohls dann, wenn versucht wird, den Allgemeinwohlbeitrag einer begrenzten Gruppe oder eines bestimmten Kooperationsvorganges organisatorisch zu fassen, scheinbar unvermeidlich. Nur der strikt informelle, unorganisierte Alltag, der die durch die Organisationsform erhoffte Instrumentalität einer typisch industriekulturell geprägten Moderne vermeidet, kann offensichtlich partikulare Kooperationen modernisierter Gemeinschaften erreichen, ohne sie durch Partikularinteressen zu unterlaufen. Nicht die „korporativen Akteure und organisierten Sozialgebilde", sondern der „Bürger als natürliche Person, der Primärbürger in seiner schwach institutionalisierten Mikropolitik (der) sozialen Kontexte" könnte demnach ein Gemeinwohl leisten, in dem dieser Begriff nicht als „Kategorienfehler" verwendet wird (Offe 2001: 485). Aber darin scheint eine der schwierigsten Herausforderungen moderner Solidargemeinschaften zu liegen, dass sie sich nicht definieren – und das heißt ja abgrenzen – dürfen, weder moralisch noch kulturell noch organisatorisch. Diese undefinierte und undefinierbare Offenheit stellt offenbar gedanklich und praktisch die entscheidende Hürde dar, wenn es gilt, intermediäre Solidarität und Allgemeinwohl zu verbinden, neue Solidarität also nicht auf Gruppenegoismen zu verkürzen. Jedem Gruppen-, Partei-, Vereins-, Verbands- und Organisationsdenken ist ein solches Modell nicht nur fremd sondern zutiefst zuwider.

Aus diesen vier Verirrungen, die sich beim Verständnis und bei der praktischen Umsetzung neuer Solidarität regelmäßig ergeben, lässt sich nun abschließend zumindest erahnen, was gefordert ist, um eine „neue Solidarität" tatsächlich zu erreichen, warum aber gleichzeitig die Chancen ihrer Realisierung gering sind. In der historischen Figur des Bürgers – als natürliche Person und Citoyen, nicht als Bourgeois – verbindet sich idealtypisch das Partialinteresse im Sinne eines eigenen Nutzens mit einem Allgemeinwohl (Tenbruck 1989). Als in diesem Sinne „bürgerlich" wird eine Lebensform beschrieben, in der Privatinteressen und Allgemeinwohlorientierung nicht im Widerspruch zueinander stehen, sondern sich zu einer Einheit verbinden. Neue Kooperationsbeziehungen haben dies Potential, solange für diese Lebensform keine moralische Überlegenheit behauptet und kein „Return of Investment", also keine öffentliche Förderung als Gegenleistung zu tatsächlichen oder vermeintlichen „Einsparungen" an öffentlichen Leistungen gefordert und solange keine Organisation hergestellt wird. Die „Gegenleistung" des Staates bestehen nicht in Vergütungen für ein dem Gemeinwohl zuträgliches Verhalten, sondern in den Freiheitsrechten, die jederzeit und für jedermann jede Art von privater oder „halböffentlicher" Kooperation zulassen und möglich machen.

Aber um die Chancen einer breiten Verwirklichung dieser „bürgerlichen" Lebensform scheint es tatsächlich schlecht bestellt zu sein. Dieser Bürger, dieser Citoyen, so wird behauptet, sei unwiederbringlich bereits im 19. Jahrhundert untergegangen, so er denn – besonders in Deutschland – überhaupt jemals bestanden habe. Abgelöst worden sei dieser Bürger durch die Figur des Angestellten, die die Massendemokratien prägt. Wie die Blüte des „Ehrenamtes", des „bürgerlichen Engagements" zeige, sei dieser „Angestellte" zwar arbeitsorientiert, sei also jederzeit zur Mitarbeit in einer Organisation bereit, so wie er es eben Zeit seines Lebens gewohnt sei, aber er verlange eine Gegenleistung, eine Entlohnung, worin auch immer diese nun auch bestehen mag. Und für ein solidarisches Kooperationsverhalten, das zwar dem eigenen Nutzen dient, mit dem also Privatinteressen realisiert werden, das aber auch und unauflöslich dem Gemeinwohl dienlich sei, wird dann für den Gemeinwohlanteil Entlohnung, Bezahlung, „Return of Investment" gefordert, als sei man Angestellter – oder Aktieninhaber – des Gemeinwesens, in dem man partikular für sich und seinesgleichen Solidarität beweist. Dass diese Solidarität ja bereits in sich für die Kooperierenden einen Nutzen erbracht hat, dass sich darüber hinaus das Modell der Solidarität auch dann, wenn es sich auf überschaubare Alltagswelten bezieht, nicht auf diese begrenzt werden kann, dass ihr also keine nicht in das Prinzip der Solidarität einbezogene Außenwelt der „Gesellschaft" oder des „Staates" gegenüber steht, sondern nur eine andere Ebene eben dieses Gemeinwesens, und dass dieses Gemeinwesens keines ist, dass seine Mitglieder für Gemeinwohlverhalten wie ein Unternehmen finanziell honoriert, bleibt einer Angestelltenmentalität grundsätzlich verschlossen.

Die anfangs als Ausgangspunkt genannte Vermittlung oder Zwischenstellung einer neuen Solidarität zwischen Privatem und Öffentlichem wird also gegenwärtig vielfältig unterlaufen, neue Solidarität dem Privaten zugeschlagen, dem ein Öffentliches gegenüber steht. Nur das Private wird durch diese Solidarität gestützt, das Öffentliche, sei es in Form des Staates oder der Stadt insgesamt, nicht in das Solidaritätsprinzip einbezogen. Genau so wenig wird aber eine Gegenposition zum Öffentlichen in Gestalt des Staates als Träger von Macht dadurch eingenommen, dass die Ressource Solidarität eben dieser Macht entgegen gesetzt wird.

Im Gegenteil besteht verbreitet die Vorstellung, eben diese Macht sei weder Gegenpol noch als Repräsentant des Gemeinwesens in Solidarität einzubeziehen. Der Staat, der Wohlfahrtsstaat zumal, bleibe das „unerschöpfliche Füllhorn", das wahllos seine Gaben über Alle ergießt, dem man nur und ausschließlich fordernd gegenüber zu treten habe, so wie man seinem Arbeitgeber mit Lohnforderungen für unternehmensdienliche oder einem Unternehmen mit gezahlten Leistungen in Erwartung von Gegenleistungen gegenübertritt.

Und dennoch vollzieht sich die „neue Solidarität" vermutlich ständig und in erheblichem Umfang, nur eben nicht als organisierte, nicht als definierte, nicht vorrangig im Ehrenamt oder als „bürgerschaftlichen Engagement" bei Organisationen, deren Interessen man wahrt, wenn man nicht sogar regelrecht eine Anstellung erwartet, sondern in vielen kleinen Situationen des Alltags, in einer neuen Wendung zum Nahraum, zum

Quartier, in dem ständig kooperiert wird, zu aller Nutzen und zur Förderung eines Gemeinwohls, das zu honorieren niemand auf den Gedanken käme. Vermutlich ist der „Bürger als natürliche Person" durchaus präsent und aktiv, nur wird ihm keine große Aufmerksamkeit gewidmet. Diese richtet sich auf organisierte oder als Identität formulierte Interessen und missversteht dabei Partikularegoismus als Gemeinwohl. In Hinsicht auf Parteien und Politik regen sich allerdings bereits massive Widerstände gegen diesen „Kategorienfehler", und auch Verbände und Vereine geraten zunehmend unter Verdacht. Dagegen aber die notwendige neue Solidarität des Bürgers als „natürlicher Person", als Citoyen zu befördern, bleibt Aufgabe und Herausforderung einer kulturellen und politischen Bildung, die sich an eben diese „natürlichen Personen" wendet, nicht an Institutionen und nicht an Marktsubjekte und ihre Verwertungsinteressen, und sei es eine Verwertung der eigenen Kompetenz, Empathie und Solidarität.

Literatur

Albrow, Martin (1998): Abschied vom Nationalstaat. Staat und Gesellschaft im globalen Zeitalter, Frankfurt/M.

Bahrdt, Hans Paul (1969): Die moderne Großstadt. Soziologische Überlegungen zum Städtebau, Hamburg.

Bamann, Zygmunt (2009): Gemeinschaften. Auf der Suche nach Sicherheit in einer bedrohten Welt, Frankfurt/M.

Beck, Ulrich; Wolfgang Bonß, Christoph Lau (2001): Theorie reflexiver Modernisierung – Fragestellungen, Hypothesen, Forschungsprogramme, in: Ulrich Beck u. Wolfgang Bonß (Hrsg.), Die Modernisierung der Moderne, Frankfurt/M. S. 11–59.

Dahrendorf, Ralf (1994): Das Zerbrechen der Ligaturen und die Utopie der Weltbürgergesellschaft, in: Ulrich Beck (Hrsg.), Riskante Freiheiten. Individualisierung in modernen Gesellschaften, Frankfurt/M. S. 421–436.

Dahrendorf, Ralf (1968): Gesellschaft und Demokratie in Deutschland, München.

Dörner, Klaus (2007): Leben und sterben, wo ich hingehöre. Dritter Sozialraum und neues Hilfssystem, Neumünster.

Göschel, Albrecht (2010): Wege (und Abwege) in der Geschichte des gemeinschaftlichen Wohnens, in: Bayerisches Staatsministerium des Innern (Hrsg.), Wohnmodelle Bayern, Band V, München, in Vorbereitung.

Giddens, Anthony (1999): Konsequenzen der Moderne, Frankfurt/M.

Kaufmann, Franz-Xaver (1997): Herausforderungen des Sozialstaates, Frankfurt/M.

Niethammer, Lutz (2000): Kollektive Identität. Heimliche Quellen einer unheimlichen Konjunktur, Hamburg.

Offe, Claus (2003): Demokratie und Vertrauen, in: Ders. Herausforderungen der Demokratie. Zur Integrations- und Leistungsfähigkeit politischer Institutionen, Frankfurt/M. S. 227–238.

Offe, Claus (2001): Wessen Wohl ist das Gemeinwohl? in, Lutz Wingert u. Klaus Günther (Hrsg.), Die Öffentlichkeit der Vernunft und die Vernunft des Öffentlichen, Frankfurt/M. S. 459–488.

Offe, Claus (1989): Fessel und Bremse. Moralische und institutionelle Aspekte „intelligenter Selbstbeschränkung, in: Axel Honneth u.a. (Hrsg.), Zwischenbetrachtungen. Im Prozess der Aufklärung, Frankfurt/M.

Simmel, Georg (1995/1903): Die Großstädte und das Geistesleben, Frankfurt/M. Gesamtausgabe Bd. 7, Aufsätze und Abhandlungen 1901–1908, Bd. I., S. 116–131.

Tenbruck, Friedrich H. (1989): Die kulturellen Grundlagen der Gesellschaft. Der Fall der Moderne, Opladen.

Vestbro, Dick Urban (2010): History of Cohousing – Internationally and in Sweden, in: Living together – Cohousing Ideas and Realities Around the World. Proceedings from the international collaborative housing conference in Stockholm, 5.–9. May 2010, Stockholm, S. 42–55.

Das Schloss in der Oker.

Royston Maldoom in der Akademie

Bereits einige Male bin ich in meinem Leben auf den britischen Choreographen Royston Maldoom gestoßen, habe ihn und seine Arbeit erlebt. Royston Maldoom ist Mitbegründer der Community Dance Bewegung und initiiert und leitet seit mehr als 30 Jahren Tanzprojekte für jedermann. Besonders verbindet mich mit ihm ein Workshop an der Bundesakademie für kulturelle Bildung in Wolfenbüttel.

Ich erlebte ihn – und das, was er Großartiges auf die Bühne bringt – zuerst bei einer Aufführung von Berliner Kindern mit den Berliner Philharmonikern in der Arena Treptow: Le Sacre du Printemps. Später sah ich noch Carmina Burana. Vor der Aufführung wusste ich gar nicht, dass man dieses Stück tanzen kann. Und dass man auf diese Weise ein Publikum begeistern kann, das vielleicht noch nie in seinem Leben klassische Musik genossen hatte (die Eltern und Großeltern der Kinder). Das war ein Erlebnis der besonderen Art. Nicht umsonst ist der Film „Rhythm is it" über Maldooms Arbeit so bekannt geworden.

Und so ging es uns auch später in der F.C. Flick Stiftung gegen Fremdenfeindlichkeit, Rassismus und Intoleranz, als wir bei einer Tanzproduktion in Potsdam im Jahr 2005 mit Royston Maldoom zusammengearbeitet haben. Der entscheidende Impuls kam durch den Film „Rhythm is it". Vor allem der liebevolle und gleichzeitig konsequente Umgang von Royston Maldoom mit den Jugendlichen und die mit dieser Arbeit erzielten Erfolge erstaunten und überzeugten uns.

Das Stück „Tryst" des zeitgenössischen schottischen Komponisten James MacMillan wurde dann in einer dreiwöchigen Probenzeit mit 112 Schülerinnen und Schülern der Potsdamer Rosa Luxemburg Schule sowie der benachbarten Förderschule Potsdam auf die Bühne gebracht. Das Projektkonzept bezog darüber hinaus auch all die Schüler ein, die nicht mit tanzen wollten. Der gesamte Schulalltag wurde für die Projektzeit umgestellt. Alle Schüler und das ganze Lehrerkollegium der Rosa Luxemburg Schule bereiteten das Stück vor. Die Schüler wurden neben der Tänzergruppe aktiv in Arbeitsgemeinschaften für Kostüme, Kulisse, Website oder Catering.

Am 9. Dezember 2005 hatte das Stück dann im Potsdamer Hans Otto Theater vor ausverkauftem Haus seine Premiere. Es wurde mit großem Applaus aufgenommen, und auch die Folgeaufführungen waren ausverkauft.

Nach diesen Erlebnissen war klar: Ich wollte jetzt selbst auch an einem Workshop teilnehmen. Und wo kann man das besser als in der Bundesakademie Wolfenbüttel?

Die Warteliste war lang, und ich war froh, im November 2006 einen Platz ergattert zu haben, um mit Gleichgesinnten das Geheimnis von neuer Motivation für Bewegung und Ausdruck für Jugendliche entdecken zu dürfen.

Eine engagierte Gruppe fand sich zusammen: professionelle Tänzerinnen und Tänzer, Lehrerinnen und Lehrer, die diese Art der kulturellen Bildung in ihren Schulen propagieren wollten. Denn noch immer fristet der Tanz als Bewegungs- und Ausdrucksform ein Kümmerdasein, obwohl der Film „Rhythm is it" uns doch zeigt, wie das Leben durch Bewegung und Tanz verändert werden kann: Selbstbewusstsein, Stärke, Empathie – alles Elemente , die man in anderen Fächern nur schwerlich lernen kann. Und so sahen wir uns in Wolfenbüttel die unterschiedlichsten Projekte im Film an und übten über drei Tage selbst ein, wie man bewegende Formen mit Menschen und Körpern ins Bild setzen kann.

Anstrengend war es schon, das Wochenende, aber auch sehr erfüllend – und es hat für die Arbeit – selbst für mich als Politikerin – viele neue Erkenntnisse gebracht.

Der Vertreter der Braunschweiger Zeitung fragte mich, ob ich nicht Tanz verpflichtend an Schulen einrichten wolle. Am liebsten hätte ich Ja gesagt. Aber ich wäre schon froh, wenn irgendeine Art von künstlerischem Ausdruck überhaupt JEDEM Kind an der Schule angeboten würde – sei es Musik, Chor, Tanz oder Malen. Aber leider gibt es an 40 Prozent der Grundschulen und mindestens 30 Prozent der weiterführenden Schulen überhaupt keinen Musikunterricht. Dabei klafft auch noch eine große Kluft zwischen Hauptschulen und Gymnasien.

Also, dieses Beispiel sollte Schule machen: Ladet auch andere Politiker ein, Workshops zu besuchen, damit wir eine Lobby für die kulturelle Bildung schaffen können – nicht nur in Worten, sondern in Taten!

Monika Griefahn, Ministerin a.D., Bundestagsabgeordnete 1998–2009, Mitglied des Ausschusses für Kultur und Medien, Vorsitzende dieses Ausschusses 2000–2005. Mitglied des Beirates der Bundesakademie von 2007 bis 2008.

> von oben nach unten:
1. Proben für das Stück „Tryst".
2.–4. Workshop der Bundesakademie mit Royston Maldoom, an dem Monika Griefahn teilnahm.

Schülerinnen und Schüler der Rosa-Luxemburg-Schule führen das Stück "„Tryst" des Komponisten James Mac Millan auf.

Macht Macht

Seien wir doch mal ehrlich, wo gibt es das denn heute noch: Orte, an denen sich Kunst, Künstler und deren Vermittler auf gleicher Augenhöhe treffen können, Fortbildungen auf hohem Niveau angeboten werden und Kulturangebote die Möglichkeiten bieten, über den eigenen Tellerrand zu schauen.

Die Bundesakademie in Wolfenbüttel ist für mich so ein Ort. Die Veranstaltungen, die ich als Gast oder Teilnehmerin wahrnahm, musste ich nie hinterfragen, wusste ich doch, dass die Dozenten handverlesen, hochmotiviert und bestausgebildet sind.

Bei anderen Fortbildungsstätten stelle ich mir schon die Frage, ob mir das nun wirklich was bringt, ob die Referenten auch gut genug sind, um mir ein weiteres Fortbildungswochenende ans Bein zu binden oder die Organisatoren ausgeschlafen genug, um alles koordiniert zu bekommen.

Diese Fragen stellen sich für mich bei der Bundesakademie nicht. Für mich ist sie ein wunderbarer Kultur-Fels in der Brandung der ewigen Event- und Marketingkultur. Im Gegenteil, ich habe von der Akademie immer mehr mit nach Hause genommen, als ich erwartet habe, und manche Anregung hat zu Weiterem geführt.

Meine Gabe zur Festschrift ist daher auch das Poem, das Xóchil A. Schütz zur Eröffnung der Jahresausstellung des BBK Braunschweig 2006 geschrieben und vorgetragen hat. Aufmerksam geworden bin ich auf Frau Schütz durch die Akademiepreisverleihung im gleichen Jahr.

Xóchil A. Schütz

Macht Macht

Lese – Performance zur Eröffnung der
BBK Mitgliederausstellung 2006

1

Mach dein Bett.
Mach dich fertig.
Mach die Tür zu.
Mach mal leise.

Mach dein Abi.
Geh studieren.
Gib kein Geld aus.
Es ist mein Geld.

Mach mal schneller.
Mach den Abschluss.
Mach ihn gut.
Mach ihn am besten.

– Macht mich nicht alle!
Ich mach das alleine!

2

Macht einer was, macht keiner sonst was, oder was?
Macht einer was, machen andre nach, ist es das?
Macht einer was, sagt keiner: Was machst du?
Macht einer was, lacht ein anderer, und einer sagt:
Was lachst du?
Der andre sagt: Ach, nix.
Nix mit Macht, denkt einer. Und: Ach,
macht nix. Wenn er fix ist.

Macht, was ihr wollt!
Ach, ihr wollt Macht?
Dann macht mal.
Macht Macht.

Edith Grumbach-Raasch ist Geschäftsführerin der BBK Torhaus-Galerie, www.bbk.bs.de.

Macht macht winzig.
Macht macht schweigsam.
Macht macht ohnmächtig.
Aber bitte. Macht Macht.
Aber macht ohne mich.
Ich bin gegen Macht.
Ich bin Gegenmacht, so lange ihr mich machen lasst.
So lange ihr mich lachen lasst.
So lange ihr den Drachen mästet.
Ich bin die Gegenmacht, wenn ihr mich mit euch selbst belastest;
Bitte nicht!

Ich bin der Zeitgeist, den du mit gemacht hast.
Ich bin der Zeitgeist, mit dem du schon gelacht hast.
Dein Geisterlachen. In deiner Lebenszeit. Mach nur weiter so.
Mach weiter, was du willst.
Wer weiß, wer dann die Macht hat.
Wer weiß, wer dann den Markt hat.
Wer dann die Macht hat auf dem Markt.
Wer hat die Macht auf dem Markt, wenn du machst, was du willst?
Was machst du denn?
Ich kenn dich doch.
Komm, sag mir, was du willst.
Wähle 0190 ...
Mach deine Träume wahr.
Du kannst mir alles sagen.
Sekt und Kaviar.
Becks und Bretter, die die Welt bedeuten.
Und Kontakte, das ist es doch, worauf du wartest.
Das ist es doch, was alle haben.
Das ist es doch, was dir noch fehlt.
Komm, sei nicht so.
Geh hin und lächle nett.
Geh hin und rede jetzt.
Geh hin und nimm noch mal was vom Büffet.
Nimm nicht zuviel!
Geh jetzt zurück.
Und ist da keiner mehr –
Na, geh woanders hin!
Steh nicht alleine rum.
Geh hin und rede was.

Red irgendwas!
Du kriegst die Macht,
wenn du es richtig machst!

Mach dich auf den Weg und lern was über Macht.
Lies Bücher über Macht.
Bezahle einen Lehrer, der Dir Macht beibringt.
Lern drauf zu hören, wie deine Stimme klingt!
Lern gerade stehn.
Lern andern in die Augen sehn.
Lern einen festen Händedruck.
Lern endlich Lächeln.
Jetzt lächle mal.
Streng dich an! Lächle! Jetzt!
Braver Hund.
Das hast du gut gemacht.
Du kriegst ein Leckerli.
Und weiter jetzt!
Schultern zurück.
Tu so, als ob du zuhörst.
Tu so, als ob's dich wirklich interessiert.
UND LÄCHEL NETT! ICH HAB'S DIR GERADE SCHON GESAGT!

Nein.
So klappt es nicht bei dir.
Mach es anders.
Sei cool.
Bleib nicht zu lang, den Abend.
Schau nur kurz vorbei.
Du hast noch anderes zu tun.
„Es läuft so gut grad, keine Zeit".
Sag das, bevor du gehst.
Trink jetzt kein Wasser!
Trink was Hartes.
Grenz dich ab.
Du bist was Besonderes.
Ein Exzentriker.
Der von der Presse hat dich schon gesehn.
Und jetzt schnell gehn ...
– Was stehst du hier denn immer noch?
Mach keinen Fehler jetzt.

Xóchil A. Schütz, inzwischen in Berlin wohnend, ist seit 10 Jahren als Autorin und Performance-Poetin europaweit unterwegs. Ihre Prosa, Lyrik und Poetry sind in zahlreichen Zeitungen, Zeitschriften und Anthologien veröffentlicht worden. Sie ist regelmäßig Gast bei Poetry Slams, Literatur- und Kulturfestivals. Für ihre Texte und Darbietungen erhielt Frau Schütz diverse Preise und Stipendien. Mit „Sie ist, die sie ist und macht, was sie will" gewann sie im April 2006 die Akademiepreisfrage der Bundesakademie für kulturelle Bildung Wolfenbüttel. 2009 erschien ihr erstes Album Xóchil: „Perlenkind. Poesie trifft Musik". Weitere Infos unter www.xochillen.de

Vertief dich jetzt in kein Gespräch.
Du willst doch Macht.
Da kannst du jetzt nicht machen, was du willst.
Da kannst du jetzt nicht sagen, was du fühlst.
Dass du dein Geschirr spülst, von Hand.
Dass du grad Hartz Vier kriegst.
Dass du gar kein Tier bist.
Deine Ex vermisst.
Und dass dich Angst zerfrisst.
Ja, Zukunftsangst vor allem.
VOR ALLEM MUSST DU COOL SEIN!
Dein Werk muss das spiegeln!
Ja, sag: Dein Werk!
Sag nicht: Meine Bilder.
Das wird dir nicht gerecht.
Du bist gut!
Du bist dabei, eine neue Schule zu begründen!
Du hast eine neue Schule begründet!
Es weiß nur noch keiner!
Aber das wirst du ändern!
– Und wenn einer was macht, dann lach.
– Und wenn er fragt, was lachst du, dann sag nix.
Du musst ein bisschen Schwein sein, verstehst du?
Du musst auch mal gerne Schwein sein.
Du musst dir einen drauf runterholen können!

Nein.
Das hab ich nicht gesagt.
Das hab ich so alles nie gesagt.
Das ist nicht die richtige Herangehensweise.
So kannst du es nicht schaffen.
Du musst natürlich Netzwerke bilden.
Ohne Netzwerke geht gar nichts.
Das kannst du seit Jahren in jedem Magazin lesen;
Networking.
Triff dich regelmäßig mit Gleichgesinnten.
Gründet eine Gruppe.
Noch besser einen Verein.
Macht zusammen Ausstellungen.
Macht die Medien auf Euch aufmerksam.
Achtet auf die Außenwirkung.

Schreibt ein Pamphlet.
MACHT EUCH WICHTIGER! – Als ihr seid.
Zusammen geht das einfacher.
Beantragt Gelder von der Stadt.
Nehmt niemals jeden auf in eure Gruppe.
Ihr SEID jetzt wichtig.
– Doch wenn ihr hört, dass jemand lacht,
weil dauerhaft nicht interessiert, was Eure Gruppe macht,
dann macht was Neues!
Nein. Quatsch. Das wär sentimental.
MACHT EUCH NOCH WICHTIGER!
LACHT LAUTER, ALS DIE ANDEREN!
Baut die Kontakte, die ihr habt, zur Presse, aus.
Baut die Kontakte, die ihr habt, zu den Behörden, aus.
Wenn kaum noch Zeit bleibt für die Kunst, dann ist das so.
Es gibt hier nix zu meckern, gar nichts, seid doch froh.
Jetzt sind die Träume wahr. Jetzt sind die Träume wahr.
Sekt und Kaviar. Sekt und Kaviar.
Und dann ein Kind.

3
Mach dein Bett.
Mach dich fertig.
Mach die Tür zu.
Mach mal leise.

Was willst du sie verändern,
deine Lebensweise.

Den Kopf lüften

Ich glaube nicht, dass es ein allzu bewusster Entscheid war, „in der Kultur" zu arbeiten, ich glaube, es war wohl eher ein heimlicher Wunsch, der sich langsam, Schritt für Schritt, durchgesetzt hat. Zuerst noch angestellt und doch schon etwas frei, später ganz selbständig, mit allen schönen Freiheiten – aber ohne die vielen praktischen Sicherheiten.

Und jeden Tag „schöne Projekte": zusammen mit interessanten Menschen an spannenden Themen auf ein Ziel hin arbeiten, die Realisierung einer Ausstellung. Doch irgend einmal merkt man, dass auch die dringendste Arbeit nur noch zu erledigen ist, wenn der Arbeitstag bereits um 5 Uhr früh beginnt und dass einen das Entwickeln eines Konzeptes bis in den Schlaf verfolgt; man nur noch to-do-Listen schreibt und von Termin zu Termin hetzt. Und dann dachte ich in einem stillen Moment: Kann in einem solchen Klima überhaupt noch gute kulturelle Arbeit entstehen? Wo bleibt die Freiheit, die das Denken braucht, damit der Horizont des Denkens weit und offen bleibt?

Mehr Zeit hab ich nicht gefunden, aber eine Methode – so scheint es mir – die mir im Alltag immer wieder ein kleines Stücklein Freiraum schafft. Beim Warten auf den Bus, den Zug oder auf eine Verabredung, die sich verspätet hat, stelle ich mich ruhig hin und schaue in den Himmel. Möglichst gerade herauf. Eine Minute, zwei, das reicht. Und bald schon stellt sich ein Gefühl der Ruhe ein, als öffne sich im Kopf ein weiter Raum.

Die erste Anregung für „meine Übung" habe ich dem Schweizer Geologen Albert Heim (1849–1937) zu verdanken. Bei der Recherche zum Ausstellungsprojekt „Alpenglühen" bin ich in seinem schönen kleinen Büchlein „Die Luft-Farben" auf eine Anweisung gestossen, wie mit einer bewussten körperlichen Haltung Himmel und Landschaft intensiver betrachtet werden können:

„Ein einfaches Mittel kann Erstaunliches wirken, die Farben in der Landschaft uns besonders deutlich fühlen zu lassen. Wir wenden in gebückter Stellung den Kopf so viel als möglich nach unten – oder gar wir wenden der Landschaft den Rücken, bücken uns tief vorüber und schauen zwischen den gespreizten Beinen durch. Die feinen Farbnuancen, das zarte Blau, die blaue Ferne, die Distanz des Himmels hinter den Bergen, alles kommt in wunderbarer Schönheit und herrlichen Farbdüften zum Ausdruck."

Aus: Albert Heim, 1912. Luft-Farben. Hofer & Co AG Graph. Anstalt Zürich.

Beat Gugger ist seit 2003 als freischaffender Ausstellungskurator im deutschsprachigen Raum tätig und realisierte über 80 Ausstellungsprojekte mit dem Schwerpunkt Kultur- und Alltagsgeschichte, Heimat, Berge, Utopien & Visionen.

Icon aus Programmbereich Bildende Kunst 1993–2007.

UTE HANDWERG

Im Schmelztiegel der Künste. Oder von Chronos und Kairos – eine fast persönliche Bilanz

Bald neun Jahre liegt mein erster Besuch in der Bundesakademie für kulturelle Bildung Wolfenbüttel nun zurück. Ein Begriff war die Stadt Wolfenbüttel mir anfangs nur durch die Herzog August Bibliothek, die zu besuchen ich bis dahin nie geschafft hatte. Auch dass Wilhelm Busch hier viele Sommer verlebt haben soll, hatte ich zuvor irgendwo gelesen. Darüber hinaus war Wolfenbüttel für mich als Wahl-Hannoveranerin Synonym für „jwd", was im Berliner Raum beherzt mit „janz weit draußen" übersetzt wird.

Der Frühsommer war angekommen in der Stadt. Ich stieg aus dem Zug und orientierte mich an den Schildern, die zur Mühle am Rosenwall führen. Es gibt Städte, die schätzt man zu bestimmten Jahreszeiten besonders wert. Berlin und Wolfenbüttel gehören für mich dazu. Ich mag mich in beiden Städten sehr gern im Sommer aufhalten. Für Berlin kann ich dieses Gefühl ganz rational erklären. Mit Wolfenbüttel ist es anders.

Mit der Bundesakademie verbindet mich ein gemeinsames Interesse: Kulturelle Bildung für alle! Gemeinsam mit Thomas Lang, der im Haus seit vielen Jahren den Programmbereich Theater leitet und nachhaltig prägt, habe ich in den vergangenen Jahren einige sehr spannende, meiner Arbeit Impuls gebende Tagungen veranstaltet.

Für diese vertrauensvolle Zusammenarbeit danke ich ihm und darüber hinaus einem stets engagierten Bundesakademie-Team außerordentlich. Ich freue mich auf weitere gemeinsame Vorhaben.

Aber damit ist Wolfenbüttel nicht erklärt.

Die auf den Kirchenvater Aurelius Augustinus zurückgehende sogenannte Sentenz der Ratlosigkeit, die er in seinen „Bekenntnissen" formuliert hat, gilt aus meiner subjektiven Sicht in gewisser Weise auch für die Wolfenbütteler Bundesakademie. Was ist neben einem anregenden Programmangebot das Besondere der Bundesakademie? Im Sinne Augustinus' bekenne ich: Wenn mich niemand danach fragt, weiß ich es; wenn ich es jemandem auf seine Frage hin erklären will, bleibe ich vage.

Eine Vermutung allerdings habe ich. Es könnte das besondere Verhältnis von Chronos und Kairos sein, das ich hier wahrnehme und das die Bundesakademie für mich so wertvoll macht. Obgleich ich mich hier thematisch oft am Puls der Zeit sehe;

Atmosphäre, Raum und Umgebung vermitteln gleichzeitig das mir kostbare Gefühl, aus der Zeit fallen zu können. Und das muss man sich in Zeiten ökonomischer Zwänge erst einmal leisten wollen. Die Bundesakademie in Wolfenbüttel tut dies mit Erfolg.

Gästehaus Schünemannsche Mühle

Ute Handwerg, Germanistin, M. A.; langjährig tätig als Referentin in der Erwachsenenbildung, seit 2002 Geschäftsführerin der Bundesarbeitsgemeinschaft (BAG) Spiel & Theater. Arbeitsschwerpunkte in der kulturellen Bildung: Interkulturelle Bildung/Migration, Internationale Kooperation, Kultur und Entwicklung. Veröffentlichungen: Zusammen mit Klaus Hoffmann und Katja Krause: Theater über Leben. Entwicklungsbezogene Theaterarbeit. Berlin 2006; Fachartikel und -aufsätze in verschiedenen Zeitschriften und Publikationen. (handwerg@bag-online.de)

Wir sind Kultur
Über geistige Ernährung

Das Eigentümliche an der Kultur ist, dass jeder gern darüber spricht und glaubt, dass er sie hat, zugleich aber meint, für ihr Bestehen nicht unbedingt den letzten Einsatz riskieren zu müssen. So kommt es zur Dürrenmatt'schen Sottise, Kultur sei die „Petersilie auf dem Karpfen".

Dürrenmatt beschrieb damit aber nicht die Kultur, sondern ihr öffentliches Verständnis. Genau gesagt: Ihre Verwaltung in der Öffentlichkeit. Da ist sie ein Schmuck, der auch teuer sein darf, wenn es uns gut geht. Mit ihrer Bedeutung hat das nichts zu tun.

Die Bedeutung der Kulturfähigkeit des Menschen wird seitens der Anthropologie nicht mehr in einem luxuriösen Überschuss der Evolution gesehen, sondern als ein entscheidender Faktor im evolutionären Prozess, ja sogar als Reproduktionsvorteil. So betrachtet sind wir Kultur, bestehen wir aus Kultur und überleben wir durch Kultur. Es gibt zu ihr keine Alternative.

Üblicherweise grenzen wir den Begriff auf das ein, was wir im engeren Sinn darunter verstehen: Kunst und Kulturtechniken, die sich mit dem Begriff der Bildung verbinden.

Das letzte Jahrhundert hat zu Einwänden gegen den Wert der Kultur geführt: Wie konnte ein Kulturvolk wie das Deutsche die exemplarische Barbarei des Zwanzigsten Jahrhunderts errichten? Da hat doch die Kultur versagt und ihre Bedeutungslosigkeit erwiesen.

Ein verbreiteter Irrtum, in dem eine Erkenntnis verpackt ist. Dass Hitler über Hölderlin gesiegt hat, lag nicht an Hölderlin. Es lag an denen, die Hölderlin preisgegeben haben, um Hitler akzeptabel zu machen. Ein Fall von kultureller Selbst-Korrumpierung im Volksmaßstab, die wiederum die Vorraussetzung war für die kollektive Preisgabe ethischer Normen.

Kultur und Bildung sichern dem Einzelnen nicht a priori die richtige sittliche und politische Entscheidung. Im Gegenteil: Sie fordern zu kritischer Bewertung heraus. Kultur verlangt Entscheidung und ersetzt sie nicht.

Dass Barbarei sich durch Kultur nicht aufhalten lässt, ja dass sie oft sogar miteinander auskommen, ist vielfach geschichtlich belegt. Denn der Gegensatz zur Barbarei ist nicht die Kultur, sondern die Zivilisation. Darum kommt alles darauf an, dass wir zivile Zustände in den Köpfen und in der Gesellschaft erhalten.

Was mit Kunst in der Barbarei geschieht, ist hinlänglich bekannt. Sie wird in Dienst genommen und erstarrt. Sie büßt somit die Essenz ein, von der sie lebt: ihren prozessualen, ihren dialogischen, mithin unfesten Charakter.

Sehr verkürzt kann man sagen: wenn Kultur generell die Suche nach Möglichkeiten ist, mit der Welt umzugehen, dann ist die Kunst Suche nach eigenem Ausdruck für die Deutung der Welt. Sobald individuelle Ergebnisse solcher Suche sich so weit durchsetzen, dass sie zu allgemeiner Anerkennung gelangen, also Kultur werden im Sinne von gemeinschaftlicher Vereinbarung, beginnt das individuelle Suchen von neuem, so dass lebendige Kultur ein permanenter Prozess ist, der sich speist aus dem Überholen einer Lebenstechnik und Weltdeutung durch eine jeweils bessere oder zumindest andere und aus der Behauptung des eigenen Ausdrucks gegen den allgemeinen, den man auch Tradition nennt.

Anders gesagt: im dialogischen Prozess der Kultur, und nur als solcher, ist sie sinnvoll zu denken, kommt es auf das Individuum und auf die kollektive Adaption in gleichem Maße an. Sowohl die individuelle kulturelle Arbeit, als auch die kollektive Aneignung und Verwandlung setzen Menschen voraus, die fähig sind, in diesem Prozess kritisch zu handeln. Sind sie dies nicht, jubeln sie Scharlatanen zu und halten geschickt inszenierte Aufmärsche für einen Ausdruck von Kultur, wie ein russisches Sprichwort sagt: „Wenn die Fahne flattert, steckt der Verstand in der Trompete."

Kultur macht das Leben nicht bequem, sondern unruhig. Schönheit ist ebenso beunruhigend wie das Grauen, sonst hätte Rilke nicht vor dem Delphischen Apoll erschrocken festgestellt: „Du musst dein Leben ändern!" Kultur verweist uns auf den prozessualen Charakter des Lebens und braucht zugleich Individuen, die dazu fähig sind, in ihr keinen ewigen Wert, sondern den Dialog zu entdecken, den wir beispielsweise in der Kunst durch Jahrhunderte, sogar Jahr-

Gert Heidenreich, Schriftsteller und Sprecher, geboren 1944 in Eberswalde. Sein literarisches Werk umfasst zahlreiche Romane und Theaterstücke, Essays und Lyrikbände, für die er unter anderem den Adolf-Grimme-Preis und den Marieluise-Fleisser-Preis erhalten hat. Zuletzt erschienen die Romane Im Dunkel der Zeit (2007), Die Nacht der Händler und Das Fest der Fliegen (2009), so wie die Bücherkomödie Brauchen wir Kafka? (2010). Sein dritter Gedichtband Im Augenlicht erschien 2002. 1991–1995 war er Präsident des deutschen P.E.N. Gastprofessur Universität der Künste Berlin 2007. Er ist Mitglied der Bayerischen Akademie der Schönen Künste. (www.gert-heidenreich.com)

tausende führen können: Wenn wir uns darauf einlassen, finden wir, dass ein Kunstwerk, ganz gleich wie fern uns seine Entstehung liegt, in einen gegenwärtigen Dialog mit uns tritt.

Wer sich auf solche Dialoge einlassen will, bedarf dazu einiger kultureller Voraussetzungen.

Deshalb ist Kultur mit Bildung auf Gedeih und Verderb verschwistert. Zumindest seit der Aufklärung, deren Segen ihren Schrecken doch überwiegt, ist unsere Kultur ohne Bildung nicht mehr denkbar.

Wie sieht es heute damit aus?

Wir haben, grob gesagt, starke Bildungsinstitute ohne Kultur. Das liegt weder an den Lehrenden, noch an den Lernenden. Es liegt an dem grotesk falschen Verständnis von Bildung, das sich in der Wissensgesellschaft durchgesetzt hat. Bildung als Konditionierung auf die Praxisbedürfnisse des Staates und seiner Wirtschaft führt zu einer, wenngleich nicht schädlichen, Anhäufung von Wissen und Techniken zum Wissenserwerb. Niemand leugnet, dass angelernter Inhalt nicht nur sich selbst repräsentiert, sondern auch den Vorgang des Lernens als einer geistigen Erfahrung.

Unter der Perspektive der Kultur allerdings ist das keine Bildung des Menschen, denn seine hinreichende Ausstattung mit Instrumenten und Informationen setzt ihn noch nicht instand, entscheidungsfähig zu sein, möglichst autonom sein Leben zu gestalten und die Voraussetzungen allgemeiner Menschenwürde anzuerkennen.

Bildung ist die Verwandlung geistiger Erfahrung in lebendiges Bewusstsein – Bewusstsein im Sinne von Vorbereitung auf das Leben und von Bestimmung des eigenen Selbst im komplexen Gefüge aller anderen, also bildlich gesprochen: den eigenen Ort in der Welt zu finden und zu verstehen. Genau das ist offenbar kein Ziel der Pädagogik mehr – die Inhalte, die dafür nötig wären, werden zurückgedrängt zugunsten anderer Curricula, deren unmittelbar nützliche Anwendbarkeit im Berufsleben hervorgehoben wird. Der trainierte Mensch, der dabei entsteht, hat als Idealbild der sogenannten Informationsgesellschaft den gebildeten Menschen abgelöst.

Eine Entwicklung, die ich nicht nur für falsch halte. Sie stellt eine Beschädigung der jungen Menschen dar. Warum?

Ich will es am Beispiel der Literatur erläutern. Häufig stoße ich in Schulen, bei Lesungen vor Deutschleistungskursen – schon dieser Trainer-Titel erzeugt einen Abwehrreflex – auf Abiturjahrgänge, die erstaunlich wenig für ihr Fach gelesen haben, aber über ein ebenso verblüffendes wie überflüssiges germanistisches Fachwissen verfügen. Manche können eine Tautologie von einem Pleonasmus und diesen von einem Hendiadyoin unterscheiden, kennen aber keine Ballade, haben so gut wie nie ein Theaterstück ganz gelesen, oft nur einen Roman, mehr oder weniger vollständig; doch man hat ihnen die strukturellen Unterschiede der literarischen Gattungen und die Schubladen der Literaturepochen beigebracht. Manche wurden mit falschen Texten für die Poesie verdorben, weil es Lyrik gibt, die man erst begreift, wenn man selbst ein paar Lebensabgründe durchschritten hat. Bedeutende Werke kennen viele nur in Auszügen oder gar aus vorgefertigten Interpretationen.

Freilich gibt es Gegenbeispiele: Wie überall hängt es auch hier von der Person des Lehrers ab, ob sich die Begeisterung für sein Fach auf die Schüler überträgt. Überwiegend aber tritt eine rudimentäre Literaturwissenschaft an die Stelle von Literaturerfahrung. Das ist gleichbedeutend mit der Zerstörung der Phantasie.

Von der lebenspraktischen Nutzanwendung solcher Germanistisierung des Deutschunterrichts bin ich nicht überzeugt. Schlimmer, viel schlimmer, ist etwas anderes – und dies greift über das Fach weit hinaus in den Bereich der Lebenskultur.

In unserer Gesellschaft können wir – und dies ist ein wahrhaft hoch einzuschätzender Gewinn – Wissen so leicht, so vielfältig und so umfänglich wie noch nie zuvor in der Menschheitsgeschichte erwerben und verwenden. Das Internet ist, neben seinen scheußlichen Seiten, der neue Reichtum, der allen verfügbar ist. Das meiste, was heute in der Schule informatorisch gelehrt wird, lässt sich im Netz abfragen, und wenn man gelernt hat, kritisch zu fragen und skeptisch und flexibel mit den Angeboten umzugehen, erhält man richtige und nützliche Antworten. Zumal Wissen dort überwiegend auf neuestem Stand ist, das in den Schullehrplänen oft noch nicht aktualisiert wurde.

Was sich in der gigantischen Informationsbank aber nicht lernen lässt, ist der Umgang mit den eigentlich bedeutenden, tiefgreifenden, schwierigen Vorfällen des Lebens, die auf jeden von uns unausweichlich zukommen. Liebe und Trauer, Eifersucht und Verlust, Abschied und Enttäuschung, Krankheit und Beschädigung, Barmherzigkeit und Mitmenschlichkeit, Mut vor Autoritäten und Todesangst.

Auf diese Situationen bereitet die heutige Schule so gut wie nicht vor. Dabei liegt das Material dafür in unbegrenzter Menge bereit: Es ist die Literatur. In ihr und in den ihr verwandten Künsten Theater und Film lässt sich mittels der Phantasie antizipierend die eigene Empfindung, die eigene Entscheidung an der Stelle der scheiternden oder siegenden Helden erfahren und prüfen. In unserer Phantasie versetzen wir uns in die Lage der fiktiven Personen und lernen, indem wir gleichsam mit ihnen leben, ihre Art der Konfliktlösung kennen; wir erleben ihre Niederlagen, ihre Erfolge, ihren Untergang, ihre Erlösung. In der Literatur ist dieses Wissen der Kulturen über Jahrtausende unter dem Begriff „Schicksal" versammelt – und nirgendwo sonst erfahren wir so intensiv, dass wir mit den entscheidenden Klippen in unserem Leben nicht allein sind, sondern dass sie schon immer zu den schmerzlichen und schönen Bedingungen menschlichen Seins gehört haben.

Mit solchen Grundereignissen, die uns anfangs immer überfordern, so umgehen zu können, dass wir authentisch bleiben und nicht hilflos und ratlos überwältigt werden, wenn sie eintreten, lässt sich üben: In der Fiktion, in der Kunst. Natürlich ist das Scheitern das größere Thema in der Dichtung, gehört die Erlösung eher in den Bereich der Religion. Die Literatur ist ganz so, wie wir Leser sind: Das Gute bewegt uns, aber das Böse hat unser Interesse, die Abgründe sind faszinierender als die Brükken. Auch erschöpft sich die Literatur nicht in ihrer Funktion als Übungsraum für unsere Vorahnung des Schicksals, ich rede ja hier noch nicht von Kunst. Aber die Möglichkeit, tief verstörende Konflikte, noch bevor sie sich für uns ereignen, am Leben der literarischen und biblischen Gestalten gleichsam spielerisch und auf einer noch nicht existentiellen Ebene seelisch durchleben zu können, bereitet uns – davon bin ich fest überzeugt – besser auf das Erwachsensein vor als jede akkumulierte Quantifizierung der Welt. Vor allem das Wissen um den Zusammenhang unserer Existenz mit der anderer Menschen, seien sie auch fernen Zeiten und Kulturen zugehörig, wird das besonders in der Pubertät häufige Gefühl der Vereinsamung mildern. Das Reich der Phantasie kann auf diese Weise in späteren Jahren unter Umständen Leben retten. Kindern und Jugendlichen dies nicht zu vermitteln, heißt sie zu beschädigen. Antrainierte Information ist dafür kein Ausgleich. Es ist, als ob man den jungen Menschen, bevor man sie ins Leben entlässt, großartige Werkzeuge in die Hände drückt, zehn „Tools“ an jedem Finger, ihnen aber zugleich ein Bein amputiert. Sollen sie doch ins Leben hüpfen, es gibt ja Geh-Hilfen an jeder Ecke, Hauptsache, sie können mit ihren Fingern die Wirtschaft profitabel steuern.

Ich kenne den Einwand, dass es immerhin Ethikunterricht gebe. Ich habe nichts gegen Ethikunterricht, auch nichts gegen Religionsunterricht. Aber niemand kann mir einreden, dass eine theoretische Erörterung der Frage, ob das Gesetz des Staates höher stehe als das sittliche Gesetz in mir selbst, ebenso fesselnd und für junge Menschen nachvollziehbar gestaltet werden kann, wie dies in der Antigone des Sophokles geschieht. Von jener jungen Frau, die ihr Gewissen der Staatsmacht entgegensetzt, beträgt die Zeitstrecke zu Sophie Scholl und der „Weißen Rose“ 2.400 Jahre, die Ideenstrecke ist winzig, der Konflikt bleibt unvermindert aktuell. Hier wird auf ganz andere Weise Auseinandersetzung provoziert und Stellungnahme abgefordert als bei der Erörterung des Kategorischen Imperativs von Immanuel Kant. In einem solchen Prozess erworbene Bildung meinte Demokrit von Abdera vor zweieinhalbtausend Jahren, wenn er feststellt:

„Bildung ist den Glücklichen Schmuck und den Unglücklichen Zuflucht.“ Auch diesen Satz macht die historische Distanz heute nicht weniger zutreffend als seinerzeit.

Dass die Bedeutung der Bildung jungen Menschen, die von Angeboten zur Ablenkung umschrien werden, nicht einfach vermittelt werden kann, ist bekannt. Bildung war noch nie einfach, nur jetzt scheint sich einerseits eine Tendenz abzuzeichnen, die der Mühelosigkeit einen besonderen pädagogischen Wert beimisst, andererseits wird immer mehr Stoff in immer kürzere Lernzeiten gepresst. Und das in einer Gesellschaft, die im Zeitvertreib ein Lebensziel und -Glück sieht und die immenses Geld und ein erstaunliches Maß an Phantasie dafür aufwendet, den Menschen von sich selbst abzulenken und ihm dabei das Gefühl zu vermitteln, erst in der Ablenkung sei er ganz bei sich selbst. Die legitime Absicht von Unterhaltung, nämlich Entspannung, wandelt sich in der Zeitvertreibindustrie von einer Pausengestaltung zum Dauerzustand, dessen Folge nicht Erholung, sondern Bewusstseinslosigkeit ist.

Dennoch sollte der Schule möglich sein, zu klären, dass beim Zeitvertreib Lebenszeit vertrieben wird, und zwar im wörtlichen Sinn; dass es trotz der Nachmittagsserien des Fernsehens noch immer einen Unterschied zwischen Komödie und Klamauk gibt; dass jugendlicher Sängerwettstreit in den Medien nicht der Befriedigung von Sehnsüchten dient, sondern ihrer ausbeuterischen Vermarktung; dass das Lesen von Literatur nicht nur gut tut, weil die Gehirnforscher es dringend empfehlen, sondern weil wir dabei Gegenwelten erfahren; dass der alte Grundsatz, nicht für die Schule, sondern für das Leben zu lernen, nicht die Zurichtung für den Arbeitsmarkt meint, sondern tatsächlich das ganze Leben; dass Kultur in den Bildungsinstitutionen etwas mit Kultivieren zu tun hat; und es schadet nicht, dabei an den Ursprung des Wortes, das lateinische colere zu denken, das nicht nur pflegen, sondern auch pflügen heißt. Dabei geht es nicht darum, nette Muster in den Sand zu kratzen. Es geht darum, dass Pädagogik sich selbst wieder ernst nehmen darf und Lehrer nicht als ‚Infotrainer' missbraucht werden.

Was hier so klingen mag, als räsoniere ein Nöckergreis und klage überholte Bildungswerte ein, ist möglicherweise ein fortschrittliches Plädoyer. Selten wurde in der Neuzeit öffentlich so viel über das Glück geschrieben und gesprochen wie in unserem Jahrzehnt. Fast schien der Begriff ganz der Werbung anheimgefallen, die ihn mit Geld und Gegenständen verklebte. Inzwischen wird darüber fast so viel, wenn auch nicht so gründlich nachgedacht wie in den dreihundert Jahren zwischen Epikur und Epiktet, und die Erörterung der nötigen Ingredienzien zum Lebensglück ernährt die neuen Autoren besser als einst die Philosophen. Doch anders als bei jenen steht Lebenskunst gegenwärtig nicht an vorderster Stelle, denn zu ihr gehören Erkenntnis und Bewertung der Welt, in der ich lebe, und solche wiederum setzen ein gewisses Maß an Bildung voraus. Unsere arbeitsteilige Gesellschaft hingegen hat für nahezu alle Wechselfälle des Lebens Beratungszentren und Service-Angebote geschaffen. Die Lebenshilfe-Buch-Produktion ist beeindruckend; von der alltäglichsten Verrichtung über die komplizierten Fragen der Liebe bis hin zu empfehlenswerten Variationen des Ablebens können wir uns, wenn wir dies als wünschenswert empfinden, auf andere verlassen. Kein Wunder: Je mehr ein Teil der Mediengesellschaft die Betäubung als Ziel sieht, um so dringlicher muss dort Service angeboten werden, wo Betäubung nicht mehr ausreicht.

Nun ist gegen Hilfe gar nichts einzuwenden. Wir müssen uns nur bewusst sein, dass eine Kultur aus Zeitvertreib und Service die Autonomie des Individuums nicht fördert, sondern für überflüssig, ja eigentlich für geschäftsschädigend hält.

Für die kulturelle Vorstellung des emanzipierten Menschen gilt das Gegenteil. Notwendigerweise muss er im Besitz einiger Erfahrungen, und seien es angelesene, sein, die ihn befähigen, möglichst autonom zu handeln und kritische Distanz zu den Angeboten seiner Gegenwart zu wahren. Er sollte seine Urteile nicht geliehen haben, sondern herleiten können. Er sollte immerhin so viel selbst vernetztes Wissen verfügbar haben, um Entscheidungen treffen zu können, die auch späterer Begründung standhalten. Mit anderen Worten, er sollte ein Bewusstsein von sich selbst innerhalb der dialogischen Kultur und von der Vorläufigkeit seiner Ansichten und Einsichten haben. Nicht zuletzt gehört wohl zum gebildeten Menschen, dass er seiner Vernunft nicht Absolutheitsanspruch einräumt, denn einige überlebensnotwendige Maximen und sittliche Imperative sind rational nicht begründbar: Barmherzigkeit, Nächstenliebe, sogar die Menschenrechte sind keine Ergebnisse von Wissenschaft. Der polnische Philosoph Leszek Kolakowski, nach eigener Auskunft ein „konservativ-liberalen Sozialist", hat darüber, zugespitzt, gesagt: „Die moderne Chimäre, die dem Menschen totale Freiheit von der Tradition oder jeglichem vorexistentem Sinn verspräche, (...) schickt ihn in eine Finsternis, in der alles mit gleicher Gleichgültigkeit betrachtet wird. Das utopische Vertrauen in die Fähigkeit des Menschen, sich selbst zu erfinden, die utopische Hoffnung auf grenzenlose Perfektion könnte das wirkungsvollste Instrument des Selbstmords sein, das die menschliche Kultur je geschaffen hat."

Die Fähigkeit, jede Maxime, sei sie eigener Einsicht entsprungen oder einem allgemein vereinbarten Canon entnommen, stets auf ihr Menschenmaß, ihre Gemäßheit überprüfen zu können, setzt eben jene nicht nur rationale Bildung voraus, die, wie eingangs gesagt, aus der Verwandlung von Wissen in Bewusstsein entsteht. Die Entscheidung, nichts als ein Absolutum anzuerkennen, das sich selbst dazu erklärt – beispielsweise alleinseligmachende Ideologien und Religionen – ist natürlich zugleich eine der Voraussetzungen von Freiheit.

Ich will die Freiheitsfrage hier nicht erörtern, nur so viel: Eine Gesellschaft, in der sich die Idee der persönlichen Freiheit vorrangig ans Geld bindet, verliert möglicherweise den Blick auf die geistige Unabhängigkeit und die Autonomie des Individuums, die, wie ich glaube, einzig durch Bildung erreichbar ist. Die Demokratie, die stets um so mehr beschworen wird, je mehr sie ins Ungefähre gerät, ist vermutlich mehr als alle anderen politischen Organisationsformen darauf angewiesen, mehrheitlich von gebildeten Bürgern gestaltet zu werden; nicht nur, weil ungebildete Wähler leichter von Populisten überzeugt werden, sondern vor allem, weil Demokratie sich zu ihrem Überleben in einem ständigen Prozess der Mängelkorrektur befinden muss, anders gesagt: in permanenter Revision. Wie aber soll dies gelingen, wenn nicht die entscheidenden Mehrheiten in der Lage sind, sich bessere Alternativen zum gegenwärtigen Bestand auszudenken. Bildungslose Bürger wünschen sich meist nur eines: Das Ende aller Komplikationen. Dieser Wunsch führt, realisiert, in die Totalkomplikation, die man auch Katastrophe nennt.

Ich bin zuversichtlich, dass unsere Gesellschaft diese Zusammenhänge, wenn nicht erkennt, so doch spürt und auf diese Weise dann auch wahrnimmt. In unserer freiheitlichen Gesellschaft mit ihrer Fülle von Medien sind die Einflüsse von veröffentlichten Informationen und Meinungen so komplex, dass wir die Wirkungen und Wechselwirkungen von Kommunikation längst nicht mehr definieren oder gar klassifizieren können. Inzwischen ist kein generationenübergreifender Vorrang bestimmter Multiplikatoren mehr auszumachen. Was für die einen die Tagesschau, sind für die anderen längst Blogs und Twitter und Facebook. Nachrichten-Apps auf dem iPhone ersetzen für eine beträchtliche Menge sogenannter User die Tageszeitung. Digitale Enzyklopädien werden weitaus häufiger genutzt als vormals die gedruckten. Und wenn einst beim Aufschlagen des Lexikons an der falschen Stelle, wo man sich vielleicht festlas, der Bildungsvorteil des schönen Umwegs den Leser bereicherte, so ist heute die Menge der Links in einem Artikel eine sehr viel größere Versuchung, die eigene Suche auszuweiten. Das kann, wer Bildung schätzt, nur begrüßen.

Sowohl freie Organisation von privaten Bildungszirkeln und -vereinigungen, Kulturinstituten und Diskussionsforen im Internet, als auch die deutliche Zunahme von Dokumentationen zu Geschichte, Naturgeschichte und Geistesgeschichte in diversen Fernseh- und Rundfunkprogrammen können darauf hin deuten, dass Inhalte, die von den Ausbildungsinstitutionen zugunsten der Konditionierung vernachlässigt werden, gleichsam auf den freien Markt ausweichen. Für die dialogische Kultur ist das ein Prozess, der möglicherweise erfolgreicher ist, als wir messen können. Leider wird das Angebot überwiegend von Bürgern über Fünfzig wahrgenommen.

Der Jungen Generation wird gern angepasstes Verhalten unterstellt. Die Demonstrationen der Studenten haben eine andere Jugend gezeigt. Gegenüber einer Politik, die offensichtlich die Normierung von Prüfungsabläufen für wichtiger hält als die sinnvolle Gestaltung des Bildungsprozesses, hat diese Jugend das richtige Bedürfnis zum Ausdruck gebracht: Bildung wieder mit Umfänglichkeit, Entscheidungsfreiheit und Entscheidungsfähigkeit zu verbinden.

Sie dafür als „gestrig" zu beschimpfen, wie die damalige und jetzige Bundesbildungsministerin Annette Schavan es bei den ersten Demonstrationen von Schülern vor einem Jahr tat, ist absurd. Im Gegenteil: Diese Jugend spürt, dass sie nicht ausreichend auf die persönlichen und gesellschaftlichen Konflikte vorbereitet wird, die auf sie zukommen. Und sie fordert diese Vorbereitung ein. Präzise heißt es auf den studentischen Transparenten: „Wir demonstrieren für bessere Bildung!" – nicht für bessere Ausbildung.

Die Reaktionen der politisch Verantwortlichen zeigen bisher ein Ausmaß an Unverständnis, das allenfalls mit Betriebsblindheit zu erklären, keineswegs aber zu rechtfertigen ist. Als ginge es darum, ein paar trotzigen Kindern entgegenzukommen, wird, wie Kastanien in der Wildfütterung, eine leichte Erhöhung des Bafög hingeworfen. Da und dort meinen Kultusminister, sie könnten mit dem Versprechen, Lernstoff zu vermindern, Ruhe erkaufen. Die Kanzlerin erklärt vor dem deutschen Parlament: „Bildung ist mehr denn je der Rohstoff der Deutschen", und der Bundestag applaudiert, statt in sardonisches Gelächter auszubrechen. Die Formulierung „mehr denn je Rohstoff der Deutschen" lässt sich nur als kurios deuten, denn einerseits behauptet Frau Merkel, wir lebten noch mehr von Bildung als einst von den Rohstoffen Kohle und Eisenerz, andererseits unterstellt sie, wir selbst bestünden aus Bildung, und zwar „roh" – was nun offensichtlich unsinnig ist. Denn Bildung im klassischen Sinn ist Veredlung des Menschen, Befreiung aus seinem Rohzustand.

Unfreiwillig enttarnt die Formulierung ein Verständnis von Bildung, das ins Regierungskonzept passt: „Rohstoff" nämlich enthält keinen Mehrwert. Und was in unserer Gesellschaft keinen Mehrwert hat, ist eben nicht mehr wert als Rohstoff...
Es fällt leicht, solche fahrlässigen Dummheiten aufs Korn zu nehmen. Schlimm ist, dass sie als Parolen einer Politik dienen, die den Mehrwert der Bildung für die Demokratie schlicht nicht begreift. Mit solchen Formeln lassen sich die Studenten, man ist versucht zu sagen: Gott sei Dank, nicht abspeisen. Die jungen Frauen und Männer, die derzeit in ihren Universitäten und auf öffentlichen Straßen und Plätzen auf ihre Lage aufmerksam machen, haben offenbar begriffen, worum es in ihrem Leben gehen wird: um Flexibilität im Denken, die Fähigkeit zur Entscheidung mit der nötigen Skepsis, um den Lebenszusammenhang innerhalb ihrer Kultur, Neugier und permanenten Blick übern Tellerrand, Freude am Wissen, Verantwortung für sich selbst und um wichtige emotionale Grundlagen für ein gelungenes Leben. Stattdessen erfahren sie, dass sie für einen Arbeitsmarkt konditioniert werden, der dann, wenn sie ihn erreichen, längst andere Voraussetzungen haben wird.

Es ist lehrreich für einen sogenannten Altachtundsechziger wie mich, einer Studentenversammlung in einer besetzten Universität zuzuhören. Ich hatte die Gelegenheit im Audimax der Ludwig-Maximilian-Universität in München. Selbstverständlich war es ein Dejavu. Und doch wieder nicht. Diese Studenten heute verfügen über eine bessere Diskussionskultur. Wo wir ausgebuht oder zugejubelt haben, herrscht hier eine fast lautlose Zeichensprache, mittels derer ständig Zustimmung, Ablehnung, Kritik und Einwand geäußert werden – während die Rede hörbar bleibt.

Natürlich hat auch diese Generation Schwierigkeiten, die eigenen Ziele treffend zu formulieren. Wo die 68er seinerzeit versucht haben, dieses Land für sich geistig bewohnbar zu machen, geht es heute darum, das Land lebenswert zu erhalten. Und welche Aufgabe wäre angemessener für eine Generation, die jetzt anfängt, sich zu orientieren?

Man soll die jungen Menschen nicht anlügen, indem man behauptet, sie hätten derzeit durch unser Bildungssystem gute Aussicht auf ein gelungenes Leben. Man soll nicht versuchen, sie mit ein paar Häppchen weniger Lernstoff und etwas mehr Geld stillzustellen. Man sollte nicht, wie die Bundesministerin

Schavan, Polizeieinsätze gegen Universitätsbesetzer gutheißen und zugleich auf Ermüdung der Proteste spekulieren. Solche Arroganz treibt die Jugend am Ende auf die Barrikaden.

Auch dazu hat übrigens Demokrit schon zutreffend gesagt: „Es gibt Verstand bei den Jungen und Unverstand bei den Alten. Denn nicht die Zeit lehrt denken, sondern eine frühzeitige Erziehung und Naturanlage."

„Aller Sinn scheint perspektivisch gebunden zu sein ...“

„Mit jedem Ziel, jedem Zweck wird eine Perspektive eröffnet, die sinnvoll erscheint: Aller Sinn scheint perspektivisch gebunden zu sein und sich aus einer bestimmten Sicht, nicht aus einer anderen zu ergeben. Nach solchen Perspektiven fragen Menschen. Bleiben Antworten darauf aus, erzeugt dies ein Empfinden von Aussichtslosigkeit, die meist gleichbedeutend ist mit Sinnlosigkeit.“ (Wilhelm Schmid, Glück, Frankfurt 2007, S. 63)

Es ist das große Verdienst der Bundesakademie für kulturelle Bildung Wolfenbüttel, ihren Gästen vielfältige Anregungen und ideenreiche Perspektiven anzubieten, die zu neuem kreativen Elan bei den Adressaten führen und sinnstiftend wirken. Dies bezieht sich sowohl auf den beruflichen Bereich als auch auf die jeweilige individuelle persönliche Sphäre ihrer Gäste. Die Bundesakademie ist damit erfolgreich in einem Feld tätig, das in unserer schnelllebigen, an ephemeren Schlagzeilen und Einschaltquoten orientierten Zeit von gewaltiger Relevanz ist, die noch weiter zunehmen wird.

Fragt man nach den Geheimnissen oder Rezepten Ihres Erfolges, lieber Jubilar, so muss man wohl zunächst die Tatsache nennen, dass es Ihnen konsequent gelingt, Ihre Besucher zu entschleunigen, sie herauszunehmen aus beruflicher und privater Hektik und ihnen das Gefühl zu vermitteln, sich wie in Platos Akademie der Suche der hinter dem Schein verborgenen Wirklichkeit widmen zu können. In dieser Atmosphäre der Ruhe und Konzentration gelingt es dann, die Adiaphora, die uns umgeben und denen wir meist zeitintensiv hinterher jagen, außer Acht zu lassen und uns den wirklich wichtigen und interessanten Dingen zuzuwenden, den Fragen der Ethik etwa unserer privaten und beruflichen Lebensgestaltung oder des Sinngehaltes menschlichen Handelns überhaupt.

Dies zu erreichen, setzt weiterhin voraus, sich von Seiten der Dozenten jederlei oberlehrerhafter Attitüde zu enthalten und eine Form kreativer Kommunikation zu entwickeln, die Voraussetzung erkenntnisreicher Dialoge ist. Es ist dieses „sokratein“, das „wie Sokrates fragen“, das den Charakter der Bundesakademie ausmacht und in der unaufdringlich geführten Dialogform besteht, die stufenweise und sukzessive, ohne zu Überforderungssituationen zu führen, zu tieferen Erkenntnisstrukturen gelangen lässt.

Die Bundesakademie für kulturelle Bildung Wolfenbüttel steht damit im besten Sinne in der Tradition der abendländischen Begründer des europäischen Akademie- und Universitätsgedankens, nämlich der Philosophen Plato, Aristoteles, Zenon und Chrysipp und ihrer jeweiligen philosophischen Richtungen und Schulen.

Dabei ist das Feld, das die Bundesakademie seit nun 25 Jahren so erfolgreich bearbeitet, steinig und steil zugleich und wahrlich des Schweißes der Edelsten würdig. Gilt doch gerade die Kultur in ihren vielfältigen Ausprägungen sei es des Theaters, der Literatur, der Musik oder der bildenden Kunst in manchen Bereichen des öffentlichen Lebens und unserer Gesellschaft immer noch als etwas Verzichtbares und als zu den eigentlichen Bedürfnissen unserer menschlichen Existenz nicht Dazugehöriges. Dies zeigt sich häufig in den jährlich wiederkehrenden Ritualen von Haushaltsberatungen, in denen sich gerade die für Kultur Verantwortlichen inquisitorischen Verfahren gegenübergestellt sehen. Es zeigt sich aber auch an dem Stellenwert, den Kultur und Kulturpolitik im gesamtstaatlichen Wertekanon unserer föderal geordneten Republik genießt, die weder ein eigenständiges Bundesressort für Kulturelle Angelegenheiten aufweist noch das Staatsziel Kultur in das Grundgesetz Eingang hat finden lassen.

Dass die gegenwärtige Gesamtanalyse der kulturellen Lage in Deutschland dennoch trotz Wirtschafts- und Finanzkrise in toto nicht desolat ausfällt, liegt einmal an dem stetigen Einsatz, der die in der Kultur Tätigen umtreibt. Es liegt aber genauso an den starken Bundesgenossen wie unserer Bundesakademie, die durch beständige, auch überregional beachtete Aktivitäten Aufklärungsarbeit leisten und auf eine stärkere Wahrnehmung von kultureller Arbeit hinwirken.

Anknüpfend und in gewisser Weise direkt Bezug nehmend auf die vom römischen Dichter Horaz in seiner „ars poetica" ausgedrückten Definition des Zieles aller kulturellen Aktivitäten: „aut prodesse volunt aut delectare poetae" trägt die Bundesakademie seit

Christoph Helm, Prof. Dr. phil., Vorsitzender des Ausschusses für Kultur, Fremdenverkehr und Städtepartnerschaften sowie der CDU-Ratsfraktion der Stadt Wolfenbüttel. Geb. 1949 in Celle; Studium der Fächer Latein, Griechisch, Geschichte, Politik und Archäologie in Göttingen, Promotion, Lehrer für Geschichte und Alte Sprachen in Wolfenbüttel, Fachleiter für Geschichte in Braunschweig, Tätigkeiten im Kultusministerium Hannover, in der Nds. Landesvertretung in Bonn und in der Nds. Staatskanzlei in Hannover, ab 1990 Abteilungsleiter im Kultusministerium Sachsen-Anhalt, 2000–2004 Staatssekretär im Ministerium für Wissenschaft, Forschung und Kultur des Landes Brandenburg. Lehraufträge an verschiedenen Hochschulen, seit 2007 Honorarprofessor für Wissenschaftsgeschichte an der Europa-Universität Viadrina in Frankfurt/Oder. Zahlreiche Auszeichnungen und Ehrenämter.

nunmehr 25 Jahren erfolgreich beiden von Horaz genannten Aspekten Rechnung. Sie bietet in ausgewählten Veranstaltungen hervorragenden Künstlern, Interpreten und Schriftstellern ein Forum der Präsentation und bereichert damit entscheidend das kulturelle Angebot in unserer Stadt. Die Akademie hat sich durch ihre erfolgreiche Arbeit zu einem wesentlichen Eckpfeiler des kulturellen Erscheinungsbildes entwickelt, durch das sich die Kulturstadt Wolfenbüttel definiert. Diese nicht selbstverständliche Arbeit der Akademie verdient besonders gewürdigt zu werden. Zum anderen ist die Bundesakademie ein bundesweit wahrgenommener wichtiger Ort intellektueller Besinnung zu wesentlichen Formen kultureller Betätigung geworden. Die mittlerweile weit über 40 Bände der Wolfenbütteler Akademie-Texte belegen eindrucksvoll, in welcher Bandbreite sich die Akademie kulturellen Fragestellungen widmet, wobei die Analysesicherheit und die Kreativität der Antworten besticht, die einer breiteren Öffentlichkeit zugänglich gemacht werden. Erfreulich ist hierbei, dass sich die Akademie intensiv auch neuerer Fragestellungen annimmt und hierzu wegweisende Empfehlungen vorbereitet, wie beispielsweise zum Kulturtourismus, zum demographischen Wandel und sich daraus ergebenden Konsequenzen oder zu Grundfragen der Soziokultur. Die berechtigte Intention ist hierbei daran zu erinnern, dass kulturelle Aktivitäten aller Erscheinungsformen und Facetten unverzichtbarer Teil menschlicher Existenz sind, gleichsam genuines Element des Humanum, durch das sich der homo sapiens spezifisch definiert.

Lassen Sie mich abschließend auf einen Aspekt eingehen, der einen ganz wesentlichen Teil der Arbeit der Akademie nach 1990 ausmacht, nämlich den der west-östlichen Zusammenarbeit und des Zusammenwachsens im nationalen und europaweiten Kontext.

Als uns durch die friedliche Revolution im Osten Deutschlands und Europas das ungeahnte Geschenk nationaler Vereinigung erreichte, zusammen mit der Möglichkeit, in nahezu ganz Europa demokratische Strukturen aufzubauen, war nur in Umrissen erkennbar, welche Konsequenz dies für die Arbeit der Akademie haben könnte, die bis dahin geographisch durch eine „Zonenrandlage" charakterisiert war. Ich kann der Bundesakademie nur besonderen Dank und besondere Anerkennung aussprechen, dass sie die sich aus der veränderten

Situation ergebenden Aufgaben und Chancen in kürzester Zeit aufgegriffen und in einer Form verwirklicht hat, die beispielgebend ist. So hat sie sich zu einem gesamtstaatlichen nationalen Forum kultureller Fragestellungen entwickelt, das dem Zusammenwachsen der durch unterschiedliche politische Vorgaben entfremdeten Teile Deutschlands in hohem Maße dienlich war. Dies hat auch die Bemühungen der Stadt Wolfenbüttel nachhaltig unterstützt, die Kooperation mit den ostdeutschen Kulturstädten Weimar, Wittenberg, Halberstadt und Kamenz im Rahmen der sogenannten WWW-Kulturinitiative 2006 (Weimar, Wittenberg und Wolfenbüttel) zu verstärken. Dafür sei an dieser Stelle ausdrücklich gedankt.

Dass die Bemühungen der Bundesakademie darüber hinaus auch dem Gedanken nachgehen, die neue Rolle zu analysieren, die in dem jetzt vereinten Europa der Kultur, Kulturpolitik, Kulturarbeit und der kulturellen Bildung zukommt, sei besonders erwähnt. Damit hat sie die Diskussion maßgeblich mit angeregt, was getan werden muss, um der regionalen Unterschiedlichkeit und Vielfalt in Europa kulturpolitisch, verfassungspolitisch, aber auch finanzpolitisch zu entsprechen. Ich bin davon überzeugt, dass diese Aufgabe in den nächsten 25 Jahren die Arbeit der Bundesakademie wesentlich mit prägen wird, um den europäischen Einigungsprozess, der immer noch durch eine gewisse Fragilität gekennzeichnet ist, nachhaltig zu stabilisieren. Aus einer geographischen Zonenrandlage also in eine Position zentral in Europa mit allen neuen Möglichkeiten internationaler Vernetzung und Kommunikation. Ich hege keinen Zweifel, dass unsere Bundesakademie, wie schon in der Vergangenheit, die sich daraus ergebenden Chancen hervorragend nutzen wird und wünsche von Herzen viel Erfolg bei der kommenden Arbeit verbunden mit großem Dank für geleistete Hilfen und die gute Kooperation in der Vergangenheit.

Icon Programmbereich kulturpolitischer Diskurs 2000–2007.

ANJA HESSE

Die Bundesakademie für kulturelle Bildung Wolfenbüttel – zur Modernität eines Anachronismus

Im Frühjahr 1986 bricht es Kunst- und Literaturliebhabern fast das Herz: die Wissenschaftler der Staatlichen Museen Preußischer Kulturbesitz in Berlin erklären, dass das Gemälde „Der Mann mit dem Goldhelm" nicht von Rembrandt ist, und im April stirbt Simone de Beauvoir in Paris. Wenige Wochen später, nach 12jährigen Verhandlungen, wird endlich ein Kulturabkommen zwischen beiden deutschen Staaten in Ost-Berlin unterzeichnet. Und im Mai, zur großen Freude ihrer Gründungsväter, wird in Wolfenbüttel die Bundesakademie für kulturelle Bildung Wolfenbüttel e. V. gegründet. Doch nichts bleibt wie es ist…

Bis auf die Bundesakademie, die die Wiedervereinigung überlebt hat, wenngleich sie sich in den Anfängen der Co-Finanzierung des Bundes durch die damalige so genannte „Zonenrandförderung" erfreute, die es nach der Wiedervereinigung ja nicht mehr geben muss. Der Bund ist trotzdem Mitfinancier der Bundesakademie geblieben.

In diesen 25 Jahren der Bundesakademie ist das partizipatorische Prinzip „Kultur für Alle" ergänzt worden um „Zugang zur Datenflut für alle". 1984, zwei Jahre vor Gründung der Akademie, beginnt mit dem Start des ersten Privatsenders in Niedersachsen, was 1994 mit der Erfindung bzw. Öffnung des World Wide Web zunächst eine vorläufige Aufgipfelung finden soll: Die Komplexität eines neuen Medienzeitalters. Dies wird nun beileibe keine Abrechnung mit den so genannten Schattenseiten des digitalen Informationsüberangebots oder gar eine Geißelung der Informationsgesellschaft, weder eine Verteufelung der Omnipräsenz von Medien, auch kein Hohelied der viel zu oft zitierten notwendigen Entschleunigung.

Alles im Netz verfügbar.

Schmerzen im Oberbauch? Die Ferndiagnose des Telegesundheitsdienstes liefert die Erklärung auf den Bildschirm, Medikamentenvorschlag inklusive. Und das kunsthistorische Referat? Die Dienste für elektronisches Lernen nimmt man im Fernunterricht gern in Anspruch und die Museen dieser Welt können im Architektur-Morphing im virtuellen Spaziergang erkundet werden bis hin zu jederzeitiger Abrufbarkeit der Autorenlesung oder der Jury-Sitzung in Klagenfurt. Bildung, Kultur und Wissen ist für jeden jederzeit verfügbar. Ist die Bundesakademie für kulturelle Bildung im 21. Jahrhundert ein Anachronismus?

Auf dem Weg von Braunschweig nach Wolfenbüttel. Zur Bundakademie. Die Fahrt dauert nicht lang, nur über den Berg, durch ein dichtbelaubtes Mischwäldchen auf halber Strecke, das kleine, feine und historisch bedeutende Fachwerk-Wolfenbüttel ankündigend. Ankunft im roten Schloss, dem Sitz der Bundesakademie. Hier lebten die Braunschweiger Herzöge in ihrem unfreiwillig gewählten Exil bis 1753 in relativer Sicherheit vor den Braunschweiger Bürgern. Eine wunderschöne Stadt, in der es sich schon zu Zeiten des Herzogsexils sicher gut aushalten ließ. Mit der Herzog-August-Bibliothek in der von Kanälen durchzogenen Stadtlandschaft, einem kleinen Venedig des Nordens. Von Wassern umtoste Wehre, und an einem dieser Wehre schließlich auch das Gästehaus der Bundesakademie, die Schünemannsche Mühle. Schöne Orte für kulturelle Begegnung und Bildung.

Schon Platon hat für sich und seine Schüler einen Ort gesucht, der zum Verweilen und Diskutieren einlud, der den Rahmen gab, für seinen Philosophischen Garten. Er fand ihn in einem kleinen Olivenhain. Ob das imposante Schloss oder die Schünemannsche Mühle ihm und seinen Schülern zugesagt hätten? Weder Hain noch sonnendurchflutetes Blätterdach, selten Grillenzirpen und noch seltner Sonne, dafür aber viel norddeutsches Tiefebenenwetter oben und beständig rauschendes Wasser der Oker unten. Zwar nur imaginäre Stille – das Wasser, aus dem Harz kommend, rauscht laut – aber dennoch wohltuende Abgeschiedenheit; ein hortus conclusus.

Hier finden die Begegnungen statt. Mit Burkhard Spinnen, charismatischem Juryvorsitzenden des Ingeborg-Bachmann-Preises. Das Gespräch nach der Lesung mit dem Publikum ersetzt keine noch so ausgeklügelte Fragestellung an das Netz. Die Diskussion mit den Bundespolitikern zur Frage von Kultur als Staatsziel oder die prominent besetzte Runde zur Frage der Kulturförderung und ihrer Parameter findet kein virtuelles Pendant in nachlesbaren Sitzungsprotokollen.

Auch wenn Kultur im Medienzeitalter oft erst aus der Existenz in virtuellen Welten zu existieren scheint, so bedarf sie doch immer wieder der sinnlich konkreten Wahrnehmung. Somit wird eine Verortung wie sie die Bundesakademie verkörpert, nie ein Anachronismus sein, vielmehr ist sie eine Oase der

Anja Hesse, Dr. phil., geb. 1961, Studium Kunstgeschichte und Geschichte an HBK und TU in Braunschweig, seit Oktober 2010 Kulturdezernentin der Stadt Braunschweig.

belebten Ruhe, deren Notwendigkeit dringlich ist wie eh. Die Authentizität und die Qualität der fünf Programmbereiche, die Unmittelbarkeit und Aktualität von Kulturvermittlung machen die Bundsakademie zu einem mehr denn je unverzichtbaren Ort – und Partner. In der Diskussion um Kulturförderung im Allgemeinen und der Theaterförderung im Besonderen, in der Kooperation im Kontext regionaler Literaturförderung und vielem mehr.

Auch wenn eine Bundesakademie in ihrem Selbstverständnis über die Region hinausarbeitet, so ist es dennoch auch und gerade für den Nachbarn Braunschweig ein Segen, dass sich die Gründungsmitglieder der Bundesakademie für Wolfenbüttel entschieden haben: Der Weg „über den Berg" nach Wolfen-büttel zur Bundesakademie ist kein weiter, aber dafür immer ein lohnender – in jeder Hinsicht. Das Kulturdezernat der Stadt Braunschweig gratuliert der Bundesakademie und ihrem Direktor Dr. Ermert, ihren Mitarbeiterinnen und Mitarbeitern zum 25jährigen Bestehen, verbunden mit großer Achtung vor dem Programm und Dank für die außerordentlich gute Zusammenarbeit. Hoffnung zum Ausdruck bringend, dass es weitergeht – in den nächsten 25 Jahren.

Herzliche Grüße aus Braunschweig!
Ihre
Anja Hesse

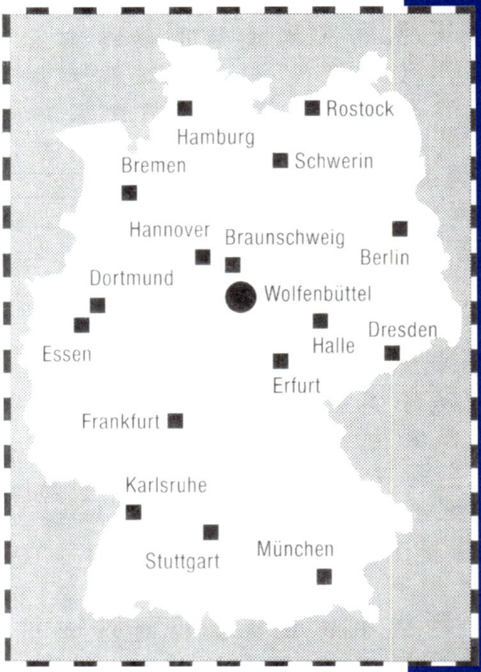

Orientungskarte aus dem Jahresprogramm.

„Wo man singt, da lass´ dich ruhig nieder, denn böse Kinder haben keine Lieder!“

Das humoristisch abgewandelte alte Sprichwort in der Überschrift gewinnt aus dem Blickwinkel der musikalischen Sozialisation von Grundschulkindern des 21. Jahrhunderts an Aktualität und kann Anstoß zu einer erweiterten Fragestellung geben. Fragen, die sich Eltern, Musik- und Grundschullehrern und den in der Ausbildung sich befindenden Studierenden stellen, sind z.B.:

„Haben Kinder heutzutage überhaupt noch ein allgemeines Liedgut und wenn ja, welche Lieder werden mit wem und in welchem Rahmen gesungen?“

„Welche Gewichtung nehmen traditionelle und moderne Lieder im Unterricht der Grundschule neben anderen Bereichen des Musikunterrichtes, wie z.B. der Erarbeitung kleiner Rhythmicals und dem Spiel mit Instrumenten ein?“

„Welchen Beitrag kann ein qualifizierter und aufbauender Unterricht hier leisten und welche Grundintentionen sollte bzw. muss er verfolgen, um dem Recht auf eine musikalische Bildung für alle Kinder nachkommen zu können?“

Obwohl Diskussionen darüber in unterschiedlichen Gremien, seien sie politisch oder fachlich motiviert, seit längerer Zeit geführt werden, hat sich an der meist beklagenswerten Situation innerhalb der Schule kaum etwas getan. Eine Verbesserung der räumlichen und personellen Ausstattung ist dauerhaft nicht in Sicht. Die Qualität der Hochschulabgänger, die das Fach Musik grundständig studiert haben, verflacht. Allgemeingültiges Wissen und Können um musikbezogene Kompetenzen des Primarstufenunterrichts scheint im Angebot der Hochschulen, auch im Rahmen der Umstellung auf die Struktur des Bachelor-/Masterstudiengangs, vermutlich aus Prestigegründen, kaum noch eine Rolle zu spielen.

Das ist besonders deshalb bedenklich, da mit einer neuen Wissenschaftlichkeit bzw. deren Erkenntnissen zur neuronalen Vernetzung der Regionen im Gehirn, die das Lernen lenken, eine musikspezifische Förderung frühkindlicher Verhaltens- und Lernmuster unabdingbar für eine positive Persönlichkeitsentwicklung scheint. Wir wissen u.a. durch die Darstellungen Manfred Spitzers, Edwin Gordons oder Eckart Altenmüllers,

Cartoon: Clara

Marion Heuer, geb. 1968 und wohnhaft in Hildesheim, verheiratet; Studium an der Hochschule für Musik und Theater, Hannover, Hauptfach Klavier; seit 1992 im nds. Schuldienst als Grundschullehrerin, bis 2011 in Sarstedt an einer kombinierten Grund- und Förderschule, sowie als Seminarleiterin LGHRS Hildesheim für das Fach Musik; Lehrtätigkeit für den Chorverband Niedersachsen-Bremen im Bereich „Singen mit Kindern" für Erzieherinnen, Leiterin der Musikpädagogischen Werkstatt Hildesheim, privat Ensemblemitglied im Sinfonischen Chor des Stadttheaters Hildesheim, Organistentätigkeit und Liedbegleitung für Chöre im Raum Hildesheim. Ab 2011 Referentin für musisch-künstlerische Bildung beim Kultusministerium Niedersachsen.

dass im Kindesalter besondere Zeitfenster zur Anregung und einem (musikalischen) Lernfortschritt im Bereich der Motorik, der emotionalen Wahrnehmung oder der Kognition genutzt werden müssen. Vieles, was in diesen bestimmten Zeitabschnitten spielerisch erprobt und angeeignet werden kann, kann später nur sehr schwer oder gar nicht mehr erlernt werden. Auch die Vorliebe und Hinwendung zur Musik wird in frühem Kindesalter grundgelegt oder eben versäumt.

Diese Versäumnisse sind längerfristig gesehen fatal. Pädagogen bemängeln nicht nur im Rahmen des Erstunterrichts das Verschwinden der basalen Fähigkeiten unserer Kinder, also der sozialen, motorischen und sprachlichen Kompetenzen, die gerade mit musikalischen Angeboten einzigartig, psychosozial und emotional ganzheitlich gefördert werden können.

Nun soll das Fach Musik nicht auf den Erwerb von Schlüsselqualifikationen reduziert werden, auch wenn diese mittlerweile zahlreich erforscht und belegt sind, wie beispielsweise in Günter Bastians Berliner Langzeitstudie eines erweiterten Musikunterrichts. Vielmehr muss die Forderung nach einem eigenständigen Lehrfach Musik als anerkanntem künstlerischen Betätigungsfeld mit immanenten Inhalten und Methoden wieder verstärkt werden, um dem schleichenden Sterben unseres Kulturlandes nachhaltig entgegen zu wirken.

Für die Anliegen der Grundschule sei hier nun der Bogen wieder zu dem eingangs erwähnten fehlenden allgemeinen Singerepertoire geschlagen. Zwar tut sich in den letzten Jahren innerhalb regionaler Institutionen Einiges zu dessen „Rettung", z.B. durch den Einsatz engagierter Chorleiter der Theater und Verbände, die Chor- und Liederfeste veranstalten. Doch fraglich bleibt, inwieweit das Chorsingen in näherer Zukunft wieder zu einem ästhetischen Kulturgut mit Allgemeinheitsanspruch avancieren wird.

Wie lässt sich zumindest durch die Schule dem Zerfall historisch gewachsenen Kulturgutes entgegenwirken und am Aufbau neuen Liedguts mitwirken?

Genau hier setzen die von mir seit mittlerweile einem Jahrzehnt betreuten Weiterbildungskurse „Singen und Musizieren in der Grundschule an". Durch die „Felix-Aktion" des Chorverbandes Niedersachsen-Bremen ist der Programmleiter Musik der Bundesakademie für kulturelle Bildung Wolfenbüttel, Markus Lüdke, auf mich aufmerksam geworden, hat mich gefragt, und ich bin mit meiner halben Schulbibliothek, Fachliteratur, Liederbüchern, Verkleidungsutensilien, Bastel-Krims-Krams, Tanzschuhen, Puppen und Pappen nach Wolfenbüttel angereist und… seit dem immer wieder gekommen.

Diese Lehrtätigkeit habe ich immer sehr gerne wahrgenommen, nicht nur, weil die logistische Abwicklung vorab stets gut geklappt hat, dem Team um Frau Janus dafür herzlichen Dank. Die Zusammenarbeit mit Markus Lüdke war immer sehr innovativ und wird es hoffentlich bleiben. Aber vor allem auch, weil ich fast ausschließlich auf motivierte teilnehmende und unterrichtend mittuende Kollegen getroffen bin, wie z. B. meine geschätzte Kollegin Anja Stahnke. Alle haben begeistert gearbeitet und abends nicht minder intensiven Austausch in der Kneipe zelebriert … Das ist eine sehr willkommene Abwechslung zum Schulalltag, trifft man doch innerhalb der Kollegien eher weniger auf musikbegeisterte Gleichgesinnte. Aber es gibt sie noch und in Wolfenbüttel trifft man sie, die Idealisten unter den Lehrern, denen die oben beschriebenen Bildungsnotstände bewusst und nicht einerlei sind, die mit erweitertem musikpädagogischem Erfahrungsschatz wieder abreisen, um die Musik zu ihren Kindern zu bringen, das Schulleben musikalisch zu bereichern, und die sich selbst daran freuen, in ihrer Frei- und Ferienzeit etwas auch ihr Leben Bereicherndes, Wertvolles gelernt zu haben.

Dass es diese Kollegen noch lange geben möge, das Land Niedersachsen die nötigen Geldmittel zur Verfügung stellt und nicht zuletzt ich mich selbst ebenso weiterentwickeln kann, um unterrichtend „up to date" zu sein, wünsche ich mir und der Akademie zum Jubiläum!

Natürlich dazu ein Volkslied, nicht nur in der Grundschule zu singen auf die Melodie „Es klappert die Mühle am rauschend Bach …", na klar, steht das Gästehaus doch an der alten Mühle … etwas Nostalgie wird wohl erlaubt sein!

1) *Der Unterricht hier in der Akademie, klipp, klapp,*
gefällt den Teilnehmern, sie lernen wie nie, klipp, klapp.
Die Stimme, die wird hier trainiert und geölt,
damit nun der Lehrer in der Schul´ nicht mehr grölt, klipp, klapp
klipp, klapp, klipp, klapp!

2) *Des morgens, schon früh übt man Sol-mi-sation, so, so!*
Und mittags, da folgt dann ein schöner Ka-non, aha!
Wird´s Abend, da dreh´n wir uns lange im Kreis,
bis manch einer flehend zum Bierchen dann greift,
dann Prost, dann Prost, dann Prost!

3) *Verpflegung gibt´s reichlich, und gut ist sie auch, mh, mh...*
Zu Hause heißt`s dann wieder einzieh´n den Bauch, pfui, pfui!
Und kocht dann der Gatte daheim ziemlich mies,
dann denken die Frauen, wie schön war doch dies!
Ach, ja, ach, ja, ach ja!

4) *Am Folgetag gibt´s dann ein Re-he-ferat, wie schad!*
Damit sich erfüllt, was Herr Althusmann sagt, ach so!
Kompetent werden durchs Cu-rri-cu-lum,
das bringt auch den schlausten Kollegen nicht um,
na dann, na dann, na dann!

5) *Bei Marion lernt man die Me-lo-lo-die, wie schön!*
Und Markus vermittelt uns Ha-Har-mo-nie, hört, hört!
Die Anja, die leiht uns nun hörend ihr Ohr,
ja, der macht keiner so leicht hier was vor,
au wei, au wei, au wei!

6) *Komm´ wir zum Schluss, denn mir fällt nix mehr ein, wie schad!*
Drehen soll sich lange Zeit noch das Rad, ja, ja!
Und Lieder erklingen laut schallend im Haus,
doch ist dieses Lied hier nun leider/endlich/glücklicherweise
[ergänze je nach Bildungsstand ad libitum!] aus,
zum Wohl, zum Wohl, zum Wohl!

Herzlichen Glückwunsch!

Marion Heuer und Kinder der Grund- und Förderschule Albert-Schweitzer-Schule Sarstedt.
cartoon: clara, Zeitung Westermann, Praxis Grundschule

Fellhand

Er hatte nicht entlaufen wollen, er wollte bloß dazugehören; er war es leid, nur immer die vorübergehenden Menschen, Familien zumeist, zu betrachten. Die Kinder interessierten ihn: sie hatten seine Größe, bewegten sich schneller, ahmten ihn nach, lachten, wenn er reagierte.

Die Kette schleifte auf dem Kies, zog Blätter mit sich, aber sie hinderte ihn nicht, dem Wärter war sie aus der Hand gerutscht. Er wollte zu den Kindern; er war selbst noch eins, verspielt, flink, neugierig.

Er umkreiste die Familie, der Wind zerzauste sein Fell, die Schritte des Wärters wurden lauter; er suchte sich das mittlere Kind aus. Ein Junge, so groß wie er. Er lief auf ihn zu, der Junge sah ihn an, machte keine plötzliche Bewegung, roch nicht nach Angst, griff auch nicht nach einem Stock.

Als er den Jungen umfasste, war da kein Fell. Etwas Glattes, Buntes, durch das er die Wärme des anderen Körpers spürte. Der Wärter war schon in der Nähe, als er den Jungen umarmte und ihm anschließend die Hand gab; der Junge staunte.

Sie hatten im Sand gespielt am Meer. Vor ihrem Ferienhaus waren sie auf die Obstbäume geklettert, sein Bruder und er, der dem Älteren, Größeren nachzueifern suchte. Sie hatten schwere, dunkle Kirschen gepflückt und sich damit beworfen, rote Flecken im Gesicht, an den Händen, auf der Kleidung. Die Schwester, zum Klettern noch zu klein, war auf der Wiese herumgelaufen, hatte Käfer gesucht und vierblättrige Kleeblätter, die sie ihr gezeigt hatten. Auch nach ihr hatten sie mit den Kirschen geworfen, und sie hatte sie zu fangen versucht, süße Beute. Kein Vorwurf der Eltern, die nur glücklich waren, dass er nachts schlief, wieder aß, dass er nicht mehr weinte oder leer in die Luft starrte.

In den Kirschbäumen hatte er keine Angst gehabt, geschmeidig, warm, unbeschädigt hatte er sich gefühlt, zum ersten Mal seit einem Jahr. Aber als sie im Affenhaus vorm sonnendurchfluteten Schimpansengehege standen, war er verblüfft, wie schnell, wie behände, wie sicher und mühelos die Tiere sich hin- und herschwangen, über Bäume, an Seilen, durch Reifen. So klettern zu können, so werfen! Frech hatte ein Kleiner mit einem Apfelrest nach einem anderen, Größeren geworfen, blitzschnell, aus dem Handgelenk, ein helles Geschoss, das dem anderen aufs Hinterteil flog und dort zerplatzte, und er war vor

Lachen in die Knie gegangen und hatte sich bewundernd wieder gereckt, diese Zielgenauigkeit! Niemals hätte er über diese Entfernung mit einer Kirsche seinen Bruder treffen können, geschweige denn aufs Hinterteil.

Die Hand sah aus wie eine Menschenhand, aber sie fühlte sich ganz anders an. Fester, rauher. Schwärzer als seine eigene war sie auch.

Der kleine Schimpanse turnte um die Karre herum, in der ein dreijähriges Mädchen saß. Die Großen machten keine Anstalten, ihn zu verjagen. Sie schrieen nicht, kein Grunzen, keine Drohgebärde kam von ihnen. Der Wärter war stehen geblieben, rief seinen Namen, aber keinen Befehl. Die Großen nahmen das Mädchen aus der Karre. Wie sie darin gesessen hatte, das sah aus wie seine Hängematte, in der er manchmal döste, aß und träumte. Sie ließen ihn Platz nehmen. Er war noch nicht zu groß dafür und schmiegte sich an den Bezug und spürte, wie es schaukelnd losging.

Der ältere Junge schob die Karre mit dem Affen vor sich her, die Familie setzte sich in Bewegung, der Wärter ging langsam mit. Der kleine Junge spürte noch immer den Händedruck, das lederne Gefühl auf seinem Handteller.

An den anderen Jungen dachte er jetzt, deutlich kleiner als er selbst, dessen Hand er in der Klinik gehalten hatte, als seine Mutter ihn das erste Mal allein lassen musste, den Jungen, der immer geweint, gegreint, gebrüllt hatte, so lange, bis er ihn einmal geohrfeigt hatte. Schuldgefühle, dunkel, schwarz, heiß, durchströmten ihn, und er schloss die Augen.

Nach seiner fünften Operation, als er sich von der Überdosis des Narkosemittels erholt hatte, war er auf seinem Bett hin- und hergehüpft, um einem Mädchen im Nebenzimmer, mit dem er durch die Glasscheibe Kontakt hielt, ein wenig Spaß zu machen, er hatte das Gleichgewicht verloren und war in die Scheibe gestürzt, die laut zerbarst.

Es tat ihm nicht leid. Er hatte sich die Hand zerschnitten, aber sie war gut verheilt, die Hand, die der Schimpanse gehalten hatte. Jeden Tag hatte er ver-

Martin Hielscher, geboren 1957, Studium der Germanistik und Philosophie in Hamburg, Dr. phil., Autor, Übersetzer, Kritiker und Universitätslehrer, ist nach Stationen als Lektor beim Luchterhand Literaturverlag und dem Verlag Kiepenheuer & Witsch seit 2001 Programmleiter für Literatur im Verlag C.H. Beck in München. Honorarprofessor an der Universität Bamberg, außerdem akademischer Lehrer an der European Graduate School in Saas Fee. Veröffentlichte u.a. Monographien über Wolfgang Koeppen und Uwe Timm sowie zahlreiche Aufsätze zur deutschsprachigen Gegenwartsliteratur. (martin.hielscher@beck.de) brannten Griesbrei zum Frühstück bekommen in der Klinik, der Arzt, der ihm die Mandeln herausgenommen hatte, hatte ihm, statt das Gesicht zu kühlen, die Lippen verbrannt, und seine Eltern waren mit einer Lüge daran gehindert worden, ihn zu besuchen, hatten sich abspeisen lassen. Zu spät, als er auf ein anderes entstelltes Kind gedeutet und gesagt hatte, so habe er auch ausgesehen, war ihnen die Wahrheit gedämmert. Sein Körper war nicht mehr sein Körper gewesen, seine Haut nicht mehr seine Haut, seine Eltern, seine Geschwister hatten ihn abgegeben und zu spät zu sich zurückgeholt.

Er sah auf den Schimpansen, der ihn umarmt hatte, aber er lachte nicht mehr wie die anderen über das kleine Tier. Er blickte ihn an und schüttelte den Kopf, und der kleine Schimpanse schüttelte auch den Kopf und stülpte die Lippen vor. Nun stülpte der Junge die Lippen vor, der Schimpanse schaute ihn an, als wollte er etwas sagen, und in seinem Blick lag etwas wie Trauer darüber, dass er nicht sprechen konnte.

Seine Schwester streichelte dem Tier das Fell am Arm, auf der Schulter, während sie neben der Karre herlief, sich mit einer Hand am Rahmen festhielt, der Wärter sprach leise mit den Eltern und sagte, dass der Schimpanse Pieter heiße, wie der berühmte Maler.

Der Affe hörte seinen Namen, aber er rührte sich nicht, drückte sich in die Karre, ließ sich von dem Mädchen das Fell zausen, von dem älteren Jungen schieben und blickte auf das mittlere Kind. Der Junge starrte vor sich hin, es war wieder Nacht in der riesigen, alten Klinik, die nun geschlossen werden sollte, für ihn zu spät; er sah das Dunkel vor dem Fenster zum Garten hin, in dem seine kleine Schwester gestanden hatte, die nicht zu ihm ins Zimmer durfte und ihm von draußen zuwinkte, und ihm war, als wäre diese Stille in ihn eingezogen, als könnte auch er nicht mehr sprechen, nur Zeichen geben, winken oder nicken, lächeln vielleicht.

Der kleine Affe stupste ihn an und schüttelte wieder den Kopf, grimassierte, als würde er grinsen, die Erwachsenen lachten, und seine Schwester fiel begeistert ein, Pieter! rief sie, Pieter! Und wieder spürte er den Händedruck des Tieres, das sicher bald in sein Gehege zurück käme, dachte an den kleinen Jungen, der nur eine Woche in der Klinik hatte bleiben müssen, nicht zwei Monate wie er, und dem vielleicht nichts Schlimmes widerfahren war, der alles bald wieder vergessen hätte. Und dann fragte er sich, was wohl aus dem Mädchen im Nebenzimmer geworden war, die erschrocken aufgeschrieen hatte, als die Fensterscheibe zerbrach, und dann in ein anderes Zimmer gekommen war; und die Schwester hatte nicht mit ihm gesprochen und ihm nicht gesagt, wo sie jetzt war.

Er sah Pieter an und lächelte. Er träumte, seine Hand würde schwärzer werden, fellgesäumt, rauh.

KLAUS HOFFMANN

Kunst als Gabe
Anmerkungen zum Gabentausch und den Prozessen der Wechselseitigkeit, dem Austausch und der sozialen Partizipation

Dass sich die Künste in einem Spannungsfeld von Kunstmarkt, Autonomieanspruch und sozialer Funktion befinden, ist unwidersprochen: sie unterliegen auch Ökonomisierungsprozessen und Regulierungszwängen (z. B. WTO/GATT), und die ästhetische Praxis wird für Kompetenzerwerb und Leistungsoptimierung bildungs- und kulturpolitisch in den Dienst genommen. Zugleich beobachten wir auch, dass Künstler und Kulturvermittler ihre künstlerische Praxis häufig als soziale Intervention und Sozialarbeit bestimmen.

Man ist kein Kunst-Banause, wenn man nach dem Nutzen der Künste fragt. Cui bono? Die Zeitschrift „Theater heute" fragte 2007: „Tritt neben die Kunst, die frei ist von Zwecken, jetzt auch die KUNST; die dafür bezahlt wird, dass sie sich konkret in der Bildung und im Sozialwesen engagiert?" Wird also nicht der Wert der Kunst „an sich" und die Fähigkeit, gebildet und kritisch am Kulturleben teilnehmen zu können, hochgeschätzt, sondern sind es mehr die Schlüsselkompetenzen, die einen gesellschaftlichen Nutzen und direkte soziale Wirksamkeit haben, wie Ausdrucks- und Kommunikationsfähigkeit, Kooperations- und Integrationsfähigkeit, Kreativität, soziale Partizipation und Intervention.

Die Tendenz ist z.B. auch unübersehbar, die Wirklichkeit ins Theater zu bringen. Ein Beispiel dafür ist der Fonds „Heimspiel" von der Kulturstiftung des Bundes, der bei Stadt- und Staatstheatern Theaterprojekte fördert, „die sich mit der urbanen und sozialen Realität der Stadt auseinandersetzen und ein neues Publikum für das Stadttheater gewinnen wollen. Das Theater kann für das Selbstverständnis einer Stadt eine zentrale Rolle spielen", heißt es in der Ausschreibung und die Förderer fragen: „Wie kann das Theater zu einem Ort werden, der sich den drängenden Problemen der Gegenwart stellt?" Das Wirklichkeitsprinzip wird z.B. auch inzwischen stilbildend von der deutsch-schweizerischen Theatergruppe „Rimini-Protokoll" weiter entwickelt: sie arbeiten mit sogenannten „Experten aus der Wirklichkeit", mit „Theater-Laien" als „Spezialisten" und auch an öffentlichen Orten. Kunst geht ins wirkliche

Leben, hin zur direkten Aktion und sozialen Resonanz, macht auf brisante Themen aufmerksam und will kulturelle Teilhabe ermöglichen

Bringt Kunst – mit diesem Weg ins Leben – ihre Unabhängigkeit, ihre Autonomie in Gefahr? Lässt sie sich unzulässig instrumentalisieren und verliert so ihre Kraft? Zu beobachten ist doch aber auch, dass Brauchbarkeit, Nützlichkeit und Autonomie, Eigensinn und Eigenwert der Künste sich gerade beim Theater in einer produktiven Spannung befinden müssen, die ausgehalten werden muss, wenn die Künste nicht der Welt abhanden kommen und ihre lebenspraktischen Funktionen verlieren sollen und belanglos, beliebig werden sollen. Es ist eine Balance, die sensibel ausgehalten werden muss. Trotz äußerer Einflüsse durch Politik, Religion, Geldgeber und Markt u. a. m. muss sich das Theater die Freiheit nehmen, die Zwecke selbst zu setzen und zu verfolgen und ein soziales Laboratorium zu bleiben, das seine Energien öffentlich wirksam werden lässt, ohne den ästhetischen Eigenwert aufs Spiel zu setzen.

Künstlerische Projekte zielen häufig auf direkte Wirksamkeit in gesellschaftlichen Feldern und streben keine Autonomie an. Aber Kunst kann sich nicht nach wirtschaftlichen Kriterien messen lassen und wird außerhalb von Zweck-Mittel-Relationen realisiert. Die Kompetenz der Kunst ist, sich dialogisch in vielseitigen Austauschprozessen mit gesellschaftlichen Feldern einzulassen, ohne ihre eigene Substanz aufzugeben.

Kunst als Geschenk an die Gesellschaft, Kunst als Gabe trifft ein Selbstverständnis künstlerischer Praxis, das Prozesse von Gabentausch, Wechselseitigkeit, sozialer Partizipation und von Geben und Annehmen in Gang setzt und erhält. Unsere Kunstförderung ist überwiegend produktionsorientiert. Die Rezeption, die Kulturvermittlung dagegen wird marginal gefördert. Das bringt die Zirkulation dieser Prozesse ins Stocken: In Deutschland haben wir zwar 5000 Museen, 300 Theater, 100 Opern, 9000 Bibliotheken. Aber nur höchstens 10% der Bevölkerung nimmt an deren Angebot teil. Die Annahme und allgemeine

Klaus Hoffmann, Theaterwissenschaftler und -pädagoge ist verantwortlich für die Konzeptionen und Durchführung internationaler Tagungen, die interdisziplinäre Positionen und Diskurse im Feld von Theaterwissenschaft, Ethnologie, Religion und Philosophie zusammenführen. Er leitete internationale Theaterfestivals. Seine gegenwärtigen Arbeitsschwerpunkte sind die entwicklungsbezogene Theaterarbeit (insbesondere mit Marokko, Türkei, Israel und Ghana), Theater und MigrantInnen in Deutschland, das Verhältnis von Theater und Religionen sowie kulturpolitische Fragen. Er ist Vorsitzender des Arbeitskreises Kirche und Theater in der EKD, Ehrenvorsitzender der Bundesarbeitsgemeinschaft Spiel und Theater und seit 1998 Vorstandsmitglied der Bundesakademie Wolfenbüttel.

Teilhabe am kulturellen Leben ist in Deutschland trotz dieses Angebots noch keineswegs verwirklicht.

Die Gabe, die der Künstler durch seine Werke der Gesellschaft zum Geschenk macht und die Annahme dieser Gabe stellen konkrete Beziehungen zwischen Menschen her, die nicht über Markt, Ökonomie und Preis verlaufen, sondern mit der Gabenökonomie ein Gegenmodell zur Warenökonomie setzen könnte.

Kunst als Gabentausch kann auch heißen, sich für andere Kulturen, Religionen zu öffnen, wechselseitige Anerkennung zu praktizieren und sich eigener Werte bewusst zu werden. Dieser Austausch kommt auch dem Bedürfnis von Menschen nach Begegnung, Anerkennung und Spiel entgegen.

Ich wünsche den MitarbeiterInnen der Akademie und den TeilnehmerInnen der Tagungen, dass ihnen auch weiterhin solche produktiven Begegnungen durch Prozesse von Gabentausch, Wechselseitigkeit, Geben und Annehmen gelingen.

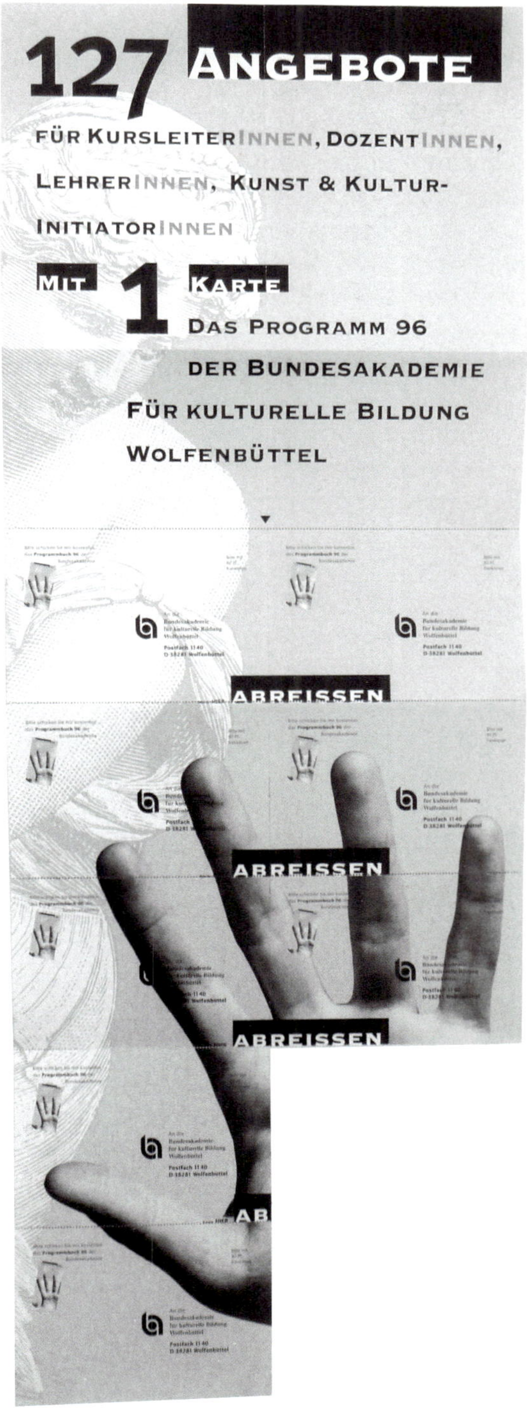

Postkartenabreißplakat 1996

Wo fängt Europa an und wo hört Europa auf?

Das breite Spektrum der Antworten auf diese Frage kommt in seiner Vielfalt dem Farbenspektrum eines Regenbogens gleich und symbolisiert den Schwebezustand der europäischen Idee. Die Diskussion um die Frage einer Vollmitgliedschaft der Türkei in der Europäischen Union belegt beispielhaft die – glücklicherweise (!) – bestehende Meinungsvielfalt. Stichworte wie beispielsweise Privilegierte Partnerschaft, Kern-Europa, ein Europa der zwei Geschwindigkeiten, ein Europa der 30 Mitgliedsländer verweisen auf sehr unterschiedliche Sichtachsen. Wie klein Europa aus der Weltraumperspektive ist, wie gewichtig es im Konzert der politischen Kraftfeldverschiebungen ist, welche Solidität es in den Wechselbeziehungen der ökonomischen Gezeiten beweist, wie sehr das Verstehen des Anderen durch die direkte Nachbarschaft bzw. die Zugehörigkeit zu einer Europäischen Union befördert oder behindert wird, wie groß und möglicherweise unendlich weit weg Europa im Bewusstsein des Einzelnen ist – es bleibt, unabhängig nationaler Grenzziehungen, eine Frage der individuellen und einer gruppenbezogenen Betrachtung. Alleine mit der kulturellen, politischen und geographischen Dimension ist die Frage nach dem Anfang, der Quelle für ein Europa nicht zu beantworten. Europa entwickelt sich in den Herzen und Köpfen eines jeden Einzelnen wie in der öffentlichen Meinung jeden Tag fort. Das Bewusstsein für die europäische Idee ist die Quelle für die Lebendigkeit und Wirksamkeit von Europa. Da mag die Regulierungswut der Eurokrake Bürokratie noch so zuschlagen, ohne den Schutz und die Förderung der Kulturellen Vielfalt wird ein Europa der Einheit durch Vielfalt keine Chance haben. Europa entsteht vor Ort.

Wolfenbüttel ist so ein Ort. In dem verdichteten Fluidum der wechselvollen Geschichte Wolfenbüttels steht die Bundesakademie für kulturelle Bildung in der lebendigen Auseinandersetzung mit Vergangenheit und Gegenwart sowie den praktischen Fragestellungen nach Zukunftskonzepten. Wer die Schwelle zur Schünemannschen Mühle übertritt, erlebt im Zeitalter der permanenten Beschleunigung eine neue Zeittaktung. Beschleunigung und Entschleunigung halten sich im Diskurs der jeweiligen Schwerpunktthemen scheinbar wie von selbst die Waage, was einen kreativen Freiraum für zukunftsweisende Anregungen und Konzepte schafft. Die Impulse, die Karl Ermert und sein Team auslösen, vervielfachen sich in ihrer Wirkung über die Multiplikatoren weit über die Landes- und Bundesgrenze hinaus. Was hier gedacht, gesprochen und gelebt wird, sickert in das bildungskulturelle Wurzelwerk ein und bildet damit eine tragende Säule kultureller Vielfalt. So steckt in vielen Themenstellungen Europa drin, auch wenn nicht immer Europa drauf steht. Mit ihrer Arbeit bewirkt die Bundesakademie Weichenstellungen im gesellschaftspolitischen Handeln auf allen Entscheiderebenen, die direkt oder indirekt mit dem Themenkreis der kulturellen Bildung verbunden sind und nimmt damit Einfluss auf die Gestaltung unserer Gesellschaft von morgen.

Die Bundesakademie für kulturelle Bildung Wolfenbüttel verwirklicht so in schönster Weise und ganz praktisch die Vision von Jaques Delors, „Europa eine Seele zu geben".

Herzlichen Glückwunsch allen Mitarbeiterinnen und Mitarbeitern sowie Mitgestaltern der Bundesakademie zu dieser beglückenden Bilanz und toi-toi-toi für die kommenden 25 Jahre!

Christian Höppner, geb. 1956 in Berlin. Generalsekretär des Deutschen Musikrates. Ausbildung an der Hochschule der Künste zum Instrumentallehrer, Musikpädagogen und Cellisten mit anschließendem Dirigierstudium. Seit 1986 unterrichtet er Violoncello an der Universität der Künste Berlin (ehemals HdK). Christian Höppner ist Vizepräsident des Europäischen Musikrates, Vizepräsident des Deutschen Kulturrates und Sprecher für die Sektion Musik im Deutschen Kulturrat, Mitglied des Rundfunkrates der Deutschen Welle, Chefredakteur des Magazins Musikforum, Mitglied im Programmausschuss von RTL, Kuratoriumsmitglied des Frankfurter Musikpreises, Präsidiumsmitglied der Deutschen Ensemble-Akademie, Ehrenpräsident des Landesmusikrates Berlin. Er vertritt den Deutschen Musikrat in der Deutschen UNESCO-Kommission. Für sein Engagement um das Berliner Musikleben wurde er im Jahr 2001 von Bundespräsident Johannes Rau mit dem Bundesverdienstkreuz ausgezeichnet. (choeppner@t-online.de)

Schreib·werk·statt

Und sonntags, nach dem Hauptgericht,
wirft er sich auf sein Langgedicht
und fügt der Saga ein, zwei Zeilen
hinzu, derweil die Zeiger eilen
und ihn umkreisen Stund' um Stunde –
dann blickt er auf und in die Runde,
und was bedampft sein Angesicht?
Das nächste Sonntagshauptgericht.

Ulrich Horstmann, Jahrgang 1949, lebt als Literat und Literaturwissenschaftler in Marburg. Letzte Veröffentlichung: Die Aufgabe der Literatur oder Wie Schriftsteller lernten, das Verstummen zu überleben (S. Fischer 2009), Ulrich.Horstmann@anglistik.uni-giessen.de

ALEXANDRA HUPP

Kultur als Investition in Zeiten der Krise
Das Wolfenbütteler Lessing-Theater

Die Hiobsbotschaften in Sachen Kultur reißen nicht ab: Ob Wuppertal, Hannover, Hamburg, Köln oder aktuell Bonn – viele Kommunen in Deutschland diskutieren schmerzhafte Einsparungen, die bis zur Schließung von Theatern oder Museen reichen, oder kürzen die Zuschüsse an freie Träger bis zu deren Handlungsunfähigkeit. Die Finanz- und Wirtschaftskrise fordert ihren Tribut. Schon seit Jahren sind Kulturschaffende und freie Träger gezwungen, „den Gürtel enger zu schnallen" – alleine die Nicht-Anpassung an die Inflationsrate bedeutet eine faktische Kürzung. Freie Theater und Kunstvereine, Soziokulturelle Zentren und Kulturvereine wissen mit geringen Mitteln zurechtzukommen und machen oft aus der Not eine Tugend. Da werden Bühnenbilder und Kostüme recycelt, aus Abfallprodukten entstehen Kunstwerke, und neue Formen der Spendensammlung bringen unerwartete Erfolge, wie das Beispiel des „Crowdfunding" zeigt, bei dem Kleinstbeträge zu stattlichen Summen für Kunstprojekte führen können.

Doch die Finanzkrise, die im September 2008 ihren Ausgang nahm, übertrifft die klamme finanzielle Situation der Städte und die daraus resultierenden Sparbemühungen der letzten Jahre um ein Vielfaches. Die Finanzkrise hat bei gleichzeitig steigenden Ausgaben, bedingt auch durch die Vorgaben des Bundes, voll auf die Kommunen durchgeschlagen. Diese Defizite müssen anderweitig ausgeglichen werden – und dabei fällt der Blick schnell und gleichzeitig medienwirksam auf die scheinbar einzige verfügbare Verhandlungsmasse: Die sogenannten freiwilligen Leistungen, also Ausgaben im Kulturbereich. Viele Kommunen haben für die kommenden Jahre bereits Kürzungen angekündigt, manche nach der Rasenmähermethode um 10, 20 oder 30%. Für viele Kulturträger bedeuten Kürzungen in dieser Höhe jedoch weit mehr als die Beschränkung des Handlungsspielraumes. Sie gehen an die Existenz und haben einen nicht wieder gut zu machenden Kahlschlag der Kulturlandschaft zur Folge.

Auch die Stadt Wolfenbüttel kämpft mit sinkenden Einnahmen bei gleichzeitig höheren Ausgaben. Doch trotz einer angespannten Haushaltslage ist das erklärte Ziel, die kulturelle Infrastruktur und die Vielfalt der Kulturlandschaft auch bei schwieriger Finanzlage zu erhalten. Aus diesem Grund wurden die Zuwendungen an Kulturträger nicht gekürzt.

Im Gegenteil: Mit der Sanierung und Wiedereröffnung ihres Lessingtheaters aus dem Anfang des 20. Jahrhunderts hat sich die Stadt für derzeitige und zukünftige kostenintensive Investitionen in Kultur entschieden.

Sicherlich, es gibt auch Gegenstimmen und kritische Fragen: Sind so hohe Kosten in Bau und Betrieb gerechtfertigt? Was könnte man mit den voraussichtlich rund 18 Mio. Euro nicht alles realisieren? Wie viele Krippenplätze könnten geschaffen, Schulen saniert, Gebühren gesenkt werden? Wozu also das Luxusgut „Theater", zumal, wo doch das Staatstheater Braunschweig nur 15 Minuten entfernt ist, Hannover, Hamburg und Berlin in guter Erreichbarkeit liegen?

Politik und Verwaltung haben sich eindeutig zu der Sanierung des Lessingtheaters bekannt – mit einer klaren Botschaft, dass nicht nur sein „Körper", sondern auch seine „Seele" saniert werden muss. Nicht nur das Gebäude muss trockengelegt, müssen die sanitären und technischen Einrichtungen dem aktuellen Standard angeglichen und den Brandschutzbestimmungen entsprechen. Für die Zeit nach der Wiedereröffnung ist entscheidend, ob der Inhalt, die Ausstrahlung des Hauses den Erwartungen der Bevölkerung und der Entscheidungsträger gerecht wird.

Wie zuvor wird das Lessingtheater ein Haus mit Gastspiel-Angeboten bleiben. Dennoch (oder gerade deswegen) bietet es ein großes Potenzial, Theater kennen und lieben zu lernen. Theater in all seinen Facetten zu erleben – und Teil des Ganzen zu werden.

Wenn das Haus mit mehr gefüllt wird als mit einigen Gastspielen bekannter Anbieter, wenn sich das Theater auch als Ort der Kommunikation und der Impulsgebung versteht, wenn zu dem theateraffinen Publikum die Menschen in das Haus kommen, denen Theater bisher eher fern war, dann kann ein „Ja zum Theater" entschieden vertreten werden.

Das zukünftige Lessingtheater wird dann seinem Anspruch gerecht, wenn die Bevölkerung ohne Aufgabe des künstlerischen Anspruches mit einbezogen wird. Wenn das Programm und die Angebote differenzierter und spezifischer auf die verschiedenen Ziel- und Altersgruppen eingehen, wenn die gesellschaftlichen Veränderungen, die im Zuge der demographischen Entwicklung prognostiziert werden, berücksichtigt werden. Und wenn das Theater den kommunalen Bildungsauftrag ernst

Alexandra Hupp studierte Kulturpädagogik an der Universität Hildesheim, arbeitete als Projektleiterin in verschiedenen Vereinen und Organisationen, war Koordinatorin der Kulturregion Südwestfalen und leitet seit 2008 das Kulturbüro der Stadt Wolfenbüttel nimmt und Raum lässt für geistige und ästhetische Auseinandersetzungen, für Fantasie, Unterhaltung und Selbstreflexion.

Konkret wird sich dies im Programm zum Beispiel in der Einrichtung einer theaterpädagogischen Stelle niederschlagen, die neben theaterpraktischen Angeboten, Workshops und Kursen begleitende Materialien für Lehrkräfte ausarbeitet. Einführungen und Matineen werden die künstlerischen Inhalte und Intentionen vorstellen und Anregungen zum Diskurs geben.

Im Gegensatz zu Häusern mit festen Ensembles haben Gastspielhäuser die Chance, eine große Bandbreite aktueller, zeitgenössischer Inszenierungen anderer Theaterhäuser vorzustellen. Damit kommt das Publikum „in der Provinz" in den Genuss, Inszenierungen der Metropolen quasi vor der Haustüre zu erleben. Unter dem Stichwort „Entdeckungen" wird es deshalb zukünftig eine Auswahl erstklassiger Aufführungen aus den wichtigen Theaterhäusern geben. Das Lessingtheater hat damit die Möglichkeit, ein eigenes Profil zu bilden, sich von anderen Häusern in der Region in stilistischer und qualitativer Hinsicht abzusetzen, in der Konkurrenz zu bestehen und Gäste aus einem größeren Einzugsbereich zu binden.

Gleichzeitig wird das Programmspektrum erweitert, auch durch die Möglichkeiten, die das neue Haus in räumlicher Hinsicht bietet. Konzerte, klassisch und populär, aber auch Kultur in ungezwungener Wintergarten-Atmosphäre sind möglich und füllen eine Lücke, die bisher im Wolfenbütteler Veranstaltungsprogramm besteht. Ganz dicht am Geschehen sind die Besucher, wenn sie bei kleineren Produktionen, vor allem im Kinder- und Jugendtheaterbereich mit auf der Bühne sitzen. Hier entsteht eine künstlerische und kommunikative Authentizität und Unmittelbarkeit, wie sie kein anderes Medium bieten kann.

Das Theater der Zukunft ist ein offenes, kommunikatives Haus, in dem sich Rezeption, Partizipation und Produktion ergänzen und das sich als Teil eines kulturellen Netzwerkes betrachtet. In der Vernetzung mit anderen Institutionen liegt die Chance, das Haus verstärkt als Produktionsstätte und Erfahrungsraum zu nutzen. Ob Premieren mit den dazugehörenden Endproben oder Präsentationen von Projektergebnissen, ob Musicals von ortsansässigen Schulen oder Seminare und Workshops, die die Infrastruktur des Theaters nutzen: Das Haus wird lebendig, weil es sich als Erfahrungsraum öffnet und damit eine Stätte des Ausprobierens und der Auseinandersetzung wird. Damit wirkt das Theater verstärkt in die Stadt hinein und nimmt seine Rolle als Ort der Vermittlung, Vernetzung und Kommunikation ernst.

An diesem Punkt sollen sich – zukünftig noch verstärkt – Schnittstellen zu den in Wolfenbüttel ansässigen Kultureinrichtungen ergeben. Allen voran zur Bundesakademie für kulturelle Bildung, die auch bei den Überlegungen zur Neukonzeption ein kompetenter Partner ist und in ihrer Recherche zum Thema „Entwicklung und Umbau des Lessingtheaters" grundlegende Eckpunkte für einen zeitgenössischen Theaterbetrieb formuliert hat.

Diese theaterbezogene Zusammenarbeit ist nur ein Beispiel für die wichtige Rolle, die die Bundesakademie in den letzten 25 Jahren im kulturpolitischen Leben der Stadt Wolfenbüttel gespielt hat. Ob gemeinsam durchgeführte Projekte, fachliche Beratungen oder die Mitarbeit bei der Entwicklung des städtischen Kulturkonzeptes. Die Bundesakademie war und ist ein wichtiger Impulsgeber für die kulturelle Arbeit und die kulturpolitische Standortbestimmung, denn sie verbindet hohe fachliche Kompetenz mit innovativen Inhalten und Vermittlungsansätzen. Wolfenbüttel profitiert in vielerlei Hinsicht von diesem kulturellen „Leuchtturm", der hoffentlich auch im nächsten Vierteljahrhundert die Stadt und die hier lebenden Menschen begleiten, inspirieren und zum kritischen Diskurs anregen wird. Wir freuen uns darauf!

Outsider-Kunst: frisch gewaschen und gebügelt

Bügeleisen, Bügelbretter, Bügelwäsche, Wäscheleinen, Staubsauger, Toaster sind das Thema von Lutz Möller. Schon als Kind interessierten ihn diese Haushaltsgeräte. Er weiß, wie sie funktionieren, kennt unterschiedliche Modelle und Marken. Er informiert sich in Spezialkatalogen und hat eine Sammlung von Bügeleisen und Staubsaugerdüsen, deren Erweiterung ihm am Herzen liegt. Eine besondere Beziehung pflegt er zu dem klassischen Modell der Firma Vorwerk, der für ihn der Inbegriff eines Staubsaugers darstellt.

Lutz Möller ist ein obsessiver Künstler, dessen Leidenschaft für die Gegenstände des Haushalts sein Leben bestimmt. Er wird nicht müde, auch sein Gegenüber von den Vorzügen dieser Leidenschaft überzeugen zu wollen, und neben dem Sprechen ist das Zeichnen ein Teil seiner Überzeugungsarbeit. Fast nebenbei entstehen die Blätter: Oberhemden und Handtücher werden auf die Leine gehängt und mit Klammern gegen das Herunterfallen gesichert, das Kabel wird mit entschlossener Linienführung um den Staubsaugergriff gewickelt, die Wäsche stapelt sich im Korb, das Bügeleisen steht auf dem Bügelbrett parat. Der Gesprächsteilnehmer kann nicht nur staunend der Entstehung dieser Zeichnungen zusehen, er muss auch darauf gefasst sein, intensiv zur eigenen Haushaltsführung und zum häuslichen Maschinenpark befragt zu werden.

Lutz Möller arbeitet seit 1992 im Kunstatelier Lebenshilfe Braunschweig. Hier wurden erstmals die künstlerische Qualität seiner Zeichnungen erkannt und seine Obsession als wichtige Voraussetzung der künstlerischen Arbeit wertgeschätzt. Denn nur dann, wenn man sich wirklich leidenschaftlich für ein Thema interssiert, und vielleicht nur dann, „wird man zum Wesen der Dinge vordringen und erkennen und ihnen eine Form geben können. An den Staubsaugern von Lutz Möller ist dies wunderbar zu sehen. Lutz Möller hat das Wesen des Staubsaugers erfasst und ist deshalb in der Lage, in wenigen Strichen das Besondere, das Individuelle des Staubsaugers zu erfassen und darzustellen."[1]

Kunstgeschichtlich betrachtet sind die Arbeiten von Lutz Möller der „Art Brut" oder „Outsider Art" zuzurechnen. Die Bezeichnung „Art Brut" im Sinne von roher, unverbildeter Kunst prägte der Künstler Jean Dubuffet bereits 1945. Sein Ziel war es, außergewöhnliche Werke jenseits der etablierten Kunst aufzuspüren, zu sammeln und an die Öffentlichkeit zu bringen. Da er für den Begriff und seine Sammlung, die sich heute in der Collection de l'art brut in Lausanne befindet, Urheberschaft und Exklusivität beanspruchte, führte der Kunsthistoriker Roger Cardinal 1972 die Bezeichnung „Outsider Art" ein. Outsider Art beschreibt keine Kunst- oder Stilrichtung, sondern stellt die gesellschaftliche Randposition der Künstler als verbindendes Element in den Mittelpunkt. Trotz ihrer Offenheit und Unschärfe haben sich beide Bezeichnungen international durchgesetzt, zur Anerkennung der Werke beigetragen und sie für den Kunstmarkt attraktiv gemacht. Ausstellungen von Outsiderkunst finden beim Publikum großes Interesse, weil sie unbekannte künstlerische Sichtweisen versprechen.

Künstler waren schon immer fasziniert von der Kunst der Außenseiter. Paul Klee, Max Ernst, Alfred Kubin und andere ließen sich für ihre eigene künstlerische Arbeit anregen. Arnulf Rainer besitzt eine umfangreiche Sammlung von Outsiderkunst mit zahlreichen Klassikern der Art Brut sowie bekannten Künstlern aus Gugging. Er engagiert sich seit zehn Jahren als Jurymitglied beim euward, dem Europäischen Kunstpreis für Malerei und Grafik von Künstlern mit geistiger Behinderung, der 2010 zum fünften Mal von der Augustinum Stiftung ausgelobt wurde. Auch Zeichnungen von Lutz Möller kamen 2000 und 2004 in die engere Auswahl und wurden im Rahmen des Kunstpreises in der Galerie der Künstler (BBK) bzw. im Haus der Kunst in München ausgestellt.

Lutz Möller

Staubsauger auf Teppich, 1998

Bleistift auf Papier, 20,9×14,8 cm

Privatbesitz

Dr. Gerhild Kaselow, Jg. 1953, Studium der Kunstpädagogik und Kunstwissenschaft an der Hochschule für Bildende Künste Braunschweig, Promotion über „Die Schaulust am exotischen Tier", seit 1995 als Kunstwissenschaftlerin tätig im Kunstatelier Lebenshilfe Braunschweig.

Der Künstler Hartmut Neumann entdeckte 1999 Arbeiten von Lutz Möller sowie dessen Atelierkollegen Volker Darnedde und Mario Ohmes und nahm sie in seine Sammlung von Outsiderkunst auf. Hartmut Neumann bewundert an den Outsidern die „überraschende Lösung“[2], die er bei anderen Künstlern in dieser Form nicht antrifft. Zu seiner Sammlung gehören auch „Arbeiten zeitgenössischer Künstler, deren Schaffen Anteil hat an dem, was aus der Sicht Neumanns die Qualität der Outsider ausmacht.“[3] In der Ausstellung „Die anderen Bilder – Outsider und Verwandtes aus der Sammlung Hartmut Neumann“, die 2006 im Museum der Stadt Ratingen und weiteren Orten gezeigt wurde, verzichtete er bewusst auf jeden Hinweis, welche Werke von einem Outsiderkünstler und welche von einem „richtigen“ Künstler stammen – ein spannende Herausforderung an den Betrachter.

Lutz Möller schaut nicht wertend auf seine künstlerische Arbeit. Er vergleicht sich nicht mit anderen Künstlern oder reflektiert sich als Teil der Kunstgeschichte. Er hat das, wonach Kunststudenten suchen und was sie finden müssen, um in der Kunstszene bestehen zu können. Er besitzt aus sich selbst heraus einen eigenständigen, unverwechselbaren Stil und einen unbedingten Gestaltungswillen. Lutz Möller hat etwas Neues in die Welt gesetzt. Seine Zeichnungen vermitteln in ihrer sinnlichen Präsenz und Unmittelbarkeit Erkenntnisse, die ohne sie nicht zu gewinnen wären: Staubsauger, Bügeleisen, große Wäsche als ästhetisches Vergnügen.

1 Schwarz, Michael: Festvortrag zur Ausstellungseröffnung „Bilder aus dem Kunstatelier Lebenshilfe Braunschweig“ am 8. Dezember 2002 im Braunschweigischen Landesmuseum.

2 „Bei allen anderen Künstlern weiß ich oder kann bis zu einem gewissen Punkt nachvollziehen, wie es funktioniert. Aus welchem Geist heraus ihre Arbeiten entstanden sind, welche Ideen sie verfolgen. Hier gibt es manchmal Überraschungen. Man weiß einfach nicht, was sich die Künstler denken. Und das ist sehr interessant.“ Neumann, Hartmut, in: Ausstellungskatalog „Kunstatelier Lebenshilfe Braunschweig: Reinhard Dittrich, Winfried Kostka, Lutz Möller, Volker Darnedde, Berthold Beier, Murat Akay, Mario Ohmes, Susanne Lauer“, Herausgeber: Lebenshilfe Braunschweig 2002, S. 2.

3 Maassen, Bettina, Die anderen Bilder, in: Ausstellungskatalog „Die anderen Bilder – Outsider und Verwandtes aus der Sammlung Hartmut Neumann“, Herausgeber: Museum der Stadt Ratingen 2006, S. 6.

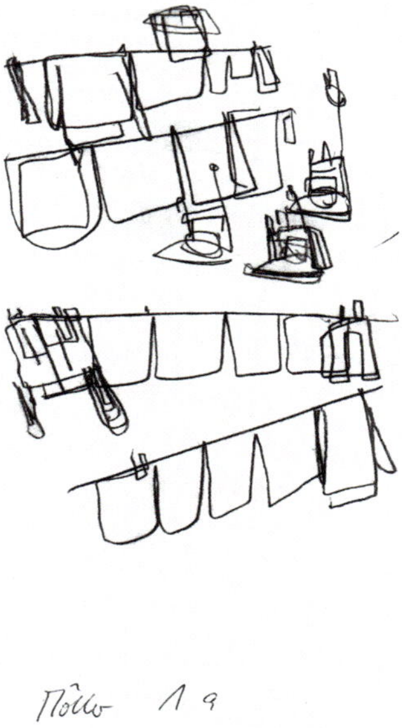

Lutz Möller

Wäscheleinen und Bügeleisen, 2000

Bleistift auf Papier,
29,7×21 cm

Privatbesitz

Manche Seminare haben sich – und manche Seminarleiter auch – besonders eingeprägt.

Um das Jahr 1990 war die US-amerikanisch-kanadische Hörspiel- und Drehbuchautorin Marcy Kahan zu Gast, deren geniales Hörspiel The Transmogrification of Herbert Mellish zweifellos die schönste jüdische Reinkarnationsgroteske der Radiogeschichte ist, eine Mischung aus theologischer Disputation und Elefantenparade.

Beim Abendbrot erzählte Marcy Kahan von einer Fahrt durch New York City. Ihr erster Film war damals gerade in die Kinos gekommen, und sie ließ den Taxifahrer eine bestimmte Strecke nehmen, die sie an einem dieser Lichtspielhäuser vorbeiführen musste. Mit großer Beiläufigkeit wies sie zu gegebener Zeit auf das Plakat hin und sagte mit Understatement: „Übrigens, ein Film von mir ..." Worauf der Taxifahrer einen kurzen Blick auf das Plakat warf und erwiderte: „Oh, one of these low-budget productions."

Der große Romancier und Lyriker Otto A. Böhmer war ein häufiger Gast in den Schreibseminaren, mal in Sachen Prosa, mal in Sachen Lyrik auf dem Posten.

In einem Seminar trug eine Teilnehmerin ein Gedicht vor, in dem es von Sonnen, Monden, Sternen und allerlei anderen quasistellaren Objekten wimmelte wie im Vorspann zur Serie Raumschiff Enterprise. Vor jeden Himmelskörper hatte die Dichterin das Possessivpronomen gesetzt: Meine Sonnen, meine Monde, mein Kometenschweif. Worauf Dr. Böhmer sprach: „Gnädige Frau. Wäre ich ein ungehobelter Klotz, würde ich Sie nun fragen: Und wo haben Sie Ihre Schwarzen Löcher?"

Schließlich Denis Scheck. Scheck war damals Dozent unserer Seminare zum Literarischen Übersetzen. Eines Abends – man saß nach ausgiebigem literarischem Übersetzen noch bei einem Becher Wein zusammen – steckte sich Denis Scheck eine Zigarre an, dem Aroma nach eine handgerollte Habano, ich tippe mal auf eine Romeo y Julieta.

Eine Teilnehmerin nahm dies zum Anlass, Schecks persönliche CO_2-Bilanz zu thematisieren, was Scheck mit Gelassenheit quittierte. Schließlich und von dieser Gelassenheit provoziert fuhr sie auf und fragte: „Fahren Sie eigentlich auch immer noch diesen Jaguar?" Denis Scheck paffte ein aromatisches Wölkchen, nahm die Romeo y Julieta aus dem Mund, lächelte und sprach: „Lange schon nicht mehr selbst."

Dies sind also die Lehren, die ich aus meiner Zeit an der löblichen Bundesakademie gezogen habe:

Man muss nicht immer alles selbst machen.

Höflich bleiben auch im Angesicht sternenunklarer Gedichte.

Nie vor Taxifahrern mit eigenen Filmen prahlen. Wenigstens nicht in New York.

Hartmut Kasper, geboren 1959 in Wanne-Eickel. Fachbereichsleiter Literatur an der Bundesakademie von 1989 bis 1995.

Auf der Schiene: 20.11.1994

Rotwein und Bier im Wechsel. Davon musste er schon viel getrunken haben, bevor ich in Lüneburg zustieg. Mit K. wollte ich über Gedichte sprechen. Und wie notwendig Poesie im Alltag ist. Aber die Stimme am Nebentisch wurde immer lauter: Ich bin stolz auf meinen Vater. Der war bei der SS. Und ich bin sein Sohn. Auch Nationalsozialist. Wenn die Europäische Union scheitert, dann wird es einen Durchmarsch der Rechten geben. Die beschmutzte Ehre der Soldaten aus dem großen Krieg wird gerächt. Alle, die Deutschland verraten haben, werden aus den Wohnungen geholt und totgeprügelt. – Tief gräbt sich dieser bekannte Ton ein. Nichts gesagt. Ohnmächtig und verkrampft den Wagen gewechselt. Und auch danach nur ungenaue und falsche Worte auf der Fahrt. In mir ein Zittern an den Körperwänden. Abends in Wolfenbüttel der Mühlfluß. Lange auf der Brücke in das Wasser gesehen. In den Händen noch der innere Aufruhr. Und das Herz wie in Kohlensäure schwimmend.

Die Oberfläche

Gelbe Birkenblätter auf dem Gehsteig. Auf dem Weg von der Mühle zum Schloss. Und dann aufschauen zu Lessings Wohnung. Im Innenhof eine höfische Konversation über Literatur. Ohne Mühe. Ein paar neue Wörter. Über allem aber schwebt auf Augenhöhe ein Gesprächsgeräusch. Wir wachsen hinauf mit lässigen Gebärden, die jeden Satz bedeutend erscheinen lassen. Als wäre das nicht schon alles gesagt worden. Besser und schöner. Ein sich selbst fortsetzendes Gerede im Hause Lessings. Da hast du dich den Pflanzen zugewandt und geschämt. Und auf dem Rückweg wieder nach unten gesehen. Die dahingesagten Worte im Kopf. Wie man sich damit im Wasser spiegelt. Allein. Das Gesicht von Falten durchlaufen und auf der Oberfläche kräuselnd bewegt. Keine Stimmen, keine Bücher. Nur dieses Flussufer mit Steinen. Und gelbe Birkenblätter schwimmen rasch davon.

Heinz Kattner, 1947 in Hildesheim geboren. Studium der Pädagogik. Schriftsteller, Lektor und Dozent. Auch als Herausgeber tätig (25 Bände der Lyrik Edition). Er veröffentlichte mehrere Gedichtbände, zuletzt „Unauffälliges Zittern" (Drei Gedichtzyklen, 2001) und „Als riefe jemand den eigenen Namen „ (Lyrische Prosa, 2007). Verschiedenen Preise und Stipendien. Mitglied im P.E.N. Er lebt in Leestahl bei Lüneburg.

Bundesakademie für kulturelle Bildung – eine längst überfällige Analyse des Namens

Man liest den Namen dieser Anstalt des offenen Vollzugs und kann sich nicht genug wundern. In einem kleinen, mit Fachwerk vollgestopften Städtchen am Rande des Rentner-Harzes sollen also Bildungs-Nimmersatte kulturell gebildet werden, was immer dies auch heißen mag. Ist dies eine vom Bundesministerium für gesunde Ernährung unterstützte Schule der höheren Kochkunst? Eine Heilanstalt für Er-Te-Ell-Geschädigte? Ein vom Fiskus unter die Fittiche genommener Reaktor für schnelle Ausbrüter? Oder einfach nur ein Ort, an dem Kulturbesessene sich vom Alltagsgeschäft abseilen, um dem Chef (und natürlich der -in) zu entgehen?

Nein, der Laden ist etwas ganz anderes. Um dies zu klären, müssen wir systematisch und kleinlich, also wissenschaftlich vorgehen. Am Anfang steht, wie immer, das Wort. In diesem Fall „Bund". Weil die heulenden Schwiegermütter und neidischen besten Freundinnen fehlen, kann nicht jener des Lebens gemeint sein. Welcher dann? Der Bund als Akronym für Bundesrepublik Deutschland (inklusiver aller alter, neuer und noch zu erobernder Länder) ist es mit Sicherheit auch nicht, denn der ist permanent pleite. Außerdem sitzt eine Ostfrau an dessen Regierungsspitze, was ihn doppelt suspekt macht. Bleibt nur der Bund, der sich um unser aller Umwelt kümmert: BUND. Obwohl, wenn man wiederum das U eliminiert, hat vielleicht der BND auch seine Finger mit im Spiel, was allerdings zu weit hergeholt ist, denn just heuer zieht er vom beschaulichen Pullach („Fagäids God") ins zentrale Berlin („Macke, Alta?"), was ihn Milliarden an Steuergeldern verbraten lässt. Bleiben also wirklich nur die Umweltschützer. Und weil dem so ist, muss der ganze Rest der gewaltigen Wortkonstruktion demnach ein Biotop sein, welches schützenswert und folglich von der roten auf die grüne Liste zu setzen ist. Der biotopschützende BUND besitzt also – darauf verweist der zweite Begriff – eine Bildungsstätte, welche den dort wandelnden Menschen höhere Weihen vermitteln soll, denn: „Akademie" ist nicht irgendeine Dorfpenne, an der heute noch gelehrt wird, dass Friedrich Zwei ein Großer war (dabei maß der nur einen Meter und läppische 65 Zentimeter, was in Preußischen Fuß gar nicht mehr darstellbar ist). Eine Akademie leitet sich – glaubt man den erst im letzten Jahr total staatspleitegegangenen Griechen – von Platons höherer

Söhneschule her, die sich am lieblichen Hain des Akademos befand. Bis hierher ist also alles klar. Der BUND besitzt eine höhere Schule, an der reiche Jünglinge über Götter und die Welt diskutieren. Was sie sonst so treiben, können wir uns ja denken.

Bleibt die Frage: Wofür steht diese Akademie? Was lehrt sie? Hinweise darauf bergen die nachfolgenden Worte: „kulturell“ und „Bildung“.

Das Nomen dieser Kombination, welches auch als das sattsam bekannte Erkennungs-Zeichen für die Halbbildung des Bürgers fungiert, ist ein zweigeteiltes. Es beginnt mit Deutschlands Abitur-Ersatz *Bild* und endet mit dem Allerweltsanhängsel *-ung*. Weil wiederum dieser Appendix vom aktiven Verbalstil zum statisch-bürokratischen Nominalstil überleitet, sind die vermittelten bzw. zu vermittelnden Inhalte ein für allemal in die ewigen Jagdgründe eingegangene Wahrheiten, fest gemauert also in der Erden.

Bleibt das Attribut „kulturell“. Auch hier hilft uns eine etymologische Analyse weiter. Kulturell ist als Kompositum aus drei Elementen entstanden: Kult, Uhr und Elle. Im Laufe der Zeit ist vom Althochdeutschen über das Ostniedersächsische zum Scheinhochdeutschen – nach mehreren Lautverdrehungen und Konsonantenauslassungen – das *h* entfleucht und das *e* auf Nimmerwiedersehen in den vorharzerischen Sümpfen und Mooren versackt. Semantisch gesehen ist jedoch klar: Kulturell bezeichnet in diesem Kontext den Kult, welche die Frau von Welt um ihre mit Diamanten besetzte Uhr treibt. Weil die Uhr symbolisch auch für die Zeit an sich steht, erkennen wir: Es geht um die kernigste aller deutschen Tugenden, Pünktlichkeit.

Zusammenfassend lässt sich also sagen: Der Bund für Naturschutz betreibt eine Bildungsstätte, an der ausschließlich Jünglinge aus gutem Hause fest gefügte Wahrheiten konsumieren, die nicht angezweifelt werden (dürfen). Diese Wahrheiten drehen sich allesamt um Pünktlichkeit, welche es als schützens- und bewahrenswertes Kulturgut zu schützen und zu bewahren gilt. So gesehen, eine wichtige und in die Zukunft weisende Brutstätte.

Jens Kegel, Dr. phil., hat sich, nach Studium von Germanistik, Geschichte, Pädagogik, Psychologie, Erstem und Zweitem Staatsexamen, Fernstudium „Werbetexten“, Volontariat (Text), Promotion, auf das Wort als Wertschöpfer spezialisiert. Als Ghostwriter, Texter und Autor schreibt er für Unternehmen und Institutionen. Am liebsten bewegt er sich im Spannungsfeld zwischen Wissenschaft, Praxis und Methodik, woraus sich verschiedene Vorträge und Seminare ergeben. Zur Bundesakademie kam er wie die Jungfrau zum Kind: unbefleckt und durch höhere Mächte.

Der erste Satz

Allen, die schreiben, ist die Bedeutung des ersten Satzes bewusst. Mit dem ersten Satz zieht man die Leser in die Geschichte, stimmt man den Ton des Folgenden an, entfaltet sich das Programm des ganzen Textes. Der erste Satz ist also ungeheuer wichtig, nicht nur bei einem Roman, sondern auch bei einem Festschriftenbeitrag. Doch welches Genre wird der Vielfalt von 25 Jahren Bundesakademie gerecht? Müsste man nicht 25 Texte schreiben? Nein, dazu reicht der Platz nicht. Deshalb haben wir es bei 25 ersten Sätzen belassen.

Wilhelm Busch
Ob Pfarrer, Kaufmann, Müller, Bauer
ein jeder wäre gerne schlauer
und freut sich „Ei, ich weiß auch wie!
Fahr ich zur Bundesakademie!“

Entwicklungsroman
Sie war noch ein Kind gewesen, als vor 25 Jahren die ersten Kursteilnehmer die Bundesakademie besucht hatten, und niemals hätte sie auch nur im Traum daran gedacht, dass sie einmal selbst einen Kurs leiten würde.

Historischer Roman
Die Amme der Tochter des Bibliothekars erkannte sofort, dass es die fremden Männer auf den ungeheuer wertvollen Bildungsschatz abgesehen hatten, der tief im Inneren des Schlosses lagerte.

Kinderbuch
Schule ist doof, da war die Kaugummibande sich einig, selbst Krümel, der freche Promenadenmischling, knurrte, wenn er zur Hundetrainerin musste – was also fanden die Erwachsenen so toll daran, freiwillig zum Unterricht zu gehen?

Abenteuerroman
Mein Name tut eigentlich nichts zur Sache, auch nicht die Tatsache, dass ich als Fremdenlegionär die Welt kennen und fürchten gelernt habe – nein, all das ist nebensächlich, denn richtig ernst wurde es das erste Mal für mich, als ich die Tür zum angegebenen Seminarraum öffnete und mehr als deutlich wurde, dass niemand auch nur im geringsten damit ge-

rechnet hat, einen Kerl wie mich beim Kurs für Seidenmalerei zu treffen.

Neues Testament
Es begab sich aber zu der Zeit, als von Ministerpräsident Ernst Albrecht ein Gebot ausging, auf dass alle Welt sich weiterbilden solle.

Liebesroman
In dem Moment, als ich sie im Chorsaal stehen sah, zwischen all den anderen Sängerinnen als einzige nicht lautstark die Tonleiter besteigend, begann in meinem Inneren eine Musik zu spielen, die mein Leben neu dirigierte.

Fantasy
Es war Vollmond und in der Stadt der Wölfe hörte man das Wasser des Okernen Flusses rauschen, welcher mit seiner monotonen Melodie die zahlreichen Geladenen des großen Lehrmeisters in den Schlaf sang.

Drama
1. Szene
Personen: Sekretärin, Seminarteilnehmer
Die Sekretärin sitzt telefonierend hinter einem Tisch, der Seminarteilnehmer betritt mit viel Gepäck etwas atemlos die Bühne und schaut sich suchend um. Die Sekretärin beendet das Gespräch und sieht den Seminarteilnehmer an. Sekretärin (freundlich): Herzlich willkommen in der Bundesakademie. Hatten Sie eine gute Anreise?

Lyrik
Wolfen
geheule
gelache
gedanken
gefühle
gewissen
gewässer
gewonnen
büttel

Sandra Lüpkes lebt und arbeitet als Schriftstellerin und Sängerin in Münster. Mit zahlreichen Kriminalromanen, Kurzgeschichten und zwei Sachbüchern hat sie bereits eine Gesamtauflage von über 250.000 Exemplaren erreicht (www.sandraluepkes.de).
Jürgen Kehrer, geb. 1956, ebenfalls Münsteraner, wurde mit seinem Privatdetektiv Georg Wilsberg bekannt, der auch als Serienfigur im ZDF ermittelt. Zu den besonderen Projekten Kehrers an der Bundesakademie gehört der Gemeinschaftskrimi „Mord in Wolfenbüttel" (2006). Zudem schreibt Kehrer auch erfolgreich Sach- und Drehbücher (www.juergen-kehrer.de).

Beide sind seit Jahren als Dozenten für Schreibseminare in der Kinder-, Jugend- und Erwachsenenbildung tätig.

Lokalkrimi
Als Kommissar Mutzkutz über die Löwenstraße auf den Schlossplatz zuging, sah er schon von weitem die eigentümlich verkrümmte Gestalt des Buchhändlers, der ihn gestern noch bedient hatte, vor der herzoglichen Schlossfassade liegen.

Science Fiction
Andragon II vom dritten Planeten des Gliese-Systems starrte gebannt auf den Monitor: Kein Zweifel, in dieser Stadt namens Wolfenbüttel war eine ungeheure Konzentration von Kreativität zu verzeichnen.

Altes Testament
„Bildung“, rief der Prophet mit vor Zorn bebender Stimme, „sollt ihr sammeln, dann müsst ihr euch nicht vor den Göttern der Unwissenheit fürchten.“

Junge deutsche Literatur
Strange, dachte Timo, da hatte er über diese Fuck Bildung total vergessen, dass er eigentlich mit Lisa vögeln wollte, auf der Rückseite des Mondes oder, verdammt, warum nicht in diesem Scheiß-Wolfenbüttel.

Kafkaesk
Er wusste nicht, ob er jemals im Kursraum ankommen würde, denn alle, die er nach dem Weg fragte, schüttelten nur bekümmert den Kopf.

Limerick
Ein Mann reiste nach Wolfenbüttel
auf dass Bildung den Geist weckend rüttel
so gut sein Vorsatz auch war
gefiel ihm am besten die Bar
und er lernte das Cocktailgeschüttel

Märchen
Es war einmal vor langer Zeit ein stattliches Schloss, in dem eine Prinzessin names Paideia lebte, die nicht auf den ersten Blick schön war – nur wer einen Tag in ihrer Gesellschaft verbringen durfte, erkannte ihren Wert und wollte nie wieder von ihr lassen, so liebreizend war ihr Wesen.

Heiterer Frauenroman
„Verflucht", schimpfte Mia (die Bahnfahrt nach Wolfenbüttel hatte ihr nicht nur eine Laufmasche in der neuen Push-Up-Strumpfhose eingebracht, als sie damit am Klettverschluss einer fremden Reisetasche hängen geblieben war, nein, beim Aussteigen auf Gleis 2 hatte dann auch der Absatz ihrer neuen Lederpumps sein Leben lassen müssen), „vielleicht stimmen die Gerüchte, und gebildet und attraktiv sein sind zwei Dinge, die sich bei Frauen einfach von vornherein ausschließen ..."

Autobiografisch
In jener Zeit, als ich häufig nach Wolfenbüttel fuhr, um neue Dinge zu lernen, fasste ich den Entschluss, mein Leben grundlegend zu verändern.

Erotischer Roman
Schweiß glänzte feucht auf ihren Oberarmen, langsam und mit harten Stößen steigerte sich Erika zum Höhepunkt, den sie vor Erregung herausschrie – als der Kursleiter die Übung abrupt abbrach.

Wilsbergisch
Ein hoffnungsloser Fall, das wusste ich von vorneherein, trotzdem fuhr ich nach Wolfenbüttel.

Haiku
Bildungsherbst
Blätter vertrocknen
Nie wieder Bücher lesen
Wie dumm du doch bist

Drehbuch
1 Schlossplatz Wolfenbüttel A/T
Eine gutaussehende junge Frau und ein gutaussehender junger Mann, beide mit Papieren und Schreibutensilien in den Händen, gehen auf den Eingang des Schlosses zu.

JUNGE FRAU
(wendet sich dem jungen Mann zu, lächelnd):
Poetik für Anfänger oder Dialoge für Fortgeschrittene?

LÜ
SA

KE
JÜ

Grusel

Oben, unter dem Gebälk der uralten Mühle, hört man Tag und Nacht die Schreie, gellend und markerschütternd, dazu das Trampeln tanzender Füße und Klatschen schweißnasser Hände; sie nennen es harmlos „Theaterdach", doch vielleicht ist es auch der Vorhof zur Hölle ...

Comedy

Eine Blondine fährt nach Wolfenbüttel.

SANDRA LÜPKES UND JÜRGEN KEHRER

16
16

„You'll never walk alone!"

„You'll never walk alone!" waren Motto und Botschaft zugleich, die der Direktor der Bundesakademie für kulturelle Bildung Wolfenbüttel, Dr. Karl Ermert, in seinem Grußwort am 8. August 2009 anlässlich der festlichen Eröffnung der Landesmusikakademie Niedersachsen in Wolfenbüttel in Anwesenheit des damaligen Ministerpräsidenten und heutigen Bundespräsidenten Christian Wulff dem Landesmusikrat und seiner Landesmusikakademie mitgab. Als „Neubürger" in Wolfenbüttel hätte man herzlicher wohl kaum empfangen werden können.

Die freundschaftliche Verbindung zwischen dem Landesmusikrat Niedersachsen e. V. und der Bundesakademie in Wolfenbüttel besteht schon lange. Bei der Gründung vor 25 Jahren hat sich der Landesmusikrat, damals vertreten durch seinen Präsidenten Eberhard Schmidt, intensiv dafür eingesetzt, dass in Wolfenbüttel eine Bundesakademie gegründet werden konnte – eine Bundesakademie, deren Konzeption nicht musisch geprägt war, sondern in der alle Künste ihre Eigenständigkeit erhielten, um mit der Kraft der fachimmanenten Kompetenz bundesweit Einfluss nehmen zu können. Dieser Einfluss ist bilateral: Einerseits kommen aus ganz Deutschland Experten, Künstler und Wissenschaftler nach Wolfenbüttel, um Gedanken zur Weiterentwicklung der Kultur auszutauschen und neue Erkenntnisse mitzunehmen, andererseits ist Wolfenbüttel wegen der Qualität der Kurse gern besuchtes Zentrum für haupt- und nebenamtlich Engagierte in der Kultur, die mit neuen Erkenntnissen, durch viele Gespräche gestärkt und mit neuem Mut versehen nach Hause fahren, um erneut den Versuch zu unternehmen, den Staat und die Kommunen zu überzeugen, warum Kultur so wichtig für die Existenz des Menschen und die Zukunft der Gesellschaft sei und dass man dafür auch Geld in die Hand nehmen muss, denn Geld für die Kultur ist Investition, nicht Subvention.

Seit der Gründung der Bundesakademie unterhielt der Landesmusikrat enge Verbindungen zum Musikreferat der Bundesakademie zur Fort- und Weiterbildung von Übungsleitern und zur Planung und Entwicklung von gemeinsam abgestimmten Fördermaßnahmen in der Musikkultur Niedersachsens. Die Bundesakademie hat Sitz und Stimme in der Mitgliederversammlung des Landesmusikrats Niedersachsen e. V.

Die Begegnung zwischen dem Landesmusikrat und Dr. Karl Ermert begann noch vor seiner Amtszeit als Direktor der Bundesakademie in Wolfenbüttel. Der Landesmusikrat Niedersachsen hatte um 1997 die Hypothese aufgestellt, dass das Ehrenamt in der Musikkultur dem Staat nützt und dass die Ehrenamtlichen viel mehr an Wert produzieren als der Staat an Geldwert für die freie Musikkultur investiert. Daher arbeitete der Landesmusikrat bei der Erhebung der Daten mit dem Institut für Entwicklungsplanung und Strukturforschung an der Universität Hannover zusammen, das die Leitung des Projektes Dr. Ermert anvertraute. Es entstand die erste und bisher einzige flächendeckende Erhebung zu den Hintergründen und den Auswirkungen ehrenamtlicher Tätigkeit am Beispiel eines Bundeslandeslandes: Niedersachsen.[1] Diese bald „Ermert-Studie" genannte Publikation wurde nicht nur mit großem Interesse von den Landesmusikräten studiert, sondern fand auch im Deutschen Bundestag bei einer thematisch verwandten Enquete-Kommission Berücksichtigung. Seither wissen wir es genau: Dem Brutto-Geldwert von 88,7 Mio. Euro, den die 40 Tsd. Ehrenamtlichen in der Laienmusikkultur dem Land schenken, steht heute ein Förderbetrag des Landes von rund 1,366 Mio. Euro (Landesmusikrat, Landesmusikakademie, Dachverbände der Laienmusik, Übungsleiterförderung) gegenüber – das sind rund 1,6 Prozent.

Bei den nächsten Begegnungen mit Dr. Ermert trafen wir ihn bereits als Direktor der Bundesakademie. In der Endphase der über rund 30 Jahre laufenden Vorgeschichte der Landesmusikakademie und bei den vielen Planungsalternativen in Wolfenbüttel nahm der Landesmusikrat dankbar seinen Rat aus den Erfahrungen mit der Leitung und Organisation der Bundesakademie an. Bei den vielen Gesprächen ergaben sich noch weitere Ideen und Kooperationen mit dem Institut für Musikpädagogische Forschung (Hochschule für Musik und Theater Hannover), dessen Direktor ich damals war, und dem Deutschen Musikrat e. V., hier besonders mit dem Bundesfachausschuss „Musik und Gesellschaft", dessen Vorsitz mir anvertraut ist. Einerseits bestand damals wie heute die Notwendigkeit einer Stärkung der musikpädagogischen Forschung in Deutschland und ihrer Vernetzung zur Konzentration der geringen Ressourcen, andererseits wollte der Deutsche Musikrat der Politik verständlich machen, dass sich der Staat bei den ständigen Kürzungen der Kulturetats der öffentlichen Hand nicht seiner Verantwortung

Karl-Jürgen Kemmelmeyer, Dr. phil., ist Univ.-Professor für Musikpädagogik und war Gründungsdirektor des Instituts für Musikpädagogische Forschung der Hochschule für Musik, Theater und Medien Hannover. Er ist Mitglied des Präsidiums des Deutschen Musikrats e. V., Präsident des Landesmusikrats Niedersachsen e. V. und Vorsitzender des Aufsichtsrats und der Gesellschafterversammlung der gemeinnützigen Landesmusikakademie Niedersachsen GmbH.

für den Weiterbestand und die Weiterentwicklung der Musikkultur entziehen kann. Diese Auffassungen führten zu zwei kulturpolitisch zukunftsweisenden Tagungen an der Bundesakademie in Wolfenbüttel:

› Deutsche Forschungsgemeinschaft in Zusammenarbeit mit dem Institut für Musikpädagogische Forschung der Hochschule für Musik und Theater Hannover: Expertenrunde zur Kooperation musikpädagogischer Forschung in Deutschland – Bundesakademie für kulturelle Bildung Wolfenbüttel 15.12.–17.12.2003

› Bundesakademie für kulturelle Bildung Wolfenbüttel in Kooperation mit dem Deutschen Musikrat e.V.: Musik und Verantwortung. Perspektiven der Musikpolitik in Deutschland. Wolfenbüttel 8.1.–9.1.2009

Blickt man zurück, so erweisen sich die Gespräche und die Tagungen als gelungene Generalprobe zur engen Zusammenarbeit beider Akademien in Wolfenbüttel.

Mit der Bundesakademie und der neuen Landesmusikakademie entstanden in Wolfenbüttel Tagungsmöglichkeiten, deren Logistik sich bundesweit sehen lassen kann. Schon in den Vorgesprächen wurde von beiden Seiten deutlich gemacht, dass hier keine Konkurrenz entsteht, sondern eine ideale Ergänzung:

Während die Besucher der Bundesakademie aus dem gesamten Bundesgebiet kommen, richtet sich die Landesmusikakademie als „Heimat- und Service-Haus der Niedersächsischen Musikkultur“ im Wesentlichen an Musikvereine und Musikverbände aus dem Land Niedersachsen.

Die Bundesakademie richtet sich mit ihren Kursen zu Fort- und Weiterbildung vorwiegend an den professionellen Bereich (Multiplikatoren), während die Landesmusikakademie mit ihren musikalischen Bildungsmaßnahmen vorwiegend Gäste aus dem Laienbereich (Endverbraucher) aufnimmt, um mit eigenen Kursen oder durch Fremdbelegungen deren musikalische Leistungsfähigkeit zu steigern.

In Bezug auf die Tagungslogistik ergeben sich ebenfalls ideale Ergänzungen. Dabei sind zu nennen

› der Instrumentenpool beider Häuser,

› das Notenarchiv der Landesmusikakademie und die Bibliothek der Bundesakademie,

› das Bettenangebot im Gästehaus der Bundesakademie

(Einzel- und Doppelzimmer) und im Jugendgästehaus der Stadt Wolfenbüttel (Einzel- und Mehrbettzimmer) im Baukörper der Landesmusikakademie einschließlich Mensa,

› das unterschiedlich gestaltete Raumangebot beider Häuser: kommunikative Tagungsräume in der Bundesakademie, spezielle akustisch optimierte Probenräume in der Landesmusikakademie,

› die moderne tontechnische Ausstattung der Landesmusikakademie einschließlich Aufnahmestudio.

Nicht zuletzt wird auch der Gedankenaustausch aller Bildungsreferentinnen und -referenten beider Häuser in Wolfenbüttel auf kurzem Wege möglich werden – und es wird sicher sehr anregend sein, das Denken und die Praxis anderer Künste kennenzulernen, die in der Bundesakademie zu Hause sind. Ich hoffe sehr, dass die Stadt Wolfenbüttel es zu schätzen weiß, welche Angebote die Herzog August Bibliothek, die Bundesakademie und die Landesmusikakademie für die Bewohner der Stadt bieten und wie stark diese drei Institutionen zum Kulturimage der Stadt beitragen. Hier lässt sich an die Tradition eines Michael Praetorius anknüpfen, der von Wolfenbüttel aus mit seinen Werken, Drucken und hohem persönlichen Einsatz ganz Deutschland davon überzeugen wollte, dass die Musik – gemeint war u.a. das Concerto-Prinzip – nun einen so hohen und prachtvollen Leistungsstand erreicht hat und dies anderen Städten zur Nachahmung empfahl – er war ein im Geiste der Nachreformation musikpolitisch denkender Künstler, Theologe und Wissenschaftler. Über die beiden Akademien unmittelbar an seiner Wirkungsstätte hätte er sich sicher gefreut.

Seit Gründung der Bundesakademie war der Landesmusikrat ihr Mitglied und hat mit seinen Möglichkeiten mitgeholfen, dass die Bundesakademie gesichert blieb und sich stetig weiter entwickeln konnte. Durch die Kompetenz ihrer Leitung und Mitarbeiter steht sie heute da als eine hoch geachtete und beliebte Institution, die mit ihren Kurs- und Veranstaltungsthemen stets am Puls der kulturpolitischen Entwicklungen und des Wandels in unserer Zeit ist. Herzlichen Glückwunsch vom Landesmusikrat Niedersachsen und seiner Landesmusikakademie!

1 Institut für Entwicklungsplanung und Strukturforschung an der Universität Hannover in Zusammenarbeit mit dem Landesmusikrat Niedersachsen e. V. (Frank Jürgensmann, Manfred Sauga) und dem Institut für Musikpädagogische Forschung der Hochschule für Musik und Theater Hannover (Karl-Jürgen Kemmelmeyer): Karl Ermert: Ehrenamt in der Musikkultur. Ergebnisse einer empirischen Untersuchung zu Motiven, Bedingungen und Perspektiven freiwillig gemeinnütziger Tätigkeit im Laienmusikwesen Niedersachsens. IfMpF-Forschungsbericht Nr. 11/IES-Projektbericht 104.99. IfMpF: Hannover 1999.

2 Deutsche Forschungsgemeinschaft in Zusammenarbeit mit dem Institut für Musikpädagogische Forschung der Hochschule für Musik und Theater Hannover: Expertenrunde zur Kooperation musikpädagogischer Forschung in Deutschland. Abschlussbericht. IfMpf-Forschungsbericht Nr. 16. IfMpf, Hannover 2004.

3 Karl Ermert, Christian Höppner, Karl-Jürgen Kemmelmeyer, Markus Lüdke (Hrsg.): Musik und Verantwortung. Perspektiven der Musikpolitik in Deutschland. Wolfenbütteler Akademie-Texte Bd. 41. Bundesakademie für kulturelle Bildung Wolfenbüttel 2009.

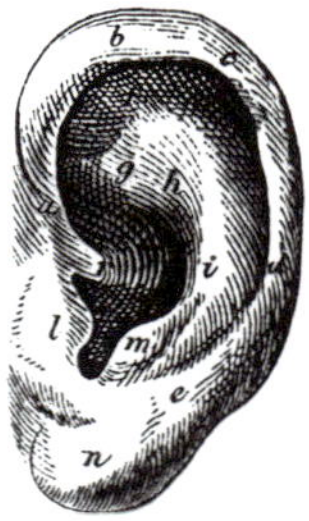

„Kulturelle Bildung" im Kreuzworträtselformat
Der Ästhet

Wenn ich sitze, will ich nicht
Sitzen, wie mein Sitz-Fleisch möchte,
sondern wie mein Sitz-Geist sich,
säße er, den Stuhl sich flöchte.

Der jedoch bedarf nicht viel,
schätzt am Stuhl allein den Stil,
überläßt den Zweck des Möbels
ohne Grimm der Gier des Pöbels.

Wer hat dieses Gedicht geschrieben?

1	2	3	4	5	6	7	8	9	10	11

1: Abkürzung für eine Kulturhauptstadtmaßnahme
2: Studie zur Jugendpartizipation
3: Theater in der Schule (ohne „Spiel")
4: Wichtiger Mann in der Bundesakademie
5: Attraktion in Venezuela
6: Wichtiger deutscher Kongress (ohne „Kinder zum")

7: Wow-Faktor-Autorin
8: Abkürzung für Modellprogramm mit Medienbezug
9: Wichtiger Mann in Remscheid
10: Derzeit sehr aktive Stiftung
11: Branchentreffpunkt 2010

Des Rätsels Lösung finden Sie am Ende der Publikation.

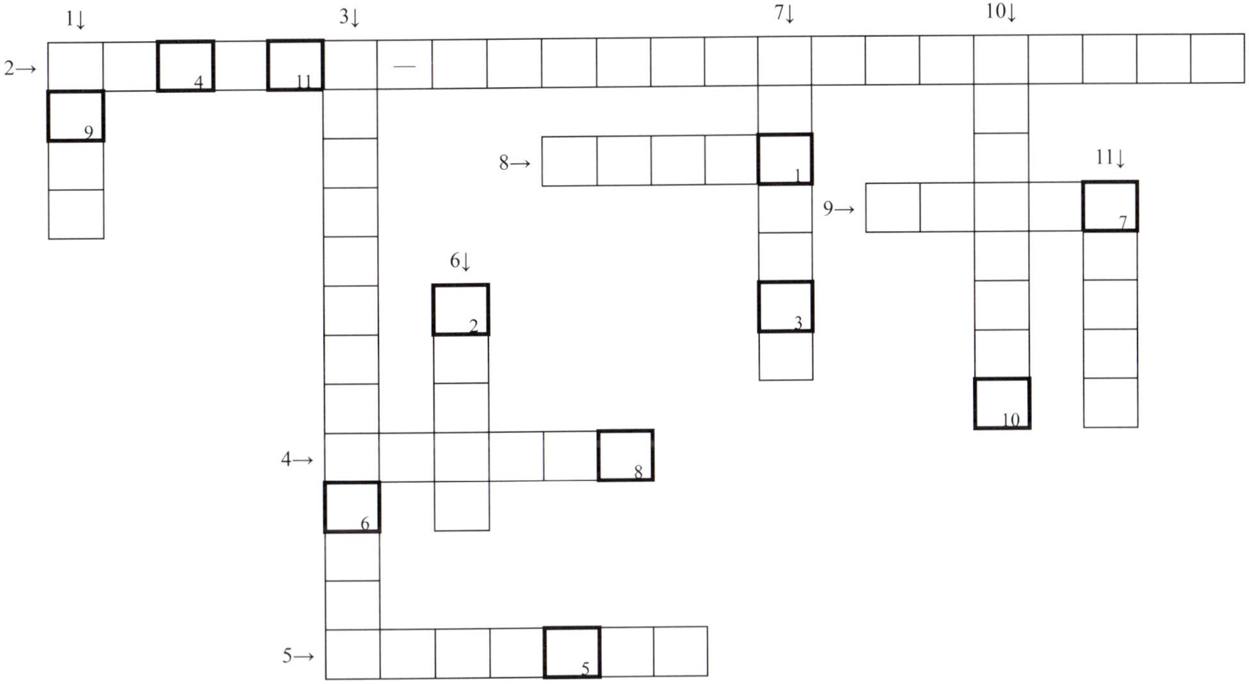

Susanne Keuchel, Prof. Dr. phil., ist Direktorin und Geschäftsführerin des Zentrums für Kulturforschung (ZfKf), Bonn. Sie studierte Musikwissenschaft, Germanistik und Soziologie an der Universität Bonn und der Technischen Universität Berlin. Ihre Arbeitsschwerpunkte sind neben der empirischen Kulturforschung die Anwendung Neuer Technologien im Kulturbereich und die Kulturelle Bildung. Sie ist Honorarprofessorin am Institut für Kulturpolitik der Universität Hildesheim und Dozentin an der Hochschule für Musik und Theater Hamburg. (keuchel@kulturforschung.de)

Äsen am Musen-Busen

Eines lernt man in der Bundesakademie ganz bestimmt, sei es in Seminaren oder als Mitarbeiter/in: den souverän angeleiteten kreativen und innovativen Umgang mit mitgebrachtem Material und Potenzial zwecks Weiterbildung und Horizonterweiterung.

Genau dies versuchen Katrin Bothe, Peter Larisch und ich mit jungen Schreibern im Literatur Labor Wolfenbüttel (LiLaWo), das seit zehn Jahren an der Bundesakademie für kulturelle Bildung in Wolfenbüttel stattfindet. Möglich macht das die Stiftung Niedersachsen, die der Bundesakademie schon sehr lange freundschaftlich verbunden ist.

Ich möchte der Bundesakademie danken für die Herberge, die sie uns seit all diesen Jahren gibt. Sie ist dreimal im Jahr unser Fixpunkt, unsere Schreibinsel. Sie ist der Ort, an dem ganz viel passiert – auf dem Papier und in den Köpfen unserer Schreiblaboranten. Hier sind alle Türen offen (wenn man die Codenummer kennt), hier trifft man immer wieder interessante Menschen, hier ist Raum für viele spannende Themen, alles wird hier möglich gemacht. Wer aus Wolfenbüttel abreist, reist reicher ab. Auch wir Teamer.

Für mich persönlich ist die Bundesakademie ein bisschen Zuhause. Nach zwei Praktika und einem tollen Projekt, das ich in Wolfenbüttel betreuen durfte, bin ich zum Literatur Labor gekommen wie die Mutter zum Kind, oder besser: wie das Kind zur Mutter. Kein Wunder also, dass ich mich der Institution und ihren Mitarbeiterinnen und Mitarbeitern verbunden fühle.

Nun genug der Lobhudelei! Zurück zum Schreiben.

Verwendetes Material: 14 Buchstaben = BUNDESAKADEMIE
Hilfsmittel: Anagramm-Generator auf www.sibiller.de = 5.000 Vorschläge neuer Buchstaben- und Wortkombinationen aus diesen 14 Buchstaben.
Ergebnis: ein lautmalerisches Gedicht (ae=ä, ue=ü).

[Diese Anagramme laufen von der ersten bis zu dieser Seite in der Unterzeile]

.....BAUM DA DENKE SIE...BAUM DEKADE EINS...BAUM DANKE DIESE.......

BUNDESAKADEMIE

DU
ÄSE AM
MUSEN-BUSEN
IN ADAMS EDEN
SÄE IDEEN
DIES ÜB, BEDENKE
BAUE DEINE BÄNKE
NIE IM SAND
KÜNDE KUNDE DU
SEKUNDE UM
SEKUNDE
SÄE SAMEN, KEIME
SÄE BÜNDE, MEIDE
NEID UND SÜNDE
DIENE DEN
MUSEEN, DEN MEDIEN
ÜBE MASKEN UND MUSIK
SEI AMEISE, SEI
BIENE, SEI MAUS
SEI SAU, SEI UNKE
SEI DIEB, SEI DAME
SEI DIESE SIEBEN
ABEND UM ABEND
DEKADE UM DEKADE
BINDE DEIN BAND
EBNE DEN SAUM
SENDE EINE IDEE
BADE IM MUSEN-SEE

ENDE

Friederike Kohn, Jahrgang 1976, studierte Kreatives Schreiben und Kulturjournalismus an der Universität Hildesheim, ist seit 2000 Teamerin des Literatur Labors Wolfenbüttel und arbeitet als Projektreferentin der Stiftung Kulturregion Hannover und des Stiftungsmanagements der Sparkasse Hannover GmbH. (friederike.kohn@stiftung-kulturregion.de)

Labor Neukölln – eine Versuchungsanordnung für Zukunft

Brandneue Forschungsergebnisse: In neu entdeckten Galaxien sind ebenso neue Planeten identifiziert worden, die von bislang unbekannten Ethnien bewohnt werden. Die Planeten Tasal und Wamboo sind von Kriegern bestimmt, die ihr Überleben durch Eroberungen und Plünderungen sichern; Konsum und Besitz sind die vorherrschenden Themen auf Konsumika, auf Fitablon und An-hadaal dreht sich alles um Wasser, auf Daguar, von Frauen regiert, ist das Leben durch naturnahe Lebensweisen bestimmt, bei den Moodikanern herrscht Emotion und Stimmung, und das Böse sowie der Umgang mit Scheitern bestimmen das Leben auf den Planeten Failanien und Furkanium. In einer Ausstellung im Dahlemer Ethnologischen Museum waren diese Entdeckungen kürzlich zu bewundern, mit sauberen ethnologischen Methoden und präsentationstechnisch professionell realisiert konnte man etwas über Lebensweise, Sprache, Ernährung, Kleidung. Religion, Kommunikationsformen und Machtstrukturen erfahren.

Die Autoren dieser Ausstellung waren Schüler des Neuköllner Albert-Schweitzer-Gymnasiums in Kooperation mit Ethnologen und der Museumscrew: Der Besucher war in „Nordneuköllner Schülergalaxien" gelandet: für die meisten Besucher dieses Museums mindestens ebenso fremd wie andere Galaxien.

War in einer vorausgehenden Ausstellung – zwischen dem Museum und dieser Schule besteht eine langfristige Patenschaft – „Besonders alltäglich. Alltäglich besonders. Jugend in Neukölln" das Leben der Schüler Thema, so waren es diesmal Träume, Phantasien, Zukunftsvisionen von jungen Menschen, die pars pro toto die demografische Entwicklung zumindest urban-metropolitaner Stadtregionen der meisten Großstädte dieser Welt widerspiegeln. Ca. 85% der Schüler dieser Schule (die übrigens einen ganz normalen Abitur-Durchschnitt aufzuweisen hat) kommen aus einer Familie mit Migrationsgeschichte, die große Mehrheit kommt aus „Transfer-Familien". Die Situation dieser Schule, die Zusammensetzung der Schüler erzwingt Reflexion, Erforschung, Analyse und Respektierung der Lebensrealität Jugendlicher, die sich auf dem Weg in eine – reale oder erträumte – Transkulturalität sehen, in der sie alles, was vor ihnen war, hinter sich lassen können. Projekte wie „Schülergalaxien" werden von den Schülern mit hohem

Engagement realisiert, weil sie genau wissen, dass sie es sind, die selbst Antworten finden müssen.

Die Optionen, die junge Menschen in urbanen multiethnischen Lebensrealitäten haben, sind vielfältig: Sie reichen vom Versager, Kriminellen, Ghetto-Heroen, Fundamentalisten, Clan-Untertan bis zum hochqualifizierten, aus dem Reichtum unterschiedlicher kultureller Erfahrungen Wert schöpfenden Top-Weltbürger, mit allen Facetten eines durchschnittlich erfolgreichen Lebens dazwischen. Diese Optionen werden gemindert oder verbessert durch den sozialen Status der Eltern, durch deren ethnisch-kulturelle Prägung, durch mehr oder weniger große Offenheit ihrer sozialen Umgebung, durch die Schaffung von Chancengleichheit. Das Anpeilen von Lebenszielen und die Mobilisierung von Energie, die dafür notwendig ist, sind dem jungen Menschen nicht abzunehmen. Was Pädagogik, Kultur, Gemeinwesenarbeit, soziale Lernformen leisten können, ist das Schaffen von Versuchsanordnungen, in denen Kinder und Jugendliche entdecken können, wer sie sind, was sie möchten, was sie können, was sie können möchten. Und: dass sie Zutrauen in ihre eigenen Stärken und Fähigkeiten gewinnen – und in die besonderen Potentiale, die ihnen ihre quer zu ethnischer Segmentierung stehende Lebensrealität ermöglichen.

Die Albert-Schweitzer-Schüler misstrauen dem, was sie vorgelebt erleben (und sie erleben es um so intensiver,weil ihre Lebensphase, Pubertät und Adoleszenz, diesen Identitätsfindungs- und Orientierungsprozess intensiviert), sie verarbeiten die bislang im Leben gemachten Erfahrungen von Ausgrenzung einerseits, von Aufgehobensein in Traditionen andererseits. Viele von ihnen kommen zu dem – nicht verwundernden Ergebnis –, dass das Gehabte eigentlich keine Option für sie ist, dass sie sich in der gesellschaftlichen, familiären, kulturellen religiösen Realität, im „Alten" nicht wieder finden: Sie machen sich auf den Weg, Neues zu erobern, entdecken, erfinden, andere Galaxien und Planeten waren dafür hilfreiche Versuchsfelder. Die Jugendlichen sehen sich als transkulturelle neue Persönlichkeiten – natürlich ohne diese Begrifflichkeit, und ohne zu wissen, dass sie mit ihrer Suche „on the top" von wissenschaftlichen Debatten der Pädagogik, Psychologie, Kulturwissenschaft sind.[1] Und sie stehen mit ihren Fragen und mit ihrer Orientierungssuche für viele andere, die in ähnlichen Lebenssituationen wie sie sind, aber dies nicht oder noch nicht

Dorothea Kolland, Dr.phil., ist seit vielen Jahren Kulturamtsleiterin in Berlin-Neukölln und erprobt immer wieder aufs Neue Strategien der Inklusion und der an Diversity orientierten Kulturarbeit.

formulieren können. Ernsthafte Gespräche und Debatten mit vielkulturell geprägten jungen Menschen über das Erringen und Leben von multipler, transkultureller Identität ließen die Mehrheitsgesellschaftler – Politiker wie Wissenschaftler – über den Stand des Nachdenkens sehr erstaunen. Diese Jugendlichen werden – wenn die demographischen Prognosen stimmen – diejenigen sein, die – als Mehrheit der Bevölkerung – in 10, 20 Jahren gesellschaftliche Entwicklungen bestimmen. Es lohnt sich also, hinzusehen, z.B. in Neukölln.

Neukölln mit seinen 165 Nationalitäten (Neukölln auf dem Weg in die Super-Diversity!) und vielen Kindern und Jugendlichen (hier gibt es kein Überalterungs-, allerdings ein heftiges Armutsproblem) ist eine Versuchsanordnung für das Gelingen eines kulturell sehr diverses Gemeinwesens (bei der Bereitstellung von Absicherung, sprich Arbeitsplätze, Bildungschancen und sich öffnende Governance-Strukturen haben sich staatliche Strukturen bislang eher zurückgehalten). Dies ist eine immense Herausforderung und Chance. Das Potential, diese Chance auch wahrzunehmen, liegt in den Menschen, die in dieser Versuchsanordnung agieren und sie durch ihre Verhaltensweisen, durch ihr Agieren, durch ihr Vorantreiben wie durch ihr Innehalten mit neuem gesellschaftlichem Treibstoff ausfüllen.

1 Vgl. Asit Datta (Hrsg): Transkulturalität und Identität. Bildungsprozesse zwischen Exklusion und Inklusion. Frankfurt 2005. Zur aktuellen europäischen Diskussion vgl, Kongress „Beyond Multiculturalism? Fragen an die Einwanderungsgesellschaft". Haus der Kulturen der Welt, Berlin, 4.–6.6.2009.

Kulturelle Teilhabe

Das Schlagwort „Kulturelle Bildung" gehört heute zum Standardrepertoire vieler Entscheidungsträger aus Kultur, Politik und Wirtschaft. Allzu oft verkürzt sich allerdings die Botschaft auf den ökonomischen Verwertungsaspekt – vor allem dann, wenn ganz allgemein nur noch von Bildung die Rede ist. Dann ist in der Regel die Ausbildungsqualifizierung gemeint. So wichtig die Ausbildungsqualifizierung unserer Jugendlichen ist, so wenig lässt sich Bildung darauf reduzieren. Für das Zusammenleben in unserer Gesellschaft brauchen wir mehr als die Fähigkeit, eins und eins zusammenrechnen zu können. Die Herausforderungen unserer Zeit wie Wanderungsbewegungen, Veränderungen der Arbeitswelt, der demographische Wandel, der Schutz unserer natürlichen Lebensgrundlagen und die gesellschaftlichen Auswirkungen der Digitalisierung sind mit einer allein ökonomisch ausgerichteten Qualifizierung nicht zu bewältigen.

Die Vielfalt der Kulturen in unserem Land als Reichtum zu betrachten, kann nur gelingen, wenn unsere Gesellschaft es jedem Kind und Jugendlichen ermöglicht, seine je eigenen kulturellen Wurzeln zu entdecken und weiter zu entwickeln. Kulturelle Teilhabe ist die Voraussetzung, aus der selbstbewussten Position des Eigenen das Andere zu entdecken. Mit dem 2. Berliner Appell hat der Deutsche Musikrat als erster Dachverband im Kulturbereich den Leitsatz „Wer das je Eigene nicht kennt, kann das Andere nicht erkennen, geschweige denn schätzen lernen" zur Richtschnur seiner strategischen Ausrichtung gemacht und mit seiner daraus folgenden musikpolitischen Ausrichtung die Diskussion um den inter- bzw. transkulturellen Dialog befördert. Das Zusammenleben in unserer Gesellschaft wie die Verständigung in unseren auswärtigen Beziehungen stehen in einem unmittelbaren Zusammenhang mit der Prägung durch die Kulturelle Bildung. Der Bedeutungszuwachs für dieses Thema unterstreicht, dass es sich um eine gesamtgesellschaftliche Querschnittsaufgabe handelt.

Die Bundesakademie für kulturelle Bildung Wolfenbüttel hat zu diesem Bewusstseinswandel durch ihre Arbeit einen erheblichen Beitrag geleistet. Die Kunst, immer wieder aufzuzeigen, dass alles mit allem zusammenhängt und dennoch die Trennschärfe der jeweils zu behandelnden Themen nicht aufzugeben, ist in diesem Themenfeld nahezu ohne Beispiel.

Angesichts der bei weitem noch nicht gelösten Herausforderung, jedem Bürger und jeder Bürgerin kulturelle Teilhabe zu ermöglichen, liegt noch ein langer Weg vor uns. Der Deutsche Musikrat wird sich auch in Zukunft zusammen mit den Partnern der organisierten Zivilgesellschaft für Chancengerechtigkeit bei der kulturellen Teilhabe aus dem Bildungs- und Kulturbereich engagieren und dabei auf die zukunftsweisende Konzeption der Bundesakademie für Kulturelle Bildung setzen. Was Karl Ermert und sein Team hier in einer beispiellosen Balance zwischen Bewährtem und Neuem, zwischen Experiment und Kontinuität aufgebaut haben, verdient großen Dank und hohe Anerkennung. In dem Sinne, wie Musikpolitik auch ein Stück weit Gesellschaftspolitik ist, stellt die Arbeit der Bundesakademie eine wichtige Säule unserer gesellschaftlichen Zukunftssicherung dar. Herzlichen Glückwunsch zu dieser großartigen Bilanz und gutes Gelingen für die kommenden 25 Jahre!

Martin Maria Krüger, Prof., geboren 1954 in Solingen, erhielt seit seinem siebten Lebensjahr Unterricht auf mehreren Instrumenten. Studium der Gitarre bei Siegfried Behrend und Dieter Kirsch, Schlagzeugstudium bei Siegfried Fink jeweils mit künstlerischen Diplomabschlüssen an der Hochschule für Musik Würzburg. Dirigierstudien bei Günter Wich und Hannes Reinartz. Tourneen in mehreren Erdteilen als Solist und Kammermusiker. 1982 Direktor des Würzburger Hermann-Zilcher-Konservatoriums (inzwischen integriert in die Hochschule für Musik), von 1987 bis 2008 Direktor des Richard-Strauss-Konservatoriums der Stadt München. Im Januar 2009 wurde er auf Vorschlag des Senats der Hochschule für Musik und Theater München zum Honorarprofessor berufen. Martin Maria Krüger ist seit 2003 Präsident des Deutschen Musikrates.

Ungeschminkt
THEATERPÄDAGOGIK
TRIFFT
OSNABRÜCK
public knitting
Mit original ZDF-Torwand!
10. Juni 2010,
18:00 Uhr, Kreishaus Goslar, Klubgartenstr. 6
FOTOGRAFIE
kvhs-wesermarsch.
kvhs
Kreisvolkshochschule
Ammerland
Die Volkshochschulen gratulieren!
Wieviel
andtasche
Ein neues
Tanztheaterstück von
FRIESISCHES TANZTHEATERPROJEKT
Musikalische
Chorus Lok
e Holterhoff · FRONTAL
aden und Leute
grafie-Ausstellung
r VHS Cloppenburg
ois 20. Okt. 2010
e Werkstätten unter freiem
r, Jugendliche und Erwachsene
7. bis 01.08.2010
e Park · Wolfenbüttel
anz Woyzeck
on Georg Büchner
Welch erfreuliches Ereignis! An
der VHS Cloppenburg hat sich eine
neue Studiobühne für Laienschau-
spieler aufgetan.
Gleich schon trat sie mit einer Auf-
führung an die Öffentlichkeit, die ei-
nigen Mut verlangt.
tor und Regisseur Dr. Hubert Gel-
haus stellte unter Mithilfe von Ina Die-
sing und Jochen Osterloh ein unvoll-
endetes Werk des früh verstorbenen
Dichters Georg Büchner (1813 –
1837) vor, das seiner Zeit weit voraus
war und im 20. Jahrhundert erst sei-
ne volle Wirkung fand, die Tragödie
„Woyzeck". Wilfried Körtzinger steu-
erte dazu ein Bühnenbild bei, das der
Nüchternheit des Textes entsprach.
die grafschaft
Volkshochschule Grafschaft Bentheim
vhs
Landesverband
der Volkshochschulen
Niedersachsens e. V.

Jahresprogramm 2011

arbeitsintensiv – luxuriös

Seit 2005 leite ich jährlich die „Werkstatt: Künstlerbücher" an der Bundesakademie für kulturelle Bildung Wolfenbüttel. Dementsprechend gratuliere ich mit einem Objektbuch zum Jubiläum.

Mein Glückwunsch: Das Ornament aus Eisendraht bildet das „Gerüst" des Buchs – eine Verneigung vor der historischen Kulisse, dem Wolfenbütteler Schloss, das allein schon ein besonderer, inspirierender Ort ist. Am Ornament befestigte Papierstreifen mit Wörtern beleuchten die Lebendigkeit der Bundesakademie in den alten Mauern.

herausfordernd – fördernd
kommunikativ – verbindend
gastlich – öffnend
wohltuend – anstrengend
packend – stärkend
kompetent – unkompliziert
professionell – nachwirkend
produktiv – querdenkend
persönlich – vertrauensvoll
spannend – umfassend
arbeitsintensiv – luxuriös
Grundlagen schaffend – visionär
begeisternd – kreativ
begleitend – hilfreich
liebevoll – anspruchsvoll
wertschätzend – voll Freude

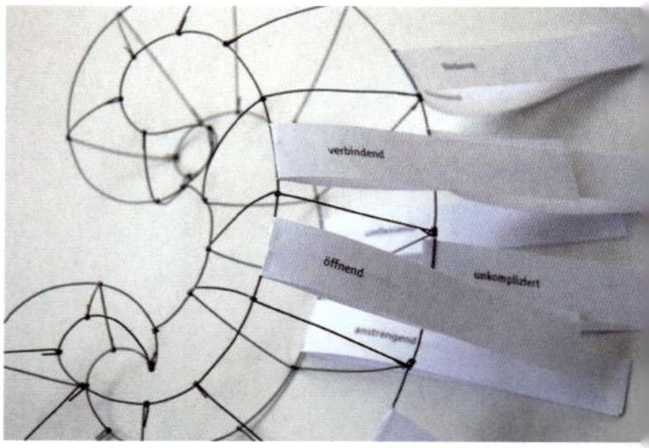

In erster Linie sind es die Menschen, die die Institution Bundesakademie mit Leben füllen, die eine unvergleichliche Atmosphäre schaffen, in der Entwicklung möglich wird. Dafür bin ich in besonderem Maße dankbar: zu Beginn als Teilnehmerin im Professionalisierungs-Lehrgang und inzwischen als alljährlich aufs Neue begeisterte Dozentin.

Dazu herzliche Glückwünsche und vielen Dank!

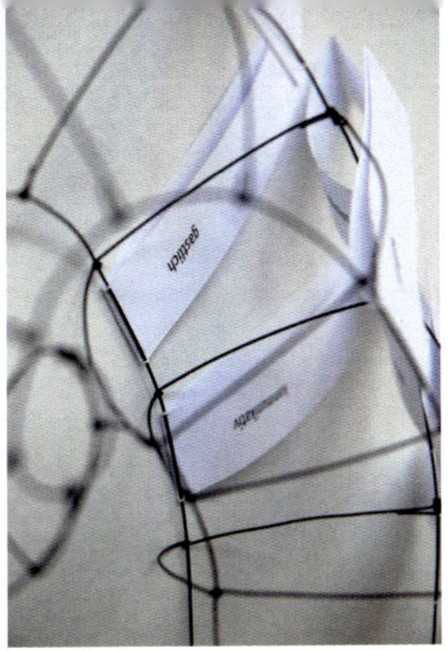

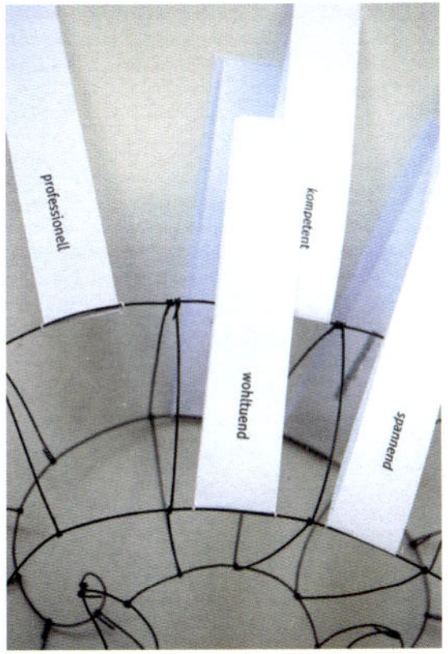

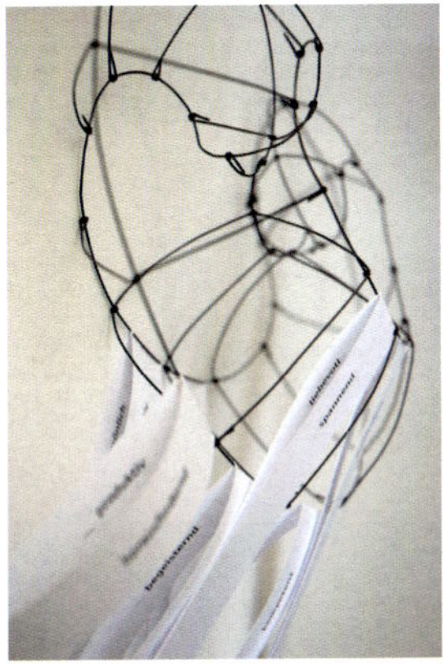

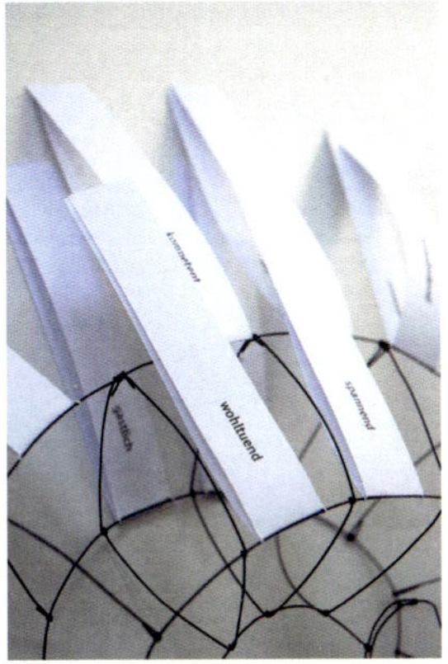

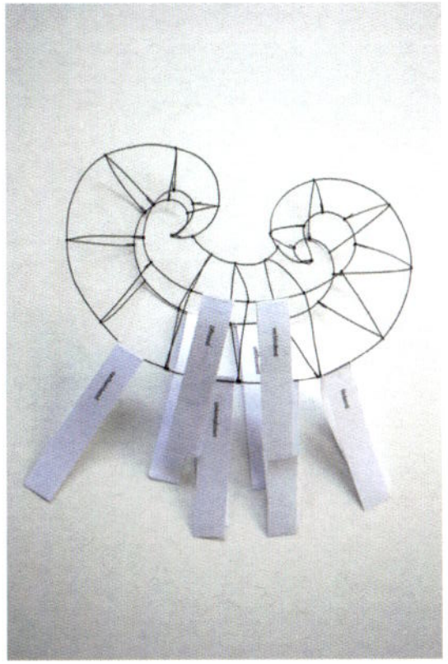

Odine Lang, geb. 1972, Grafikdesign-Studium an der FH Hannover und Magister-Aufbaustudium an der HBK Braunschweig, diverse Preise/Stipendien, zahlreiche Ausstellungen im In- und Ausland. Unterrichtstätigkeit an der Bundesakademie Wolfenbüttel mit Angeboten zur Buchkunst seit 2005. Lebt und arbeitet als freischaffende Künstlerin in Aachen, www.odinelang.de.

Eine Verbindung von Mensch zu Mensch

Die Verbindung zwischen der Bundesakademie und der LKJ Niedersachsen ist eine Verbindung von Mensch zu Mensch – denn wie bei kaum einer anderen „dienstlichen" Beziehung der LKJ fußt unser Netzwerk auf zwischenmenschlichen Kontakten.

Ob es nun darum geht, mit Karl Ermert einen Fachtag zu entwickeln, ob unsere FSJ Kultur-Koordinatorin Anna Erichson einmal im Jahr in Wolfenbüttel zum alljährlichen Einsatzstellenbesuch vorbeischaut oder ob Sina Pardylla, einst ehemalige Freiwillige in der Bundesakademie und nun Studentin der Gestaltung, als Referentin bei den Freien Bildungstage für unsere Freiwilligen mitwirkt – immer sind es menschliche Begegnungen, die unseren Kontakt und unsere Arbeit befruchten.

Dass die Bundesakademie ein Raum ist, in dem solche Begegnungen stattfinden können, zeigt sich gerade auch im FSJ Kultur.

Die Bundesakademie ist eine Einsatzstelle der ersten Stunde, die keine Wünsche von Freiwilligen offen lässt, wie Gustav Geissler, der von 2009 bis 2010 hier sein FSJ Kultur absolviert hat, hervorhebt: *„An der Bundesakademie für kulturelle Bildung stehen einem als Freiwilligen alle Kulturtüren offen. Ob Theater, Musik, Museum, Literatur oder bildende Kunst – alle Bereiche existieren hier in Einklang nebeneinander. Interessante und kompetente Dozenten und Teilnehmer geben sich hier täglich die Klinke in die Hand. Die Organisation, Bewerbung und Verwaltung der Seminare gehört zu den Hauptaufgaben des FSJlers, man kann sogar an den Seminaren teilnehmen oder hospitieren. Auch in der Gestaltung des Projekts ist den Freiwilligen durch das große Aufgabenspektrum der Bundesakademie keine Grenze gesteckt."*

Letzteres zeigt sich beispielsweise auch darin, wie unterschiedlich die Ausgestaltung der Projekte letztlich ist: Während Anna-Lena Homes eine Evaluation des Qualitätsstands des Gästehauses der Bundesakademie durchführte, entschied sich Gustav Geissler für die Planung und Durchführung eines moderierten Jazzkonzertes, das vor allem die Aufgabe hatte, Jugendlichen den Zugang zu dieser Musik zu ebnen.

Die Wichtigkeit des kulturellen Freiwilligendienstes unterstreicht die BAW gleich durch zwei Besonderheiten in ihrem Profil: Zum einen hat sie als eine der ersten Einsatzstellen in unserem Einzugsgebiet ein „Leitbild zum Einsatz von Freiwilligen". Die Bundesakademie, die das FSJ Kultur als Beitrag zur Förderung und Entwicklung junger Erwachsener sieht, fordert ihre Freiwilligen nicht nur ausdrücklich auf, ihre Dienstzeit auch zur Recherche hinsichtlich Studien- und Berufswahl zu nutzen, sondern ermuntert sie auch, an hausinternen Fortbildungen und Veranstaltungen teilzunehmen. Weiterhin stellt das Leitbild klar, dass die Zusammenarbeit zwischen den Freiwilligen und den Mitarbeitern der Akademie von gegenseitigem Respekt geprägt ist – die Jugendlichen werden hier als vollwertiges Mitglied des Betriebes gesehen.

Wen wundert es da, dass die BAW das Gütesiegel von QUIFD (Qualität in Freiwilligendiensten) für die nachgewiesene Qualität bei der Organisation und Gestaltung von Freiwilligendiensten erhalten hat. Beide Besonderheiten – sowohl die Zertifizierung als auch das Leitbild – stellen ein Novum in der Geschichte der FSJ Kultur-Einsatzstellen dar, das die LKJ als ausgesprochen beispielhaft loben kann und zur Nachahmung empfiehlt!

Klar, dass unsere Wahl bei der Suche nach einem geeigneten Seminarhaus für das FSJ Kultur-Gesamtseminar im Jahr des zehnjährigen Jubiläums unseres Freiwilligendienstes nicht sonderlich schwer fiel – wir freuen uns auf fünf spannende Tage in Wolfenbüttel im Mai 2011!

Doch auch über das FSJ Kultur hinaus ist die Zusammenarbeit zwischen LKJ und der Bundesakademie sehr fruchtbar und es gibt immer wieder Berührungspunkte – wir kennen uns schließlich durch die Praxis. Wir sind der Bundesakademie sehr dankbar, die Definition der „Kulturellen Bildung" auf Landes- und Bundesebene vorangetrieben zu haben. In Sachen Qualitätsentwicklung sehen wir Karl Ermert und seine Arbeit als Schritt machend an – eine tolle Basis für unsere gemeinsame Zusammenarbeit!

Zum Beispiel die von der LKJ in Kooperation mit der Bundesakademie in Wolfenbüttel ins Leben gerufene Fachtagung „Kulturelle Bildung und Schule – Netzwerke oder Inseln?" vom 21. bis zum 22. Februar 2006 präsentierte sich als voller Erfolg.

Wir haben uns auch sehr gefreut, als Karl Ermert anlässlich der Eröffnungsveranstaltung zu unserer Ju-

Insa Lienemann, geboren1958, Diplom-Pädagogin; verheiratet, 2 + 3 Kinder, lebt in Hannover. 1984 Berufsstart mit der wissenschaftlichen Begleitung des Modellversuchs „Jugendkunstschule" des Kulturamts der Stadt Salzgitter. Berufsbegleitende Ausbildungen: Spiel- und Theaterpädagogik (AG Spiel in der ev. Jugend) und Kulturmanagement (Universität Hamburg). Seit 1986 Geschäftsführerin der Landesvereinigung kulturelle Jugendbildung Niedersachsen e.V. (LKJ). Weitere Tätigkeiten und Funktionen: 2. Vorsitzende der Bundesvereinigung kulturelle Kinder- und Jugendbildung (BKJ), Jurymitglied des Bundeswettbewerbs Mixed-Up Kultur macht Schule, Mitglied im Landesbeirat für Jugendarbeit Niedersachsen.

biläumsausstellung im Niedersächsischen Landtag spontan zusagte, bei einem „Live-Talk“ mitzuwirken, in dem es um sein Lieblingsthema ging, nämlich um die Frage, was „Kulturelle Bildung“ sei.

Auf weitere Projekte wie die geplante Tagung „Theaterpädagogik und Schule“ freuen wir uns sehr und wünschen der Bundesakademie für die Zukunft alles Gute!

14.7.85

Die Bundesakademie wird in Wolfenbüttel viele Millionen DM bewegen:

Fast der gesamte Schloß-Nordflügel wird saniert

Hans Joachim Treske vom Staatshochbauamt 1 stellte ein erstes Planungskonzept im Venussaal vor

Die Bundesakademie für musisch-kulturelle Bildung in der Lessingstadt beschäftigt jetzt, unmittelbar vor der Sommerpause, Politiker und Verwaltung. Betroffen ist auch der Zweckverband Stadt- und Kreisheimatmuseum im Schloß, der am gestrigen Freitag bei seiner Sitzung im Venussaal Informationen aus allererster Hand bekam. Hans Joachim Treske vom Staatshochbauamt 1 in Braunschweig erläuterte den derzeitigen Planungsstand anhand von Skizzen und machte dabei deutlich, daß durch die Bundesakademie natürlich auch viele Millionen DM in die Lessingstadt fließen werden. „Es geht uns natürlich nicht darum, nur die benötigten Räume schön weiß zu streichen, vielmehr wird gleichzeitig der gesamte betroffene Schloßflügel grundlegend saniert. Intensive Voruntersuchungen sind in diesem verschachtelten Komplex erforderlich, und wir wissen auch noch gar nicht, wie wir bei unseren Arbeiten, wenn sie erst einmal begonnen haben, aufhören können", machte er die Problematik deutlich.

Wie Treske erläuterte, sind im ersten Abschnitt die Räume im Nordflügel des Schlosses betroffen. Hier sei man von der Konzeption, alle drei Geschosse zu nutzen, schnell wieder abgegangen und habe sich auf das Erdgeschoß und das zweite Obergeschoß geeinigt. Das jetzige Konzept reiche aus, um der Akademie den erforderlichen Platz zu gewähren, wobei man darauf geachtet habe, daß das Museum weiter existieren kann.

Im [illegible]geschoß werde man den Nord- und Nordwestflügel nutzen. Es sei geplant, im Eingang am Hausmannsturm einen Fahrstuhl einzubauen, der auch vom Museum mit genutzt werden könne. Ein Fahrstuhl sei im Interesse der Behinderten dringend erforderlich. Zudem werde dort auch das Treppenhaus ausgebaut. Es sei auch gelungen, Museumsdirektor Dr. Rolf Hagen davon zu überzeugen, auch die bisherigen Magazinräume in das Konzept einzubeziehen. Auch habe man ein Auge auf die Werkstatt geworfen, doch werde darüber noch nachgedacht.

Natürlich, so stellte Treske fest, komme man mit einem einzigen Treppenhaus nicht aus. Über die vorhandene Treppe könne man nicht gehen, da man dann den Akademie-Komplex zerstückeln würde und zudem kein Ausgang ins Freie gegeben sei, der aber unbedingt benötigt werde, um den Bauvorschriften Rechnung tragen zu können. Nunmehr habe man einen Ausweg gefunden, um ein Treppenhaus mit Ausgang zur Oker bauen zu können. Allerdings, so Treske, sei durch diese Maßnahme der rote Salon betroffen, jedoch werde der räumliche Zusammenhang des Museums dadurch nicht zerstört. Durch die Hausmeisterwohnung sei auch ein räumlicher Ausgleich gegeben.

Friedrich Schwarze als CDU-Vertreter aus dem Rat der Stadt Wolfenbüttel ging auf die Probleme am Schloß ein und stellte fest, daß ganz erhebliche Bausubstanz angepackt werde. Er äußerte die Befürchtung, daß die weitere Sanierung des Schlosses hinterherhinken könnte. Er bat, dafür zu sorgen, daß später Gelder für die Sanierung zur Verfügung gestellt werden.

Stadtdirektor Helmut Riban als Zweckverbandsvorsitzender bemerkte, daß die gesamte Sanierung des Schlosses utopisch sei. Treske stellte dazu fest, daß man sich zunächst auf die Akademie beschränken wolle, um diese Angelegenheit nicht durch weitere Forderungen zu torpedieren. Es sei auch erforderlich, für das Schloß ein gutes Nutzungskonzept aufzustellen, denn ansonsten werde man kaum an Gelder herankommen.

Zweckverband stellt sich nicht quer

Wie eingangs schon erwähnt, ist auch der Zweckverband stark durch die Bundesakademie betroffen, denn der rote Salon, Werkstattraum und zwei Magazinräume im Erdgeschoß müssen an die Bundesakademie abgetreten werden. Riban bemerkte, daß es eigentlich kaum Probleme gebe, denn man sei bereit dazu. Voraussetzung aber sei, daß der Zweckverband als Ersatz die jetzige Wohnung des Hausmeisters im 1. Obergeschoß und erforderlichenfalls weitere Magazinräume von der Stadt Wolfenbüttel zugewiesen bekommt. „Das ist der Pferdefuß, denn hier ist der Rat gefordert", meinte Riban. Er ließ aber anklingen, daß es glückliche Fügung sei, daß man sich derzeit mit dem Neubau einer Feuerwache befasse, so daß im alten Gebäude am Zeughaus möglicherweise Platz für den Zweckverband frei werden könnte. Grundsätzlich herrschte Einigkeit darüber, daß man sich nicht querstellen wolle, und zudem gebe es einen Ratsbeschluß vom 10. Dezember 1979, in dem die grundsätzliche Bereitschaft erklärt worden war, der Bundesakademie im Schloß Räume zur Verfügung zu stellen. Reinhard Odenstein bemerkte dann auch treffend: „Wir haben ja schon längst ja gesagt, der Zweckverband wird auch nichts gegen die Bundesakademie tun". -pp-

Siehe auch Beitrag von Wilhelm Schmidt.

Mühle
Gebr.
Schünemann

BIRGIT MANDEL

Status Quo und Perspektiven der kulturellen Bildung in Deutschland. Ein Grund zum Feiern?

Was gibt es zu feiern?

25 Jahre Bundesakademie für kulturelle Bildung Wolfenbüttel, 50 Jahre Akademie Remscheid für musische Bildung und Medienerziehung, 269 Studiengänge, die für die Kulturvermittlung und kulturelle Bildung im weitesten Sinne qualifizieren, 47Jahre Bundesvereinigung kulturelle bzw. „musische" Jugendbildung, 400 Jugendkunstschulen in Deutschland, 950 Musikschulen, gut 80 Tagungen zur kulturellen Bildung in den letzten 5 Jahren, hunderte von Modellversuchen, tausende Dokumentationen von qualitativ hochwertigen Best Practise Beispielen kultureller Bildung in Deutschland, über 50 Seiten Empfehlungen zur kulturellen Bildung im viel beachteten Bericht der Enquete-Kommission „Kultur in Deutschland" – das Loblied auf die große Bedeutung der kulturellen Bildung fehlt seit etwa 5 Jahren in keiner kulturpolitischen Grundsatzrede in Deutschland.

Ohne Zweifel ein Grund zum Feiern, denn wer hätte das vor 25 Jahren für möglich gehalten, dass die kulturelle Bildung – damals noch ein stark marginalisierter Bereich, für den sich niemand so recht zuständig fühlte – zu einem der Lieblingsthemen der Nation werden würde.

Was sind Gründe für die große Aufwertung der kulturellen Bildung in Deutschland?

Mit Sicherheit hat auch die Bundesakademie Wolfenbüttel durch kontinuierliche Weiterbildung auf hohem Niveau, aber auch durch die vielen Tagungen und Diskussionen zum Thema dazu beigetragen, dass inzwischen auf breiter Ebene Konsens über die wichtige Bedeutung der kulturellen Bildung vor allem für die Zielgruppen Kinder und Jugendliche besteht. Aber auch noch andere Faktoren sind verantwortlich dafür, dass es nach jahrzehntelanger Missachtung nun seit ungefähr 5 Jahren Zustimmung für das Thema gibt.

Die gravierenden Probleme unseres Bildungssystems, die seit dem Pisaschock allen deutlich wurden: kulturelle Bildung in den Kitas und Schulen soll nun dazu beitragen, wesentliche Schlüsselkompetenzen wie Kreativität, Gestaltungs-, Innovations-, Teamfähigkeit zu vermitteln.

Und auch wirtschafts- und arbeitsmarktpolitische Herausforderungen zeigen Bedarf nach kulturell gebildeten Menschen: Zukünftige Arbeitsmärkte brauchen keine Handlanger mehr, sondern zunehmend kreativ denkende und innovativ wie verantwortungsbewusst handelndes Personal, wofür kulturelle Kompetenzen als sehr wirksam angesehen werden.

Auf Seiten der Kulturinstitutionen basiert das Interesse an kultureller Bildung aktuell vor allem auf der schmerzlichen Erkenntnis, dass das traditionelle Publikum wegbricht und man ganz vergessen hat, sich um neue Zielgruppen zu bemühen, was nun mit Hilfe von Kulturvermittlung als Instrument des Audience Development kompensiert werden soll.

Aber auch die zunehmende Internationalisierung setzte den deutschen Kultur- und Bildungssektor unter Druck. Initiativen wie etwa die Road Map für kulturelle Bildung der UNESCO ebenso wie Beispiele diverser Großinitiativen kulturelle Bildung aus anderen Ländern machten deutlich, dass das Thema woanders bereits sehr viel selbstverständlicher auf der Agenda steht.

Die Chancen für die kulturelle Bildung stehen aktuell besser als je zuvor in Deutschland. Doch gibt es leider nicht nur Grund zu feiern, und so bekommt meine kleine Festschrift auch einen warnenden Unterton. Er soll jedoch nicht die gute Stimmung verderben, sondern eher ermutigen, jetzt nicht nachzulassen in den Bemühungen, kulturelle Bildung wirklich zu etablieren.

Denn noch immer geht insgesamt nur ein Bruchteil der 8,5 Milliarden Euro öffentliche Kulturförderung in die kulturelle Bildung, die Etats der Jugendkunstschulen sind lächerlich gering im Vergleich zu den Etats der traditionellen Kultureinrichtungen. Noch immer hat die kulturelle Bildung in der Schule einen äußerst geringen Stellenwert, die musischen Fächer wurden reduziert, die Angebote außerschulischer Anbieter für den Nachmittagsbereich sind nur in einigen wenigen Vorzeigeschulen überhaupt vorhanden. Zwar haben wir diverse sehr überzeugende, gut evaluierte Modellprojekte, doch diese sind leider nur der kleine Tropfen auf den heißen Stein. Und so kommt dann auch Anne Bamford in ihrer international vergleichenden Studie zum Status Quo der kulturellen Bildung in Deutschland zu dem Fazit: „Good quality but not widespread".

Birgit Mandel, Prof. Dr. habil., geb. 1963, verantwortlich für den Bereich Kulturmanagement und Kulturvermittlung im Institut für Kulturpolitik der Universität Hildesheim; Forschungsprojekte in den Bereichen Audience Development, Kulturbesucherforschung, Kultur-PR und Kulturmarketing, Kultur und Arbeitsmarkt, Theorie des Kulturmanagements. Veröffentlichungen u.a.: Mandel, Birgit: PR für Kunst und Kultur. Handbuch für Theorie und Praxis. Bielefeld 2010, 3. Auflage; Mandel, Birgit (Hrsg.): Audience Development, Kulturmanagement, Kulturelle Bildung. Konzeptionen und Handlungsfelder der Kulturvermittlung. München 2008; Mandel, Birgit: Die Neuen Kulturunternehmer. Ihre Motive, Visionen und Strategien, Bielefeld 2007; Mandel, Birgit (Hrsg.): Kulturvermittlung. Zwischen kultureller Bildung und Kulturmarketing. Eine Profession mit Zukunft. Bielefeld 2005.

Die Bedeutung der kulturellen Bildung scheint zwar auf allen Ebenen erkannt zu sein, die Umsetzung und die Verantwortlichkeiten sind jedoch nach wie vor unklar. Keiner fühlt sich zuständig, in nachhaltige Strukturen zu investieren, die wirklich jedem Kind und Jugendlichen in Deutschland zugute kommen würden und nicht nur einer kleinen Minderheit, die das Glück hat, durch Zufall oder aufgrund des richtigen Elternhauses mit kultureller Bildung in Berührung zu kommen.

Das scheint mir persönlich die größte Herausforderung für unser Land zu sein:

Die zunehmende Spaltung der Gesellschaft in die hoch Gebildeten und zugleich gut Verdienenden, die am gesellschaftlichen und kulturellen Leben teilnehmen, auf der einen Seite und auf der andere Seite die niedrig Gebildeten, die zugleich aus allen Bereich des öffentlichen Lebens ausgeschlossen sind, aufzuhalten. Das Jugendkulturbarometer zeigte, dass inzwischen nur noch Gymnasiasten Interesse an und Zugang zu den öffentlichen Kulturangeboten haben. Die aktuelle Shell-Studie 2010 ergab, dass Jugendliche an Gymnasien sehr optimistisch in die Zukunft schauen, wohingegen die Hauptschüler ohne Hoffnung für ihr persönliches Leben sind.

Welche Rolle spielen Kunst und Kultur für die Integration in der Gesellschaft? Kunst und Kultur können als perfektes Mittel der Abgrenzung und Ausgrenzung dienen, und dazu wurden sie von bürgerlichen Bildungseliten lange Zeit genutzt. Sie können aber auch ein Mittel sein, um Gemeinschaft herzustellen, Kommunikation zu stiften, Menschen unterschiedlicher Milieus zusammen zu bringen. Kompetenzen, die aus der Beschäftigung mit Kunst und Kultur entstehen, können Menschen stärken, können neue Gestaltungsmöglichkeiten aufzeigen. Diese Gemeinschaft stiftende und utopische Dimension von Kunst, aus der kulturelle Werte entstehen, sollte zukünftig in den Vordergrund gestellt werden.

Darum müssen wir jetzt dafür kämpfen, dass kulturelle Bildung tatsächlich in verschiedenen Bereichen fest verankert wird und nicht wieder sang- und klanglos von der Agenda verschwindet, wenn der Hype abgeklungen und ein neues Thema en vogue sein wird. Die Zeit der Diskussionen und Modellprojekte muss jetzt übergehen in eine Phase politischen Handelns möglichst für ganz Deutschland.

Was ist zu tun?

1. Ein verpflichtender Anteil der Etats der öffentlich geförderten Kultureinrichtungen, der deutlich über 2% hinaus geht, sollte in Kulturvermittlung und kulturelle Bildung investiert werden. Kultureinrichtungen müssten sich nachhaltig öffnen für neue gesellschaftliche Gruppen, was sicherlich auch mit einer Erweiterung ihres kulturellen Kanons in Richtung kultureller Vielfalt statt klassischer Hochkultur einhergehen muss.

2. Explizite Einrichtungen außerschulischer kultureller Bildung wie etwa die Jugendkunstschulen oder die soziokulturellen Zentren müssen eine deutliche – auch finanzielle – Aufwertung in der Hierarchie der Kultureinrichtungen erfahren. Die alten Strukturen und Wertigkeiten, vor vielen Jahren von einer kleinen Elite herausgebildet, dürfen nicht länger unhinterfragt fortgeschrieben werden. Wofür öffentliche Kulturetats verwendet werden, muss neu ausgehandelt werden unter der Fragestellung: Welche Ziele verfolgen wir eigentlich mit öffentlicher Kulturförderung, was leistet welche Einrichtung für die Gesellschaft?

3. In den Schulen und Kitas muss kulturelle Bildung nachhaltig verankert werden, sie darf keine freiwillige Zusatzleistung sein, sondern Pflichtaufgabe für die Bildungseinrichtungen, damit wirklich alle Kinder und Jugendlichen davon profitieren und nicht nur einige wenige, privilegierte.

4. Grundprinzipien der kulturellen Bildung müssen offensiv in die Schule eingebracht werden, ohne sich vom „kranken" System Schule infizieren zu lassen. Freiwilligkeit, Ressourcen- und Stärkenorientierung, keine Benotung der kulturellen Bildung, die zusätzlich zu den musischen Fächern angeboten werden muss. Denn es geht darum, dass junge Menschen erfahren, was es heißt, künstlerisch denken und handeln zu können, jenseits von Sachzwängen, erleben, dass die Welt auch ganz anders sein könnte.

Wir müssen die Dynamik, die in die Diskussion um die kulturelle Bildung gekommen ist, jetzt nutzen, um endlich verbindliche, nachhaltige Strukturen zu schaffen, damit wirklich alle Bevölkerungsgruppen in Deutschland von Kunst und Kultur profitieren.

Auch die Bundesakademie Wolfenbüttel ist ein wichtiger Akteur mit Einfluss, die mit ihren Seminaren und Tagungen dazu beitragen kann, das Thema kulturelle Bildung weiterzutragen, öffentliche Meinungsbildungsprozesse differenziert zu stimulieren, und nicht zuletzt, gemeinsam mit den Hochschulen dafür zu sorgen, dass es genügend hoch qualifizierte Vermittler für die vielfältigen neuen Aufgaben in der kulturellen Bildung gibt.

Buchstaben zur Kunst

Gegen Mitte des neunzehnten Jahrhunderts hatte Charles Baudelaire wichtige Überlegungen zur Begründung der modernen Kunstkritik eingeleitet. So war er nicht nur der Überzeugung, dass die unterhaltsame, poetische Beurteilung von Kunst die beste sei, da die „kalte, algebraische Kritik, die unter dem Vorwand, alles zu erklären, weder Liebe noch Hass kennt"[1], sondern er führte auch programmatisch aus, welche Mentalität einer zeitgenössischen Kunstkritik angemessen wäre: „Hinsichtlich der Kritik im eigentlichen Wortverstand hoffe ich, die philosophischen Köpfe werden mich verstehen: um gerecht zu sein, das heißt, um ihre Daseinsberechtigung zu haben, muss die Kritik parteiisch, leidenschaftlich, politisch sein, das heißt, sie muss unter einem ausschließlichen Gesichtspunkt erfolgen, unter einem Gesichtspunkt jedoch, der möglichst viele Horizonte eröffnet."[2]

Das Werk soll in diesem Sinne über die subjektive Betrachtung und Einstellung zu seinem objektivierbaren Inhalt führen – eine poetologisch gestimmte Haltung, die weniger wissenschaftlich als künstlertheoretisch fundiert ist. Es ist eine Haltung, die sich tief in der modernen Kunstkritik verwurzelt hat und die noch in vorgeblich „wissenschaftlich" vorgetragenen Texten immer wieder durchscheint. Es ist deshalb zu fragen, ob der Subjektivismus der Kunstkritik heute überwunden ist oder ob er sich nicht vielmehr in einer Zeit, in der der Kunstdiskurs die Kunstausübung weitgehend zu dominieren scheint, nicht in neuen Schattierungen erhalten hat. In der Frage liegt bereits ein Teil der Antwort; der noch nicht beantwortete Teil soll im vorliegenden Text mit Blick auf die Konstitution des heutigen Kunstsystems folgen.

Zunächst möchte ich nach den Bedingungen der Möglichkeit des Schreibens über zeitgenössische Kunst fragen. Zu Baudelaires Zeit waren dies sicherlich vollkommen andere als heute; der vielfältig begabte Autor konnte noch ein recht offenes Feld von Kunstbegriffen betreten und hatte gleichzeitig mit dem Akademismus einen klaren Gegner vor Augen. Die Unterscheidung in Freund und Feind ist hingegen im heutigen Kunstfeld, in dem Trends sich kurzfristig ablösen und der ökonomische Utilitarismus sich durchgesetzt hat, weitaus schwieriger geworden; die meisten Opfer sind heute durch friendly fire zu beklagen. Alain Badiou hat dies eindrücklich beschrieben: „Überzeugt davon, den gesamten Bereich des Sichtbaren und des Hörbaren durch die kommerziellen Gesetze der Zirkulation und die demokratischen Gesetze der Kommunikation zu kontrollieren, braucht die heutige Macht keine Zensur mehr. Sie sagt: ‚Alles ist möglich', was gleichermaßen besagt, dass nichts möglich ist. Sich dieser Erlaubnis, zu genießen, hinzugeben, ist zerstörerisch für jede Kunst und jedes Denken."[3]

Voraussetzungen der Textproduktion zur Kunst

Voraussetzungen für die Entwicklung von Fragestellungen im Bereich der Gegenwartskunst sind sicherlich Kenntnisse und Betrachtungen folgender Bereiche: 1. Kunstgeschichte; 2. Kunstbegriffe und deren Entwicklung; 3. Kunsttheorien; 4. Kenntnis der „Kunstszenen" sowie 5. Kontextwissen. Zumindest kann ein „professionelles" Schreiben über Kunst nicht auf diese Elemente verzichten, was jedoch nicht heißen soll, dass ein "unprofessionelles" Schreiben über Kunst keine interessanten Fragen und Antworten generieren könnte. Eine kontextuelle Reflexion ist aber unentbehrlich für die kritische Einstellung und einen angemessenen Grad an Differenziertheit und Präzision.

Das Schreiben über Kunst setzt die inhaltliche Auseinandersetzung über differierende Kunstbegriffe voraus, und da es sich beim Schreiben über etwas stets um eine Vermittlungsform handelt, ist die Frage „Was soll mit welchem Ziel an wen vermittelt werden?" ebenfalls zentral.

Um aber einen Text zu schreiben, der im Kunstfeld Anerkennung findet, ist das Verständnis von den das Kunstfeld konstituierenden Regeln und Ritualen notwendig, da die Feldkräfte entsprechend selektiv wirken. Entscheidende Effekte des Schreibens über Kunst sind deshalb zwangsläufig Selektionen – „passt/passt nicht" – und zwar hinsichtlich von Künstlern und ihren Arbeiten ebenso wie von Bestandteilen des Diskurses. Unterschiedliche Perspektiven in der Betrachtung von Kunst führen dabei zu jeweils anders gearteten Fragestellungen und Motivationen, aus denen sich Inhalte und Formen des Schreibens über Kunst entwickeln.

Pierangelo Maset, Professor Dr. phil., Jahrgang 1954, Studium Kunst/Visuelle Kommunikation, Philosophie, Anglistik und Soziologie in Kassel, Göttingen, Berlin und Hamburg. Seit Ende der siebziger Jahre Ausstellungen, Lesungen und Performances. In den 80er Jahren Schallplattenveröffentlichungen, Mitbegründer des HYDE-Kartells in Berlin in den Neunzigern. Seit 2001 Professor für Kunst und ihre Vermittlung an der Universität Lüneburg. 2005 Roman „Klangwesen" bei kookbooks. 2006 Chefredakteur der Kulturzeitschrift DAS PLATEAU. 2007 Roman „Laura oder die Tücken der Kunst" (nominiert für den deutschen Buchpreis). 2009 Kunstvermittlungsprojekt „Die Landung" in Kooperation mit dem Kunstverein Tosterglope. 2010 Essay „Geistessterben. Eine Diagnose".

So resultiert aus der stärker von der subjektiven Perspektive bestimten Annäherung an Kunst das Schreiben als Vermittlungsform, das wiederum in unterschiedlichsten öffentlichen und privaten Ausprägungen – vom Feuilletonbeitrag bis zum heutigen Blog – vorkommt und sich gemäß den jeweils technisch möglichen Distributionsformen weiter ausdifferenziert. Hingegen werden lexikalische Lemmata und Artikel deutlicher von einer sachlich-objektivierenden Informationsvermittlung bestimmt, ebenso – in der Regel – Katalogbeiträge. Die kunstmarktspezifische Kunstkritik wiederum ist stärker interessegeleitet. Hier werden künstlerische Arbeiten mittels kunsttheoretischer Ansätze in Fragestellungen dekliniert, die durchaus durch Trends, Szene-Attitüden und Marktmechanismen eingefärbt sind. Die Kunsttheorie sollte sich – im Idealfall – hierdurch nicht beeinflussen lassen, sondern ihre begrifflichen Entwicklungen unabhängig voranbringen.

Doch genau hier besteht die aktuelle Problemlage. Wir haben es in unserer Zeit mit einer weitgehenden Vermengung von Kunstkritik und Kunstmarkt zu tun, die dem Umstand geschuldet ist, dass sich die Kunst in einem mittlerweile recht hermetischen Feld bewegt, in dem eine überschaubare Anzahl an Sammlern, Kuratoren, Kritikern und Theoretikern die Regeln bestimmen und damit auch den Gang der Kunst nachhaltig beeinflussen. Weder das Kunstsystem ist wirklich autonom, noch sind es seine Subsysteme. Der Grad seiner ökonomischen Durchdringung ist so weit fortgeschritten, dass auch die Kritik diesen nicht-künstlerischen Interessen dienen muss, wenn sie überhaupt zum Zuge kommen will.

Kunstfeld-Konditionen

Für Kunst, die sich nicht nur aufs Anfertigen unwahrscheinlicher Gegenstände beschränkt, sondern sich im Kern als repräsentationskritisch (im Sinne der Kritik an Ideen, Begriffen, Zeichensystemen) versteht, ist es schwierig geworden, sich in einem Kunstfeld zu behaupten, das konstitutive Leitmotive, an denen sich die Kunst historisch abgearbeitet hatte, drastisch umgewertet hat.

War die Kunst der neunziger Jahre bestimmt durch institutionskritische, partizipatorische und interventionistische Ansätze, die ihre Handlungsfelder und Verbreitungsformen mit produzierte, so hat sich im einundzwanzigsten Jahrhundert erneut ein Wechsel vollzogen, der eine stärkere Verschränkung von Kunst und Institutionen betrifft. Das ist einerseits theoretischen

Ansätzen geschuldet, die die Annahme eines „Außen“ der Kunstpraxis negieren, andererseits aber die Folge einer durchgängigen Ökonomisierung des Kunstfeldes, die nicht nur im Sinne der „Institutionentheorie der Kunst“ (vgl. Dickies 1997 und 2004), sondern auch im Sinne der „Feldtheorie“ (vgl. Bourdieu 2005) in den Kunstinstitutionen die entscheidenden Agenten der symbolischen und ökonomischen Wertschöpfung des Kunstwerkes ausmachen. Interessanterweise geht dieser Wechsel mit deutlichen Anleihen an frühere künstlerische Positionen bzw. mit einer ausgeprägten Copy-and-Paste-Methodik einher.

Die Position der Künstlerin/des Künstlers zur Kunstinstitution kann heute nicht von dem grundlegenden Widerspruch befreit werden, mit der repräsentationskritischen künstlerischen Arbeit die Repräsentation bzw. Reproduktion der Institution innerhalb des Kunstfeldes mit zu generieren. Eine (ausufernde) „kritische“ Textproduktion kommentiert diesen Widerspruch. Beständig und mit wachsender Tendenz erscheinen demgemäß in zahlreichen Verlagen und Internetforen Texte zur Gegenwartskunst und ihren Intentionen. Aus unterschiedlichsten wissenschaftlichen Perspektiven der Genderforschung, der Postcolonial Studies oder der World Art Studies werden mit Bezügen zu Autorinnen und Autoren wie Michel Foucault, Judith Butler, Jacques Derrida, Julia Kristeva, Gilles Deleuze und vielen anderen unglaublich viele präzise konstruierte Aufsätze und Monographien verfasst, die das Kaleidoskop des heutigen Diskurses über die Kunst bilden. Es gibt eine enorme Menge an kritischer Theorieproduktion im Kunstfeld, deren Wirkung vorwiegend einen legitimierenden Charakter hat, indem z. B. Kuratoren ihre Ausstellungsprojekte mit Theorie-Versatzstücken begründen: Auch die „kritischsten“ Positionen erzeugen innerhalb der Kunstfeld-Hermetik Effekte, die hochgradig repräsentativen Charakter haben.

Zeitgenössische Kunst setzt sich zum Teil der neoliberalen Immanenz nicht nur aus, sondern geht mit dieser häufig konform und konterkariert damit das, was die künstlerische bzw. ästhetische Mentalität eigentlich ausmacht: Ihr Insistieren auf das Potenzial von Freiheit, das Erreichen von Freiheitsgraden durch differenzielle Denk- und Gestaltungsformen. Einerseits bringt Kunst Andersheiten gegenüber rein zweckrationalen Produktionen hervor, andererseits ist sie seit der Moderne damit beschäftigt, ständig Differenz zu sich selbst zu erzeugen und neue „Programme“ zu entwickeln. Es liegt der Gedanke nahe, dass Kunst zum differenziellen Faktor werden kann, was ihr tatsächlich öfters gelungen ist, um die gesellschaftliche Repräsentation des Sinns zu perforieren. Doch diese Funktion hat sich in der heutigen Medien-Gesellschaft verwandelt. Der Störfaktor ist selbst zum disziplinierenden Mainstream-Phänomen geworden.

Alles, was im Kunstfeld sichtbar wird, ist in das System integriert. Alle autonomen Zonen sind entweder im Mainstream aufgegangen, oder sie existieren in den Vorstellungen und Diskursen derer, die die heutige Gegenwartskunst verwalten, nicht als „avancierte" Kunst und werden dem entsprechend abgewertet, z. B. dem Kunstgewerbe zugerechnet. Objektive Kriterien für das Passende bzw. Unpassende gibt es jedoch nicht; die Sortierung hängt vielmehr an Interessen und kunsttheoretischen Neigungen.

Der Kultur des „Fakes" sind durch diese Situation Tür und Tor geöffnet. Man kann das als eine coole Logik der Kunstentwicklung betrachten, es ist aber gleichzeitig auch ein Problem für die Fortsetzbarkeit von Kunst, die heute weniger durch das Versickern des kreativen Potenzials als vielmehr durch die Politiken einflussreicher Interessengruppen einseitig im Sinne jeweils gängiger Mainstreams gesteuert wird.

Die moderne und postmoderne Entgrenzung der Kunst ist stets doppelbödig gewesen. Adorno konstatierte am Anfang seiner „Ästhetischen Theorie"[6], dass das „Meer des nie Geahnten" – die nicht mehr begrenzten Gestaltungs- und Darstellungsmöglichkeiten der Kunst seit dem 20. Jahrhundert – zu neuen Engführungen der Kunst geführt hätten. Tatsächlich ist diese Entwicklung heute abgeschlossen: Alles kann zur Kunst werden, alle Materialien, alle Vorstellungen können in eine künstlerische Arbeit eingehen, entscheidend ist lediglich, dass eine Zuschreibung von legitimierten Profis vorgenommen wird.

Hierbei hat eine merkwürdige Verkehrung der ästhetischen Autonomie stattgefunden: Sie ist von den Künstlern und Werken auf die Lenker des Kunstsystems übergegangen, die diese usurpierte Autonomie – eine Folge der totalen Ökonomisierung – dazu nutzen, Wertschöpfung in eigener Sache vorzunehmen. Dabei werden sie von denen unterstützt, die bislang eher skeptisch auf die Freiheitsgrade der Kunst blickten: die Vertreter der Expertenkulturen, die stets einsatzbereiten Diskurs-Produzenten. So nimmt es nicht wunder, dass seit den neunziger Jahren die Rolle der Kuratoren und Kunstkritiker immer stärker wurde, während die Künstler sich mit immer neuen Abhängigkeiten auseinandersetzen müssen und - pointiert ausgedrückt – zum unwichtigsten Faktor der Kunstproduktion geworden sind, denn auch hier scheint mittlerweile am Anfang aller Werke das Wort zu stehen.

Heute können die Agenten des Kunstsystems im eigenen Feld so autokratisch regieren, wie es ansonsten nur Angehörige mafioser Clans vermögen. Darüber hinaus können sie sich gleichzeitig als „avantgardistisch" wähnen, weil nur sie bestimmen, was im Kunstsystem als avancierte Kunst angesehen werden kann. Hier hat das kunstsoziologische Denken Niklas Luhmanns einen Effekt gezeitigt, den es vermutlich nicht intendiert hatte. Der Soziologe hatte in "Die Kunst der Gesellschaft"[7] das inzwischen verbreitete Credo geprägt, dass die Bestimmung dessen, was Kunst ist, einzig dem Kunstsystem zu überlassen sei. – Ein folgenreiches Dogma, denn damit entscheiden nur die als „zugehörig" Definierten darüber, was Kunst ist bzw. sein könnte, womit eine völlige Abhängigkeit von den so genannten „Profis" und ihren Spekulationen entstanden ist. Das Schreiben über Kunst erzeugt dann die Effekte, die im Sinne der Interessen von im Kunstfeld dominanten Akteuren die jeweils gewünschte self-fullfilling-prophecy verwirklichen. Es ist ein in sich hermetisches System entstanden, dass letztlich eine unabhängige kritische Betrachtung von Kunst eher als Ausnahmefall erscheinen lässt. Die Kunst ist zum Spielball verdeckter Politiken geworden.

Nur der offene politische Diskurs kann dem etwas entgegensetzen, um verlorene Autonomie zurückzugewinnen, in dem Sinne, den Jacques Rancière formuliert hat: „Damit die Kunst Kunst ist, muss sie politisch sein"[8]. Um diese Anforderung an die Kunst im Zeitalter ihrer fortschreitenden Selbstreflexion erfüllen zu können, ist aber wieder eines notwendig: das Schreiben über Kunst. Wie auch dieser Aufsatz zeigt, ist für dieses Schreiben eine ständige Selbstvergewisserung über seine Effekte und Bedingungen erforderlich, insofern ist die subjektive Stimme vonnöten, um die objektiven Gehalte in den Diskurs einsickern zu lassen.

1 Baudelaire, Charles: Wozu Kritik?. In: Derselbe: Sämtliche Werke / Briefe, Bd. 1, München 1977, S. 196.

2 a.a.O., S. 196.

3 Badiou, Alain: Dritter Entwurf eines Manifestes für den Affirmationismus, Berlin 2007.

4 Dickie, George: The Art Circle: A Theory of Art, Chicago 1997, sowie derselbe: Art and Value, Malden / Oxford 2001.

5 Bourdieu, Pierre: Die Regeln der Kunst, Frankfurt/ Main 2001.

6 Adorno, Theodor. W.: Ästhetische Theorie, Frankfurt/ Main 1973.

7 Luhmann, Niklas: Die Kunst der Gesellschaft, Frankfurt/ Main 1996.Rancière, Jacques: Ist Kunst widerständig?, Berlin 2008.

Kulturelle Bildung: Innovation und Transfer

Jubiläums- und Geburtstagsfeiern sind geeignete Anlässe für einen Rückblick auf Erlebtes und Geleistetes sowie für einen Ausblick auf künftige Entwicklungen und Anforderungen. Unter „Kultureller Bildung" wird nachfolgend eine Bildung verstanden, die sich stärker an den Künsten und am künstlerischen Gestalten ausrichtet und nicht einen auch vertretbaren sehr weiten Kulturbegriff zu Grunde legt.

Die Bundesakademie für kulturelle Bildung Wolfenbüttel gehört zu den wichtigsten Bildungs- und Kreativstätten Deutschlands und kann bereits nach 25 Jahren, von denen ich 20 Jahre unmittelbar erlebt habe, auf eine sehr erfolgreiche Tätigkeit auf Bundes- und Landesebene zurückblicken. Sie hat in dieser Zeit sowohl innovative Entwicklungen in der kulturellen Bildung durch Fachkongresse und Informationsaustausch ermöglicht und gefördert als auch durch Tagungen und Seminare vorhandenes Wissen und neue Qualifikationen vermittelt und der Allgemeinheit wie dem Fachpersonal weitergegeben. Dabei ging es sowohl um eine künstlerisch-kulturelle Allgemeinbildung für Kinder und Erwachsene als auch um die Aus- und Weiterbildung von pädagogischen Fachkräften und Künstlern in den verschiedenen Sparten wie Musik, Theater, Literatur, Malerei, Medien usw.

Als beispielhaft für besonders herausragende innovative Entwicklungen sind hier Medienkunst, Kunst im Unterricht, Interkulturelle Bildung und Kulturmanagement zu nennen. Es wurden sowohl neue künstlerische Ausdrucks- und Gestaltungsformen gefördert als auch neue Vermittlungs- und Qualifizierungsmethoden unterstützt und verbreitet. Im digitalen Zeitalter wird besonders deutlich, welchen Stellenwert Medienkompetenz und kreative Gestaltungsfähigkeiten vor allem für Kinder und Jugendliche haben. Es gilt nicht nur, den Gefahren von ausuferndem Medienkonsum und missbräuchlicher Nutzung des Internets durch kreative Nutzung des medialen Potentials durch junge Menschen zu begegnen, auch die Fachkompetenz zur eigenen Mediennutzung wird für die persönliche und berufliche Lebensgestaltung immer wichtiger. Wer denkt noch an die durchaus verbreitete anfängliche Skepsis, als seitens der Bund-Länderkommission für Bildungsplanung und Forschungsförderung und vom Fraunhofer-Institut Birlinghoven umfangreiche Projekte und

Kritische Ansichtskarte von 1904 mit dem 1897 für Kaiser Wilhelm I. enthüllten Nationaldenkmal in Berlin. Für Wilhelm II. verkörperte die Darstellung die Hohenzollernherrschaft und die Verherrlichung des Krieges.

Wilfried Matanovic, Dr., Studium der Wirtschafts- und Sozialwissenschaften mit Promotion in Berufspädagogik, Leitung von Bildungs- und Kulturreferaten im Bundesministerium für Bildung und Forschung, Kulturreferent in der Ständigen Vertretung der Bundesrepublik bei der DDR, seit 2006 „Unruhestand".

Programme („KUBIM") zur Entwicklung von Medienkunst für Künstler und den schulischen und außerschulischen Kunstunterricht durchgeführt wurden? Diese Arbeiten wurden damals sogar von der EU, der UNESCO und weltweit im Internet als richtungsweisend angesehen. Heute sind viele Konzepte für die Kinder- und Jugendarbeit noch nutzbar, wenngleich auf Grund technischer Weiterentwicklungen immer wieder neue kreative Gestaltungs- und Kommunikationsformen und pädagogische Umsetzungen gesucht werden. Hier war und ist die Bundesakademie Wolfenbüttel eine wichtige Plattform für Entwicklungsarbeit und Erfahrungsaustausch.

Ähnliches gilt für den weiterhin „lebenswichtigen" Bereich von Kunst und Kultur, dem Kulturmanagement. Es ist hier nicht möglich, dieses umfangreiche und sehr komplexe Fachgebiet aufzuzeigen, das sich mit seinen vielfältigen Formen und differenzierten Anforderungen als ein besonderes Aufgabenfeld in Wolfenbüttel darstellte und sicher weiter bestehen wird. Die Entwicklungsarbeiten für das Kulturmanagement haben dazu beigetragen, dass heute Hochschulen und andere Einrichtungen der Aus- und Weiterbildung, wie Wolfenbüttel, zur Vermittlung von Qualifikationen bereitstehen. Gerade die Organisation und Nutzung effektiver Formen von public-private-partnership im Kunst- und Kulturbereich sind heute angesichts der Finanzkrise besonders bedeutsam.

Auch bei der Förderung von Innovationen auf dem Gebiet von „Kunst im Unterricht und in der Jugendarbeit" und deren Transfer in die breite Praxis hat die Wolfenbütteler Akademie bemerkenswerte Arbeit geleistet. „Musikinstrumente im Unterricht", die Einbeziehung von modernen Kunstformen wie Installation, Performance, Mediengestaltung in den Kunstunterricht oder die Weiterentwicklung von Projektarbeit sollen hier nur beispielhaft angedeutet werden. Dass es für die Entwicklung und Gestaltung von Interkultureller Bildung von Anfang an wichtig war, neben dem gegenseitigen Kennenlernen fremder Kulturen auch die eigene kulturelle Identität zu beachten, wird heute wichtiger denn je. Hier hat Wolfenbüttel früh dazu beigetragen, die Notwendigkeit interkultureller Bildung und ihrer umfassenden Förderung in der kulturellen Öffentlichkeit bekannt zu machen, auch wenn, wie nachfolgend dargestellt wird, der weitaus größte Teil der Aufgaben noch vor uns liegt.

Auch in Zukunft wird die Bundesakademie Wolfenbüttel die wichtige Aufgabe haben, Innovationen in der kulturellen Bildung zu ermöglichen und für den Transfer der Ergebnisse in die Breite, in den schulischen und außerschulischen Bereich, in die Kinder-, Jugendlichen- und Erwachsenenarbeit sowie in die Künstlerfortbildung zu sorgen. Die „ewige" Forderung nach „Kultureller Bildung für alle" bleibt unverändert Leitmaxime, ihre Bedeutung dürfte angesichts der aktuellen Probleme und Gefahren zunehmender Defizite noch größer werden. Dabei ist es dringend erforderlich, die zwischenzeitlich verfassungsrechtlich beendete Zusammenarbeit von Bund und Ländern wieder herzustellen und auch finanziell ausreichend zu unterstützen.

Eine der großen Zukunftsaufgaben ist weiterhin die Verbreitung kultureller Bildung in bildungsfernen Schichten unserer Gesellschaft. Es geht vor allem auch um die Integration von Kindern und Erwachsenen mit Migrationshintergrund und um deren Teilhabe am kulturellen Leben. Da bisher bei weitem nicht ausreichende finanzielle und personelle Ressourcen bereitgestellt wurden und es oft an praktischen Ideen und Konzepten gefehlt hat, sind jetzt nicht nur ein großes Engagement der Politik, sondern vor allem auch erhebliche und besonders kreative Initiativen und Anstrengungen vieler erforderlich.

Dabei könnte die altersdemografische Entwicklung, die ihrerseits ebenfalls viele Fragen und Probleme aufwirft, „zu Hilfe" kommen. Die immer größer werdende Zahl älterer Menschen und die Vorstellungen von ehrenamtlicher Arbeit, die sich allmählich weiter ausbreiten, könnten in diesem Aufgabenfeld zu fruchtbaren Ergebnissen führen. Wie viele Senioren, die sich noch gesund und leistungsfähig fühlen, könnten Freude und Bestätigung erfahren, wenn sie im Umgang mit Kindern bei deren fachlicher und kultureller Betreuung behilflich sind, diese in der Entwicklung zu fördern?

Ein Beispiel, zu dem es inzwischen sicher schon eine Reihe vergleichbarer Projekte gibt, bei weitem aber bundesweit noch keine ausreichende Aktivität vorhanden ist, ist der Verein „Kultur verbindet" (www.kulturverbindet-bonn.de), dem ich seit zwei Jahren angehöre. Im Zentrum der Vereinsarbeit steht „der Aufbau von Patenschaften, die zwischen Erwachsenen und Kindern entstehen, die in Migrantenfamilien aufwachsen. Die ‚Patenkinder' sollen vor allem an Musik, Literatur und Kunst herangeführt werden." Um derartige Projekte mit großer Breitenwirkung zu gründen, sind weitreichende Information, Motivation und Qualifizierung von älteren Menschen erforderlich – eine große und neue (?) Aufgabe auch für unsere kulturellen Akademien in Deutschland. Diese müssten ebenfalls – wie viele andere – dazu beitragen, dass viele Kinder aus Migrantenfamilien von den Angeboten erreicht werden und teilnehmen.

Die Ansichtskarte als kulturhistorische Quelle – oder: „Grabe wo du stehst"

Vor über 30 Jahren hat Sven Lindquist mit den Worten „Grabe wo du stehst" die Menschen zur Erforschung der eigenen Geschichte aufgefordert und damit in Schweden eine große Bewegung ausgelöst. In den letzten Jahren hat auch das Sammeln von und Dokumentieren mit historischen Ansichtskarten auf diesem Gebiet einen besonderen Stellenwert erreicht.
Neben dem „klassischen" Dokumentieren von städtebaulichen und heimatkundlich interessanten Entwicklungen ist die bebilderte Ansichtskarte inzwischen zum Forschungsobjekt zahlreicher wissenschaftlicher Disziplinen geworden. Politische, wirtschaftliche, technische, interkulturelle und künstlerisch-ästhetische Sachverhalte und Geschichtsabläufe sind mit den Bildern festgehalten worden und können interpretiert werden. Es gibt kaum ein Thema, mit dem sich die Ansichtskarte nicht befasst hat. Schon Alfred Kerr und Walter Benjamin haben sich mit diesem Phänomen beschäftigt, teilweise selbst Material gesammelt. Vor allem Jugendlichen kann durch die Beschäftigung mit diesem Medium, beim Tausch der Postkarten, durch Dokumentation, Bildbearbeitung und Verbreitung im Internet kulturelle Bildung vermittelt werden. Mit ihrer Bildersprache kann die Ansichtskarte in unserem Zeitalter, in dem der Kommunikation durch Bilder besondere Bedeutung zukommt, auch pädagogisch wirkungsvoll eingesetzt werden.[1]

1 Vgl. auch: Wilfried Matanovic, Die Ansichtskarte als Zeitzeugin deutscher Geschichte, Berlin im Mittelpunkt von Politik, Kultur und Wirtschaft, Heinsberg 2009.

Ansichtskarte von 1900 mit dem Neptunbrunnen vor dem Berliner Stadtschloss. Kritik an der Zensur im Kaiserreich: „Wat machen die denn da, Lude? – Na Ede, det weißt Du nich? – Der da oben hat'n Schloß vorm Hintern, und die da unten müssen wie Du – den Rand halten."

Der Moustache der Heimat

Wolfenbüttel, das ist die Trias aus Herzog-August-Bibliothek, Bundesakademie und Oberlippenbart. Von letzterem und der Bibliothek möge sich der geneigte Leser selbst ein Bild verschaffen. Beide sind international renommiert und werden mit Liebe und Steuergeldern gepflegt. Kein geringerer Gegenstand individueller wie öffentlicher Zuneigung ist die Bundesakademie für kulturelle Bildung. Sie hat sich im letzten Vierteljahrhundert der ästhetischen Verfeinerung berufstätiger und feierabends mit Kindern, Küche, Egoshooter nicht ausgelasteter Menschen verschrieben.

Die beiden im Zentrum der Stadt gelegenen Gebäude der Bundesakademie, Schloss und Schünemannsche Mühle, bilden den idealen und alle Aufmerksamkeit auf den eigentlichen Zweck der Anwesenheit lenkenden Rahmen. Konzentration, Kontemplation, Kalorien. Konstant und konsequent seit fünfundzwanzig Jahren, wovon ich selbst in dreizehn zu Gast war. Daher ist es Zeit, die frisch barbierte Lippe zu schürzen, einen Geburtstagskuss in Richtung Oker zu senden und Dank zu sagen. Dank den memotechnisch geschulten Mitarbeitern der Bundesakademie – „Guten Tag, wie immer eine zweite Decke und ein Zimmer am Rand, damit Sie nur mit einem schnarchenden Nachbarn zu kämpfen haben?" –; Dank dem Restaurant „Viet Thai" für 106; Dank den durchweg liebenswerten Teilnehmerinnen und Teilnehmern mit ihren literarischen Ambitionen zwischen Rebecca Gablé und Uwe Tellkamp, die das Letzte an genauer Lektüre abfordern und im Gegenzug geduldig der Vivisektion ihrer Texte folgen; Dank dem prinzipienfesten Comedien Olaf Kutzmutz für alles. Und wenn der Getränkevorrat dem süddeutschen Gaumen noch ein gut gekühltes Weißbier offerierte (in absteigender Reihenfolge: Unertl, Karg, Schneider, Maisel), gäbe es keinen Grund mehr, außer dem Wort Dank nicht auch noch das Wort Heimat im Munde zu führen.

Doch bevor nun die Daheimgebliebenen eifersüchtig aufmerken, werfen wir einen Blick auf das Programm im fünfunddreißigsten Jahr der dann in „Bundesleistungszentrum für Postmodernen Penthalon – Schauspielern, Musizieren, Künsteln, Musealisieren und Schreibseln" umbenannten Institution, zu deren Trägern nun auch der DFB zählt: „Tod eines Schwalberichs. Theaterkurs mit Andreas Möller." „Ausbildung zum Stadionchorleiter 1–3." „Bundesligaurgestein. Sammeln, konservieren, exponieren. Mit Otto Rehagel." „Basiskurs Erzählen 7: Ja gutt, äh. Mit Olaf Kutzmutz und Stefan Ulrich Meyer." „Die Kunst des Oberlippenbarts. Mit Rudi Völler."

Stefan Ulrich Meyer, Lektor in der Verlagsgruppe Droemer Knaur, ist seit 1999 regelmäßiger Gast an der Bundesakademie und bildet als Wahl- und Herzensmünchner gemeinsam mit dem gebürtigen Schalker Olaf Kutzmutz das moustachefreie Dream- und Trainerteam der Basiskurse Erzählen.

Hase! Hase!

Warum nur steigt unweigerlich immer dieselbe Szene vor mir auf, wenn jemand das Stichwort „Bundesakademie Wolfenbüttel" sagt – weshalb schließt gerade sie ein, was für mich die Bundesakademie war, damals, vom März bis zum Oktober des Jahres 1997, gültig offenbar bis heute?

Es ist Sommer, früher Sommer, denn es ist warm, aber noch nicht heiß. Die Fenster meines lichten Büros gehen auf den Schlosshof hinaus, sie stehen weit offen. Ein feiner Wind geht, und es ist still – außer der leichten Bewegung der Lindenblätter im Hof ist nichts zu vernehmen. Ein früher Freitagnachmittag also. Die meisten Büroräume hier im zweiten Stock sind leer, Schüler und Lehrer des gegenüberliegenden Gymnasiums längst nach Hause gegangen. Zu meinen Füßen liegt der slowenische Findelhund und schläft seinen verdienten Büroschlaf, während ich über Listen brüte. Listen, die die kommenden Kurse im Fachbereich Literatur verzeichnen, deren Themen, die Referenten, auch Teilnehmer-Namen, soweit schon Anmeldungen eingegangen sind. Ich denke an die Menschen, die für ein Wochenende hierher kommen werden, dicke Manuskripte oder nur wenige Blätter im Koffer, reich und berühmt werden wollen die einen, die anderen persönliche Traumata bearbeiten, und dies alles mithilfe von Literatur oder dem, was sie sich darunter vorstellen. Ich habe meinen ersten Schrecken schon davongetragen, die Teilnehmer der ersten Kurse ebenfalls.

Ein schöner, stiller Nachmittag, ich bin nicht unglücklich und nicht froh, nur ruhig. Der Hund schlummert am Boden, bis wir fertig gearbeitet haben und hinausgehen werden, über die Wiesen und Felder. Plötzlich tönt ein gellender Ruf durch den Hof: „Hase!" Und noch einmal: „Hase!" Der Hund stellt, noch im Schlaf, seine Ohren auf. „Hase!", ruft es erneut. Ich schiebe meinen Stuhl zurück und gehe zum Fenster. „Nochmal!", höre ich jetzt. „Das muss dringender klingen – verzweifelter!" „Hase!", ruft es erneut, und es klingt durchaus dringend, auch verzweifelt, doch ist dies die Verzweiflung jemandes, der nicht weiß, wie er „Hase!" rufen soll.

Ich schaue aus dem Fenster und sehe – nichts; die Ereignisse müssen sich direkt an der Schlossmauer unter mir begeben. Nun ist der Hund endgültig erwacht und streckt sich. „Hase!", hören wir wiederum. Dann, rasch hintereinander und zunehmend hasserfüllt: „HaseHaseHaseHase – Scheiße!" „Mein

Gott“, sagt die zweite Stimme, „du suchst ihn. Du weißt nicht, wo er ist, und rufst nach ihm: HAAASE! Das kann doch nicht so schwer sein!“ Der Hund und ich stehen nun nebeneinander am geöffneten Fenster. Da die Rahmen bis dicht an den Boden hinunter reichen, kann der Hund seinen Kopf weit hinausbeugen und bei der Suche nach „Hase“ behilflich sein. Doch werden wir bald unruhig. Und weil wir weder Menschen noch Hasenartiges entdecken können, außer einem leicht schnüffelnden, dann raschelnden Geräusch auch nichts mehr hören, schaut der Hund wedelnd auf: Mach was! Wo ist der verdammte Hase?

Ich wende mich ab und sage: „Komm!“ Wir verlassen das Büro und betreten den langgestreckten Flur, der Hund schlägt sofort den Weg nach rechts ein – zwei Büros weiter, er weiß es, arbeitet zu dieser Zeit auch noch jemand, das ist, wie gut sich das trifft, seine Freundin Andrea. Und Andrea hat Kekse. Und wenn sie für mich einen Espresso zubereitet, könnte der Aufenthalt auch etwas länger dauern, und das bedeutet: mehr Kekse. Der Hund steuert das Büro der Pres-

Frauke Meyer-Gosau, 1950 in Bremen geboren, lebte nach dem Studium der Literatur-, Politik- und Theaterwissenschaft als Literaturwissenschaftlerin in Slowenien, Australien und den USA, bevor sie 1997 Fachbereichsleiterin Literatur an der Bundesakademie wurde. Heute ist sie Autorin und verantwortliche Redakteurin der Zeitschrift „Literaturen“ in Berlin.

Besagte Keksdose mit Hund und Andrea Ehlert.

sereferentin Andrea Ehlert an, auch hier steht die Tür offen, und wir haben den Raum noch nicht ganz betreten, als vom Schlosshof her ein markerschütternder Schrei ertönt: „HAAA-SE!" Der Hund fährt zusammen, ich nicht minder. Doch Andrea hat eine Pistole, wir wissen es. Wahrscheinlich ist sie mit Zündplätzchen geladen, aber immerhin: Frau Ehlert kann sie in Blitzesgeschwindigkeit aus ihrer Schublade ziehen und auf feindliche Eindringlinge richten, das haben wir schon erlebt. Hier also sind wir sicher – „HAAAASE!" gellt es erneut aus dem Hof –, und dann sind da ja auch noch die Kekse. Der Hund verharrt wedelnd. „HAAAAAAASE!" brüllt es, und ich sage zur Keksdosenbesitzerin: „Was ist denn hier los, mein Gott?"
Die aber hebt kaum den Kopf, sie ist in ein riesiges Blatt voller Striche, Linien, Zahlen und Namen vertieft, darauf das kommende Jahresprogramm. „Wieso?", fragt sie. „Haaase ..." Der Ruf tönt nun schon deutlich schwächer. Auch die Fenster des Pressebüros stehen offen, ich weise hinaus. Der Hund hat sich mittlerweile vor dem Schreibtisch aufgebaut. Dröhnend klingt jäh Gesang herauf, da müssen nun auch noch Lautsprecher im Spiel sein: „Auf einer Insel mit zwei Bergen, lalalalalalala ..." Gemächlich erhebt sich die große Gestalt hinter dem Schreibtisch. Sie legt den Stift auf das Riesenblatt, sie summt. „Jetzt ist es aber genug", sagt sie und schließt die Fenster; die Blicke des Hundes sind fest auf die Keksdose gerichtet. „Aufhören! Schluss jetzt!", schreit es von draußen. „Aus! Das Lied aus! So wird das nichts! Sind denn hier nur Idioten versammelt?!" Die Musik verstummt, im selben Moment hebt sich der Keksdosendeckel. „Na?", sagt die Herrin der Dose zum sichtlich um Haltung ringenden Hund: „Guck mal, hier: ein Hase!" Lässig wirft sie einen Keks in den weit geöffneten Hunderachen, dann, zu mir gewandt: „Espresso? Musik?"

Das waren die Nachmittage, als in den leeren Gängen der Bundesakademie Aretha Franklin sang, während draußen eine Kindertheater-Aufführung für die abendliche Volksbelustigung geprobt wurde, der Findelhund Kekse in seinem Maul zermalmte und zwei Menschen Espresso tranken, bevor sie noch für eine Weile weiterarbeiteten – bei nunmehr geschlossenen Fenstern. Tage, warm und hell, und in ihrer Gelassenheit leicht ins Unwirkliche entrückt schon, als sie noch Wirklichkeit waren. Und deshalb wohl kommt mir gerade diese Szene in den Sinn, wenn jemand zu mir sagt: „Bundesakademie

Wolfenbüttel!" Denn sogleich stellt es sich wieder ein: ein Wohlgefühl unter Freunden wie an keinem Arbeitsplatz je vorher oder hernach. Nur meinen Hasen konnte ich dort nicht finden und musste woanders weitersuchen. Doch regelmäßig kehre ich zurück, wartend, ob ich den Ruf wieder höre: „Hase! Hase!"

Soll hier etwa ein Gold-Hasenbild hin?

Platzhalter der Grafikerin WeiKa als Beispiel für Indesign-Kurse im Programmbereich PMO

Noch nie dagewesen: Kultur Choque Circus in Wolfenbüttel

Im August 2002 gastierte auf Einladung der Bundesakademie der kleine Familienzirkus Sperlich auf dem Schlossplatz von Wolfenbüttel. Diese Einladung hatte einen Hintergrund. Experimentierlustige, bewegliche Köpfe der Akademie hatte das Unwahrscheinliche gereizt: eine Symbiose zu riskieren zwischen den Darstellungskünsten der Zirkusartisten und den der Akademie eigenen Ausdruckspotenzen. Da sich die Zirkusleute, an mancherlei Sonderwege gewöhnt, bereitwillig darauf einliessen, entwickelte aus dem Kreis der Akademiedozenten Markus Lüdke das muntere Konzept eines „Kultur Choque Circus".

Der Begriff Schock, mit allen seinen Vibrationen und Säften aus dem Benjaminschen Reservoir entlehnt, diente als Movens des Unterfangens. Es ist noch heute ein Genuss, die Gedankenexaltationen über die imaginierten Abgründe zu verfolgen, über die das Angezielte balancieren sollte. Alle Sektionen der Bundesakademie – bildende Kunst, Literatur, Musik, Museum und Theater – sollten sich „mit den Mitteln und in der Form des Circus" dabei präsentieren. Das siebenseitige Papier zeichnet eindringlich die extremen, exzentrischen Linien nach, die die Zirkusakrobatik mit ihren Gefährdungen und Risiken für das eigene Produzieren der Beteiligten vorgibt. Idealerweise würden sich die zirzensisch formierten Partien der Akademiesektionen einschmiegen, ja regelrecht vernetzen mit den Zirkusnummern.

Das Projekt wurde beschlossen und wie üblich ausgeschrieben. Es meldeten sich 32 Bewerber, die in einem Fragebogen ihre Motivation und Qualitäten für die Teilnahme darzulegen hatten. Bei manchen lösten „die hochformulierten Ansprüche", wie es bei einem heißt, zwar ein unsicheres Vibrieren aus. Denn keiner besaß nur annähernd eine Professionalität, die mit der der Zirkusartisten gleichziehen konnte. Doch fast alle kamen am 25. August nach Wolfenbüttel. Die folgende Woche diente der Annäherung ans Mögliche, dem Ertasten, Erfinden, Entwickeln der Texte, Bilder, Musik- und Theateraktionen. Unvermeidlich waren die fünf Vorbereitungstage viel zu knapp bemessen für das hochkarätig angesetzte Vorhaben. Dass am Samstag und Sonntag, dem 31. August und 1. September, die beiden öffentlichen Vorstellungen im Zirkuszelt, betitelt als „Akademie mortale", bei angenehm gefüllten Zuschauerbänken dennoch gelangen, war nicht nur dem Fleiß, der Mühe und dem Engagement der Seminarteilnehmer, sondern nicht zuletzt, wenn nicht vor allem der freundlichen, aufgeschlossenen Kooperation der Zirkustruppe zu danken.

Die von Olaf Kutzmutz und mir geleitete Literaturgruppe bestand aus vier Teilnehmern, Isolde, Martin, Ria und Sonja. Sie hatte ihren Arbeitsraum vorteilhafterweise im Schloss in Zirkusnähe. Ihre Hauptaufgabe war es, sich Textformen vorzustellen, die szenische oder zirzensische Ereignisse begleiten, tragen oder gar steuern konnten. Die Texte waren auf die Stimme angewiesen, mussten also von einem Moment zum nächsten gehen und aus kleinen Einheiten bestehen. In dem hellen, großzügigen Raum standen die Arbeitstische im Karree, so dass Nähe wie Abstand gleichermaßen gesichert waren, jeder für sich arbeiten wie mit den anderen korrespondieren konnte. Die Aufgabenformen hatte ich vorgedacht: Alphabetgedichte, Wörtercluster, Namenlisten, Dialogverläufe, Lautsequenzen. Jeder begann für sich, die Entwürfe wurden ausgetauscht, vorgestellt, ergänzt, verbessert, kombiniert. Die arenageeignete Fassung war immer Ergebnis des Abwägens und Optimierens in der Gruppe. Der entscheidende Dreh war die Umsetzung ins Dialogisch-gestisch-szenische, die in der Gruppe zunächst nur besprochen, bedacht, imaginiert, am Freitagnachmittag und -abend endlich in der Arena geprobt werden konnte; angesichts der Vielzahl der gleichzeitig Probierenden der anderen Gruppen freilich zeitlich höchst knapp.

„Akademie mortale“ war der Ablaufplan der Vorstellungen überschrieben. Darin rückte unser Namenspiel ganz nach vorne in die Einlasssituation vor der Vorstellung. Teilnehmer sprachen einzelne der eintreffenden Besucher nach dem Muster eines Kinderspiels an, wobei die genannten Namen durch banale Gegenstandswörter ersetzt wurden: „Ich heiße Sicherheitsnadel – und wie heißt du?“, und überreichten dazu eine Karte, auf deren einer Seite das Bild eines divergenten Gegenstandes, etwa einer Glühbirne oder einer Haifischschnauze, war, die andere Seite einem jedoch die Antwort erspart, wenn man liest: „Ich heiße Stiefel – und wie heißt du?“

Franz Mon studierte Germanistik, Geschichte und Philosophie in Frankfurt am Main und Freiburg im Breisgau. Ab 1956 arbeitete er als Verlagslektor in Frankfurt. 1960 gab er zusammen mit Walter Höllerer und Manfred de la Motte die Anthologie movens heraus, deren Skala von Gertrude Stein und Kurt Schwitters über John Cage bis hin zur Elektronenmalerei von Karl Otto Götz und zu den kinetischen Versuchen von Heinz Mack und Victor Vasarely führte. 1962 gründete Franz Mon den Typos-Verlag. Mon lehrte bis 2000 im Bereich Grafik/Design in Kassel, Karlsruhe und an der Hochschule für Gestaltung in Offenbach am Main. Er lebt und arbeitet in Frankfurt am Main.

Einer der ersten Programmpunkte war „Martin mit dem Stuhl". Martin war ein Glücksfall für die Gruppe. Er war ein professioneller Geschichtenerzähler von Berufs wegen, der spontan Geschichten aus dem Ärmel schütteln konnte. Für seinen Auftritt wurde ihm als Partner ein Stuhl anvertraut und ausgeliefert. Den hatte er wie eine fragwürdige Person zu traktieren: „Wo warst du gestern?" – „Wie kommst du da drauf?" – „Was fällt dir ein?!" Da es auf die mit Schimpfworten, Verdächtigungen, Beleidigungen gesalzenen W-Fragen von dieser Person keine Antworten gab, wurde sie geschüttelt, geboxt, getreten, hingeknallt oder gestreichelt, getätschelt, gehänselt. Der Stuhl sollte endlich an einem Seil in die Höhe ge- und entzogen werden.

Den beiläufig wahrgenommenen Entfremdungskontrast zwischen Wortausdruck und Bild benutzte die Gruppe auch bei den Worterfindungen der Alphabetgedichte. Sie kompilierte für den Ablauf von A nach Z Komposita, deren Teilwörter semantisch (und lexikalisch) so gut wie nichts miteinander zu tun hatten, also keinen geläufigen Realitätsbezug aufwiesen – und gerade deshalb zum Deuten und Entziffern reizten, wie „Betonelfe" oder „Wutgeburt" in dem substantivisch verfassten Gedicht oder „indexblondiert", „sockenverbockt" in dem zweiten, aus Perfektpartizipien gebildeten (siehe Abb.: 2 Alphabetgedichte). Man kann sich den Spaß und Wetteifer der Gruppe beim immer absurderen Wörterkombinieren vorstellen. Dieses Wörterpingpong wurde gemeinsam von der Gruppe in der Manege vorgeführt.

Als nächstes war in den Vorstellungen eine „Variante des Namenspiels an der Reihe. In der Mitte steht eine Person, an der eine lange Schnur befestigt ist. Eine zweite Person rennt mit dieser Schnur am Rand der Manege entlang und umschnürt dabei die bewegungslos Verharrende, wobei die Schnur immer kürzer wird und sie immer näher kommt. Beim Rennen ruft sie, leicht atemlos, der Umschnürten Körper- und Krankheitswörter zu: „Ich heiße Asthma – und wie heißt du?" Schließlich stehen die beiden – Barbara und Sonja – dicht aneinander.

Direkt aus dem Programmrepertoire des Zirkus hat sich die Literaturgruppe die Taubennummer ausgesucht. Deren Dressur war Sache Florina Sperlichs, der Chefin. Unsere Beteiligung war zweifacher Art. In körpergestischem Spiel ließ Martin die herum- und heranflatternden Tauben auf seinen beidseitig ausgestreckten Armen landen, wobei er geduldig und tapfer die damit einhergehenden Belästigungen ertrug, während Isolde und Sonja die übrigen auffingen. Florina in der Nähe sorgte für den Start. In einem provisorisch im Arbeitsraum installierten Tonstudio hatte die Gruppe einen Soundtrack zur akustischen Begleitung der Aktion produziert. Wörter aus dem Taubenbereich und anmutende Lautungen wurden stimmlich realisiert und zu einer achtminütigen Sequenz montiert. Diese begleitete atmosphärisch die Taubenszene.

Ameisensülze

Betonelfe

Celloplantage

Dorfmatratze

Ernstesel

Feigenfalter

Gurkenauge

Hohlsaumgefühle

Impulsgranate

Jambenmarmelade

Kraftkuss

Lippenversager

Maulbeertaucher

Nüllenrausch

Orgasmusofen

Puppenkleister

Qualenquote

Ritzenrentner

Senfsünder

Tassentrainer

Unkenurlaub

Vogelentsafter

Wutgeburt

Xerxesquetscher

Ytongkadaver

Zickenzeiger

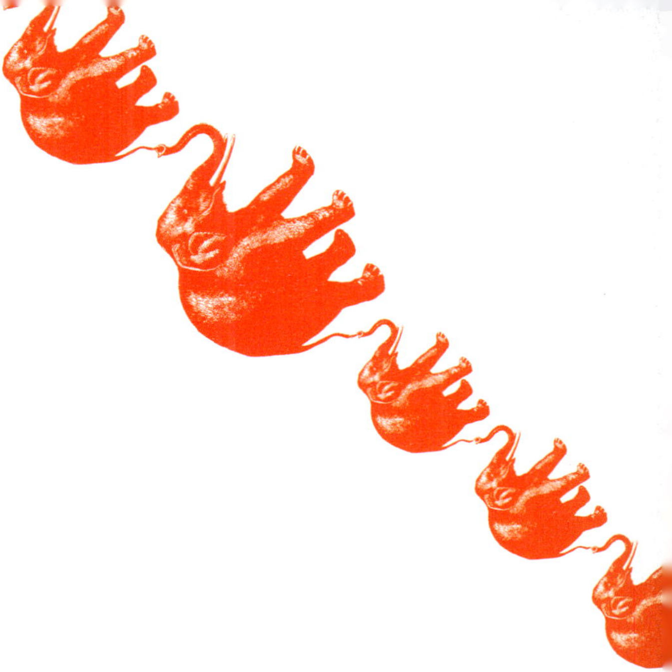

asbestummantelt

brillenbefiedert

chimärengesalzen

dieselgeduscht

erbsenenterbt

fransenerprobt

gitterpüriert

handgeschüttelt

indexblondiert

jubelumhäkelt

kümmelbeglückt

lappenverpestet

massivgetackert

nacktgenixt

ochsendurchnässt

privatgefedert

quittengequantelt

restbesteuert

sockenverbockt

trickentkernt

u-bahnumjodelt

veilchenversichert

waffelgelüftet

x-beinerpicht

ypsilonenthaart

zackenzerrupft

Dürre Luxus Überfluß
Träne
vergessen
Titanic Horn Sonne
brennt klar Angst Nebel
Dampf
warm Muschel Taufe Melancholie
Rettungsboot
betet Armut
Anker
kriecht Traum
quält
Sand
Treibholz Insel einsam Vision Schatten
Segel Lust Laster
vergibt
Oker
Schlick **Wasser** Blut
Wodka stumpf
Untergang Qualle
Sintflut plätschert blau
Welle Eis
Pisse Blüten
Quelle
Krebs Aufgang
Floß
Moos
Feuer
Schnecke Hass Tau
säuft
quietscht schwitzt Elbe Kröte
sabbert abgetaucht spritzt Schlamm
ekelig
Wurm
blubbert Dunst Hai verlor

Als Hommage an das von der Oker mit ihren An- und Zumutungen durchströmte Wolfenbüttel war der Wörterteppich aus dem weiten Begriffs- und Bedeutungsfeld ‚Wasser' gedacht. Auf einem Flipchart setzte die Gruppe durch Zurufe, Weiterungen, Gedankensprünge die Bezugswörter so auf die Textfläche, dass im weitesten Sinne die guten wie die verderblichen Dimensionen dieses Elements angesprochen wurden. So kam eine offene Partitur für Stimmen zustande. Im Programm war das Stück im Chor mit allen Teilnehmern – „tutti" – als letzter Punkt vorgesehen. Dazu ist es meiner Erinnerung nach nicht mehr gekommen, wohl auch wegen der aus Zeitmangel ausgefallenen Einübung.

Beim Schlussapplaus waren das Publikum wie alle Beteiligten beglückt und zufrieden mit diesem gelungenen Circulus virtuosus. Für die Teilnehmer der Literaturgruppe waren die beiden Vorstellungen am Ende ein Auf- und ein Ausatmen. Ihren Gewinn hatten sie schon im anregenden Miteinander dieser Woche der Texterfindungen geerntet.

Achtung Spannung!

Wer a) museumspädagogisch arbeitet, wird b) die Bundesakademie für kulturelle Bildung in Wolfenbüttel kennen. Zwei Pole in einem Austausch, der aus der Spannung einer ausbildungsbedingt nur wenig theoretisch fundierten Praxis und einem überaus positiven Weiterbildungsangebot entsteht, und erst in dem dort erzeugten Fluid(um) gelingt: Museumspädagogische Weiterbildung an der Bundesakademie =

Anregung – **B**ildungsdiskurs – **C**harme – **D**iskussion – **E**ngagement – **F**aszination – **G**ehaltvolle Beiträge – **H**ochschulniveau – **I**mpulsgeber – **K**ompetenz – **L**achen – **M**useumsanalyse – **N**eue Methoden – **O**bjekt- und Besucherorientierung – **P**erfekte Organisation – **Q**ualifizierung – **R**eflexion – **S**uchen – **T**eilnehmerorientierung – **U**ltimativ – **V**ortrag – **W**orkshop – **W**eiterbildung – e**X**zellente Tagungen – „**Y**es, we can" im produktiven **Z**usammenspiel von Theorie und Praxis.

Kurz, das reiche und hier nur exemplarisch aufgezählte kluge ABC der Bundesakademie. Großer Dank! Applaus! – und „Bitte weiter so!": In der vielfältigen, lebendigen Praxis warten noch viele Fragen.

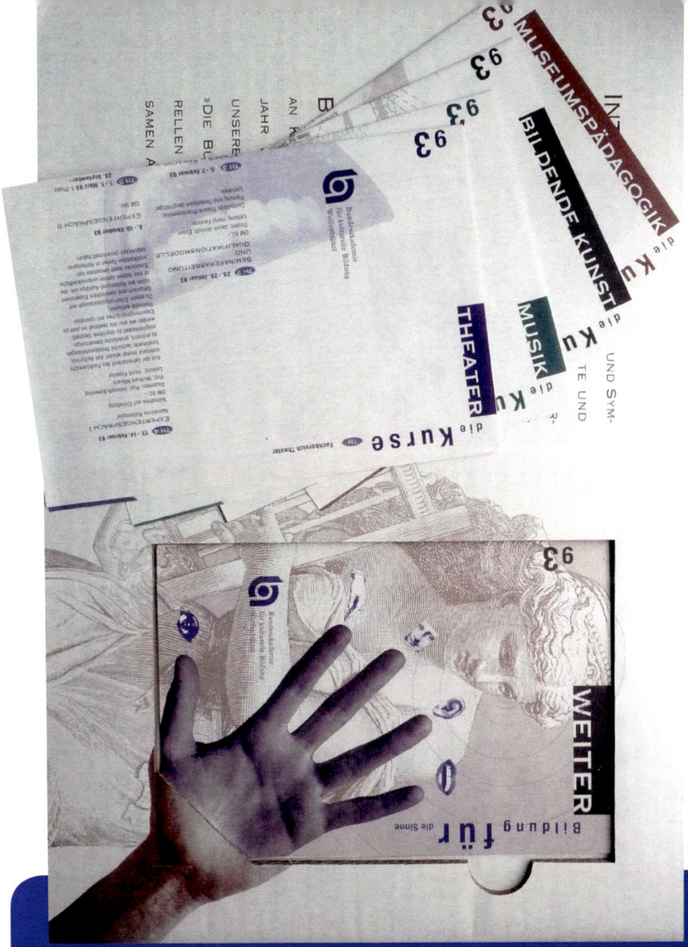

Jahresprogramm 1993 in schicker Hülle.

Annette Noschka-Roos, Dr. phil., ist Leiterin der Hauptabteilung Bildung im Deutschen Museum München.
(a.noschka@deutsches-museum.de)

Wolfenbüttel

Das Besondere an Wolfenbüttel ist für mich die Atmosphäre, die in den Literatur-Seminaren herrscht. Viermal durfte ich dies bislang erleben. Immer war es ein großes Vergnügen, zu verfolgen, wie die Teilnehmer miteinander und allein an ihren Texten arbeiten, aufgeschlossen und interessiert, engagiert und unverkrampft. Und mit viel Humor in den Gesprächen – dem pädagogischen Grundsatz folgend: Mindestens einmal pro Stunde sollte gelacht werden! Dafür ist auch Olaf Kutzmutz mit verantwortlich, dem es gelingt, stets die richtige Mischung aus konzentrierter Arbeit und entspannender Entlastung zu finden. Überhaupt ist das Konzept mit zwei „Leitern" des Seminars überaus angenehm für alle Beteiligten: Man steht nicht permanent im Fokus, das demokratische Prinzip regiert, ein Signal für die Teilnehmer, dass die Diskussion in gleichberechtigten Bahnen verläuft, jede Wortmeldung wiegt gleich schwer. Diese Begegnung auf Augenhöhe ist wichtig: Nur wenn man etwas von sich selbst in eine Gruppe hineingibt, kann man auch etwas für sich selbst gewinnen, sagt Ruth Cohn sinngemäß über Gruppenprozesse. Und Aufgabe eines „Leiters" muss es sein, die Rahmenbedingungen für eine mögliche Beteiligung und Selbstoffenbarung der Teilnehmer zu schaffen. Auch, wenn es „nur" um Texte geht.

Abseits des Seminars findet im Zwischengeschoss der Schünemannschen Mühle an den Abenden ein wichtiger Austausch statt. Die Möglichkeit, sich kennen zu lernen, den Weg anderer Schreibender zu entdecken, sich Anregungen zu holen, Gleichgesinnten und Literaturverrückten zu begegnen, festzustellen, dass man nicht allein ist mit seiner Leidenschaft fürs Lesen und Schreiben: All das ist mit dafür verantwortlich, dass viele der Beteiligten – wie sie sagten – die Mühle in einem Glücksgefühl verlassen, bereit, sich wieder an den Schreibtisch zu stürzen, motiviert für neue Geschichten und Gedichte, Erzählungen und Romane. Oder aber mit neuer Lust, andere Schriftsteller zu lesen, über die man etwas gehört hat: ob Philip Roth oder Julio Cortázar, ob Jonathan Safran Foer oder Yann Martell.

Und so soll es sein. Und so soll es weitergehen.

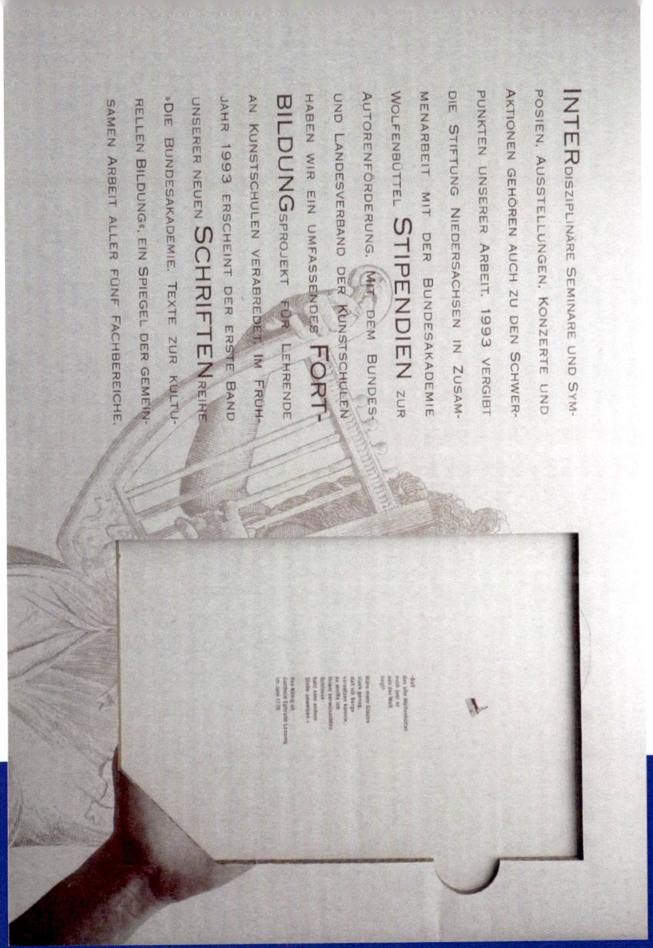

Jahresprogramm 1993 in schicker Hülle.

Markus Orths, geb. 1969, wurde einem breiten Publikum durch seinen satirischen Roman „Lehrerzimmer" bekannt; seit 2007 leitet er an der Bundesakademie Werkstätten, die sich unter anderem mit dem Skurrilen, Grotesken und Fantastischen in der Literatur befassen; seine heimliche Leidenschaft gilt dem Kalauer.

Grußwort des Bürgermeisters von Wolfenbüttel

Als Bürgermeister der Stadt Wolfenbüttel freue ich mich sehr über das Jubiläum der Bundesakademie für kulturelle Bildung. Alle Mitarbeiterinnen und Mitarbeiter können auf das in den vergangenen 25 Jahren Erreichte zu Recht mit Stolz zurückblicken, denn die Bundesakademie ist eine unverzichtbare Einrichtung, die zu einem erheblichen Maße zum guten Ruf Wolfenbüttels als Kulturstadt beiträgt.

Ich wünsche der Bundesakademie für kulturelle Bildung, dass sie den eingeschlagenen Weg weiterhin konsequent und mit Nachdruck verfolgt und dabei nicht das aus dem Auge verliert, was das Wichtigste ist: Allen Kulturschaffenden und kulturell Interessierten wie bisher ein breitgefächertes Angebot zur Verfügung zu stellen, welches in seiner Vielfalt und Güte seinesgleichen sucht.

Wie alle gesellschaftlichen Bereiche, hat sich auch das kulturelle Leben in den letzten 25 Jahren verändert und fortentwickelt. Die Bundesakademie ist dabei nicht nur stets auf Augenhöhe gewesen, sondern hat sich auch gleichermaßen beständig den jeweiligen Anforderungen gestellt.

Kultur ist ein Teil unserer Identität. Kultur ist aber auch immer wieder im Wandel, sie erfindet sich stets aufs Neue. Zu den ganz wichtigen Aufgaben der Bundesakademie gehörte es daher von Anfang an, einen Dialog mit allen Kulturschaffenden und Kulturinteressierten zu ermöglichen und zu führen. Dies ist seit der Gründung im Jahre 1986 bis heute auf hervorragende Weise gelungen – und ich bin ganz sicher, dass dies auch künftig gelingen wird.

Den Mitarbeiterinnen und Mitarbeitern spreche ich daher – auch im Namen von Rat und Verwaltung der Stadt Wolfenbüttel – meinen herzlichen Dank für die erfolgreich gemeisterten Aufgaben und die langjährige partnerschaftliche und vertrauensvolle Zusammenarbeit im Interesse aller Kulturbegeisterten aus.

Ihr

Thomas Pink, 51 Jahre alt, verheiratet, zwei erwachsene Kinder. Geboren in Wolfenbüttel. Verwaltungsausbildung und Tätigkeit bei der Stadt Wolfenbüttel. Von 1991 bis 2006 Lehrtätigkeit in kommunalen Ausbildungseinrichtungen und Verwaltungsfachhochschulen. Seit 2006 Bürgermeister der Stadt WF.

Wolfenbütteler Zeitung und Anzeiger, 25.11.1994

Seite 58 **WOLFENBÜTTEL**

Literarisches Forum mit den Stipendiaten der Stiftung Niedersachsen

Gefühl wird nicht gezeigt, höchstens angedeutet

Von Lore Schönberg

Literaturförderungsprogramm — ein umständliches und steifes Wort, wie eben die zusammengesetzten Hauptwörter im Deutschen sind. Wie aber die Stiftung Niedersachsen mit Hilfe der Wolfenbütteler Bundesakademie dieses Programm für junge Autoren zu einer intensiven Begegnung und Auseinandersetzung mit ihrer eigenen Arbeit und der von Gleichgesinnten macht, das ist ein lebendiger und spannender Vorgang.

Die vier ausgewählten Stipendiaten der Stiftung Niedersachsen (von links): Heinz Eichhorn, Dieter M. Gräf, Brigitte Oleschinski und Sabine Techel. *Foto: Wolfgang Lange*

Im Jahr 1993 war „Prosa" das Thema der Förderung, in deren Rahmen jeweils vier ausgewählten Stipendiaten von April bis Oktober finanzielle Unterstützung und fachliche Begleitung in Form von Kolloquien und Gesprächen geboten wurde. In diesem Jahr waren vier Lyriker geladen, die nach Abschluß des vergangenen Werkstattgesprächs sich und ihr Werk der Öffentlichkeit vorstellten.

„Wo waren wir stehengeblieben?" — in diesem Thema klingt eine der Voraussetzungen der Förderung an, deren Ziel es unter anderem ist, dem „zweiten Buch" eine Vorausöffentlichkeit zu schaffen. Unter diesem Titel stand dann auch die Lesung, während die Unterzeile „Fragment und Dauer" eher auf Form und Inhalt hinweist.

1994 — das ist nicht mehr das klassische oder romantische Gedicht, keine überschwengliche Liebesseligkeit und Naturbeobachtung, keine barocken Schnörkel oder expressionistischen Bilder. Es fehlt der Reim, in den der Dichter früher selbst das sprödeste Material noch geschmeidig zu verpacken wußte. Lyrik 1994, das sind Versuche zur Selbstfindung, zur Standortbestimmung in einer Welt der Bedrohung, Enttäuschung und Ernüchterung. Gefühl wird nicht gezeigt, wird höchstens angedeutet, Lautmalerei gibt Farbe, Rhythmus ersetzt Reim.

Die vier jungen Lyrikerinnen und Lyriker, aus ganz unterschiedlichen, gegensätzlichen Lebenssituationen kommend, waren eindrucksvolle Interpreten ihrer Gedichte. Die Konzentration auf das — für sie, für ihn — Wesentliche war jedem einzelnen anzuspüren, kein Wort zuviel, kaum ein Lächeln. Die Schwere, die Verworrenheit der Gegenwart, nur flüchtig angedeutet ein Hinweis auf die Wärme menschlicher Beziehung, das alles klang aus den überwiegend kurzen Texten.

Es liegt in der Natur einer solchen Vorstellung, daß dem einzelnen nur eine begrenzte Zeit zur Verfügung steht. Da mag mancher Zwischenton, mancher versteckte Hinweis verlorengehen. Für den Hörer bleibt am Ende die Summe, die ein Klassiker des 20. Jahrhunderts zog: Kein Mensch kennt den andern, jeder ist allein.

GERHARD PRÄTORIUS

Theorie und Praxis – eine Begegnung

Als die Arbeitsteilung in der Gesellschaft und in den Disziplinen noch weniger ausgeprägt war, waren auch Theorie und Praxis häufiger noch eine Einheit. Es ist historischer Zufälligkeit geschuldet, dass zwei Persönlichkeiten – der eine in der Epochenwende vom 16. zum 17. Jahrhundert, der andere als Aufklärer des 18. Jahrhunderts –, die in ihren Künsten sowohl als Theoretiker als auch Praktiker Bleibendes geschaffen haben, wesentliche Jahre ihres Lebens in Wolfenbüttel verbrachten.

Der eine, als Michael Schultheiß 1571 in Creuzberg bei Eisenach geboren, wirkte ab 1592 vorwiegend in Wolfenbüttel, wo er auch 1621 als Michael Praetorius starb. Nicht unüblich für seine Zeit hatte er seinen Namen latinisiert. Michael Praetorius schuf mit seiner dreibändigen Syntagma musicum eines der bedeutendsten Werke der historisch-musiktheoretischen Literatur. Sein Opus magnum ist selbst ein Werk der Einheit von Theorie und Praxis: der erste lateinisch verfasste Teil als theoretische Grundlegung, die beiden anderen Teile sind der Aufführungspraxis und den Instrumenten gewidmet. Praktisch wirkte Michael Praetorius als Organist und Kapellmeister sowie natürlich als Komponist. Einige seiner bekannteren Lieder stehen in den evangelischen Gesangbüchern.

Der andere ist zwar 1781 in Braunschweig gestorben und begraben, er verbrachte aber nach seiner Berufung als Bibliothekar der Herzog August Bibliothek 1770 prägende Jahre in Wolfenbüttel. Als Theoretiker des Dramas („Hamburgische Dramaturgie") kämpfte Gotthold Ephraim Lessing gegen die (Kunst)-Dogmen seiner Zeit. Als Dramatiker schuf er Stücke, die noch heute zu jedem ernsthaften Spielplan eines Theaters gehören. Er ist das Vorbild für ein öffentlich-kritisches Räsonnement.

Beide Persönlichkeiten – Michael Praetorius und Gotthold Ephraim Lessing – verkörperten Theorie und Praxis noch ungeteilt. Eine solche Einheit ist heute eher selten anzutreffen. Die Arbeitsteilung schreitet unaufhaltsam voran, und sie ist – das soll hier nicht unterschlagen werden – der wesentliche Motor für die ökonomische Entwicklung und den technischen Fortschritt, denen wir unseren Wohlstand verdanken, wenngleich nicht ganz ohne Nebenwirkungen.

Eine Konsequenz der fortgeschrittenen Arbeitsteilung ist, dass es Mittler braucht. Institutionen, die ihre Aufgabe und

Kompetenz darin sehen, Separiertes wieder zusammenzubringen. Orte, die eine Plattform bieten, damit sich Theorie und Praxis wieder häufiger begegnen können.

Eine solche Institution gibt es heute in Wolfenbüttel und sie ist in ihrer Form einzigartig. Die Bundesakademie ist eine solche Mittlerin, eine solche Zusammenbringerin, eine Ermöglicherin.

Ich stelle mir vor, dass heute die zuvor genannten Persönlichkeiten, weilten sie noch unter uns, das Geschehen in der Bundesakademie durchaus mit Interesse verfolgten, ja, dass sie es sich von Zeit zu Zeit nicht nehmen ließen, einmal bei der einen oder anderen Diskussion vorbeizuschauen und sich einzubringen.

Einen herzlichen Glückwunsch für die ersten 25 Jahre der Bundesakademie für kulturelle Bildung Wolfenbüttel und noch viele weitere erfolgreiche Jahre!

Gerhard Prätorius, Dr. rer. pol., ist seit 2006 im Volkswagen Konzern zuständig für CSR (Gesellschaftliche Verantwortung) und Nachhaltigkeit. Nach seiner Tätigkeit als Fachreferent Umwelt und Verkehr war er für den Konzern als Geschäftsführer regionaler Entwicklungsgesellschaften für Beschäftigung und Technologietransfer tätig. Prätorius hat Germanistik, Politik und Volkswirtschaft studiert. Er ist Lehrbeauftragter an der TU Braunschweig und hat zahlreiche Beiträge zu den Themen Nachhaltigkeit und Mobilität veröffentlicht. (gerhard.praetorius@volkswagen.de)

Auf theatraler Spurensuche

Die Suche nach den inhaltlichen Wurzeln im Fachbereich Theater der Bundesakademie für kulturelle Bildung Wolfenbüttel führt mich zu Menschen, denen ich auf meinem Weg durch die kulturelle Bildungslandschaft in Deutschland und in Niedersachsen in den vergangenen 35 Jahren begegnet bin. Ihr Wirken hat sich auf sehr unterschiedliche Weise mit dem meinen und der Bundesakademie verknüpft, und ich bin sehr glücklich, diesen Menschen in verschiedenen Zusammenhängen begegnet zu sein.

Die Gründung der Bundesakademie für kulturelle Bildung in Wolfenbüttel vor nunmehr 25 Jahren ist m. E. auch das Ergebnis eines langen Diskurses über einen Kulturbegriff, der sich nicht mehr ausschließlich an der Hoch- und Leuchtturmkultur orientierte, sondern die Leistung von Kunst und Kultur und ihre gesellschaftliche Relevanz in der ganzen Breite des Schaffens und der Vielfältigkeit der Ausdrucksformen wahrnahm und akzeptierte.

Auf der Ebene des Theaters sind in diesem historischen Kontext u.a. zu nennen: Der Bundesmodellversuch Künstler und Schüler in den 1980er Jahren, die Öffnung des Theaterraums für Theorien und Konzepte des Rollenspiels durch Hoffmanns Comic Teater, die gesellschaftsbezogenen inhaltlichen Aufsätze des Grips Theaters und anderer freier Gruppen für Kinder und Jugendliche oder der Aufbau eines Zentrums des Theaters der Unterdrückten in Paris durch Augusto Boal. Damit habe ich nur einige wenige Meilensteine benannt auf dem Weg zu einem Theaterverständnis, das an den Musentempeln vorbei direkt auf den Menschen zugeht.

Ganz in diesem generellen Verständnis von Kunst und Kultur bin ich zahlreichen Menschen begegnet, deren Wirken innerhalb und außerhalb der Bundesakademie von einiger Bedeutung war und ist – und von denen ich einige hier vorstellen möchte:

Da ist zunächst Reinhard Wilke zu nennen – Ministerialdirigent und Abteilungsleiter für Kunst im Niedersächsischen Ministerium für Wissenschaft und Kunst. Er war bereits 1979 mitverantwortlich für den Masterplan des Landes Niedersachsen zur Entwicklung der kulturellen Infrastruktur im ländlichen Raum. Im Rahmen dieses Programmes wurden über viele Jahre grenznahe Regionen ohne Anbindung an kulturelle

Oberzentren und weitab von den kulturellen Metropolen des Landes mit der finanziellen Unterstützung der Landesregierung in die Lage versetzt, ihre jeweils eigenen kulturellen Identitäten zu entwickeln und auszubauen. Aus diesem Programm heraus ist 1980 das Theaterpädagogische Zentrum der Emsländischen Landschaft (TPZ) entstanden, dessen Leitung ich von der Gründung bis zum Jahr 2006 inne hatte. Reinhard Wilke hat sich in den achtziger Jahren ganz entscheidend für den Aufbau der Bundesakademie in Wolfenbüttel eingesetzt und dabei u.a. auch auf die Ergebnisse und Erfahrungen des TPZ im Bereich der Multiplikatorenfortbildung zurückgegriffen.

Professor Bruno Tetzner begegnete ich erstmals 1984 im Kontext einer Mitgliederversammlung der Bundesvereinigung für kulturelle Kinder- und Jugendbildung (BKJ), deren Vorsitz er inne hatte. Als Direktor der Akademie Remscheid für musische Bildung und Medienerziehung war er nicht nur ein Pionier, sondern auch ein Visionär und Netzwerker der kulturellen Bildung in Deutschland. Seine Mitwirkung im ersten Beirat der Bundesakademie Wolfenbüttel hat in der Gründungs- und Anlaufphase der Einrichtung wichtige Impulse gegeben.

Thomas Lang lernte ich bereits 1979 als jungen Dramaturgen und Theaterpädagogen an der Landesbühne Nord in Wilhelmshaven kennen. Mit der Theater-AG des Gymnasiums Georgianum aus Lingen war ich eine Woche zu Gast am Theater in Wilhelmshaven. Gemeinsam mit ihm und Susanne Degener – später Vorstandsmitglied der Bundesakademie als Vertreterin des Landes Niedersachsen [s. Beitrag S. 48 ff in diesem Band] – haben wir die bis dahin in Deutschland noch völlig unbekannten Ansätze des Theater der Unterdrückten von Augusto Boal kennengelernt. Auf der Probenbühne der Landesbühne sammelten wir erste Erfahrungen mit den neuen methodischen Konzepten des brasilianischen Regisseurs und spielten in einer Eisdiele in der Fußgängerzone von Wilhelmshaven das wahrscheinlich erste unsichtbare Theater in Deutschland.

Norbert Radermacher, geb. 27. Mai 1946 in Berg/Kreis Ahrweiler, Studium der Germanistik, Philosophie, Kunstwissenschaft und Kunstpädagogik an den Universitäten Bonn, Münster, Osnabrück sowie am Institut für Kunstpädagogik der Kunstakademie Düsseldorf. Von 1980 bis 2006 Leiter des Theaterpädagogischen Zentrums der Emsländischen Landschaft e.V. und seit 1991 Direktor des Europäischen Zentrums der International Amateurtheatre Association (AITA/IATA), Begründer des Welt-Kindertheater-Festivals und seit 2000 Präsident des Bundes Deutscher Amateurtheater e.V. (BDAT).

1983 gründeten Thomas Lang, Klaus Hoffmann, Norbert Radermacher, Hans Zimmer und andere den Landesverband für Spiel und Theater in Niedersachsen, und wir führten überall im Land theaterpädagogische Qualifizierungsmaßnahmen und Fachtagungen durch. Thomas Lang ist heute Programmleiter Theater an der Bundesakademie, und er hat damit seit vielen Jahren die Möglichkeit, sein Verständnis von Theater und Theaterpädagogik praktisch umzusetzen: „... ein geschlossener Vorhang weckt Erwartungen, und die müssen erst einmal eingehalten werden." (Thomas Lang anlässlich der Braunschweiger Schultheaterwoche 1982)

Mit Klaus Hoffmann [s. Beitrag S. 168 ff in diesem Band] war ich 1982 erstmals auf einer Theaterfachreise in Japan. Seitdem haben wir gemeinsam viele grenzüberschreitende Theaterbegegnungen erlebt und veranstaltet. Das Interesse von Klaus Hoffmann am interkulturellen Austausch und sein großes Engagement für die kulturelle Breitenarbeit habe ich mit ihm geteilt. Wir haben gemeinsam für das Amateurtheater in Deutschland in den letzten Jahren viel bewirkt. Heute gehört Klaus Hoffmann zum Vorstand der Bundesakademie, und er ist damit auch einer der Sprecher der Mitglieder des Trägervereins.

Als Mitglied des ersten Beirats unter dem Vorsitz von Lore Auerbach durfte ich seit 1986 selbst an vielen Grundsatzentscheidungen der Bundesakademie mitwirken. Mit Steffen Tiggeler als Gründungsdirektor und Heinrich Schnöckel als Gründungsvorstand mussten anfangs viele kleine und große Stolpersteine aus dem Weg geräumt und die Fahrrinne verbreitert werden, damit die Bundesakademie für kulturelle Bildung Fahrt aufnehmen konnte.

Ich bin froh, all diesen Menschen begegnet zu sein. Denn kulturelle Bildung in Deutschland impliziert auch ein funktionierendes Netzwerk unter Menschen! In diesem Sinne gratuliere ich der Bundesakademie ganz herzlich zum 25-jährigen Bestehen und wünsche dem heutigen Leiter Dr. Karl Ermert und seinem Team weiterhin alles Gute und viel Erfolg.

Archiv Norbert Radermacher.
Erster Vorstand des Landesverbandes Theaterpädagogik in Niedersachsen, 1987.
v.l. Klaus Hoffmann, Brigitte Senkler, Thomas Lang, Norbert Radermacher, Birgit Klosterkötter

Fachgruppe tagte im Schloß

Theaterpädagogik in einer alten Stadt mit kultureller Tradition ist ideal

Für Standort der dritten Bundesakademie in Wolfenbüttel — Neue Spielgruppen

Nicht von ungefähr wurde die Lessingstadt zum Wochenende als Tagungsort des Landesverbandes für Spiel- und Theaterpädagogik in Niedersachsen gewählt. Denn diese Stadt — das war die einhellige Meinung der knapp 30 Teilnehmer aus dem norddeutschen Raum, Berlin und Bayern — eignet sich vorzüglich als Standort für die dritte Bundesakademie für kulturelle und musische Bildung. Wenn man so will, war diese Fachtagung der Theaterpädagogen als Spielleiterfortbildung ein kleiner „Vorlauf" für die kommende Entwicklung, zumal in Hannover gerade in diesen Tagen erneut Diskussionen über die dritte Bundesakademie im Schlaglicht der Öffentlichkeit standen.

Die Tagung selbst stand unter dem Thema: „Modelle und Methoden" und warf kritische Fragen auf zu den Zielen der Spielleiterfortbildung zwischen Selbsterfahrung und der Vermittlung künstlerischer Ausdrucksmittel. Die Fachtagung begann auf historischem Boden im Renaissancesaal des Schlosses, wo einst das erste stehende Theater Deutschlands untergebracht war, mit Referaten des Dramaturgen und Spielpädagogen Manfred Jahnke, Professor Hans Martin Ritter von der Hochschule der Künste in Berlin und Klaus Hoffmann von der evangelischen Medienzentrale Hannover über politisch-ästhetische Tendenzen in der Kulturpädagogik. Sehr aufschlußreich und interessant waren unter anderem die Beobachtungen, die Jochen Peiler aus Hannover und Werner Schöne aus Gelnhausen über Spielleiter-Fortbildungsmodelle der evangelischen Landeskirchen gemacht hatten.

Einmal mehr wurde während dieser Zusammenkunft über die Möglichkeiten diskutiert, das Theaterspiel im Hinblick auf die kulturelle und pädagogische Entwicklung in den vergangenen Jahren einem noch größeren Kreis zur Selbstverwirklichung anzubieten. Aus diesem Grunde sollen Schwerpunkte einer nebenberuflichen Fortbildung gesetzt werden. Es gehe um eine Kommunikation, hieß es, mit Kindern, Jugendlichen, Schülern, Seniorenkreisen, aber auch Häftlingen in Strafanstalten, die vernachlässigt worden sei, inzwischen aber positive Ansatzpunkte zeige.

Neue Praxisfelder

Über herkömmliche Inszenierungen hinaus entwickelten sich schon zum Teil neue spielerische und theatrale Darstellungsweisen. Zwischen Schule, Sozialarbeit, Stadttheatern und Freizeitkultur haben sich neue Praxisfelder aufgetan, die mit „Animation" oder „Theaterpädagogik" noch unzureichend bezeichnet werden.

Da es wenige qualifizierte Theaterlehrer gebe, so betonte der Sprecher dieser Fachtagung, Theaterpädagoge Thomas Lang vom Staatstheater Braunschweig (die theaterpädagogische Abteilung des Staatstheaters hatte die Organisation für diese Zusammenkunft übernommen), sei die Ausbildung und Fortbildung außerordentlich wichtig. Denn die Vielfalt des Theaters sei kaum in allen Lehrplänen zu erfassen. Als sehr positiv bezeichnete Thomas Lang die Tatsache, daß sich Hunderte von Theatergruppen in Niedersachsen in den zurückliegenden Jahren gebildet hätten. Der Auftritt von rund 70 Schulgruppen während der Theaterwochen des Staatstheaters Braunschweig habe zu erfreulichen Ergebnissen geführt und solle konstant fortgesetzt werden.

Lehrpläne aufgestellt

Lang: „Unsere Gesellschaft bedarf dieser Art von Theaterarbeit mehr und mehr." In bestehenden Institutionen könnten sie gegenwärtig nur unzureichend geleistet werden. Ausbildungen in dieser Richtung bestünden nur in Ansätzen. Lehrpläne sind deshalb von der Fachgruppe schwerpunktmäßig aufgestellt worden.

Befragt über die Ausstattung für die theaterpädagogische Arbeit in einer künftigen Bundesakademie in Wolfenbüttel, meinte der Sprecher, daß drei hauptamtliche Dozenten und zusätzlich Gastdozenten erforderlich seien. Hinzu kämen dann noch Verwaltungskräfte. Hinsichtlich der Räumlichkeiten gebe es keine besonderen Vorstellungen. Für diesen Fachbereich stelle sich nicht die Frage: Altbau oder Neubau. Im Wolfenbütteler Schloß habe man sich während dieser Tagung sehr wohl gefühlt. J. R.

Braunschweiger Zeitung, ohne Datum

MICHAEL REITER

Kulturpolitik – Kunst des Unmöglichen?

Lieber Herr Ermert,
herzlichen Glückwunsch zum 25-jährigen Jubiläum der Akademie.

Die Schünemannsche Mühle und das Wolfenbütteler Schloss sind mir in guter Erinnerung. Wie oft durfte ich die klösterliche Abgeschiedenheit und zugleich weltläufige Offenheit der Bundesakademie für kulturelle Bildung genießen. Ein institutionelles Kleinod in der auch sonst reich gesegneten Lessing-Stadt Wolfenbüttel. Mittlerweile haben sich meine Erinnerungen verschmolzen zu einem Gefühl der Dankbarkeit für die intellektuell anspruchsvolle und anregende Zeit, die ich bei Ihnen verbracht habe. Ich weiß nicht mehr, zu welchem Anlass es war, als ich zum ersten Mal vom damals noch abscheulichen Bahnhof kommend, an den Grachten und Fachwerkhäusern der Altstadt entlang schlendernd schließlich ins historische Mühlengebäude der Akademie eintauchte. Als teilnehmender Tagungsgast, als mitwirkender Referent, in vielen Rollen ist die Akademie für mich seitdem ein kostbarer und leider viel zu selten genutzter Ort der Reflexion und Begegnung geworden, wo wir in einem geschützten Raum frei und entspannt, von unmittelbarem Erfolgszwang entlastet darüber nachdenken können, was uns im kulturpolitischen Handgemenge umtreibt.

Ins kommunale Geschäft der Kulturverwaltung bin ich zu einer Zeit gekommen, als die Planungseuphorie der gesellschaftlichen Wachstumsphasen längst vorbei war. Das große Leitbild einer Kultur „für alle" war mittlerweile präzisierungsbedürftig geworden. Zwar bin ich selbst ein Kind, ein Nutznießer der Bildungsreform. An mir selbst kann ich sehen, wie erfolgreich sich die Teilhabeforderung der neuen Kulturpolitik ausgewirkt hat, wie sie aus der Exklusivität der Hochkultur und aus ihrer Reservierung für die gesellschaftlichen Eliten der Gebildeten herausgeführt hat. Die weiterführenden Schulen standen mir offen, auch im ländlichen Raum hatte ich Zugang zu den knappen Angeboten der Musikschule, der Volkshochschule, der Bücherei, des Museums, der Kunstgalerie, des Theaters. Und meine Eltern haben dafür gesorgt, dass ich all diese Angebote auch wahrnahm.

Ging es früher darum, die erwarteten Zuwachsraten des gesellschaftlichen Reichtums und der öffentlichen Haushalte im Sinne einer sozialen Teilhabegerechtigkeit allen Bürgern und in besonderem Maße benachteiligten Gruppen zugute kommen zu lassen, so überschwemmt heute die Kulturindustrie den Markt, und die neuen Medien sorgen flächendeckend dafür, dass niemand mehr von Unterhaltungs- und Bildungsangeboten ausgeschlossen ist. Dabei sind andere Fragen entstanden. Das Leitbild der Kulturpolitik ist insofern präzisierungsbedürftig geworden, als die Gesellschaft in unterschiedliche Lebensstilgruppen auseinander fällt, die mit einem undifferenzierten Angebot und mit einem einheitlichen Bildungsziel für alle nicht erreicht werden. Was früher als vertikale Exklusion bezeichnet werden konnte (die gesellschaftlichen Eliten separieren sich mit einer anerkannten und kanonisierten kulturellen Bildung von der ungebildeten Masse), wird heute überlagert durch eine unübersichtliche Gemengelage von horizontalen Milieudifferenzierungen und Selbstexklusionsprozessen subkultureller Milieus, die gerade aus ihrer Abgrenzung einen Teil ihres Stolzes und Selbstbewusstseins beziehen.

Unter diesen Bedingungen ist undeutlich geworden, worin noch ein öffentlich verantwortbarer kulturpolitischer Auftrag bestehen könnte. Hinzu kommt, dass die anhaltende Krise der öffentlichen Finanzen es in absehbarer Zeit wahrscheinlich nicht zulassen wird, auf ein Wachstum der Haushalte zu setzen und Zuwachsraten zu verteilen. So bin ich schließlich auch beruflich Zug um Zug, von einer Station zur nächsten mit den leidigen Zumutungen des öffentlichen Leistungsabbaus, mit Kürzungsdebatten und Schließungsszenarien ganzer Kultureinrichtungen konfrontiert worden. Es bleibt uns kaum etwas anderes übrig, als unsere Aufgaben auf dem Feld der Kulturarbeit immer wieder neu zu bestimmen. Dazu bedarf es der Grenzgänge zwischen den Welten, der Übersetzung zwischen den Sprachen, der Vermittlung zwischen den Rationalitäten.

Angesichts öffentlicher Finanzkrisen muss tatsächlich entschieden werden, was wir von den kulturellen Einrichtungen weiterhin in öffentlicher Verantwortung und Trägerschaft halten wollen, damit die Infrastruktur und das kulturelle Erbe nicht verloren gehen. Was dürfen wir andererseits dem privatwirtschaftlichen Marktgeschehen der Kulturindustrie überlassen, also dem ungesteuerten Spiel von profitablem Angebot und kaufkräftiger Nachfrage? Und was schließlich können wir wieder entprofessionalisieren und an das bürgergesellschaftliche Engagement von Vereinen und Initiativen zurückgeben? Das ist eine Diskussion, die nicht nur den Kulturbereich,

Michael Reiter, geb. 1958 in Wiesbaden, Studium von Philosophie und Sozialwissenschaften, Promotion zum Dr. phil. an der FU Berlin, tätig in Kulturmanagement und Kommunalverwaltungen, derzeit Leiter des Amts für Kultur und Weiterbildung in der Landeshauptstadt Kiel, E-Mail: Michael.Reiter@kiel.de sondern alle öffentlichen Güter betrifft. Meine Hoffnung allerdings, man könne diesem Verständigungsprozess angesichts einer beängstigenden Verschuldung der öffentlichen Haushalte (und obszöner Bereicherungen im Selbstbedienungskasino der Finanzwirtschaft) eine gewisse Rationalität verleihen, ist schwächer geworden. Es gibt keinen Konsens über eine Rangordnung öffentlicher Güter oder einen Kanon kultureller Bildung.

Im historischen Rückblick sieht es so aus, als seien dem Wettbewerb der Städte um kulturellen Glanz und öffentlichen Reichtum in den Zeiten des wirtschaftlichen Wachstums praktisch keine Grenzen gesetzt gewesen. Die höfischen Residenzen genauso wie später die freien Bürgerstädte waren stolz darauf, mit Theatern und Kunstsammlungen, mit Orchestern und Bibliotheken, Museen und Volkshochschulen zu glänzen und sich ein Maximum an Bildung und Unterhaltung leisten zu können. Noch nach den kriegsbedingten Zerstörungen und in der Not von Nachkriegszeiten setzte man alle Anstrengungen daran, den öffentlichen Reichtum wiederherzustellen. In den heutigen Zeiten der Grenzen von Wachstum, ja des partiellen Schrumpfens sieht es anders aus. Die Hegemonie der höfischen Gesellschaft und die Hegemonie des prestigeorientierten Bildungsbürgertums sind vorbei. Im Sozialstaat kann es tatsächlich nicht mehr darum gehen, den Repräsentations- und Distinktionsbedürfnissen herrschender Klassen Vorrang zu gewähren. Damit haben sich die Paradigmen kulturpolitischer Begründungen grundlegend geändert. Nicht vorherzusehen war allerdings die Entwicklung, dass der Wettbewerb der Städte mittlerweile einem Benchmark nach unten folgt. Aus der Frage, „Wie viel öffentlichen Reichtum können wir uns leisten?" ist eine andere Frage geworden: „Mit wie wenig kommen wir noch aus, was alles kann weg?" Es wird uns kaum etwas anderes übrig bleiben als diese Fragen immer wieder auf allen Feldern von Kunst und Kultur durchzubuchstabieren.

Die Bundesakademie für kulturelle Bildung Wolfenbüttel ist ein ausgezeichneter Ort der Dauerreflexion, eine Oase der Rationalität und Kommunikation, der Auseinandersetzung und Begegnung. Hier immer wieder Mut und Kraft schöpfen zu dürfen, das ist eine unschätzbare Leistung, ein öffentliches Gut sondergleichen. Und das schon seit 25 Jahren. Dafür gratuliere ich. Und dafür danke ich Ihnen und Ihrem Team.
Ihr Michael Reiter

BZ 12.7.85

Die Schünemannsche Mühle am Rosenwall soll nach den Planungen des Staatshochbauamtes ein Internat für die Bundesakademie aufnehmen. Das Haus links am Bildrand ist unter anderem als Hausmeisterwohnung in die Planungen einbezogen. Der Fachwerkanbau am Mühlengiebel soll einer Glaskonstruktion weichen, die bis zum dritten Stock hochgezogen wird und die Giebelwand beleben soll. Das Haus rechts im Hintergrund dient derzeit der Lessingakademie als Sitz. Es wird vorerst nicht angetastet, muß später aber vielleicht einmal einem Akademieanbau Platz machen. Foto: v. Graefe

Absicht des Staatshochbauamtes

Schünemannsche Mühle als Internat

Vorentwurf für kulturelle Bundesakademie existiert jetzt — Roter Salon wird benötigt

In „greifbare Nähe" ist jetzt nach Auffassung von Stadtdirektor Helmut Riban der Bau der dritten Bundesakademie für kulturelle Bildung gerückt. Hinter verschlossenen Türen erläuterte der Leiter des Staatshochbauamtes I, Rolf Blenkle, wie erst mit Verspätung bekannt wurde, Anfang dieser Woche den Mitgliedern des Verwaltungssausschusses sowie der Bau- und des Kulturausschusses der Stadt Wolfenbüttel den aktuellen Planungsstand. Blenkle rechnet für 1987 mit dem Baubeginn, wie er am Donnerstag gegenüber unserer Zeitung bekräftigte. Der Vorentwurf seines Amtes sieht die teilweise Nutzung des Wolfenbütteler Schlosses und der Schünemannschen Mühle (sowie eines Nachbargebäudes) für Zwecke der Akademie vor. Über die Kosten machte Blenkle keine Angaben.

Das Mühlengebäude am Rosenwall soll nach den Vorstellungen des Staatshochbauamtes im Innern so umgebaut werden, daß in den drei Obergeschossen Internatszimmer für 41 Akademiebesucher entstehen (fünf Doppel- und 31 Einbettzimmer). Das Eckhaus zum Schiffwall wird einbezogen, dient als Wohnung für einen Hausmeister und nimmt im Erdgeschoß Sanitär- und Nebenräume auf. Im Erdgeschoß der Mühle wird laut Blenkle rund ein Drittel der Fläche für Akademieräume genutzt, während ein rund 400 Quadratmeter großer Saal der Stadt gleichsam im Gegengeschäft zur kostenlosen Überlassung des Gebäudes als multifunktionaler Raum zur Verfügung gestellt werden soll — zum Beispiel für Ausstellungen, Empfänge, Filmvorführungen. Der Fachwerkanbau am Südgiebel der Mühle soll abgerissen und durch einen Glasanbau ersetzt werden, in dem Frühstückszimmer der einzelnen Etagen Platz finden könnten. Auf der Wasserseite der Mühle ist eine Terrasse vorgesehen.

Das bisher von der Lessingakademie genutzte Nachbarhaus auf der Nordseite (zum Rosenwinkel hin) bleibt vorerst unangetastet, würde laut Blenkle aber später eventuell einem Anbau weichen müssen. Alle diese Häuser sind im Eigentum der Stadt Wolfenbüttel.

Im Schloß sind Funktionsräume für die Akademie vorgesehen. Die Jugendherberge müßte ausquartiert werden. Zudem möchte das Amt den sogenannten Roten Salon (nach dem Schloßbrand 1918 wurde er neu im Museumstrakt eingerichtet) sowie Magazin- und Werkstatträume des Museums für die Akademie haben, würde dafür dem Museum aber die Wohnung der Herbergseltern überlassen. Der Vorstand des Zweckverbandes Stadt- und Kreisheimatmuseum beschäftigt sich heute, Freitag, mit dieser Planung.

Im städtischen Kulturausschuß lag in dieser Woche bereits ein Beschlußvorschlag für den Rat vor, nach dem die Stadt zum 1. April 1987 den Betrieb der Jugendherberge einstellt, die entsprechenden Schloßräume dem Land zur Akademieunterbringung kostenlos überläßt und die Schünemannsche Mühle dem Land für das Internat zur Verfügung stellt. Ausschußvorsitzender Dr. Kurt-Günter Dorow wollte mangels Zuständigkeit des Ausschusses in puncto Jugendherberge keine Beschlußempfehlung abfragen. Die SPD-Mitglieder im Ausschuß hätten gleichwohl für die Vorlage gestimmt. Einzig der Passus, daß das Land den 400-Quadratmeter-Raum in der Mühle der Stadt für zehn Jahre pachtfrei überlassen möge, wurde schließlich einmütig vom Ausschuß begrüßt. Im übrigen soll nach der Sommerpause weiter beraten werden. gf

Wolfenbüttel am Abgrund – „Bundesakademie übernehmen Sie!"
Ein Zukunftsmärchen*

Die Katastrophe bahnt sich an

Es begann mit dem Brief einer Anwaltssozietät aus den USA. Mehrere Immobilieneigentümer verklagten die Mast-Jägermeister AG wegen Vermögensschäden und seelischer Grausamkeit, weil immer wieder heimliche Trinker verschämt ihre leergetrunkenen Jägermeisterfläschchen in Hecken, Fensternischen, Regenfallrohren und anderen Orten auf Grundstücken versteckten. Pro Klient wurde eine Forderung von 200.000 $ erhoben. Nachdem durch die Medien die Klage bekannt wurde, strömten der Anwaltssozietät Zehntausende weiterer Kläger aus aller Welt zu. Die eingeforderte Gesamtschadenssumme erhöhte sich auf 6 Milliarden $. Die Folgen waren verheerend. Der Aktienkurs stürzte ins Bodenlose, Kredite wurden aufgekündigt, Zulieferer stoppten ihre Lieferungen. Die Mast-Jägermeister AG musste Konkurs anmelden. Der Versuch eines Management-Buy-Outs im Rahmen einer Planinsolvenz scheiterte, weil ein wichtiger Konkurrent, der sich frühzeitig durch die Einführung eines Pfandsystems vor ähnlichen Klagen geschützt hatte, über einen Strohmann die Namensrechte gesichert und alle ähnlichen Namen wie Jägermeisterin, Waldmeister, Hirschmeister, Schlehenleuchtfeuer geschützt hatte. Erschwerend kam hinzu, dass es nicht gelang einen erfolgreichen Konkursverwalter zu gewinnen, weil alle in Frage Kommenden sich bereits aus eigener Betroffenheit der Sammelklage angeschlossen hatten.

Das Unglück nahm seinen Lauf. Viele Zulieferfirmen gerieten ebenfalls in Konkurs. Das Wolfenbütteler Banken- und Sparkassenwesen brach zusammen. Die Arbeitslosigkeit stieg auf 55%. Die Steuereinnahmen der Stadt sanken extrem. Nachdem sich Politik und Verwaltung lange mit großer Kraftanstrengung, aber ohne Erfolg gegen die Unglücksspirale gestemmt hatten, entstand eine Phase der Resignation, der Mutlosigkeit und Kraftlosigkeit.

Zukunftsmut durch Kreativität

Bei seiner Suche nach hilfreichen Problemlösungsideen in der Geschichte der Stadt stieß der Direktor der Herzog August Bibliothek auf den Herzog Heinrich I Mirabilis – zu Unrecht übersetzt als Heinrich der Wunderliche. Dieser großherzige Fürst investierte selbst in Zeiten größter ökonomischer Bedrängnis in den Geist, indem er viele Klöster seines Herzogtums großzügig mit Geld bedachte.

In einer Zukunftskonferenz in der Bundesakademie war dies Auslöser für ein Projekt, die Resignation und Hoffnungslosigkeit der Menschen in Wolfenbüttel durch massenhafte Projekte der kulturell/geistigen Betätigung erst in Gelassenheit, dann in Kreativität, dann in Zukunftsmut zu wandeln. Die kreativen Köpfe der Akademie entwickelten in kurzer Zeit eine Vielzahl von Projekten unter dem Motto: Zukunftsmut durch Kreativität.

Politik und Verwaltung beschlossen einmütig, das Geschick der Stadt in die Hände der Bundesakademie zu übergeben.

Die ersten Versuche waren schwierig. Das Startprojekt: Die ganze Stadt ein poetry-slam – wir dichten unsere Zukunft zeigte nur an wenigen Orten in der Stadt und unter Beteiligung weniger Literaturbegeisterter erste Erfolge. Auch die Straßenmalereiaktion: *Wir malen ein Zukunftsbild* brachte noch nicht den erwünschten Erfolg. Das Theaterprojekt: *Schöne Zukunft Wolfenbüttel* zeigte erstmals die Potentiale des Konzeptes. Es wurde begünstigt dadurch, dass mehrere Schultheaterprojekte, viele Familien, Großeltern, Paten aktivieren konnten. Und zum ersten Mal zeigte sich die Kraft des Umfeldes der Freunde und Bewunderer der Akademiearbeit, die von dem verzweifelten und bewundernswerten Versuch gehört hatten, die Stadt durch die Bundesakademie vor dem Untergang zu bewahren. Viele kamen, boten unentgeltlich ihre Hilfe an und unterstützten die Projekte. Der Durchbruch kam mit dem Projekt: Wir singen uns in eine gute Zukunft.

Die Anregung dazu kam von estnischen Freunden der Akademie. Die Esten haben sich Anfang der neunziger Jahre ihre Freiheit und Demokratie ersungen, indem sie zu Hunderttausenden auf Straßen und Plätzen Freiheitslieder gesungen haben. Es entstand die Wolfenbütteler Tradition des gemeinsamen Morgengesangs. Eingeläutet durch die Kirchenglocken strömten täglich um sieben Uhr morgens Tausende von Bürgerinnen und Bürgern auf Straßen und Plätze und sangen kraftvoll und aus frohem Herzen gemeinsam. Das hatte die erfreuliche Nebenwirkung, dass für die vielen Arbeitslosen der Tag eine Struktur gewann. Nach dem Morgengesang folgte das gemeinsame

Reinhart Richter, Berater für Kulturplanung und Verwaltungs- und Politikreform, Richter Beratung Osnabrück. (http://richter-beratung.de, info@richter-beratung.de)

Straßenfrühstück, zu dem jeder beitrug, was er leisten konnte. Dann verteilten sich die Menschen und eilten zu ihren verschiedenen Kulturprojekten.

Besondere Aufmerksamkeit erweckten neue, zuerst als widersprüchlich empfundene Orientierungen. Mitglieder des Wirtschafts- und Finanzausschusses bildeten mit Bankern und beschäftigungslosen Beamten des Finanzamtes den Kreativschwerpunkt Poesie.

Straßenbauer und Betonfachleute entwickelten sich zu floralen Freibeutern und verwandelten die Stadt in ein Blütenmeer.

Lehrerinnen und Lehrer ließen sich von Schülerinnen und Schülern in jungen Kulturtechniken unterrichten und schufen gemeinsam mit Ihnen im Internet die Wolfenbütteler poetry-slam-Plattform.

Menschen aus Sozialarbeit und Sozialpolitik entwickelten – nicht ohne intensive Diskussionen über die Gefahren des Kapitalismus – den Verband der Straßenhändler für kreative Dienstleistungen und Produkte.

Das Glück der Randale

Ein besonderes Randaleproblem erwies sich als Glücksfall. Frustrierte Busreisegruppen, die zu einer Betriebsbesichtigung der Jägermeisterwerke anreisten und vor verschlossenen Toren standen, reagierten ihre Wut durch gewalttätige Märsche durch die Innenstadt ab. Die sich auf dem Wege zu Entspannung und Harmonie befindenden Bürgerinnen und Bürger waren entsetzt zu erleben, wie gesetzte ältere Menschen – teilweise in grüner Jägerkluft – auf Pflasterbilder urinierten, Schaufenster einschlugen, Blumenrabatten zerstörten und dabei viele leere, kleine Jägermeisterfläschchen zurück ließen. Die Landtagsabgeordneten riefen den Innenminister zu Hilfe. In einem Vororttermin zeigte sich wieder einmal das kreative Problemlösungspotential der Bundesakademie. Sie entwickelte schnell den Vorschlag eines psycho-sozial-kultur-kreativen Betreuungsangebotes für frustrierte Busreisegruppen. Der Innenminister bewilligte großzügig Mittel aus dem Kriminalpräventionsprogramm. Gruppen von kulturbegeisterten Bürgerinnen und Bürgern und Kreativitätsspezialisten aus der Akademie empfingen zukünftig die Busreisegruppen und begeisterten sie in klugen Schritten für kulturelle Mitwirkung am kreativen Leben in Wolfenbüttel:

1. Stufe: Trauerarbeit
2. Stufe: Leichte Anwärmübungen, Pantomime, Mitsingen, Bewegungsübungen zu Musik
3. Stufe: Integration in das pulsierende kreative Leben in der Stadt

Dies Programm zeigte erstaunliche Wirkungen. Zunehmend verweigerten Busreisende die Rückfahrt mit ihrem Bus. Sie wollten noch einige Tage in Wolfenbüttel bleiben. Menschen im Ruhestand wählten Wolfenbüttel als ihren neuen Lebensmittelpunkt. Rückkehrer berichteten in ihren Heimatkommunen von den erstaunlichen Erlebnissen in Wolfenbüttel. Bald kamen immer mehr Delegationen aus vom Niedergang bedrohten Städten – zunehmend aus ganz Europa und auch aus den USA. Sie wollten wissen, ob das Wolfenbütteler Konzept auch ihren Kommunen helfen könnte.

Alles wird gut

Zuerst zeigten sich wirtschaftliche Wirkungen im Hotel- und Gastronomie-Bereich. Die Übernachtungszahlen und Gastronomie-Umsätze stiegen deutlich. Die örtliche DEHOGA machte von sich aus das Angebot, die Bundesakademie bei ihrer Arbeit durch eine freiwillige Hotelabgabe in Höhe der seit 2010 eingesparten Mehrwertsteuer zu unterstützen, was auf Landes- und Bundesebene des Verbandes auf starke Kritik stieß. Die Miet- und Immobilienpreise stiegen an – unter anderem weil Investoren von außerhalb die Wolfenbütteler Entwicklungen aufmerksam beobachteten. Zunehmend gab es Kleinexistenzgründungen im Kultur- und Kreativbereich. Der Einzelhandel begann sich zu beleben – besonders durch kulturaffine Waren.

Auf einer Tagung zur Evaluation des Wolfenbütteler Geschehens machte Kulturberater Reinhart Richter – der Akademie als Referent und Tagungsteilnehmer seit vielen Jahren freundschaftlich verbunden – den Vorschlag, die erstaunlichen Erfahrungen in Wolfenbüttel für ein Franchising-Konzept: *Kreativität und Zukunftsmut – kulturgeprägte Stadtrettung* zu nutzen. Dieser Vorschlag wurde nach einigen Bedenken – besonders bezüglich der Gefährdung der Gemeinnützigkeit durch wirtschaftliche Erfolge – angenommen, nachdem in der gemeinnützigen kleinen Aktiengesellschaft eine Rechtsform gefunden wurde, die ein wirtschaftlich erfolgreiches Handeln mit einem gemeinnützigen Zweck – nämlich der Förderung von Vorhaben kulturgeprägter Stadtrettung – verband. Die Aktien fanden reißenden Absatz. Wohlhabende Förderer der Stadt, Mitarbeiterinnen und Mitarbeiter der Bundesakademie, Bürgerinnen und Bürger, andere Stiftungen, Banken und Sparkassen kauften Aktienpakete. Da das Marketing des Franchising-Konzeptes ein Selbstläufer war, wurde nur ein kleiner Teil des Aktienkapitals für die Aufnahme der Geschäftstätigkeit benötigt. Ein wichtiges Betätigungsfeld der Sparkasse wurde ein kluges Vermögensmanagement. Wolfenbüttel und die Bundesakademie erlebten einen Ansturm von potentiellen Franchising-Nehmern, die sich in Seminaren auf ihre Aufgabe vorbereiten ließen. Die gesellschaftliche und wirtschaftliche Entwicklung der Stadt zeigte schon bald so positive Wirkungen, dass die Bundesakademie in einem feierlichen Festakt die Verantwortung für die Stadt wieder an Politik und Verwaltung zurückgeben konnte.

Am Rande bemerkt eine Personalie: Nur durch seine – aus langjähriger Akademiearbeit schon bekannte – Kreativität, Kommunikationsstärke und Beharrlichkeit ist es Akademiedirektor Dr. Karl Ermert gelungen, die ihm von der Bevölkerung angetragene erbliche Herzogswürde abzuwehren. Auch der Namensvorschlag: Herzog Karl der Kreative brachte seine demokratischen Grundüberzeugungen nicht ins Wanken.

* Märchen berichten über vergangene Ereignisse. Zukunftsmärchen berichten aus der Zukunft über vergangene Ereignisse, die für uns noch Zukunft werden können.

3lick vom Schiffwall auf die Rückfront der Schünemannschen Mühle in Wolfenbüttel. Foto: Wolfgang Lange

1987 Beginn der Bauarbeiten in Wolfenbüttel

Bundesakademie in Schloß und Mühle

Voraussichtlich im Jahre 1987 kann nit den Bauarbeiten für die dritte 3undesakademie für kulturelle Bil- lung in Wolfenbüttel begonnen wer- len. Das kündigte der Leiter des Staatshochbauamtes I in Braun- chweig, Rolf Blenkle, an, nachdem er n dieser Woche vor Mitgliedern des Volfenbütteler Rates den Vorentwurf ur Nutzung des Schlosses und der Schünemannschen Mühle erläutert atte. Im Schloß kann nach den Vorstellungen der Planer die Verwal- ung der Akademie sowie der eigent- iche Unterrichtstrakt unterkommen, während die Mühle am Rosenwall zu einem Internat umgebaut werden soll.

Bis Ende August hat das Staats- hochbauamt dem Wirtschafts- und dem Wissenschaftsministerium für den Haushalt 1987 Bauvorlagen für den Ausbau des Schlosses und des Mühlen- gebäudes vorzulegen. Die Vorentwürfe sehen vor, daß im Schloß die Räume der Jugendherberge sowie bisherige Gruppenräume im Hochparterre für die Akademie genutzt werden sollen. Das dazwischen in der ersten Etage gelegene Heimatmuseum wird nicht angetastet. Lediglich der sogenannte Rote Salon muß einer Treppe weichen, die ein sich in der Mitte des Seitenflügels befindendes Treppenhaus ersetzen soll. Um den Roten Salon hatte Museumsleiter Dr. Rolf Hagen bis zuletzt gekämpft, wie er am Freitag gestand. Der nach dem Schloßbrand 1981 eingerichtete Raum müsse aber wohl aufgegeben werden, meinte gestern auch der Zweckverband Stadt- und Kreisheimatmuseum. Dafür wird dem Museum die Wohnung des Herbergsvaters zugeschlagen. Dort könne später ein seit langem gewünschtes Bürgermuseum bisher im Magazin ruhende Exponate der Öffentlichkeit zugänglich machen, meinte Dr. Hagen. Ein derzeit als Museumswerkstatt eingerichteter Raum mit besonders dicken Mauern soll für den Musikunterricht der Akademie genutzt werden. Magazinräume muß das Museum ebenfalls abtreten.

Die Schünemannsche Mühle wird in drei Obergeschossen fünf Zweibett- und 31 Einbettzimmer aufnehmen. Im Erdgeschoß ist ein 400 Quadratmeter großer Saal vorgesehen, den das Land voraussichtlich im Tausch gegen die Überlassung des Grundstücks zehn Jahre lang pachtfrei der Stadt für Ausstellungen und Empfänge zur Verfügung stellen wird. Ein Nachbarhaus soll die Hausmeisterwohnung aufnehmen. Das nördlich angrenzende Gebäude, in dem die Lessingakademie ihren Sitz hat, ist als Erweiterungsfläche vorgesehen. In der Endstufe soll dort ein Anbau für etwa 60 Akademiebesucher Platz finden. Über die Kosten für den Umbau von Schloß und Mühle sagte das Hochbauamt noch nichts. Der Wolfenbütteler Rat wird voraussichtlich nach der Sommerpause die erforderlichen Beschlüsse fassen. *gf*

25 Jahre Bundesakademie Wolfenbüttel mit wegweisender Wirkung

Ein Glühwürmchen kann sich noch so strecken, es wird nie ein Leuchtturm

Auch wenn ein Schwarm der flimmernden Insekten uns schon mal mit ihrem romantischen Licht begeistert, es bleibt bei einem schönen Erlebnis. Ein Strahlen, das den Weg in die Zukunft weist, bringen sie mit ihrem Event-Auftritt nicht in die Welt.

Der gute alte Leuchtturm, der sich im Kulturbereich trotz GPS-Navigation zum platitüdenhaften Modewort ausgewachsen hat, vermag vielleicht dennoch zum Nachdenken anregen: Sein Licht wird vom Wasser reflektiert und erzeugt einen Strahlenpfad, auf dem das Schiff vorankommt. Die Positionsbestimmung, die auf der Reise mit ihrer eigenen Vergangenheit erfolgt, ist von der Gegenwart in die Zukunft gerichtet.

Kulturelle Bildung braucht Impulsgeber

Kulturelle Bildung hat ebenso die gegenwärtige Lage zu erkennen, um eine Kursbestimmung für kommende Herausforderungen vorzunehmen. Die Bedingungen dafür wohnen ihrem eigenen Transportmittel, eben der Kultur, in vielfältiger Weise inne. Es bedarf allerdings klarer Orientierungspunkte, die es sich zu vergegenwärtigen und an die gegebene Situation anzupassen gilt. Das wegweisende Feuer dafür vermag eine Bildungsakademie mit einem fachkompetenten Veranstaltungsangebot zu entzünden. Kongresse, Fachtagungen, Seminare, Lehrgänge – halt das ganze Spektrum, das eine Bildungsakademie bietet – lassen den Horizont erreichbarer erscheinen. Ein Stillstand lässt die Kultur einer Gesellschaft erstarren oder zu einem Ästhetizismus verkommen, in dem der Marktwert und die nützliche Wirkung das Geschehen dominieren. Motivation und Impulse müssen gegeben werden. Dafür bedarf es der entsprechenden Institutionen. Nur derart erhält unser Kulturleben den erforderlichen Tiefgang, denn die Trägheit des Herzens, das unzerstörbare Gewissen und die fürchterliche Rechthaberei, die Hand in Hand geht mit dem Trauma, dass das bestehende Recht sei und von jeder Verantwortung entbinde, ist eine lähmende Begleiterscheinung der Frustration.

Musikalische Bildung hat Ziele, die primär darauf abzielen, den Menschen den Zugang zum Erkenntnisgewinn, der

der Musik immanent ist, zu ermöglichen. Verkaufszahlen und marktorientierte Musikpräsentationen in den Medien bieten, auch wenn sie ein noch so großes Publikum erreichen, erst dann geistige Bereicherung, wenn sie über das Niveau eines unterhaltenden Konsums hinausreichen. Die Erfüllung von Verkaufsmargen mag das Gewissen scheinbar beruhigen, und natürlich wissen wir alle um den Eigenwert der Musik. Doch nicht selten verlieren wir das, was uns wesentlich und lieb ist, aus den Augen. Manchmal trägt dies Züge eines Capgras-Syndroms: Das, was uns nahe steht, halten wir für fremd und von Doppelgängern besetzt. Bildungsakademien kann bei diesem Erscheinungsbild nachgerade eine therapeutische Bedeutung zukommen.

Orientierung für die Musikschularbeit im Wandel der Zeit

Die öffentlichen Musikschulen sollten angesichts der kommunalen Bekenntnisse zu einer kulturellen Bildungslandschaft, in der die Musikschularbeit als unverzichtbar erklärt wird, nicht zu den enttäuschten Bildungspartnern zählen. Davon sind sie schon deshalb weit entfernt, weil sie es gewohnt sind, um ihr Anliegen zu kämpfen und neue Impulse innovativ umzusetzen. Große Initiativen kultureller Bildung führen in Kitas und Grundschulen in vielen Teilen Deutschlands zu einer neuen Musikalisierung des Alltags. Dabei darf das Gesamtkonzept einer sinnstiftenden Musikschularbeit nicht aus den Augen verloren werden: Nicht die Tatsache, dass musiziert wird, ist das Wesen kultureller Bildung, sondern das „Wie" und „Was" ist von grundlegender Bedeutung. Dann erst wird erfahrbar und prägend, was die Musik an Botschaften, Orientierung, Erkenntnissen und eigenen Werten vermittelt. Eine Gesellschaft, die dies nicht für die Gestaltung ihrer Zukunft nutzt, verliert sich in blindem Aktivismus. Wie sich dieser komplexe Kunstanspruch in einer dem Wandel unterzogenen Gesellschaft wirkungsvoll realisieren lässt, muss freilich kontinuierlich diskutiert und neu justiert werden.

Mehrdimensionale Themenfelder, wie die demographische Entwicklung oder die Inklusivität musikalischer Horizonte von Menschen, deren Wurzeln in andere Kulturkreise hineinreichen, müssen konstruktiv zur Bereicherung der eigenen kulturellen Bildungsarbeit eingelöst werden. Die Bundesakademie

Winfried Richter, Dr. phil, ist seit 1986 Leiter der Musikschule der Stadt Pinneberg. Von 1990 bis 2005 war er Vorsitzender des Landesverbandes der Musikschulen in Schleswig-Holstein. Seit fünf Jahren hat er das Amt des Bundesvorsitzenden im Verband deutscher Musikschulen inne und ist Mitglied im Präsidium des Deutschen Musikrats. (E-Mail: vdm@musikschulen.de) für kulturelle Bildung Wolfenbüttel hat auf eben diesen Gebieten einer aktuellen Fragestellung und resultatorientierten Veranstaltungsdurchführung ihr Wirkungsfeld. Eine Bedeutung wird transparent, deren Erhalt nicht nur wünschenswert sondern essentiell ist. Wenn das Licht der Musik einen Kurs in die Zukunft weisen soll, dann bedarf es sicherer Häfen, wo kultureller Proviant zur kulturellen Grundversorgung geladen werden kann.

Konkretes aus kreativem Nachdenken entfalten

Vor den orkangepeitschten Wogen lässt sich gleichwohl nur Schutz finden, wenn der Ankerplatz den Herausforderungen der Zeit mit genügend neuestem Wissen begegnet. Eine Bundesakademie muss sich mit ihrem Wirken in die Pflicht der Mitverantwortung für diejenigen nehmen lassen, für die sie da ist. Die Aufgabe besteht nicht im Durchschleusen altbewährter Patentlösungen, sondern in der Begeisterung neue Ideen zu mobilisieren. Kräfte und Energien gilt es zu bündeln und zu entfalten, um Richtungsentscheidungen möglich und Pfade begehbar zu machen. Wer Aufgaben in der Musikschularbeit übernimmt, muss wissen, was das Unverzichtbare an seinem Bildungs- und Kulturauftrag ist. Selbstkritisch-kreatives Nachdenken über die Musikschule und über das Wirken in der Musikschule zeichnet die Leistungsfähigkeit dieser Institution aus.

Beispielhaft sei die Kooperation der Bundesakademie Wolfenbüttel mit dem Verband deutscher Musikschulen genannt, bei der es um die Durchführung und die Evaluation von Pilotlehrgängen der Initiative „Musikalische Bildung von Anfang an" ging. Die Neujustierung der musikalischen Früherziehung und der damit neu gewonnenen Selbstverständlichkeit, dass aktives Musizieren zum Menschen gehört wie das Atmen, musste von vielen Ebenen aus Impulse erfahren, ehe der VdM daraus einen Bildungsplan entwickeln konnte. Musik will gelernt werden wie der aufrechte Gang. Beides ist im Menschen angelegt, und doch kann nicht früh genug dazu verholfen werden. Eine sorgfältige Aus- und Weiterbildung der Musikschulpädagogen ist erforderlich wie im berufsbegleitenden Lehrgang „Elementares Musizieren in der Kita" hier in Wolfenbüttel.

Der Kosmos kultureller Identität umgibt den Menschen ein Leben lang. Musik vermag ihn von der ersten bis zur letzten Stunde zu durchdringen bis in die tiefste Schicht der Selbsterfahrung, mag emotional bewegen oder geistige Prozesse in die Zukunft lenken. Musikalische Bildung von Anfang an – ein Leben lang bedarf es pädagogischer Katalysatoren. Auch damit die Lehrerinnen und Lehrer, damit Institutionen wie öffentliche Musikschulen ihre Aufgaben weiterhin erfolgreich leisten können, gilt es der Bundesakademie Wolfenbüttel Glück für die Zukunft zu wünschen.

Samstag, 6. April 2002 WOLFENBÜTTEL KULTUR

Intimes von der „Buch-Bella"

Krimi-Schriftstellerin Doris Gercke las in der Bundesakademie

Von Lore Schönberg

WOLFENBÜTTEL. Einmal einer bekannten Krimi-Schriftstellerin über die Schulter sehen und den Gang ihrer Gedanken und Romanfiguren verfolgen: Die Bundesakademie für kulturelle Bildung gab dazu Gelegenheit mit der öffentlichen Lesung in einer von Doris Gercke geleiteten Schreibwerkstatt.

Mehr als zehn Bücher

Mindestens so bekannt wie ihr eigener Name ist der der „Bella Block", die als Hauptperson in mehr als zehn Büchern auftritt und seit Jahren zu einer Art Eigenleben im Fernsehen gelangt ist. Die Schilderung einer Frau mit dem geheimnisvollen Namen Tolgonai und ihre Bekanntschaft mit einem Lastwagenfahrer, die von Gewalt und Willkür geprägte Situation in einem Asylantenheim sowie ein Rendezvous im Flughafenrestaurant und die trübselige Stimmung des Hamburger Hauptbahnhofes nach Mitternacht waren einige der Kostproben, mit denen Gercke ihren Zuhörern Appetit auf ihr neues Buch „Die schöne Mörderin" machte.

Wieder ein „Bella-Block-Roman", der jedoch die ehemalige Polizeibeamtin in einer anderen Rolle, nämlich als Privatdetektivin darstellt. Die Autorin erklärte diesen Berufswechsel damit, dass sich damit größere Gestaltungsmöglichkeiten für ihre Heldin ergeben und plauderte zwanglos über die Biografie ihrer „Buch-Bella", die als illegitime Enkelin des russischen Schriftstellers Alexander Block fließend russisch spricht und das Land des Vorfahren kennt.

Natürlich entließen die ausgewählten Passagen des Buches die Hörer an einem dramatischen Höhepunkt, ohne die Lösung vorweg zu nehmen. Hatte Gercke schon vor der Lesung und in kurzen Zwischenberichten ihre Arbeit erläutert, so ergab sich im Anschluss bei einer lebhaft geführten Diskussion ein Resümee dessen, was sie den Lesern vermitteln will. Sie schreibt „mit kritischem weiblichen Blick auf unsere gesellschaftlichen Verhältnisse", die für die in Greifswald geborene Autorin das wichtige Umfeld ihrer Bücher sind.

Genaue Recherche, die etwa zwei Drittel des jeweiligen Werkes ausmachen, ist ihr enorm wichtig als solides Handwerkszeug: „Ich muss mir die Wirklichkeit genau ansehen und beschreiben, und ich muss Atmosphäre schaffen, die so spannend und interessant ist, dass die Leser sie vor sich sehen und fühlen können." Dabei hat sie keinerlei sentimentale Gefühle für die Person, mit der sie sich gerade beschäftigt

Schreiben lernen könne man nur durch Lesen, antwortet sie auf die Frage, wie man denn zum Autor wird. Erst durch Lesen stelle sich dann die Form der eigenen Sprache ein. Ihr eigenes großes Vorbild ist Anton Tschechows einfache, präzise Sprache.

Dazu noch ein weiterer Tipp fürs Schreiben: „Hinsehen." Dass sie selbst nach dieser Methode arbeitet, hatten die Hörer bereits bestätigt gefunden. „Ich hatte noch nie ein Problem, ein Thema zu finden", versicherte die Autorin mit einem Lächeln.

Keine Verbindung

Und wie ist dass Verhältnis der „Buch-Bella" zur „Fernseh-Bella"? Die beiden haben, nachdem die Rechte auf den Namen an die Produzenten abgegeben wurden, nichts miteinander zu tun, und auch die Drehbuch-Autoren halten sich nicht an die Bücher.

Doris Gercke findet Hannelore Hoger übrigens wunderbar als Bella Block. Äußerlich völlig verschieden, sind Hoger und Gercke gut befreundet und „manchmal schimpfen wir gemeinsam, aber dann machen wir doch weiter."

Eine andere Seite der Autorin kam zum Schluss ans Licht: Sie las drei Gedichte, in denen sich trockener Humor, spröder Charme und lyrische Untertöne mischten.

Schriftstellerin Doris Gercke im Gespräch mit dem Publikum in der Bundesakademie. Foto: Stephan Hespos

Der Landkreis Wolfenbüttel gratuliert

Inspirierend, frech, frisch, locker, spritzig, ernsthaft, diskussionsfreudig und vor allem praxisorientiert. Die Bundesakademie für kulturelle Bildung hat viele Gesichter. Die reichen vom gemeinsam geschriebenen Wolfenbüttel-Krimi bis zum Seminar über Kunst- und Kulturpolitik in Europa.

Bei aller Vielfalt ist die Bundesakademie vor allem eines: Ein Ort der Begegnung und des kreativen Schaffens für haupt-, neben- oder ehrenamtlich arbeitende Menschen aus dem Kulturbetrieb. Mit ihrem qualitativ anspruchsvollen Angebot an Fort- und Weiterbildung in den Bereichen Bildende Kunst, Literatur, Musik, Theater und Museum erweist sich die Bundesakademie als Magnet mit großer Anziehungskraft. Gut 2000 Kulturschaffende (Tendenz steigend) aus dem In- und Ausland nutzen jährlich das Angebot der 160 Seminarkurse, Fachtagungen, Symposien und Kolloquien und sind damit für einen oder mehrere Tage zu Gast in Stadt und Kreis Wolfenbüttel. Damit schärft die Bundesakademie nicht nur das kulturelle Profil einer kulturhistorisch bedeutenden Region, sondern erweist sich darüber hinaus als ein Standortfaktor mit beträchtlichem ökonomischen Potenzial.

Zum 25. Geburtstag im Jahr 2011 gratuliere ich der Bundesakademie für kulturelle Bildung Wolfenbüttel und allen, die zu ihrer Erfolgsgeschichte beigetragen haben, im Namen des Landkreises Wolfenbüttel sehr herzlich! Ich wünsche Ihnen und uns allen: Bleiben Sie so einfallsreich, phantasievoll und realitätsnah wie Sie sind! Bleiben Sie eine lebendige Bereicherung im Kulturleben unserer Region!

In herzlicher Verbundenheit

Jörg Röhmann
Landrat

»Daß
das alte Wolfenbüttel
auch just so
aus der Welt
liegt!

Wäre mein Glaube
stark genug,
daß ich Berge
versetzen könnte,
so wollte ich
Ihrem verwünschten
Schlosse
bald eine andere
Stelle anweisen.«

Eva König an
Gotthold Ephraim Lessing
im Juni 1770

Jörg Röhmann, 1956 geboren in Kissenbrück; verheiratet, 2 Söhne; 4 Jahre Bundeswehr (1975 bis 1979); danach bis 1987 Landkreis Wolfenbüttel; 1987 bis 2006 in leitender Funktion bei der AOK; 24.09. 2006 Wahl zum Landrat des Landkreises Wolfenbüttel.

Kultursache innen 1993, s.a. S.9 und 309

zu Gott dem Allerhöchſten/ über den 81ſten
einkommenden
Geburths-Tag/
Des Durchleuchtigen/ Hochgebohrnen
Fürſten/
AUGUSTEN,
Interkultur Internet Jazz
Job Konzert Kulturdiskurs
Kulturgespräch
Lebenslanges
Lernen Leitbild
Lernpartnerschaft
Praktikum
Baustelle
Sophia Eliſabeth

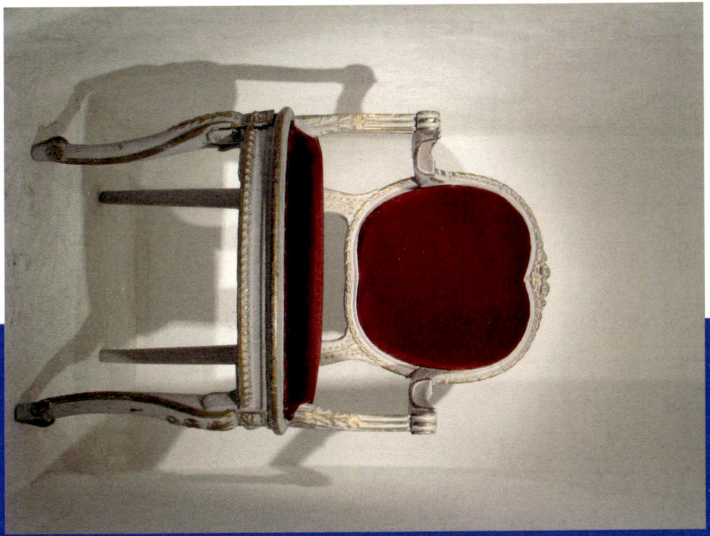

Franziska Rutz, 1956 in Zürich (CH) geboren, 1981-85 Studium der Freien Kunst an der SfG Luzern bei Anton Egloff, seit 1986 zahlreiche Ausstellungen u.a. in Deutschland, der Schweiz, Tschechien, Russland und Italien, 1994 Umzug nach Deutschland, ab 1997 Tätigkeiten im Bereich der Kunstvermittlung; ab 2001 Dozentin für digitale Bildmontagen u.a. bei der Bundesakademie für kulturelle Bildung Wolfenbüttel (www.franziskarutz.de).

Die Bundesakademie Wolfenbüttel und der Bundesverband Bildender Künstlerinnen und Künstler (BBK)

Als der BBK 1986 die Bundesakademie in Wolfenbüttel mit ins Leben rief, war dieser Gründung ein Modellversuch des BBK und der Hochschule der Künste in Berlin vorausgegangen, der eine berufsbezogene Weiterbildung zum Inhalt hatte. Die Motivation des BBK, bei der inhaltlichen Ausrichtung der Bundesakademie in Wolfenbüttel mitzuwirken, war folgerichtig auch orientiert an den in diesem Modellversuch gewonnenen Erfahrungen.

Dass bei der Gründungsversammlung von den rund vierzig interessierten und engagierten Kulturverbänden nur der BBK, vertreten durch Ulla Schenkel, und der Deutsche Musikrat, vertreten durch Prof. Dr. Richard Jakoby, eingeladen wurden und deren Vertreter sich einer Beamtenriege unterschiedlicher politischer Ebenen gegenüber sahen, war möglicherweise ein Geburtsfehler. So wurde etwa der Vertreterin des Schriftstellerverbandes nicht einmal gestattet, als Gast an diesem historischen Ereignis teilzunehmen.

Der BBK legte damals einen Satzungsentwurf vor, der auch vom Musikrat mitgetragen wurde; akzeptiert wurde aber von der Gründungsversammlung der Entwurf der niedersächsischen Landesregierung, was bei dieser Zusammensetzung nicht weiter verwundert.

Die folgenden Jahre waren geprägt von finanzieller Unterversorgung, vor allem aber konnten die beiden verbliebenen Kulturverbände keinerlei Einfluss nehmen auf die inhaltliche Ausrichtung der Bundesakademie. Die Idee des BBK, die wertvollen Erkenntnisse aus dem Berliner Modell in die Wolfenbütteler Praxis einfließen zu lassen, wurde weitgehend ignoriert. Noch blieb der BBK der Akademie verbunden, Hans Wilhelm Sotrop, damals Vorsitzender des BBK, schrieb in der Ausgabe 2/1987 der Zeitschrift kultur politik: „... also was tun? Machen wir erst mal weiter!"

Aber zwei Jahre später war erst mal Schluss: „Der BBK hat die Programme der Akademie in den letzten 4 Jahren beobachtet und ist angesichts der tatsächlichen Einzelveranstaltungen Ende 1989 zu dem Ergebnis gekommen, dass die 3. Bundesakademie keine Weiterbildung anbietet, wie es sich der BBK bei deren Gründung erhofft hatte. Der Bundesausschuss beschloss auf seiner Sitzung am 12.12.1989 einstimmig, aus dem Trägerverein ... auszuscheiden."

Der BBK hielt aber an der Option fest, sich wieder einzubringen, sollte „eine Umorientierung im Sinne einer tatsächlichen Weiterbildung für Künstler“ in der Zukunft stattfinden.
Ein vorausschauender Beschluss. Denn 1997 stellte Sabine Baumann, seit April 1996 Leiterin des Fachbereiches Bildende Kunst, in einer Ausgabe der kultur politik das neue Programm der Akademie im Kunstbereich vor: „Mit Kursen zu den Themen Kunstmarkt, einer Einführung in das Internet, Urheberrecht, Marketing und Finanzierung bieten wir ein Angebot der klassischen Professionalisierung“.

Deshalb ist der BBK seit Oktober 1997 wieder Mitglied im Trägerverein, derzeit vertreten durch das BBK-Vorstandsmitglied Erhard Kalina. Und seitdem hat der BBK einige Symposien in Kooperation mit der Akademie realisiert.

Das aktuelle Programm der Bundesakademie in Wolfenbüttel macht deutlich, dass die Einrichtung sehr breit aufgestellt ist und eine außerordentliche Vielfalt von Möglichkeiten für alle denkbaren Kultursparten anbietet, dass sie aber auch in der Variabilität ihres Angebotes stets auf neue Anforderungen zu reagieren bereit und in der Lage ist.

Hut ab – und weiter so!

Werner Schaub, geb. 1945 in der Ortenau (Baden), Studium an der Kunstakademie Karlsruhe und an der Universität Heidelberg (Psychologie und Pädagogik), zahlreiche Ausstellungen national und international, Vorsitzender und Sprecher des Bundesverbandes Bildender Künstlerinnen und Künstler (BBK).

Deshalb mache ich QuAM

Dozenten
Empathie
Seminarteilnehmerinnen
Horizonterweiterung
Arbeitsteilung
Leidenschaft
Bundesverband

Museumspädagogik
Andreas
Coaching
Honorar
Exkursion

Internationalität
Curriculum vitae
Herausforderung

Q	u	A	M
a	n	u	u
l	d	s	s
i		t	e
f		a	u
z		u	m
i		s	
e		c	
r		h	
u			
n		i	
g		m	

Wir kooperieren gerne mit der Bundesakademie, denn sie bedeutet uns:

Kreatives Arbeiten, fachlicher Austausch, (internationale) Netzwerke, Blick über den Tellerrand, Unterstützung, Begegnung, Frischzellenkur, Reflexion, Qualitätssicherung, kollegiale Beratung, Inspiration, Gedankenblitze, Kraft und Reibung. Sie ist ein Ort für konstruktive Kritik, und gemeinsame Wege. Herzlichen Glückwunsch zum 25jährigen Bestehen vom Bundesverband Museumspädagogik e.V.

Nicole Scheda, Bundesverband Museumspädagogik (BVMP e.V.), er vertritt, bündelt und koordiniert die Kompetenz von bundesweit ca. 700 Museumspädagoginnen und Museumspädagogen. Als Dachverband der regionalen Arbeitskreise ist es sein Ziel, die Belange der Museumspädagogik und Museumskommunikation in bundesweiten Gremien der Politik, Kultur und Bildung zu vertreten und das Berufsbild der Museumspädagogin bzw. des Museumspädagogen weiterzuentwickeln. Der Bundesverband Museumspädagogik leistet mit seiner Arbeit einen Beitrag, zur Entwicklung neuer, zukunftsweisender Konzepte der Museumsarbeit.

Ein Spannungsbogen

Eine „Bundesakademie für kulturelle Bildung" ist eine Kultursache. Sie ist aber auch – jedenfalls in ihrer Gründungsphase – eine hochpolitische Angelegenheit gewesen. Schon am 3.7.1979 hatte die Landesregierung auf Anregung des niedersächsischen Landesmusikrats (mit Unterstützung des Deutschen Musikrates) die Errichtung einer dritten Bundesakademie nach Remscheid und Trossingen beschlossen. Damit sollte die Lücke in der Versorgung mit Qualifizierungs-/Weiterbildungsangeboten im Kulturbereich geschlossen werden.

Als 1982 erkennbar wurde, dass die Vorarbeiten beim Land Niedersachsen sehr zögerlich behandelt wurden und dass nach der Wahl 1982 der Nachfolger des „Technikers" Prof. Dr. Eduard Pestel auf dem Stuhl des Wissenschaftsministers, Dr. Johann-Tönjes Cassens, den Versuch unternahm, seine Heimatstadt Osnabrück noch ins Rennen für die Standortfrage zu bringen, wurde es höchste Zeit, stärkere politische Aktivitäten zu entwickeln. Bis dahin hatten die örtlichen Abgeordneten Ernst-Henning Jahn (CDU), Helmuth Bosse (SPD) und der Autor (SPD) die Absichtserklärungen wohlwollend, aber ohne besonderen Nachdruck begleitet.

Es gab eine örtliche Initiative (unter anderen auch mit Prof. Dr. Paul Raabe) über Parteigrenzen hinweg. Im Juni 1982 legte sich die Landesregierung auf den Standort Wolfenbüttel fest. Im Januar 1983 gab es einen Rückzugsversuch („Schloß reicht zu fast gar nichts"), zwei Monate später wurden das Schloss und die „Mühle" akzeptiert. Im November 1983 nahmen die SPD-Abgeordneten den wieder eingetretenen Stillstand zum Anlass für eine weitere Anfrage („Welche Hindernisse stehen einer zügigen Verwirklichung entgegen?"). Für die hinhaltende Antwort brauchte man im Ministerium vier Monate. Mit der Anregung, einen „Freundeskreis" zu institutionalisieren, wurde der Druck aus der Lessingstadt verstärkt. Der Rat der Stadt unterstrich durch eine einstimmig gefasste Resolution im Mai 1984 seinen Willen zur aktiven Partnerschaft. Parallel dazu arbeiteten die einzelnen Kulturbereiche längst an inhaltlichen Konzeptionen, das kam deutlich in einer Anhörung zum Ausdruck, die im Oktober 1984 im Landtag stattfand.

Der durch einen Entschließungsantrag der Opposition und die dadurch ausgelöste Landtagsdebatte (am 8. November 1984) verstärkte Druck sorgte schließlich für den ersten Satzungsentwurf für den Trägerverein. Die Mitfinanzierung durch den Bund wurde ebenfalls noch einmal kritisch, schließlich aber nach mehreren Kontakten mit Bonner Ministerialvertretern und Abgeordneten nicht mehr in Frage gestellt. Auch die Stadt Wolfenbüttel wurde zunehmend aggressiver, schließlich hielt man die Schlossräume seit mehr als fünf Jahren für die Akademiezwecke vor. Über all dies gingen weitere eineinhalb Jahre ins Land bis endlich auf der Grundlage eines neuen Landtagsbeschlusses vom 27.2.1986 die Landesregierung die Umsetzung zügiger betrieb.

Dass dann die „renitenten" Politiker von CDU und SPD nicht in die Gründungsversammlung am 12.5.1986 eingeladen und auch nicht als Mitglieder des Trägervereins zugelassen wurden, erhellt die Spannungen und die Unsicherheit auf Ministeriumsseite in dieser „Kultursache". Später fand man zu konstruktiverem Umgang miteinander – und seit dem 26.11.1986 bin ich stolzes Mitglied des Trägervereins.

Politik, öffentliche Finanzen, objektiv schwierige Startbedingungen und Strukturen – dies und mehr hat für diesen sehr zögerlichen eher verunglückten Start dieser wichtigen Institution gesorgt. Seither ist in Wolfenbüttel außerordentlich positive und höchst kompetente Arbeit geleistet worden. Zahllose Kulturschaffende haben für sich und als Multiplikatoren ein besseres Rüstzeug erhalten. Dafür bin ich zutiefst dankbar.

Heute kümmern sich ehemalige und aktive Politiker engagiert, aber ungleich entspannter, um die Realisierung eines Projektes an der Bundesakademie: die Wiederherstellung der Mühlenanlage an der Schünemannschen Mühle für die Gewinnung von Strom aus Wasserkraft! Hier gibt es die unterstützende Begleitung der Deutschen Bundesstiftung Umwelt, des Energiekompetenzzentrums Salzgitter und vor allem der zuständigen Landesbehörden. Neben der kulturell-fachlichen Arbeit ist dies ein Thema, das der Bundesakademie für kulturelle Bildung gut bekommt. Und so schließt sich der politische Spannungsbogen nach anfänglich kritischen Phasen nun sehr positiv. Auch dafür bin ich dankbar.

Wilhelm Schmidt, geboren 1944 in Barbecke; Landtagsabgeordneter für Wolfenbüttel 1978–1986; Bundestagsabgeordneter für Wolfenbüttel/Salzgitter 1987–2005; Erster Parlamentarischer Geschäftsführer der SPD-Bundestagsfraktion 1998–2005; Präsidiumsvorsitzender Arbeiterwohlfahrt-Bundesverband seit 2004; Präsident des Deutschen Vereins für öffentliche und private Fürsorge seit 2006; Mitglied/Vorsitzender in mehreren Stiftungen; Berater und Vorstandsbevollmächtigter Evonik Industries AG seit 2006.

3. BUNDESAKADEMIE
für kulturelle Bildung in WOLFENBÜTTEL – Aktivitäten 1984:

- 2.12.83 Landtags-Anfrage MdL Schmidt pp. beantwortet von Landesregierung 16.3.84
- 14.3.84 Aufruf zur Gründung eines "Förderkreises"
- 3.4.84 1. Versammlung des Förderkreises in der Herzog-August-Bibliothek
- 27.3.84 Aufruf des Landesmusikrats
- 9.5.84 Resolution des Rates der Stadt Wolfenbüttel ("Notwendige Entscheidungen bald treffen") vorgelegt im Landtag als Eingabe
- Juni 84 Ratsausschuß Jugend, Freizeit u. Sport zum Thema "Jugendherbergs-Auslagerung" (als städt. Vorleistung zur Akademie-Errichtung)
- 16.7.84 Offener Brief MdL Schmidt an Minister Cassens (mehr Aktivitäten zur Akademie-Realisierung)
- Juli 84 Offene Briefe + Rundbrief Deutscher Sängerbund an Landesregierung ("Untätigkeit allmählich unerträgliches Ärgernis")
- 3.10.84 Anhörung SPD-Landtagsfraktion zur Kulturpolitik (einschl. Bundesakademie)
- 27.9.84 + 18.10.84 Beratungen im Landtagsausschuß für Wissenschaft und Kunst
- 19.10.84 SPD-Presseerklärung zur Bundesakademie
- 23.10.84 Offener Brief MdL Schmidt an Minister und Wolfenb. Politiker ("Mehr tun und BMd Innern besuchen")
- 24.10.84 Offenlegung von Satzungs-, Konzeptions- und Bau-Entwürfen durch MWK
- 30.10.84 Vorlage Landtags-Antrag SPD "5 Jahre Bemühungen zur Errichtung..."
- 8.11.84 Behandlung des Antrags im Landtag
- 10.11.84 Tagung LV Spiel- und Theaterpädagogik
- 14.11.84 Besuch des Arbeitskreises Wissensch. u. Kunst der SPD-LT-Fraktion in WF
- 15.11.84 Offener Brief MdL Schmidt an kommunale Verantwortliche
- 15.11.84 Gespräch MdL Schmidt mit Hochschule für Bildende Künste Braunschweig
- 17.12.84 Gespräch mit Staatssekr. Waffenschmidt, BMI, in Friedland ("Zusagen einhalten, Wolfenbüttel besuchen")
- 18.12.84 Brief MdL Schmidt an Mandatsträger in WF

LOKALES — Wolfenbütteler Zeitung — Mittwoch, 29. Mai 1985

Bundesakademie für musische Bildung nötig

Bei Anhörung im Landtag in Hannover sprach man sich für Wolfenbüttel als Standort aus

Bei einer von den beiden Wolfenbütteler SPD-Landtagsabgeordneten Helmuth Bosse und Wilhelm Schmidt herbeigeführten Anhörung über den Stand der Arbeiten zur Errichtung der 3. Bundesakademie für kulturelle Bildung in Wolfenbüttel trafen sich im Landtagsgebäude in Hannover Vertreter nahezu aller Verbände, die einmal Ausbildung in der Akademie betreiben wollen.

Einhelliger Tenor der Vertreter der Verbände, der Stadt Wolfenbüttel und des Landkreises: „Die Bundesakademie wird nach wie vor dringend gebraucht, und sie soll unbedingt ihren Standort in Wolfenbüttel haben!"

Der Vorsitzende des SPD-Arbeitskreises für Wissenschaft und Kunst, MdL Rainer Silkenbeumer (Langenhagen), und Wilhelm Schmidt verwiesen in ihren einleitenden Worten darauf, daß die niedersächsische Landesregierung über viele Jahre das Angebot nicht energisch genug verfolgt habe. Erst durch die von der Opposition aufgegriffenen und umgesetzten Aktivitäten der Verbände sei Bewegung in die Angelegenheit gekommen. Man müsse hoffen, daß dies alles nicht schon zu spät sei.

Schmidt verwies auf die umfangreiche Parlamentsanfrage, die Ausschußberatungen, die Anträge zum Landeshaushalt und den im November 1984 im Landtag eingebrachten Entschließungsantrag als Aktivitäten seiner Fraktion zur Akademie-Realisierung. Dennoch habe sich die SPD bewußt zurückhaltend geäußert, um das Projekt nicht zu sehr in die parteipolitischen Auseinandersetzungen geraten zu lassen, meinte der Abgeordnete.

Der Landesvorsitzende des Bundes Bildender Künstler, Hans Manhart, äußerte sich zu den Bedürfnissen seines Verbandes und gab außerdem einen Eindruck von der Anhörung wieder, die Anfang des Monats beim Bundesinnenministerium in Bonn durchgeführt worden war. Auch dabei sei von den Verbänden massiv die Akademie gefordert worden. Die Zurückhaltung des Bundes, an der früher zugesagten finanziellen Beteiligung festzuhalten, sei aber ebenso offenkundig gewesen.

Staatstheaterintendant Mario Krüger (zugleich für den Bühnenverein), Lenelotte von Bothmer (Schriftstellerverband) und Klaus Hoffmann (Landesvereinigung Kulturelle Jugendbildung) verwiesen auf die Notwendigkeit der Akademie. Chorleiter, Literatur- und Theaterpädagogen, Jugendbildungsreferenten sind nur einige der Gruppen, die dringend der Aus- und Weiterbildung in einer solchen Akademie bedürfen. Reinald Wegner vom Landesmusikrat wies mit Nachdruck darauf hin, daß in Bayern und Baden-Württemberg Landesakademien entstanden sind, die innerhalb kürzester Zeit „bis unter das Dach" mit Teilnehmern gefüllt waren (zum Beispiel Marktoberdorf mit 70 Betten im ersten Jahr 16000 Teilnehmertage).

Stadtdirektor Helmut Riban traf den Nagel auf den Kopf, indem er sagte: „Die Notwendigkeit der Akademie war nie umstritten; es muß jetzt ein Trägerverein her, der sich zuständig fühlt, und dann muß man anfangen!" Kulturausschußvorsitzender Dr. Kurt-Günter Dorow (CDU) wies auf die Gemeinsamkeit der Parteien vor Ort hin, die auch zu den Ratsresolutionen von 1979 und 1984 geführt habe. Als besonders problematisch stellte er dar, daß durch die immer noch ausstehenden Entscheidungen die gesamte Stadtplanung nachhaltig behindert und belastet sei. „Es muß jetzt zu einer Entscheidung kommen, so oder so!" sagt der CDU-Politiker.

Stellvertretender Bürgermeister Axel Gummert (SPD) und der SPD-Ratsfraktionsvorsitzende Klaus-Peter Bachmann forderten ebenso wie Helmuth Bosse als Vorsitzender der SPD-Kreistagsfraktion nun ein entschlossenes Handeln seitens der Landesregierung. Immerhin gehe es bei der Bundesakademie um ein Objekt, bei dem nicht nur rund 20 Millionen DM Baukosten umgesetzt werden, sondern das auch darüber hinaus ein enorm wichtiger strukturverbessernder Faktor für die gesamte Region sei.

Wilhelm Schmidt forderte von den Verbänden ein „Einstiegskonzept". Die SPD-Fraktion wird nach seinen Worten ihre Aktivitäten verstärken. Zur Zeit wird über eine dringliche Anfrage im Landtag nachgedacht. Auf jeden Fall aber wird die Beratung über die Resolution der Stadt und den Landtagsantrag der SPD im Landtag forciert, sagte der Abgeordnete. Die im Landeshaushalt für die Einrichtung einer Geschäftsstelle enthaltenen 183200 DM sollten nach seiner Meinung unverzüglich konkret genutzt werden. Professor Dr. Paul Raabe von der Wolfenbütteler Herzog-August-Bibliothek, der wegen einer anderen Verpflichtung nicht bei der Anhörung dabei sein konnte, hatte ihm gegenüber noch einmal bekräftigt, daß eine Anfangsarbeit auch unter Nutzung von Bibliotheksräumen geleistet werden könne.

„Falls es ein Schwarzer-Peter-Spiel sein sollte, das zur Zeit bei den Regierungen in Bonn und Hannover betrieben wird, dann werden wir uns daran nicht beteiligen. Wir müssen jetzt in die Strümpfe kommen, sonst schaffen wir es nie mehr. Wenn die Bundesakademie für kulturelle Bildung nicht in Wolfenbüttel entstehen sollte, wäre das ein kulturpolitischer Verlust, ja ein politisches Debakel ersten Ranges für die Landesregierung und ein weiterer Todesstoß für das Zonenrandgebiet!" So drückte sich Gesprächsleiter MdL Silkenbeumer am Schluß der mehr als zweistündigen Aussprache in der SPD-Fraktion aus.

Braunschw. Zeitung 23.5.85

In Sachen Akademie unterwegs

„Wir wollen, daß die Bundesakademie nach Niedersachsen kommt", bekräftigte der Vorsitzende des Arbeitskreises Wissenschaft und Kunst der SPD-Landtagsfraktion, Rainer Silkenbeumer, in dieser Woche in Hannover. Die Vertreter der Stadt Wolfenbüttel hörten das gern, drängten aber in der vom Arbeitskreis veranstalteten Anhörung auf eine baldige Entscheidung über die in Wolfenbüttel vorgesehene dritte Bundesakademie für kulturelle Bildung, da die städtischen Planungen seit Jahren wegen dieser Fortbildungseinrichtung lahmgelegt sind. Die BZ berichtete gestern ausführlich darüber. Die Bildnachlese von der Anhörung zeigt oben Silkenbeumer neben den Wolfenbütteler SPD-Landespolitikern Helmuth Bosse (links) und Wilhelm Schmidt. Unten die Delegation aus Wolfenbüttel (von links): Klaus-Peter Bachmann, SPD-Fraktionsvorsitzender, Axel Gummert, erster stellvertretender Bürgermeister, Dr. Kurt-Günter Dorow, zweiter stellvertretender Bürgermeister, Kulturausschußvorsitzender und CDU-Sprecher für den kulturellen Bereich, sowie Stadtdirektor Helmut Riban.

Fotos: v. Graefe

Wilhelm Schmidt hat für die Festschrift Presseartikel aus seinem Archiv zur Verfügung gestellt, die von Seite 1 bis hierher verteilt zu finden sind.

HELWIG SCHMIDT-GLINTZER

Nachbarschaft, Telekommunikation und Mühlbachrauschen – Vom gegenseitigen Nutzen der Bundesakademie für kulturelle Bildung und der Herzog August Bibliothek Wolfenbüttel

Eine lange Geschichte von kurzen Leitungen

Nicht lange nach der Gründung der Bundesakademie für kulturelle Bildung Wolfenbüttel war es die Notwendigkeit einer neuen Telekommunikationsanlage, welche die beiden wichtigsten kulturellen Einrichtungen Wolfenbüttels einander näher brachte. Am 14.03.1988 hatte die Herzog August Bibliothek auf den Bedarf hingewiesen, und nachdem das zuständige Dezernat der Bezirksregierung Braunschweig eine Bedarfsprüfung vorgenommen und verschiedene Varianten geprüft und das Ergebnis mit Schreiben vom 31.08.1988 der Herzog August Bibliothek mitgeteilt hatte, wandte sich die Bibliothek mit Schreiben vom 13.09.1988 an den Niedersächsischen Minister für Wissenschaft und Kunst in Hannover mit der Betreffzeile „Erweiterung der Fernsprechnebenstellenanlage der Herzog August Bibliothek Wolfenbüttel und Nutzung dieser Anlage für die Bundesakademie für kulturelle Bildung in Wolfenbüttel".

Während die Bibliothek auf ihre Erweiterungspläne hinwies mit den Sätzen:

„In den nächsten Wochen wird die Herzog August Bibliothek den neben dem Zeughaus liegenden Kornspeicher für ihre Zwecke übernehmen. Hierin soll bis 1993 die deutsche Nationalbibliothek (in Wolfenbüttel für das 17. Jahrhundert) Seminarräume, Vortragssaal, Stipendiaten-Arbeitsräume usw. untergebracht werden. Selbstverständlich sind dann auch Fernsprechnebenstellen vorzusehen", hatte sich bereits der Akademiedirektor Steffen Tiggeler mit Schreiben vom 07.09.1988 bei der Bezirksregierung Braunschweig für die von der HAB favorisierte Lösung (Variante II) eingesetzt, die auch von der Bezirksregierung empfohlen worden war. Unter anderem schrieb er:

„Die Variante II hat für die Bundesakademie – neben der angestrebten Gesprächsaufzeichnung (auch der Dienstgespräche [gemeint ist die Aufzeichnung der Einheiten zur Abrechnung von Privatgesprächen, HSG]) – noch den Vorteil, daß die Kursteilnehmer, die das Mittag- und Abendessen im Leibnizhaus einnehmen werden, auch dort schnell über die HAB telefonisch erreicht werden können, dazu noch ohne zusätzliche Gebühren."

Dass freilich manches im Jahr 1988 noch Zukunftsmusik war, war auch Steffen Tiggeler bewusst, der auf Folgendes hinwies:

„In jedem Falle sollte bei der Finanzierung berücksichtigt werden, daß die Bundesakademie zur Zeit eine Fernsprechanlage der Firma Siemens benutzt (zwei Amtsleitungen, zehn Nebenstellen zum Vorzugspreis von DM 11.273,69 angeschafft – Neupreis DM 12.650,81), die nach Auskunft der Bezirksregierung im Falle der Installation einer größeren Anlage von der Herstellerfirma zu einem angemessenen Zeitwert ‚zurückgekauft' würde. Dieser Rückkauf könnte allerdings erst erfolgen, nachdem der Verwaltungsbereich der Bundesakademie die Räume im Schloß bezogen hat, also zu einem späteren Zeitpunkt als die Inbetriebnahme des Wohnheimes Schünemannsche Mühle (diese voraussichtlich November 1989). Insofern bedarf auch der Ihrem Variantenvorschlag beigegebene Zeitplan (Anlage 5) einer Korrektur: Mühle Haushaltsjahr 89, Schloß Haushaltsjahr ca. 90."

Doch nicht nur die Schünemannsche Mühle brauchte ihre Zeit, sondern auch sonst mahlten die Mühlen langsam. Zwar hatte am 07.11.1988 die Bezirksregierung die HAB erneut um eine Stellungnahme zum Gesamtkonzept gebeten. Erst mit Schreiben vom 09.08.1990 kommt die Bezirksregierung auf die Planungen zurück und bittet um Mitteilung, „wann die Telefonanlage neu beschafft werden soll bzw. ob die Telefonanlage bereits installiert wurde." Dann ging es rasch, und im November 1990 nahm die HAB die Siemens-Anlage Hicom 300 in Betrieb.

Es sollten gerade einmal zehn Jahre vergehen, und die zukunftsfähige Telefonanlage zur „Zentralisierung der kulturellen Einrichtungen in Wolfenbüttel" (Schreiben der Bezirksregierung vom 31.08.1988) musste ersetzt werden. „Die vorhandene TK-Anlage entspricht nach 10 Jahren in vielen Punkten nicht mehr dem heutigen kommunikationstechnischen Standard", schrieb der Verwaltungsleiter der Bundesakademie Dirk Naumann an das Staatshochbauamt Braunschweig I, auch wenn zwischenzeitlich (1997) für die Bundesakademie im Gebäude Rosenwall 16 eine Unteranlage Hicom 352/362 installiert worden war.

Auch wenn nicht alle Träume reiften, so wurde doch insbesondere die Schünemannsche Mühle zu einem entscheidenden logistischen Baustein für das Wissenschaftsprogramm der Herzog August Bibliothek.

Helwig Schmidt-Glintzer, Jahrgang 1948, Prof. Dr. phil., seit 1993 Direktor der Herzog August Bibliothek. Forschungsaufenthalte in China und Japan, unter anderem am Jimbun kagaku kenkyûshô, Kyôto. Professor für Sinologie an der Universität Göttingen. Nach Lehrtätigkeiten an den Universitäten Bonn, Hamburg, München und Göttingen unterrichtet er derzeit an der Universität Hannover.

Sommerkurse, Literarisches Collegium und Europakolleg

Die Herzog August Bibliothek hatte seit 1976 jährlich einen Sommerkurs veranstaltet, der im Juli oder August bis zu 20 Nachwuchswissenschaftler/innen nach Wolfenbüttel führt, wo sie für einen Zeitraum von zwei Wochen (in den ersten Jahren waren es vier Wochen) ein zentrales Thema der Mittelalter- oder Frühneuzeitforschung vertieft behandeln. Dies geschieht unter der Leitung eines oder mehrerer ausgewiesener Wissenschaftler/innen, die als Experten für den gewählten Gegenstand gelten können und mit der Hilfe weiterer Dozenten den Kurs vorbereiten und strukturieren.

Zur Grundidee des Sommerkurses gehört es, sämtlichen Teilnehmern auch die Arbeit an ihren persönlichen Projekten zu ermöglichen. In der Regel handelt es sich um Doktoranden und Doktorandinnen, die von den exzeptionellen historischen Beständen der Bibliothek, aber auch von ihrer Infrastruktur und den Kenntnissen des hiesigen Personals profitieren können. Darüber hinaus dient der Kurs natürlich auch der Vernetzung des wissenschaftlichen Nachwuchses, und so sind die geselligen Anteile, etwa gemeinsame Freizeitaktivitäten und Mahlzeiten, ein integraler Bestandteil des Aufenthalts in Wolfenbüttel. Die Kursteilnehmer verbringen also ihre Tage mit sehr intensivem Lernen, Diskutieren, Recherchieren und Schreiben und sind nach Kursende rechtschaffen erschöpft.

So ein reichhaltiges Programm ist jedoch nur zu bewältigen, wenn es auch die Möglichkeit zu Entspannung und Erholung gibt und der karge Rest an Privatleben ein gewisses Maß an Komfort aufweist. Genau hier kommt die Bundesakademie für kulturelle Bildung ins Spiel, die mit ihrem aus Sicht der Bibliothek beneidenswerten Gästehaus, der Schünemannschen Mühle, den Kursteilnehmern einen Rückzugsraum zur Verfügung stellt, der ein großes Maß an Bequemlichkeit bietet. Dass das Gebäude überdies nur 2 bis 3 Minuten von den Hauptgebäuden der Bibliothek entfernt ist, ist gerade in der knappen Zeit vom Frühstück bis zum Beginn des Kurses um 9 Uhr von besonderer Bedeutung.

Die Bibliothek bucht Jahr für Jahr die Unterkunft für die Teilnehmer in der „Mühle" und sie fragt jedes Mal hinterher bei diesen nach etwaiger Kritik am gesamten Kurs. Dabei zeigt sich, dass Lage und Ausstattung des Gästehauses sowie sein freundliches Personal immer positiv bewertet werden. Dies gilt auch für den Sommerkurs des Jahres 2010 (s. Foto), der diesmal wegen der sanierungsbedingten Schließung des Anna-Vorwerk-Hauses auch seine Abendmahlzeiten mehrmals in der „Mühle" eingenommen hat.

Ohne die Möglichkeiten des Gästehauses der Bundesakademie wäre die Organisation des Sommerkurses für die Herzog August Bibliothek in der inzwischen weltweit bekannten Form nicht möglich; für die Teilnehmer wäre der Aufenthalt in Wolfenbüttel unbequemer und unattraktiver; kurz: für das Erfolgsmodell des Wolfenbütteler Sommerkurses wäre das Leben ohne die Bundesakademie und ihre Schünemannsche Mühle erheblich schwerer.

Die Vorzüge der „Mühle" konnten seit 1995 auch über mehrere Jahre die Teilnehmer des unter Leitung von Heinz Ludwig Arnold durchgeführten Literarischen Collegiums Wolfenbüttel sowie die Teilnehmer des seit 2003 und weiterhin von der Stiftung Niedersachsen geförderten „Europakollegs für Schülerinnen und Schüler" nutzen.

Der 35. Internationaler Wolfenbütteler Sommerkurs 2010 zum Thema „Herrscherkritik und Politikberatung: Die Rolle von Hofpredigern an europäischen Höfen des 16. bis 18. Jahrhunderts" unter Leitung von Frau Prof. Dr. Luise Schorn-Schütte, hier im Bild mit den TeilnehmerInnen, einem Dozenten und dem Direktor der Herzog August Bibliothek.

SABINE SCHORMANN

Fit für die Zukunft: Professionalisierung und Qualitätssicherung im Kulturbetrieb!

Der Kulturbetrieb steht vor großen Herausforderungen: einerseits müssen Museen, Theater, Konzerthäuser und Galerien bei knappen Kassen sich immer stärker gegenüber anderen Freizeitangeboten behaupten, andererseits beziehen insbesondere öffentliche Kultureinrichtungen ihre Legitimation als staatlich unterstützte Einrichtungen aus einem öffentlichen Bildungsauftrag, den die Kulturschaffenden nicht aus den Augen verlieren dürfen.

In Zeiten knapper Mittel besteht leicht die Gefahr, dass der kulturelle Bildungsauftrag zugunsten eines leicht zu rezipierenden Programms begrenzt wird, um mehr Besucher zu gewinnen und Kosten zu minimieren. Ist der „Kulturstaat" Deutschland, wie die Bundesrepublik immerhin in Artikel 35 des Einigungsvertrages explizit genannt wird, in Gefahr? Diese Befürchtung besteht nur, wenn kultureller Bildungsauftrag und Besucherorientierung als Widerspruch verstanden werden. Immer mehr Kulturbetriebe aller Größen zeigen aber mittlerweile, dass beides miteinander vereinbar ist und sich sogar gegenseitig befruchten kann.

Auch kleine Kulturbetriebe können durch ein professionelles Management, Kooperationen mit anderen Akteuren und eine konsequente Besucherorientierung qualitativ hochwertige Kulturarbeit leisten und sich gleichzeitig an veränderte Rahmenbedingungen anpassen. Um zukunftsfähig zu bleiben, muss die Arbeit von Kulturbetrieben allerdings – wie bei allen laufenden Einrichtungen – immer wieder auf den Prüfstand gestellt werden. Konkret heißt das: Evaluierung, Weiterentwicklung, Professionalisierung. Transparente und allgemein anerkannte Kriterien zur Qualitätssicherung spielen hierbei eine große Rolle.

Der Niedersächsischen Sparkassenstiftung ist bei ihrer Förderung der Bildenden Kunst, der Musik, der Museen und der Denkmalpflege diese Qualitätssicherung ebenfalls ein wichtiges Anliegen, das sie mit der Bundesakademie für kulturelle Bildung Wolfenbüttel teilt.

Als Beispiel sei das Museumsregistrierungsverfahren genannt, das die Niedersächsische Sparkassenstiftung gemeinsam mit zwei Partnern durchführt: dem Niedersächsischen Ministerium für Wissenschaft und Kultur sowie dem Museumsverband für Niedersachsen und Bremen e.V. Das Verfahren trägt entscheidend zur Weiterentwicklung und Zukunftssicherung der Ausstellungshäuser bei.

Dies nicht zuletzt deshalb, weil Seminar-Angebote der Bundesakademie alle Schritte des Registrierungsverfahrens begleiten. Die Ergebnisse zeigen, dass die Häuser von diesem Angebot enorm profitieren.

Das Museumsregistrierungsverfahren ist mit Unterstützung durch die Bundesakademie für kulturelle Bildung ein nachhaltiges Instrument zur Professionalisierung und Qualitätssicherung der musealen Arbeit. Es zeigt beispielhaft, wie Kulturbetriebe zukunftsfähig bleiben können, ohne ihren kulturellen Bildungsauftrag zu vernachlässigen – ein Modell, das im Interesse des „Kulturstaates" Deutschland hoffentlich Schule machen wird.

Sabine Schormann, Dr. phil., stammt aus Bad Homburg und studierte Germanistik in Mainz. Neben journalistischen Tätigkeiten war sie für das Goethe-Museum, Frankfurt/Main, tätig. Für die Deutsche Stiftung Denkmalschutz in Bonn etablierte Sabine Schormann den bundesweiten Tag des offenen Denkmals. Ab 1997 hatte sie die Ausstellungsleitung von Planet of Visions und Das 21. Jahrhundert im Themenpark der EXPO 2000 inne. Seit 2000 ist sie Direktorin der Niedersächsischen Sparkassenstiftung und Geschäftsführerin der VGH-Stiftung, Hannover.

Stand der BAW am Tag der Braunschweigischen Landschaft 2010.

HANNE SEITZ

Von Leerstellen und produktiven Lücken Kulturelle Bildung und die pragmatische Wende in der Kunst

In die Mitte der Welt habe ich dich gestellt, damit du von da aus bequemer alles ringsum betrachten kannst, was es auf der Welt gibt. Weder als einen Himmlischen noch als einen Irdischen habe ich dich geschaffen [...], damit du wie ein Former und Bildner – ‚plastes et fictor' – deiner selbst nach eigenem Belieben und aus eigener Macht zu der Gestalt dich ausbilden kannst, die du bevorzugst. (Pico della Mirandola)

Ästhetische Praxis

In seinen „Briefen zur ästhetischen Erziehung" macht Schiller deutlich, worauf ästhetische Bildung ehedem zielte: Die sinnlichen Menschen sollen über den Umweg des Ästhetischen vernünftig werden. Er stimmt martialische Töne an, wenn es darum geht, „von dem leidenden Zustande des Empfindens zu dem tätigen des Denkens und Wollens" zu kommen: Nur ein „Krieg gegen die Materie" könne die „Neigungen" in ihre Grenzen spielen; Empfindung und Sinnlichkeit hätten auf dem Gebiet der Wahrheit und Moralität nichts zu suchen, und darum sollten die Menschen „edler begehren" (vgl. Schiller 1991: 93ff). Die von ihm angestrebte Versöhnung zwischen Sinnlichkeit und Rationalität meint zuletzt, so ist anderorts zu lesen, die menschlichen Neigungen nicht nur zu „entwaffnen", sondern auch als „Werkzeug höherer Pläne" zu nutzen (vgl. Schiller 2005). Schiller baut auf Distanz, auf den Abstand, der sich im Sehakt auftut, denn der „unausbleibliche Effekt des Schönen ist Freiheit von Leidenschaften." (Schiller 1991: 92).

Dicke Farbschichten auf Papier (Vincent van Gogh), Drip-Painting (Jackson Pollock) oder geschlitzte Leinwände (Lucio Fontana), die die Materialität der Stoffe und die Leidenschaft der Malgeste zum Ausdruck bringen, waren zu Schillers Zeiten undenkbar – geschweige denn nackte weibliche Körper, die blaue Farbspuren auf ausgerollten Papierbahnen hinterlassen (Yves Klein), Performerinnen, die die Ergebnisse chirurgischer Gesichtsoperationen zur Kunst erklären (Orlan) oder mehr als 700 Stunden in einem Museum bewegungslos auf einem Stuhl sitzen (Marina Abramovic), Künstler, die sich als Kuratoren erproben und verschachtelte, mehrgeschossige Baukastenkonstruktionen zum Gesamtkunstwerk erklären, dessen Räume u.a.

Alltagsgegenstände, Material wie Holz und Blech, Mode, Musik und fast schon beiläufig auch ‚Kunst' zeigen (John Bock). Die Kunst hat sich radikal verändert und was wir an ihr als bildend empfinden ebenso. Es geht heutzutage oftmals nicht einmal mehr um Werke, sondern um Prozesse, um Interventionen, und die Betrachter, die Zuschauer sind mitten hineinversetzt, zum Handeln und Wandeln und Denken aufgefordert.

Die „Versprechungen des Ästhetischen" (Yvonne Ehrenspeck), auf die Schiller vertrauen wollte, bauen auf eine spezifische ästhetische Formgebung: etwas Besonderes vermag als allgemeingültig erscheinen, ein Bruchstück als etwas Ganzes, etwas Zufälliges als notwendig, Flüchtiges als dauerhaft, Unsinniges als sinnvoll (vgl. hierzu auch Klinger 1999). Mit Blick auf die Gegenwartskunst, aber auch auf die gesellschaftliche Situation, ist dem Schillerschen Projekt längst Paroli geboten und der Wahrnehmung und insbesondere dem Geschmack durchaus reflexives Vermögen zugesprochen worden (vgl. Welsch 1994). Sinnliches und reflexives Vermögen stehen sich weder gegenüber, noch ist die Sinnlichkeit gar nieder zu bewerten, beide bauen vielmehr aufeinander auf. Verabschiedet man also die traditionelle Ästhetik, um der Aisthetik (dem Wortursprung nach also der sinnlichen Erkenntnis) den Vorrang zu geben, landet man unweigerlich bei der Wahrnehmung und dem ästhetischen Vermögen, ohne die, Welsch zufolge, der Pluralität und Heterogenität gegenwärtiger Lebensstile, Handlungsweisen und Wissensformen nicht auf die Spur zu kommen ist. Kunst hat sich längst davon verabschiedet, einheits-, ganzheits- und sinnstiftend zu sein. Es geht ihr um Partialität und Pluralität, um Aufmerksamkeit für das je Besondere, darum, der Eigenart des Materials und Einmaligkeit der Situation (oder was auch immer Gegenstand ästhetischer Auseinandersetzung ist) gerecht zu werden. Durch die Formgebung wird nicht mehr Herrschaft ausgeübt, vielmehr folgt die Gestaltungskraft den divergierenden und heterogenen Impulsen einer je spezifischen Situation und

Hanne Seitz, Prof. Dr. phil., Dipl. Päd., Studium der Kunstpädagogik, Erziehungswissenschaft, Psychologie und Architektur in Frankfurt a. M., Marburg und Darmstadt; langjährige freiberufliche Tätigkeiten im Kulturbereich, (Theater, Tanz, Kunstvermittlung), in der Aus- und Fortbildung pädagogischer Fachkräfte; wissenschaftliche Mitarbeiterin am Institut für Kunstpädagogik der Universität Frankfurt a. M.; seit 1994 Professorin an der Fachhochschule Potsdam im Bereich Theorie und Praxis Ästhetischer Bildung. (seitz@fh-potsdam.de) geschieht vor dem Hintergrund eigener Erfahrungen. Einer solchen ästhetischen Praxis wohnt auch eine ethische Komponente inne: Sie sensibilisiert für die Eigenheit und Irreduzibilität von Lebensformen, für die Wahrnehmung von Unterdrückung und Intoleranz, fördert „die Bereitschaft wahrzunehmen, wo Überherrschung geschieht, wo Verstöße vorliegen, wo es für das Recht des Unterdrückten einzutreten gilt." (Welsch 1994: 21)

Produktive Leerstellen

Es sind offenbar bevorzugt gesellschaftliche Umbrüche und Krisenzeiten, die die Künste immer wieder in besonderer Weise auf den Plan rufen. So entstand Schillers Projekt in der Folge der Französischen Revolution, und das gegenwärtige Interesse an Kultureller Bildung ist den Folgen der Globalisierung und Mediatisierung (und zuletzt auch dem sogenannten Pisa-Schock) zuzuschreiben. Der Blick in die späten 1960er Jahre lässt ähnliches vermuten: Mit Ostermärschen und Studentenrevolte stand die noch junge Nachkriegsdemokratie auf dem Prüfstand; das innenpolitische Reformprogramm „Mehr Demokratie wagen" in den 1970er Jahren kam mit der großen Bildungsreform und dem Mitbestimmungsgesetz nur schleppend voran; der Slogan „Kultur für alle" brachte die Soziokultur und Politische Bildung auf den Plan; Kunst geriet in die Kritik und die sogenannte Ästhetische Kommunikation machte der kapitalistischen Warenästhetik den Garaus; Künstler probten in Schulen kritisches Bewusstsein und nicht selten auch den Aufstand.

Die radikalen Veränderungen, von denen die Künste zu Beginn der Neuzeit zeugen, lassen sich ebenso vor diesem Hintergrund betrachten, Umbrüche, die nicht nur zufällig mit der Erfindung der Buchdruckkunst und somit der Einführung eines neuen Mediums einhergegangen sind. Vor dem Hintergrund der „Versprechungen des Ästhetischen" lohnt es, genauer hinzuschauen: Die Natur sollte nicht mehr unreflektiert hingenommen und den Menschen des ausgehenden Mittelalters bewusst werden, dass Bewegung (und kein Gott) Veränderung bringt, dass Wandel kalkulierbar und Mensch und Natur (mehr oder weniger) beherrschbar und kontrollierbar sind. Um die Wirkungen der äußeren und inneren Natur kennen zu lernen, wurden Blicke, Bewegungen, Begegnungen organisiert – durch die Zentralperspektive in der Malerei, durch die Gartenkunst, auch durch den Tanz. Rudolf zur Lippe hat ausgeführt, wie den rauschhaften, mittelalterlichen Hüpf- und Gebärdentänzen ein – in unzähligen Tanztraktaten (unter Nutzung des neuen Mediums) beschriebener – beherrschter, höfischer Schreittanz gegenübertritt. Einer der fünf Schritte, die sogenannte posa, sieht eine Pause in der Schrittfolge vor und leitet so eine Art Schwebezustand ein, in dem die Tänzer ihrer selbst gewahr werden und gedanklich den nächsten Schritt vorbereiten können. Der stetige und lineare Bewegungsfluss (etwa der Pavane) wird unterbrochen und – gleichsam über dem Abgrund des Sinnenrausches jener früheren Tänze – reflexiv zusammengefasst.

Interessant in diesem Zusammenhang ist das Phänomen der Pause – eine Art Leerstelle, die der Tänzer, auch der Bildbetrachter oder Zuschauer im Theater auszufüllen hat. Shakespeares Hamlet entdeckt die „Produktivität der Lücke" (und überführt so den Mörder seines Vaters) genauso wie Leonardo, der den entscheidenden Augenblick (etwa den Schwerthieb in der Anghiari-Schlacht) gerade nicht zeigt, sondern den Moment davor (vgl. hierzu Seitz 2004a). Es scheint, solcherart Unterbrechungen bringen die Einbildungskräfte in bevorzugter Weise zum Sprechen - auch im Kontext von Bildung und erst recht in der ästhetischen Bildung. Eine Lücke im Vollzug, die Teilhabe, die (wie wir heute sagen) Partizipation verlangt. Dies, eine andere als die Schillersche Lesart, die (wenn überhaupt) eine solche Leere dem Erhabenen zusprechen würde, dort, wo nach Kant jegliche Begriffssysteme und die Realität stützende Formen zerfallen und eine „negative Lust" im Angesicht des Undarstellbaren empfunden wird.

Zwischen Autonomie und Lebenswirklichkeit

Der gegenwärtige Paradigmenwechsel, bedingt durch die Digitalisierung der Medien und weltweite virtuelle Vernetzung, mutet uns ähnlich gravierende Veränderungen zu und wieder sind es die Künste, die den Wandel vor Augen führen und vorantreiben. Sie suchen nicht mehr Undarstellbares darzustellen, sie wenden sich der Praxis zu – und insbesondere dem Überhörten, Übersehenen, Ausgeschlossenen. Die zeitgenössischen Künstlerinnen und Künstler haben den neutralen white cube oder die black box längst verlassen und begonnen, sich in Kontexten erproben und ihre Kunst zu zeigen, wo man sie (noch bis vor nicht allzu langer Zeit) am wenigsten erwartet hat: im öffentlichen Raum. Sie gestalten aufrüttelnde

Interventionen und machen kritische Recherchen, wenden also auch kunstfremde Verfahren an, um ihre Kunst auf den Weg zu bringen. Und nicht selten provozieren sie auch zufällig vorbeilaufende Passanten, am Prozess teilzuhaben und sich zu engagieren (vgl. hierzu auch Seitz 2004b). Der Betrachter wird zum Akteur, der Künstler quasi zum Vermittler, der auffordert, die Kunst vor dem Hintergrund eigener Lebenserfahrungen zu entschlüsseln. Die pragmatische Wende in der Linguistik der 1970er Jahre, mit der der Sprachgebrauch mehr und mehr in den Mittelpunkt rückte, hat längstens auch die zeitgenössischen Künste erfasst: Kunst und ihr Gebrauch gehen mitunter Hand in Hand. Bei aller Autonomie, die die Kunst seit Kant für sich beansprucht – Kunst soll auch außerkünstlerisch wirksam sein, den sozialen Wandel voranbringen, für ein menschenwürdiges Leben eintreten und unsere Fähigkeit zur Gestaltung von Wirklichkeit fördern.

Der Kunst wird Lebenswirklichkeit zugemutet und der Lebensalltag durch künstlerische Verfahren erforscht, kritisiert, gestaltet. Es geht nicht um eine Verortung an dem einen oder anderen Pol, weder im Fiktionalen noch im Realen, sondern darum aufzuzeigen, dass wir als kulturelle Wesen per se zwischen verschiedenen Wirklichkeiten hin- und herpendeln müssen – um dem Wirklichen das Mögliche abzutrotzen und mit unserer Einbildungskraft alle mögliche Welten ins Visier zu nehmen und schließlich auch Veränderung (an sich und in der Welt) herbeizuführen. Den Spagat zwischen Autonomie und Anwendung zu überbrücken, ist einer der Antriebe des künstlerischen Schaffens, vielleicht sogar die Daseinsform von Kunst überhaupt. Künstler setzen die künstlerische Autonomie derzeit gehörig aufs Spiel, aber nicht, um sie aufzugeben, sondern um das Spannungsfeld aufzuzeigen, in dem sie sich schon immer bewegt hat. Sie spiegeln die Wirklichkeit nicht, sondern verstärken, was in der Gesellschaft vorgeht – als künstlerische Wirklichkeit. Der Blick auf so manche künstlerische Praxis lässt vermuten, dass es sich dabei nicht selten um eine Art Krisenexperiment handelt (vgl. Seitz 2005), die sich die „Produktivität der Lücke" zu Nutze macht: Wir spüren (im Theater, im Museum, auf der Straße, im Bahnhof, im Lesesaal oder wo auch immer Kunst sich zeigt und zur Aufführung kommt), dass wir es sind, die da gezeigt werden, die da sprechen, leiden, agieren, dass es unser Leben ist, dass da auf dem Prüfstand steht und Antwort auf die Frage sucht, wie wir – angesichts der gesellschaftlichen Krise und der damit einhergehenden ökonomischen, sozialen und ökologischen Probleme – in Zukunft eigentlich leben wollen.

Bildung braucht Irritation

„Der Mensch ist nur dort ganz Mensch, wo er spielt" (Schiller 1991: 63). Dieser Satz, der Schiller zufolge „das ganze Gebäude der ästhetischen Kunst und der noch schwierigeren Lebenskunst tragen" wird, hat sich anders als erwartet bewahrheitet. Ganze Museen, Städte, ja ganze Landschaften werden mittlerweile bespielt, Waren ästhetisch angereichert und bestmöglich inszeniert. Menschen verlieren sich im Rausch und in virtuellen (Spiel-)Welten (an der Börse, im Technoclub, im Internet) und „ganz Mensch" scheinen die wenigsten dabei zu sein – mit Blick auf Gewalt und rüde Umgangsformen eher außer sich. Aber vielleicht steht die Vollendung des Schillerschen Projekts ja noch bevor, und wir müssen nur noch radikaler spielen, um endlich zur Vernunft zu kommen? Mit Blick auf die „Gesellschaft des Spektakels" (Guy Deborg) wird jener berühmte dialektische Umschlag, mit dem Quantität schließlich zu Qualität wird, vermutlich noch lange auf sich warten lassen. Die spätkapitalistische Gesellschaft hat alles zum Event und Kult erklärt, die Dinge wie Fetische hinter Glas oder auf Podesten ausgestellt und (ähnlich den Objekten im Museum) der Handhabung entzogen. Dinge sollen nicht mehr gebraucht, sondern verbraucht werden: „Du willst es, Du kaufst es, Du vergisst es", so der Slogan der Künstlerin Barbara Kruger – und natürlich kaufst du es wieder.

Angesichts der ästhetischen Durchdringung des Alltags, selbst der Politik, scheinen die Künste mitunter geradezu gegenläufige Strategien zu verfolgen: Sie werden „wirklicher als die Wirklichkeit" (vgl. Seitz 2008a). Eine Kunst, die weniger Poiesis als vielmehr Praxis ist, zudem auf Profanes und Alltägliches zielt und zugleich eigensinnig, unangemessen und irritierend, mitunter auch verstörend ist, kann die dem Gebrauch entzogenen Dinge dem Handeln womöglich wieder zuführen – zu einer „Profanierung" beitragen, wie sie Giorgio Agamben allein der spielenden Hand zutraut.

Vielleicht ist dies auch der Grund, warum derzeit so viel Hoffnung in die Kulturelle Bildung gesetzt wird. Denn am Ende sollen die künstlerischen Verfahren ganz ‚profan' zur Anwendung kommen: Persönlichkeiten bilden, den Gemeinsinn wecken, Kompetenzen stärken, Werte und Schlüsselqualifikationen vermitteln. Ein Allheilmittel, das zudem den Respekt gegenüber Fremdem/Fremden ‚lehren' soll – am besten noch, wenn der Eigensinn von Kunst dabei gar nicht zum Tragen kommt. Selbst ‚Pioniere' der Kulturellen Bildung, die das Anliegen in Deutschland seit Jahren voranbringen, wollen mit Kunst – ganz nach alter Fasson – „den sinnlichen Menschen vernünftig machen" (Kolland 2008), sie gar zur „Formung des Menschen" (Fuchs 2004) nutzen.

Doch Adorno bringt es auf den Punkt, indem er der Kunst jegliches Glücksversprechen abstreitet. Kunst ist ein Versprechen, das geradezu gebrochen wird. Eine am Ästhetischen orientierte Bildungspraxis wird also zunächst kaum mit der erhofften sozialitätsstiftenden oder identitätsbildenden Wirkung rechnen können. Wenn der „Stachel des Fremden" (Bernhard Waldenfels), der der Kunst innewohnt, erst einmal sitzt, ist zunächst Unruhe und Irritation und womöglich auch Erschütterung angesagt. Gewohnte Umgangsformen, eingespurtes Denken, vertraute Handlungsmuster, gewöhnliche Bedeutungszuschreibungen finden keine Anknüpfung. Doch solche Leerstellen müssen zugelassen werden, soll der ‚Bildungssinn' geweckt werden – Irritation als Lerngelegenheit, Unterbrechung als Chance. „Any strong aesthetic experience is necessarily an interruption of normal habits of recognition, a relaxing of the usual practical stance in the face of everything external. It is therefore a disturbance, because it is a temporary refusal to classify usefully, and to consider possibilities of action." (Hampshire, zit. n. Klinger 1999: 216).

Dass Menschen Kultur bilden und Kultur für ihre Entwicklung brauchen, dürfte mittlerweile bekannt sein. Der Mensch ist von Natur aus bildungsbedürftig, bildungsfähig und bildungsbegabt. Doch seine Bildbarkeit braucht Anstoß, ist auf Irritation, aber auch Korrespondenz angewiesen, benötigt Vorbilder und ein Gegenüber, an dem das Eigene sich reiben und wachsen kann – „Provokation als Bildungsprinzip." (Jürgen Oelkers).

Der Eigensinn von Kunst baut auf begrifflich nicht fassbare Sinngebung, er schärft den Geist für das Mögliche, für Differenz zum Gegebenen. Gerade weil sie Autonomie für sich beansprucht und jegliche Vereinnahmung, Zweckdienlichkeit und Bedeutungszufuhr verweigert, provoziert Kunst das Reflexions- und Handlungspotential und stärkt (im besten Fall) auch die Sozial- und Selbstkompetenzen. Vor rechtlichen Konsequenzen im Idealfall weitgehend geschützt, stellen Künstler mitunter auch das Solidaritäts- und Rechtsempfinden auf die Probe und machen so die Lücke erfahrbar, die das Fehlen ethischer Prinzipien und Werte bewusst und in der Folge verhandelbar macht. Gratwanderungen mit durchaus riskantem Ausgang – sowohl in die eine wie auch andere Richtung. Künstler als „Verteidiger der Zivilgesellschaft." (Peter Weibel).

Kunst als Erfahrungsraum

Die westlichen Gesellschaften haben die individuelle Selbstverwirklichung zum höchsten Gut erklärt, womöglich auch, um als Bollwerk gegen alles Fremde zu wirken. Sie setzen auf Freiheit und Pluralität und orientieren sich zugleich an einer durch Medien bestimmten, mitunter alles andere als plural ausgerichteten Öffentlichkeit. Sie verbriefen das Recht auf Bildung, propagieren lebenslanges Lernen und tun alles dafür tut, dass Bildung zum privilegierten Gut wird, während ein Großteil der Gesellschaft davon ausgeschlossen ist.

Das Vertrauen in die selbstregulativen Kräfte des Marktes ist gekappt und die Vision des sich selbst neu erfindenden Selbst empfindlich getrübt. Die schier unbegrenzten Möglichkeiten und der scheinbar grenzenlose Gewinn an Autonomie führen hinterrücks oftmals in persönliche Krisen: Überforderung, Orientierungslosigkeit, Selbstverwirklichungszwang, Ortlosigkeit. Kein noch so gut gemeintes kulturelles Projekt wird dem Abhilfe verschaffen, aber es kann Bruchstellen sichtbar und Differenz erlebbar machen und so Möglichkeiten erkunden, wie das Leben in die eigene Hand zu nehmen ist.

Der Mensch ist nicht Speicherort für Wissen und Information – eine Annahme, die im Blick auf schulischen Unterricht immer noch vorzuherrschen scheint –, sondern vor allem sozial und das heißt immer auch durch Erfahrung geprägt. Vor diesem Hintergrund gilt es, Räume bereitzustellen, in denen Distanz zu alten Erfahrungen möglich und mit neuen verknüpft werden können. Dies trifft im besonderem Maße auch für Menschen zu, deren Lebenssituation qua Herkunft und Erfahrungshorizont wenig Differenzerfahrung zulässt, denen die Möglichkeit

verwehrt ist (oder von ihnen einfach nicht gesucht wird), den eigenen Horizont zu übersteigen und ihre Fähigkeiten in neuem Licht zu sehen.

Kulturelle Bildung hat in den letzten Jahren einen großen Aufschwung erlebt, besonders Projekte, die sich an junge Menschen mit migrantischem Hintergrund wenden und in denen Tanz, Theater und Performance, also körperbezogene, singuläre Raum-Zeit-Bezüge, eine bedeutende Rolle spielen. Nicht selten handelt es sich dabei um großangelegte Events, wie sie etwa Royston Maldoom mit bis zu zweihundert Kindern und Jugendlichen seit einigen Jahren mit den Berliner Philharmonikern realisiert. Strenge und Disziplin gilt wieder als ‚Geheimwaffe', mit der das Leben gemeistert werden kann: „You can change your life in a dance class" (vgl. hierzu Seitz 2008b). Ob solcherart Projekte nachhaltig Wirkung zeigen, steht zur Erforschung noch aus – Differenzerfahrung ist es allemal: Die jungen Leute sind mit Menschen konfrontiert, die leidenschaftlich für ihre Sache eintreten, mit einem Projekt, das Umgang mit fremd anmutender zeitgenössischer Musik und ungewohnten Bewegungspartituren fordert. Aber die eigenen Geschichten, Wünsche, Ängste, das eigene Leben kommt dabei nicht zur Artikulation. Ganz anders bei Constanza Macras, wo supercoole HipHopper, hypermaskuline Machos und umwerfende Girl-Power aus der Neuköllner Jugendszene (durchaus mit subversivem Charme und witziger Ironie) mit ihrer populären Ästhetik in Szene gesetzt sind. Baut jener vor allem auf die Begegnung mit dem Fremden, so wird hier das Eigene fast schon überhöht. Doch aus meiner Sicht müsste sich das vermeintlich Eigene am mutmaßlich Fremden mehr reiben. Neue Erprobungsfelder, Auftrittmöglichkeiten, Inszenierungsplattformen alleine reichen nicht – das Erlebte muss als Erfahrung ins Leben reichen. Kulturelle Bildung sollte weniger danach fragen, ob Kunst persönlichkeitsbildend, gar präventiv wirkt oder wie sie Gemeinsinn fördern kann, sondern ausloten, wie das kritische und imaginative Potenzial ästhetischer Erkundungen und künstlerischer Einspielungen von sich aus in der Lebenswirklichkeit ‚Fuß fassen' kann. Rückgekoppelt an das eigene Leben vermittelt sich Kunst dann sozusagen in eigener Sache, und die Künstler stehen den Adressaten als temporäre Komplizen zur Seite (vgl. Seitz 2009). Nur allzu oft (und erstaunlicherweise gerade auch von Pädagogen) werden junge Menschen unterschätzt, wird ihnen zu wenig zugemutet. Verlangt wird zwar immer mehr an Leistung und Wissen, aber es werden zu wenig Erfahrungsräume geboten – Orte, an denen Bildung von sich aus geschehen kann. Um eine solche Selbstbildung zu gewährleisten, muss Differenz zum Eigenen erfahrbar, müssen fremde Geschichten gehört, andere Bilder gesehen, unvertraute Gesten erlebt, neue Welten erfahren, anderes Leben entdeckt werden – Reisen in die Fremde, sogenannte „Explorationen", wie sie bspw. Michael Kreutzer und Ulrich Hardt im Rahmen des Kunst- und Qualifizierungsprojekts inVolve 02 mit Jugendlichen unternommen haben (vgl. hierzu auch Pfeil/Seitz/Vogt 2009). Kulturelle Bildung sollte populäre Ästhetik anerkennen und ins Spiel bringen, auch den kunstnahen Umgang mit bewährten Klassikern und zeitgenössischer Kunst suchen, darüber hinaus aber Räume finden, in denen sich die Künste und ihre Verfahren in einer Art Rückkopplung auf das Leben beziehen, an der Lebenswirklichkeit reiben können – um das Handeln und Denken anzustacheln, um Eigenes zu stärken, aber auch, um zu lernen, dass man manches verlernen und Leerstellen zulassen muss. „Ganz Mensch" zu sein, bedeutet zuletzt, sich dem Anderen, dem Ungewissen, der Brüchigkeit und Fragilität des Lebens stellen zu können.

Ehrenspeck, Yvonne (1998): Versprechungen des Ästhetischen. Die Entstehung eines modernen Bildungsprojekts. Opladen.

Fuchs, Max (2004): Die Formung des Menschen. Künste wirken – aber wie? Eine Skizze von sozialen Wirkungen der Künste und ihrer Erfassung. [online]: http://www.akademieremscheid.de/publikationen/aufsaetze/fuchs_formung.pdf (20.1.05)

Klinger, Cornelia (1999): Über einige Verschiebungen im Verhältnis von Ethik und Ästhetik in der Gegenwart. In: Barck, Karlheinz /Faber, Richard (Hg.): Ästhetik des Politischen – Politik des Ästhetischen. Würzburg.

Kolland, Dorothea (2008): Die sinnlichen Menschen vernünftig machen. In: SpielArt. Theaterpädagogische Zeitschrift für Berlin und Brandenburg. [online]: http://www.spielart-berlin.de/?p=70 (10.2.08)

Oelkers, Jürgen (2004): Provokation als Bildungsprinzip. In: Landesverband der Kunstschulen Niedersachsen (Hg.): bilden mit kunst. Bielefeld.

Pfeil, Tine/Hanne Seitz/Christine Vogt (2009): be unique be open be art. Urban Culture and Youth in Berlin and Beyond or How To Do Things With Art. In: Project Team UCAY: building bridges, breaking borders. Urban Youth and Culture. Amsterdam. [online] http://sozialwesen.fh-potsdam.de/ucay.html (20.12.09)

Schiller, Friedrich (1991): Über die ästhetische Erziehung des Menschen. [1795] Stuttgart.

Schiller, Friedrich (2005): Die Schaubühne als eine moralische Anstalt [1784]. [online]: http://gutenberg.spiegel.de/schiller/anstalt/anstalt.htm (20.12.05)

Seitz, Hanne (2004a): Performative Verfahren in einer Gesellschaft des Übergangs. Tanz, Malerei und allerlei Gedächtnistheater in der Renaissance und anderswo. In: Landesverband der Kunstschulen Niedersachsen (Hg.): bilden mit kunst. Bielefeld.

Seitz, Hanne (2004b): o. T. In: Joachim Kettel/IGBK (Hrsg.): Künstlerische Bildung nach Pisa. Neue Wege zwischen Kunst und Bildung. Oberhausen.

Seitz, Hanne (2005): Games People Play. Das zeitgenössische (Tanz-)Theater zwischen Unterhaltung und Krisenintervention. In: Ingrid Hentschel/Klaus Hoffmann (Hg.): Spiel, Ritual, Darstellung. Münster.

Seitz, Hanne (2008a): Alles nur Theater oder Wirklicher als die Wirklichkeit? In: Christoph Wulf /Jörg Zirfas (Hg.): Paragrana. Internationale Zeitschrift für Historische Anthropologie. „Das menschliche Leben". Bd. 17/Heft 2. Berlin.

Seitz, Hanne (2008b): Kunst in Aktion. Bildungsanspruch mit Sturm und Drang. Plädoyer für eine Performative Handlungsforschung. In: Ute Pinkert (Hg.): Körper im Spiel. Wege zur Erforschung theaterpädagogischer Praxen. Berlin/Milow/Strasburg.

Seitz, Hanne (2009): Temporäre Komplizenschaften. Künstlerische Intervention im sozialen Raum. In: Helga Peskoller/Bernd Rathmayr/Maria Wolf (Hg.): Konglomerationen. Produktion von Sicherheiten im Alltag. Münster.

Welsch, Wolfgang (1994): Ästhet/hik. Ethische Implikationen und Konsequenzen der Ästhetik. In: Welsch, Wolfgang u. a. (Hg.): Ethik der Ästhetik. Berlin.

[Zum ersten Mal veröffentlicht als Beitrag zum Vermittlungsprogramm „Rückkopplungen. Kunst und Lebenswirklichkeiten" der 6. Berlin Biennale für zeitgenössische Kunst in Kooperation mit der Bundeszentrale für politische Bildung. Berlin 2010. (siehe: www.rueckkopplungen.de/?cat=59)]

NTERDISZIPLINÄRE SEMINARE UND SYM-
OSIEN, AUSSTELLUNGEN, KONZERTE UND
KTIONEN GEHÖREN AUCH ZU DEN SCHWER-
UNKTEN UNSERER ARBEIT. 1993 VERGIBT
IE STIFTUNG NIEDERSACHSEN IN ZUSAM-
ENARBEIT MIT DER BUNDESAKADEMIE
/OLFENBÜTTEL STIPENDIEN ZUR
UTORENFÖRDERUNG. MIT DEM BUNDES-
ND LANDESVERBAND DER KUNSTSCHULEN
ABEN WIR EIN UMFASSENDES FORT-
3ILDUNGSPROJEKT FÜR LEHRENDE
N KUNSTSCHULEN VERABREDET. IM FRÜH-
AHR 1993 ERSCHEINT DER ERSTE BAND
NSERER NEUEN SCHRIFTENREIHE
DIE BUNDESAKADEMIE. TEXTE ZUR KULTU-
ELLEN BILDUNG«, EIN SPIEGEL DER GEMEIN-
AMEN ARBEIT ALLER FÜNF FACHBEREICHE.

SARA SMIDT

Alles ist anders …
Ein paar Episoden als Teilnehmerin und als Dozentin zwischen 1995 und 2010

Das 1. Mal

fand nicht nur im Seminarraum statt, sondern auf dem Gang in der Mühle, im klopfenden Herzen und im roten Gesicht. Denn ich war verliebt. Heute sind wir verheiratet. Damals war er verheiratet und Kursleiter. Vom Kursthema, der Organisationsentwicklung in Museen, blieb so viel hängen, dass ich noch heute in Praxis und Lehre davon profitiere.

Muskelkater

war die entscheidende Erfahrung bei einem Kurs zum japanischen Butoh-Tanz. Laien und trainierte Tanzprofis hatten etwas davon: Muskelkater hatten alle. Das Erlebte war prägend, gab Mut zur Öffnung und Stärke nonverbal zu agieren – auch im Museum.

Zeit

Ein fächerübergreifendes Seminar zum Thema Zeit dauerte 10 Jahre. In Wolfenbüttel waren wir ein Woche ohne Zeitplan. Personen mit den Hintergründen Kunst, Museum, Literatur lassen sich auf ein intensives Experiment ein. Die meisten schneiden sich die Woche aus einem vollbeladenen (Arbeits-)leben heraus und es lohnt sich! Unter anderem streunen wir viel in Wolfenbüttel herum. JedeR entwickelte einen spontanen Beitrag. Mit den Mitteln des Kunstgesprächs suche ich Orte auf, die Zeitspeicher sind oder irgendwie mit Zeit zu tun haben: Grabsteine bei der Kirche, Hochzeitsfotos im Schaufenster, Antiquitäten … Ich erinnere mich an die lächelnden und in sich gekehrten Gesichter am Ende meines Parcours. Alle wurden in der Post eingeladen, jemandem zu schreiben, den sie schon lange nicht mehr gesehen/gehört haben, aber den Kontakt halten wollen. Zehn Jahre später fanden wir Teilnehmer eine Box im Briefkasten, die uns Andreas Grünewald Steiger von der Bundesakademie schickte. Gefüllt hat sie jeder für sich während einer zauberhaften Zeit im Schloss. Ich fotografierte. Der Film ist bis heute nicht entwickelt.

Qualität

treibt mich ein weiteres Mal nach Wolfenbüttel. Mir ist die Frage geblieben: Was macht den Unterschied, dass meine Organisation auf dieser Welt ist? Die manchmal schwierige Antwort ist Grundlage fürs Qualitätsmanagement. Arbeit und Leben fokussieren sich …

Vier Tage Teheran, davon drei Tage im Vortragssaal des Nationalmuseums

Die Bundesakademie Wolfenbüttel wird aufgefordert, ein Qualifizierungsprogramm für iranische Museumsleute zu organisieren. In Celle referierte ich über Organisationsentwicklung im Museum. Vorher war ich aufgeregt wie noch nie. Was ist denn überhaupt relevant für die Iraner? Alles, es wurde eine lebhafte Diskussion mit Austausch. Wie begegne ich den Iranern (unter den Kopftüchern oder hinterm Bart)? Eh klar, wie Menschen. Am Ende des Tages war es, als kennten wir uns schon ganz lange.

Umso schöner war die Einladung nach Teheran 2007. Eine Sechser-Delegation unter der Leitung von Andreas Grünewald Steiger nahm an einem Symposium mit 250 Iranern aus allen Landesteilen teil. Die Dichte der Eindrücke ist unfassbar. Hier ein paar Auszüge aus einem spontanen Schreiben nachher zur Verarbeitung des Erlebten:

Alles ist anders

Bilder, Vorurteile. Reiseführer. Medien. Böse. Von wegen weiter dunkler Mantel – eng tailliert. Eine Frau schöner als die andere. Tausend Arten das Kopftuch zu binden, elegant. Geschlechtertrennung? Ja im öffentlichen Bus, vorne zwei Drittel Platz für Männer, hinten nach der Schranke ein Drittel Platz für Frauen. Im Auto: egal, Durcheinander darf sein. Unterdrückt? Es wird diskutiert! Politiker? Problem, finden Viele. Ja und Probleme im Leben, überall, ja.

Sara Smidt-Bill, 1996–1998 Co-Leiterin des Lehrgangs zur Ausbildung von Kommunikations-kuratoren am Institut für Kulturwissenschaft in Wien. 2000–2002 Moderatorin und Dozentin in den Bereichen Vermittlung, Öffentlichkeitsarbeit, Marketing, Museumsbetrieb und Museologie an der Universität Basel sowie an der Fachhochschule Chur. 2000–2004 Beauftragte für Öffentlichkeitsarbeit am Naturhistorischen Museum Basel und seit 2005 Leitung Abteilung Kunstvermittlung im Kunstmuseum Thun/Schweiz. Seit 2000 selbständig im Bereich Museumsfortbildungen und Beratung, zum Beispiel am Museum für Kommunikation Bern und im Liechtensteiner Landesmuseum im Rahmen der Firma „MuseVM – Beratung & Fortbildung", Jenaz/CH. Mehr Informationen unter www.museumsberatung.ch.

Hand geben nein

Männer und Frauen geben sich nicht die Hand. Ich komme mir nicht in meiner Ehre geschützt vor. Eher wie ein Stück Säule in der faschistischen Architektur des Nationalmuseums. Unbeachtet. Im äussersten: eine angedeutete Verbeugung mit der Hand auf dem Herz. Ausländische Männer halten sich an die Regel, aber sie lächeln uns an. Uff, Menschsein, nicht ganz am Rand.

Kopftuch rutscht

Festzurren. Wo sind die Grenzen? Woanders als geglaubt. Iranische Frauen lachen uns aus. Unsere Kopftücher seien ja iranischer als bei den iranischen Frauen. Also lockerer binden, die Hitze unter dem Kinn verzieht sich, Freiheitsgefühle kommen auf. Aber nur kein Windstoss! Er kommt sicher, der Super-Gau. Lachen. Die Sittenpolizei sitzt trotzdem zeitweise im Saal und sucht nach roten Stöckelschuhen.

Dunkles Meer

Im Vortragssaal schaut ein Meer von schwarz eingehüllten Frauengesichtern nach vorne. Offizieller Anlass, das Symposium. Die Farbtupfer sind hier selten, häufig aber auf der Straße.

Das Meer fragt und spricht

Was geht hier in den Köpfen vor? Können wir etwas bieten? Vor allem von der rechten Hälfte des Saales spricht es aus den schwarzen Hüllen. Selbstbewusst, engagiert, von eigenen Museen erzählend, neugierig. Viele Fragen. Statements. Toll.

Fotografieren

Bildverbot des Islam respektieren! Von wegen, ein permanentes Bildgewitter prasselt im Saal. Wir machen mit, vor und hinter der Kamera.

Herzerwärmende Gastfreundschaft

Diese menschliche Wärme und immer so aufmerksam in jeden Details. Rührend, wohltuend so umsorgt. Sicherheitsgefühl. Die Iraner sind sehr gut organisiert, immer kümmert sich jemand um uns, auch wenn nichts organisiert ist. Das geht von alleine. Wir sind Gäste aller. Wäre das bei uns so?

Erstickende Gastfreundschaft

Manchmal wird es zuviel. Abends, sicher ins Hotel gebracht, auch noch das Essen muss organisiert werden. Ob sie uns noch ins Bett bringen? Einmal strampeln wir uns frei. Schwerstarbeit. Nina gab uns den Tipp eines kleinen Bazars in der Nähe des Hotels: Orient pur.

Automuseum

Autos vom Schah, Autos von Farah Diba, schusssichere Autos, das Beste vom Besten. Dürfen die Revolutionäre überhaupt stolz darauf sein? Eine überwundene Zeit? Hier gäbe es viele Geschichten zu erzählen, sagt der Kurator, aber leider dürfen wir nicht alle erzählen. (Das Museum wurde vor vier Jahren eröffnet.)

Kronjuwelenmuseum

Irgendwie unlogisch: Wieder Schah. Seine besten und teuersten Juwelen, der legendäre Pfauenthron, der nicht der legendäre Thron ist. Einzelteile von Wasserpfeifen, nicht zusammengebaut. Wasserpfeifen sind verboten. Sie wurden in der Revolution zerstört (nein, diese Geschichte hören wir nicht aus dem englischen Zahlen-Wasserfall heraus.) Kunsthandwerk! Nichts Kulturhistorisches. Schon gar nichts Politisches. Aber viele Schulklassen. Mädchen in Beige von Kopf bis Fuss. Uniform. Uniformiertes Kichern. Vor allem wir zwei Frauen sind die grössere Attraktion als die Juwelen, mit unseren komischen Mänteln und Kopftüchern.

Aktuell

Ich leite ein Seminar zum Thema ‚Museumskonzepte'. In den Pausen entsteht dieser Text. Nun wären Teilnehmerstimmen dran. Ich verabschiede mich also mit Dank im Sinne Lessings und wünsche der Bundesakademie eine interessante, ertragreiche Zukunft:

„In Wolfenbüttel sind Sie im besten Sinne aus der Welt – und mitten im Leben."

Bundesakademie, Kultur, Bildung, Geburtstag – ein kurzer Ritt durch leichtes Definitionsgeläuf mit Hilfe bester Kreise

„Kultur macht glücklich, denn sie unterscheidet die Lebensumstände der Menschen von der Not der Tiere", meinte Freiherr Samuel von Pufendorf. „Bildung ist die Anregung aller Kräfte des Menschen, damit diese sich über die Aneignung der Welt entfalten und zu einer sich selbst bestimmenden Individualität und Persönlichkeit führen", war sich der Staatsmann und Minister Wilhelm von Humboldt sicher. Gerade in Zeiten wie diesen, in denen der deutsche Adel wieder dahin geht, wo es wehtut, kann man sich der zeitlosen Begriffsdefinitionen zweier ehrwürdiger Mitglieder jener gesellschaftlichen Splittergruppe gern mal wieder erinnern. Insbesondere dann, wenn ein so geschätzter Partner wie die Bundesakademie für kulturelle Bildung seinen 25. Geburtstag feiert.

Und was fällt dem Adel zum Thema 25. Geburtstag ein? Nun, traditionell wird der 25. Geburtstag einer unverheirateten Frau „Schachtelgeburtstag" genannt, und die Frauen bekommen als Geschenk einen Schachtelkranz (eine Art Girlande aus aufgeschnürten Zigarettenschachteln). Ein junger Mann, ebenfalls 25 und unverheiratet, ist eine „alte Socke" oder „alte Flasche" – Girlanden aus Socken oder leeren Schnapsflaschen zieren also an seinem Ehrentag sein Haus und dessen Eingang. Dies klingt nun gar nicht adelig-hochwohlgeboren – aber wie das bei den Von-und-Zus gehandhabt wird, können wir nicht mit Gewissheit sagen, da Karl-Theodor Maria Nikolaus Johann Jacob Philipp Franz Joseph Sylvester Freiherr von und zu Guttenberg auf unsere Anfrage bis zum Redaktionsschluss leider nicht geantwortet hat.

Und wie lautet die bei den oberen 1.000 gängige Definition des Begriffs Bundesakademie? Keine Ahnung, auch Stephanie zu Guttenberg war nicht zu erreichen. Aus unseren eher bürgerlich gewebten Netzwerken scholl uns entgegen: „Das klingt in jedem Fall politisch-föderal und wissenschaftlich-gebildet!" Recht so.

Auch wir hier in der Stiftung haben die Kultur in Kopf, Herz und Blut, die Bildung im Sinn, und deshalb sagen wir zum 25. Geburtstag:

Liebe Bundesakademie, herzlichen Glückwunsch – mach doch einfach weiter so! Und dies sagen wir aus vollem Herzen, da es uns stets ein außergewöhnlich großes Vergnügen ist, mit all' den angenehmen Menschen in der Bundesakademie immer wieder zusammenarbeiten zu können. Am Ende der Definitionen und Zitate steht deshalb auch ein Mensch, der eine unser langen Kooperation innenwohnende Logik trefflich beschreibt: „Ein Vergnügen erwarten ist auch ein Vergnügen". Und der Bürger Gotthold Ephraim Lessing holt uns auch wieder dahin zurück, wo wir alle hingehören: mitten ins Leben.

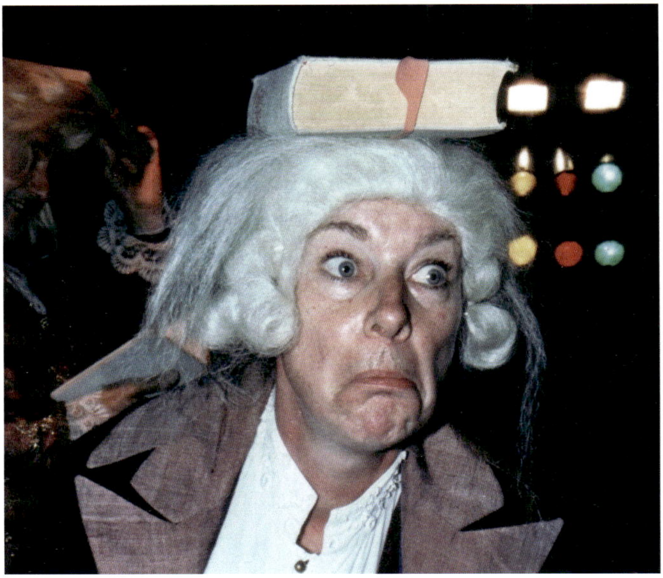

Axel Richter, Jahrgang 1962, studierte Geschichte und Germanistik an der TU Braunschweig und war von 1990 bis 2001 Vorstandssekretär der NORD/LB am Sitz Braunschweig. In dieser Funktion wirkte er an der Gründung der STIFTUNG NORD/LB·ÖFFENTLICHE im Jahr 1994 mit, übernahm dann die Geschäftsführung und ist heute Geschäftsführendes Vorstandsmitglied und Leiter der Geschäftsstelle der Stiftung. Sitz der Stiftung ist das Haus der Braunschweigischen Stiftungen am Löwenwall in Braunschweig.

Malte Schumacher, Jahrgang 1966, studierte Geschichte und Deutsche Literaturwissenschaft an der TU Braunschweig und war von 1999 bis Anfang 2005 in den Themenfeldern Umweltkommunikation, Historische Kommunikation und wissenschaftliche Publizistik im Braunschweiger Land tätig. Seit Februar 2005 ist er als Fachreferent für Projektmanagement und Kommunikation bei der STIFTUNG NORD/LB·ÖFFENTLICHE beschäftigt.

Die Bundesakademie Wolfenbüttel und ich

Wenn ich an meine ersten Begegnungen mit der Bundesakademie Wolfenbüttel denke – alles liegt über 20 Jahre zurück, es waren Kurse im Bereich Sprache & Dichtung und Kunst & Kunsterziehung – so sind es keine detaillierten Erinnerungen mehr. Aber es ist ein sehr positives Gefühl, fast ein Gefühl von Dankbarkeit für das, was mir dort geboten wurde.

Für mich war es eine Ergänzung zum vorausgegangenen Pädagogikstudium und zum aktuellen Schuldienst. Zunächst gefiel mir das Prinzip: eine Akademie, die für jedermann zugänglich ist und dennoch anders vorgeht als eine Volkshochschule, ein Kurssystem zwar auch, aber – nicht zuletzt durch den Internatsbetrieb – sehr intensiv und konzentriert in Anforderung und Lehre, nicht nur als Ergänzung zur Freizeit, sondern vollgültig als Ergänzung zum Beruf. Hinzu kommt natürlich für alle Schöngeistigen noch das Ambiente: das Gebäude der Wassermühle, in dem gelebt und gelehrt wird, in nächster Nähe das Schloss und die Räume, in denen G. E. Lessing einst Dienst tat, abgesehen von den beeindruckenden zahlreichen Fachwerkgebäuden der Stadt Wolfenbüttel.

Inzwischen wurde ich u. a. selbst Dozentin im VHS-Bereich. Und seit einigen Jahren, als Autorin bzw. Landesvorsitzende des Freien Deutschen Autorenverbandes, der Mitglied im Trägerverein der Bundesakademie ist, bin ich jährlich einmal zur Jahreshauptversammlung Gast in der Bundesakademie – und sehr angetan davon, wie sie sich den Gegebenheiten der voranschreitenden Zeit anpasst bzw. ihnen zu begegnen versucht, zum Beispiel mit den umfangreichen Erkundungen zum Thema Alter und Kultur im europäischen Raum: „creativity in older age". Zu dieser Idee gratuliere ich der Bundesakademie besonders und bin schon sehr gespannt auf das Kursangebot dazu.

Krimhild Stöver M.A., geboren 1937 in Cranz/Ostpreußen, wohnt in Hude/Oldb.; Studium der Pädagogik, Schuldienst in Ostfriesland und im Oldenburgischen, vier Kinder, museumspädagogische Tätigkeit im Landesmuseum Oldenburg, parallel Zweitstudium in Kunstwissenschaft und Germanistik an der Oldenburger Universität. Viele Jahre VHS-Dozentin in verschiedenen Bereichen. 1999 –2010 im Landesvorstand des Freien Deutschen Autorenverbandes in Niedersachsen, einige Jahre FDA-Präsidiumsmitglied als Gremienbeauftragte. Seit 2002 Mitglied der Oldenburger Autorenvereinigung „Wortstatt". Prosa- und Lyrikpublikationen in Anthologien und Zeitschriften, sechs Buchpublikationen und zahlreiche Aufsätze über regionale Künstler.

Zivilgesellschaft und Kultur in Deutschland

Obwohl schon im 18. Jahrhundert bürgerschaftliche Kultureinrichtungen, namentlich Bildungs-, Lese- und Debattiergesellschaften entstanden, gegen Ende des Jahrhunderts auch der erste Kunstverein (1792 in Nürnberg), konnten diese Bemühungen nicht mit den Einrichtungen konkurrieren, die von den vielen, im Wettbewerb zueinander stehenden Trägern der hoheitlichen Gewalt gegründet und betrieben waren. Und auch wenn im 19. Jahrhundert zunehmend eine bürgerschaftliche Kulturpflege einsetzte, blieb Hegels Einteilung der Gesellschaft in den alles überwölbenden Staat und die diesem unterworfene bürgerliche Gesellschaft bis zum Ende des 20. Jahrhunderts für die Debatte über die Rolle kultureller Einrichtungen prägend. Das Subsidiaritätsprinzip galt hier ausdrücklich nicht. Dass Dichter, Maler und Komponisten sich zunehmend aus der Abhängigkeit von Herrschern lösten und zu Wohlstand gelangte Bürger sich, überwiegend durchaus mit Sachverstand und Leidenschaft, als Mäzene profilierten, ändert an diesem Befund nichts. Die republikanischen deutschen Verfassungen von 1919 und 1949 hielten das Prinzip der Verantwortung der Länder für die kulturellen Angelegenheiten und damit den innerstaatlichen Wettbewerb aufrecht. Lediglich der Nationalsozialismus unterbrach diese Tradition. Nach 1945 wurde das Ideologisch-Nationalsozialistische abgeräumt, die starke Fixierung auf den Staat blieb hingegen weitgehend erhalten. Noch in den 1990er Jahren wurde an der Doktrin festgehalten, alles Kulturelle müsse staatlich beeinflusst und möglichst zumindest teilfinanziert sein. Andererseits wurde gerade von den Regierungen versucht, Kultur und Kulturerbe für wirtschaftliche Ziele, namentlich den Tourismus, zu instrumentalisieren. Um die Finanzierung zu verbessern, wurde das Argument vorgetragen, dass kulturelle Einrichtungen eine Umwegrentabilität erbringen würden.

Dies barg die Gefahr in sich, dass Kultur von den Bürgerinnen und Bürgern nicht mehr als „unsere" angesehen zu werden drohte. Ihre inhärente Legitimität als konstitutiver Teil der Lebensgestaltung drohte verloren zu gehen. Dieser Sicht war daher in der öffentlichen Debatte entgegenzutreten, obwohl die Kulturlandschaft von solchen Rahmenbedingungen durchaus profitiert hat. Sie ist im internationalen Vergleich vielfältig und reich an relativ gut dotierten staatlichen Kultureinrichtungen. Hilmar Hoffmanns berühmtes Diktum „Kultur für alle" ist aus heutiger Sicht ein markanter Ausdruck dieses Verständnisses. Im Gegensatz zu anderen Subsektoren der organisierten Zivilgesellschaft, insbesondere dem Wohlfahrtswesen, galt der Subsektor Kultur darüber hinaus als unbedeutend.

Dies war so nie ganz richtig und ist es heute schon gar nicht. Die Realität des kulturellen Lebens entspricht weder der traditionellen Vorverfasstheit noch den daraus erwachsenen gesetzlichen Rahmenbedingungen. Markt und Zivilgesellschaft spielen vielmehr in der Produktion, Vermittlung und Bewahrung von kulturellen Inhalten eine bedeutende Rolle. Eine kaum zu überschauende Vielfalt individueller kultureller Angebote eröffnet zahllose Zugänge, mehr noch, die Bürger schaffen sie sich selbst, und zwar durchaus nicht nur zum Zwecke der persönlichen Unterhaltung, sondern mit gesellschaftsrelevantem Anspruch.

Während die vielfach geflissentlich übersehene Dominanz des Marktes in einigen Teilbereichen wie Literatur und zeitgenössischer Kunst unvermindert oder womöglich verstärkt fortbesteht und die Tourismusindustrie der gesamten Hochkultur zum Teil sehr ungewohnte neue Schwerpunkte aufzwingt, erhalten seit den späten 1960er Jahren bürgerschaftliche Initiativen mit kulturellen Inhalten einen wachsenden Stellenwert. In der politischen Debatte wird der Wert des bürgerschaftlichen Engagements zunehmend beschworen. Zu den Initiativen zählen soziokulturelle Zentren unterschiedlicher Art und kulturelle Bürgerinitiativen themenanwaltschaftlichen Charakters ebenso wie die Fortführung und Neupositionierung traditioneller Vereinigungen, seien es Chöre, Orchester, Theatergruppen oder andere, die öffentliche Aufmerksamkeit erlangt haben.

Es ist offenkundig, dass sich Kultur in diesem Rahmen entfalten kann. Sie hat dies schon getan. Allmählich wird in die öffentliche Debatte hineingetragen, dass Kultur eben nicht nur einen Teil des vom Staat vorzuhaltenden Leistungsangebots, sondern auch einen entscheidenden Baustein des autonomen Gestaltungsanspruchs der Bürgerinnen und Bürger darstellt. Dieser kann sogar einen erheblichen gesellschaftli-

Rupert Graf Strachwitz, M.A., Jg. 1947, studierte Politikwissenschaft, Geschichte und Kunstgeschichte in USA, München und Münster. Nach hauptamtlicher Tätigkeit für gemeinnützige Organisationen gründete er 1989 die Maecenata Management GmbH als Beratungs- und Dienstleistungsgesellschaft für den gemeinnützigen Bereich und 1997 das heutige Maecenata Institut für Philanthropie und Zivilgesellschaft an der Humboldt Universität zu Berlin. Seine Forschungsschwerpunkte sind Stiftungswesen und Zivilgesellschaftspolitik. Er lehrt an der Humboldt Universität und an der Universität Münster und hat vielfach publiziert. Nähere Informationen unter www.maecenata.eu und www.strachwitz.info.

chen Mehrwert erbringen. Berücksichtigt man zudem, dass die Rolle von Kultur als Religionsersatz zumindest in seiner um 1800 geprägten Bedeutung heute wohl nicht mehr so gesehen wird, wird deutlich, dass eine neue Debatte um Kultur angesagt ist. Ob und inwieweit sich diese in eine allgemeine Debatte um die Struktur gesellschaftlicher Interaktion einfügt, die das Paradigma von Staat und bürgerlicher Gesellschaft durch jenes der drei gleichrangigen Arenen Staat, Markt und Zivilgesellschaft abgelöst sieht, ist eine spannende Frage.

Um diese zu beantworten, ist ein Blick auf die Entwicklung des Konzepts der Zivilgesellschaft hilfreich. So lässt sich beispielsweise empirisch zeigen, dass sich das Gesamtaufkommen von Zeit- und Geldspenden für Kultur in einem Korridor zwischen 10,2 Milliarden und 19,3 Milliarden Euro-Wert pro Jahr bewegt. Die Finanzierung aus Steuergeldern kommt auf rd. 8 Milliarden Euro. Die Aussage, dass Bürger und Bürgerin die Kultur in erster Linie über den Markt, in zweiter Linie über Spenden von Zeit und Geld und erst in dritter Linie über Steuern finanzieren, ist daher richtig, die tief sitzende Meinung, vor allem der Staat finanziere die Kultur, dagegen falsch.

Der Staat, der es bisher versäumt hat, eine moderne Zivilgesellschaftspolitik zu entwickeln, gewährt noch „Privilegien", etwa steuerliche Vorteile – im wesentlichen auf der Grundlage der Nützlichkeit für den Staat. Er ist insoweit von einem Gesellschaftsbild mit drei Arenen noch weit entfernt. Seine Förderpolitik begünstigt überproportional die großen staatlichen Einrichtungen, weil er mit deren Mitarbeitern schwer kündbare Verträge und im Übrigen die öffentlichen Schätze zu bewahren hat, aber auch, weil kleine, bürgerschaftliche Kulturinitiativen kaum in der Lage sind, die Fördermittel zu administrieren. Der gesellschaftliche Wert aktiven kulturellen bürgerschaftlichen Engagements ist hier noch zu wenig erkannt.

„Produkte" der Zivilgesellschaft wie Inklusion, Integration, Partizipation, die Generierung von sozialem Kapital und dergleichen erlangen jedoch nicht nur im Zusammenhang von sozialem Wandel und gesellschaftlicher Entwicklung eine zunehmende Bedeutung. Es erweist sich auch, dass sie in hohem Maße im kulturellen Bereich generiert werden können. So ist beispielsweise gemeinsames Singen oder Theaterspielen als herausragende Chance zur Überwindung sozialer Defizite erkannt. Die früher getroffene Unterscheidung zwischen kulturellen und sozialen Aktivitäten wird unter diesen Vorzeichen aufgehoben; Rahmenbedingungen, die die genannten Aktivitäten als Freizeitbeschäftigung abqualifizieren, erscheinen als nicht mehr zeitgemäß. Die aktive Ermöglichung des zivilgesellschaftlichen Handelns der Bürgerinnen und Bürger ist darüber hinaus in sich ein kultureller Bildungsprozess. Er bedarf der Unterfütterung durch konkrete Möglichkeiten des Engagements im kulturellen Bereich, wenn dieser Bereich als entscheidender Faktor gesellschaftlicher Entwicklungen überleben will.

In diesem Zusammenhang wird als ernst zu nehmendes Bedenken vorgetragen, ob nicht das zunehmende Gewicht von privater Finanzierung und bürgerschaftlichem Engagement dazu führt, dass sich in der Kulturszene der persönliche Geschmack von Förderern und Engagierten spiegelt, der seinerseits von den Präferenzen einer Mittel- und Oberschicht geprägt ist. Der Beitrag von Kultur zum sozialen Wandel, zur Integration unterprivilegierter Bürgerinnen und Bürger und anderen gesellschaftlich wichtigen Zielen erschiene somit eher bedroht als ermöglicht. Betrachtet man den Zusammenhang zwischen Dienstleistungen und Themenanwaltschaft, der für die Zivilgesellschaft vielfach typisch ist, erhält dieses Argument eine zusätzliche Brisanz. Ein engagiertes, im Zusammenhang mit zivilgesellschaftlichem Ethos durchaus wünschbares Eintreten, etwa für den Erhalt einer Kultureinrichtung, muss nicht notwendigerweise mit den Bedürfnissen aller oder auch nur der Mehrheit der Bürgerinnen und Bürger kompatibel sein. Es ist auch nicht zu übersehen, dass die Tätigkeit von Kulturstiftungen und Fördervereinen vielfach gerade den Bürgern eine verstärkte kulturelle Teilhabe ermöglicht hat, die diese ohnehin überproportional genießen.

Diese Argumente sind nicht aus sich heraus zu entkräften. Vielmehr kann nur die Ermöglichung von kultureller Aktivität in allen gesellschaftlichen Arenen einerseits und eine gesellschaftlich zuträgliche Ausbalancierung durch demokratisch zustande kommende politische Vorgaben andererseits als Lösung angeboten werden. Nicht überraschenderweise scheint es auf kommunaler Ebene eher zu gelingen, eine tragfähige kooperative Kulturpolitik zu entwickeln. Zivilgesellschaft und bürgerschaftliches Engagement als Gegenbewegung zu einer wohlfahrtsstaatlichen Kulturversorgungspolitik bleiben eine Herausforderung. Sich ihr kreativ zu stellen, möge ein Thema der kulturellen Bildung sein!

ROLF THIELE

Was sich zeigt, fernab
Protokoll einer Vorlesung vom 30.11.2010

Plötzlich tauchen sie auf, schauen herein ohne wirklich einzutreten. Sie setzen sich auf die Stühle, sind körperlich da, in diesem Rund, das in Wirklichkeit ein Viereck aus Tischen ist, an dessen Stirnseite, mit dem Rücken zum Fenster, den anderen gegenüber, sitze ich, in der Rolle des Vortragenden in dieser Verabredung.

Was hatte uns veranlasst, nach Wolfenbüttel, ins Schloss, an die Bundesakademie, in diesen Chorsaal, so wird der Raum dieser Begegnung genannt, zu kommen? Und das nicht zum ersten Mal. Eine Akademie, ein Ort des Zusammenkommens, des Lernens und des Lehrens, oder wo. Jetzt, an einem Vormittag oder Morgen, dem Zeitpunkt der Vorlesung, oder wann. Was ist da zu hören, was ist zu lernen, was ist da zu sehen? Die Sache, so schlage ich vor, damit den Anfang machend, um die es geht, ist die Kunst. Das war allen längst klar gewesen, auch mir, aber ich konnte kaum anders, wollte ins Erzählen kommen: Kunst, verstanden als ein Raum, in dem man nicht bleiben kann. Ein Übergangsort. Mit anderen Worten: Ein Ort vergleichbar einem Bahnhof, den man nur aufsucht, wenn man sich auf den Weg macht und woanders hin will, sich am Anfang einer Reise befindet. Das mitgenommene Gepäck besteht meist nur aus den notwendigen Dingen, nicht unserer gesamten Habe, sondern reduziert auf das, wovon wir annehmen, dass wir es unterwegs unbedingt brauchen würden. Manche, so unterstelle ich, waren bereits vorher schon einmal am vermeintlichen Reiseziel gewesen. Gerade diesen möchte ich erhöhte Aufmerksamkeit zu Beginn und während der Reise empfehlen, sonst könnte es schnell passieren, dass sie, ohne es sofort zu bemerken, in den falschen Zug einsteigen und ein gänzlich anderes Reiseziel erreichen, als sie es beim Aufbruch vorgehabt haben, oder was. Etwas ähnliches passiert ohnehin, unabwendbar.

Die Kunst als etwas, was sich stets verlassen muss, indem es sich vor sich selbst wirft, um sich erreichen zu können. Sie ist sich selbst Differenz und nicht Identität. Etwas, was sich stets selbst vernichtet, überschreitet, sogar sich selbst versagen lässt, indem sie – und das erreicht sie auf diese Weise – das Unmögliche tut. Eine Überforderung. Die Einwirkung der Kunst auf die Lebensführung, ausgedrückt im Medium Leben. Demnach wäre sie, die Kunst, die verborgene wahre Sache selbst, die sich im Leben zeigt, statt, wie man oft denkt, ein Medium zu sein, in welchem sich das Leben zeigt. Sich in etwas, dessen Gegenteil man bildet, in dem man also nicht enthalten ist, zu zeigen, bedeutet, sich einem Extrem zu verschreiben. Unterwegs zur Kunst können wir daher kaum unter dem Schutz der im Kunstsystem herrschenden Konventionen bleiben, sondern müssen die engen Fesseln der akademischen Regeln, die fordernden Verführungen des Marktes, die es ja gibt, sprengen. In der Überschreitung dieser Grenzen zeigt sich die Wirkung der Kunst im Leben. Eigenartig. Eine Einübung praktischer Lebensführung. Philosophisch ausgedrückt: Eine Einübung in Weltpraxis. Eine Veränderung der geltenden Bedingungen, verursacht durch die Bewegung des Aufbruchs, dem Phänomen Kunst zu verdanken, mit dem das Unmögliche möglich wird, aber nicht, indem sich das eine in das andere verwandelt, sondern es bleibt das mögliche Unmögliche. Ein Paradox. Die Kunst bleibt das Verborgene, auch und gerade wenn sie sich im Leben zeigt. Sie zeigt sich als das Verborgene. Das Verborgene findet seinen wirksamsten und wahren Ort im Zeigen, oder wo. Die Kunst, dieses Zeigesystem, dieser Raum, der mehr zu verbergen als zu zeigen hat. Wir befinden uns ihr gegenüber, auch in ihr, in einem Verhältnis des Verdachts. Die Wahrheit des Verborgenen wird nur geglaubt, wenn es sich um eine schwierige, unangenehme, unverständliche Wahrheit handelt. Dieser Verdacht kann nur dann entkräftet werden, wenn er bestätigt wird. Weil alle immer alles verstehen und beurteilen müssen, so glauben sie wenigstens, wird, ausgelöst durch diesen Druck, sehr schnell die Frage gestellt: Bin ich doof oder ist die Kunst, das Kunstwerk doof? Die Antwort, meist auch zu schnell gefunden und dadurch falsch, fällt häufig zu Ungunsten der Kunst aus. Eine an sich gute Frage, deren Beantwortung allerdings viel mehr Zeit erfordert, denn die schnelle Antwort kehrt sich nach kürzester Zeit gegen den Frager um. Keine Reflexion. Selbst doof. Unsicherheit. Wir brauchen Zeit. Lassen wir uns Zeit.

Ich werde versuchen, die Vorlesung weiterführend so zu sprechen, als sei es ein Geschehen ohne verborgenen Sinn, einfach Musik aus Worten. Auch vorher schon. Meist kam es mir dabei vor, als spräche ich in einer Art von Wiederholungskreisgang stets von derselben Sache auf stets dieselbe Weise, so dass die Worte, die Sätze, das Thema zusehends verschwanden, ohne unmittelbare Wirkung blieben, also nicht verstanden wurden. Die Zuhörenden saßen der Unterstellung auf, diese szenische Umkreisung würde lediglich der Umkreisung der Insel meines

Rolf Thiele, Prof., Jahrgang 1942, lehrte bis 2007 als Kunstprofessor an der Hochschule für Künste Bremen; lebt und arbeitet in Galan/ Frankreich, dort u.a. im Kunst-Leben-Projekt „Académie Galan" (www.academie-galan.de).

Manche Leute regen sich über Fehler in einer Weise auf, die mir ein psychologisches Rätsel ist. Wir unterlaufen ständig Fehler, nicht, dass ich mich darüber nicht ärgern würde, sei es, dass ich sie irgendwo bemerke, sei es, jemand macht mich darauf aufmerksam. Aber dann gleich die ganze Arbeit zu verwerfen. Etwas so wie, wer einen Fehler macht hat eben keine Ahnung von gar nichts.

Ich kenne keinen und nichts Fehlerfreies. Natürlich mag man das nicht gerne und versucht, diese Dinge zu vermeiden, aber ist es ist sinnlos, sich darüber (nicht und) aufzuregen, es hat sogar etwas Verrücktes, der Aufregung über Fehler zu viel Bedeutung beizumessen.

So etwas wie Fehler passieren eben (dauernd).

Beim Schreiben ~~ist es~~ geht es geregelter zu, aber wie ist es beim Zeichnen!

(deswegen mehr Fehler)

(Fehler?)

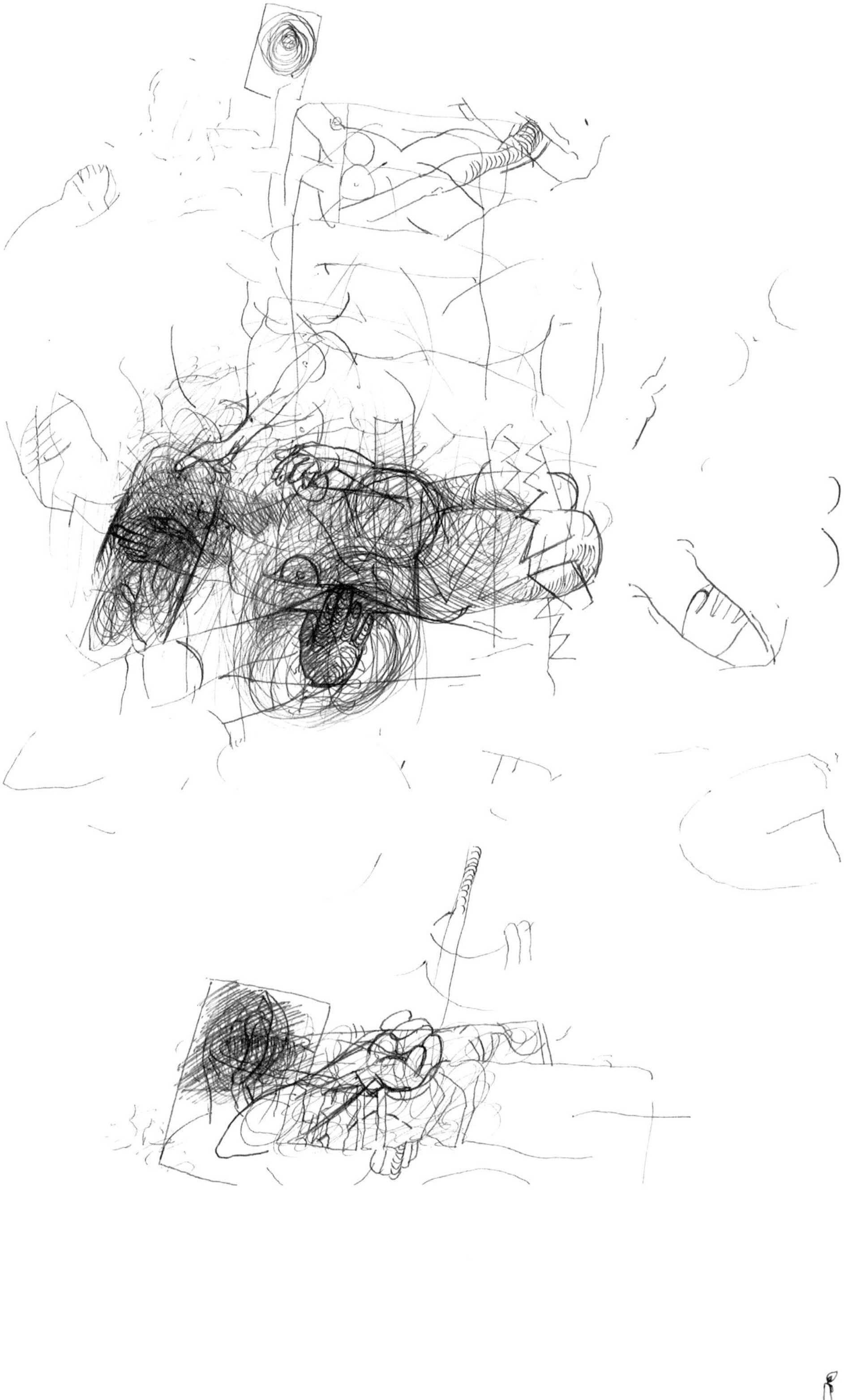

Interesses geschuldet sein. Aufsitz. Denn was folgte, war vielmehr ein epischer Sprachstrom, in dessen Verlauf ich genau vor den Ohren der anderen, gleichsam haarscharf, entlang an dem Zeitort meiner vorherigen Worte mich treiben sah, denn eine szenische Situation. Es war der Ort, wo ich zum ersten Mal das Wort an erwartungsvolle Gesichter mit darin leuchtenden Augen richten durfte. Sie saßen auf Stühlen, meist mir gegenüber, in einem Halbkreis, dort, nachher hier und anderswo. Ein Sich-mitreißen-Lassen, ein festhaltendes Verharren, ein Gegen-den-Strom-Schwimmen, ausgelöst durch Widerstand, entzündet am Verstehenwollen. Zusammengenommen war es stets ein Auseinandergehen im Zusammenbleiben. Sicherlich auch hier und jetzt.

Am Ende einer jeden Vorlesung, verstanden als künstlerische Praxis, als Gespräch, wurde es bereits, bevor die Zuhörenden gänzlich den Raum verlassen hatten, ein irgendwie leerer Ort, allmählich sich auffüllend mit abnehmenden Spuren im Klangraum der Schritte, Worte und so weiter nach draußen, hinaus aus dem Raumort der Vorlesung über den Flurgang in die Ateliers der künstlerisch handwerklichen praktischen Arbeit. In solchen Momenten kam es mir so vor, als entfalte sich die notwendige Katastrophe des Nichtverstehens stärker als vorher während meinem Sprechen, als sei der Flur die Passage des Passierens dieses Zustands. Ein Raumwechsel als Verlassen und Ankommen zugleich. Der Gang durch den Flur bildete zeitverändernd die Barriere des Inhalts der beendeten Vorlesung. Die klanglich verschwundenen Worte füllten sich gleichsam einem Sprachversagen in ihrem lautlosen Nachhall mit Leere und Unverständnis auf und verflüchtigten sich vorderhand. Mit Aufnahme der praktischen, handwerklichen Arbeit änderte sich das zusehends, individuell. Ich hingegen wurde wütend, ich dachte daran, dass ich all diese vorbereiteten Überlegungen hier in eine machtvolle Sprache im Zustand ihres Gelingens sich ereignen zu lassen vorgehabt hatte. Einem Zustand der Sprache, von dem ich wusste, dass er den Zuhörern das Verstehen des Inhalts und den Glauben an Sinn als unglaubwürdig erscheinen lassen musste.

Ich konnte mich kaum beherrschen, erhob mich von meinem Stuhl, auf dem ich noch eine Weile sitzen geblieben war, und ging denselben Weg meines Hereinkommens in die entgegengesetzte Richtung hinaus, beseelt von dem Eindruck, alles richtig gemacht zu haben. Denn Kunst kann man nicht lehren, indem man über Kunst spricht, sie zu erklären versucht, sondern nur, indem man in der Kunst von dieser erzählt. Und lehrende Künstler sind keine Lehrer, die ihren Lehrstoff wissen müssen, sondern sie wissen nicht, was sie lehren. Sie lehren ins Unbekannte hinein, verlängern das ihnen Bekannte ins Noch-nicht-Gewusste. Davon war und bin ich überzeugt. Kunst bringt zur Sprache und Sprache bringt zur Kunst. Das Unaussprechliche zur Sprache bringen heißt, das mögliche Unmögliche zu tun. Sprechen ist dann künstlerische Praxis und keine Theorie, keine Wissenschaft. Künstler gehören zu den Leuten, die nicht alles wissen, was sie wissen. Praxis entsteht aus Praxis. Aber durch vollzogenen Raumsprung kann man nichts vormachen, was ja ohnehin nur zum Nachmachen führen würde.

Nachdem sie in den Atelierräumen angekommen waren, wurden alle emsig tätig. Einige rührten Farben an, spannten Leinwände auf, bereiteten Papiere zum Zeichnen vor, andere tauchten bereits ihre Pinselwerkzeuge in vorgefertigte Farben, um sie auf der Bildfläche, auf dem Bildträger mittels Spurenziehen zu entleeren. Wieder andere nagelten, klebten, fügten zusammen, nahmen auseinander, zerbrachen, behandelten die Materialien auf jede erdenkliche Art und Weise. Das Handwerk, die dingliche Seite am Kunstwerk kann man lehren, lernen, machen und vormachen, die unbedingte Seite, die Kunst, ist auf solche Weise weder lehr- noch lernbar. Die Kunst ereignet sich. Was man dafür tun kann ist lediglich, Atmosphären und Situationen zu schaffen, in denen das Ereignis möglich wird und passieren kann. In einem Raumort des Passierens. Deshalb war es nicht erstaunlich, dass beinahe alle, obwohl sie umfassend tätig waren, auf mich warteten, und das hat gedauert und gedauert, wie vorher auf meinem Weg hin zu der Vorlesung. Irgend jemand hatte mir irgendwann einmal aus solchem Grund den indianisch anmutenden Namen „Der, auf den man warten muss" verliehen. Dieses Warten entwickelte sich, für mich zuerst unmerklich, zu einem Ritual, angefüllt mit Meinungslosigkeit, strukturiert durch Unruhe und Erwartung, ausgelöst durch Unverständnis. Sie sahen mich verständnislos an. Der erste gesprochene Satz zu den konkreten Arbeitsvorhaben füllte den Atelierraum derart, dass Meinungsverlassenheit in Bezug auf Kunst geradezu körperlich spürbar wurde, für jedermann. Die ästhetische Erfahrung des Gesprochenen, vernebelt mitgebracht aus der Vorlesung, konnte ihren Fortgang nehmen. Seltsam. Trotz oder wegen empfundener Meinungsverlassenheit

Hände ~~mit~~ als Flügel zum Verlassen des Bodenschwere. Beflügelndes Zeichnen von Händen usw.
mit der Hand.

„Anhören als Anschauen"

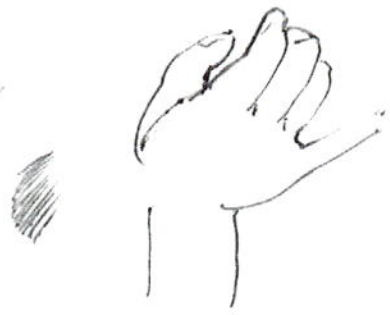

Ein Symposion des Hörens (~~für Hörbehinderte~~)

(„... ich sehe Sie so gerne sprechen...")

„Hörsymposion

Schon Hinweise von an „In-den-Körper-Zeichnen

Zeichnen als Bezeichnen
" als Zeichen setzen
(= Zeichen für Existenz)

Welche Menschen waren schon einmal da-dort, wo er jetzt hin möchte?

Anmerkung:

Sprache der Bilder – Bilder der Sprache.

Von der ursprünglichen Mündlichkeit zur Schriftlichkeit und zurück zur Mündlichkeit. Und wahrscheinlich ist noch immer kein einziges Wo von mir. Diebstahl. Was gehört einem schon in der Sprache? Im Gegenteil dazu steht jeder einzelne Strich, jede Linie in den Zeichnungen.

Der Übergang vom Sprechen als hervorbringendes Verschwinden hin zum Schreiben und Zeichnen als feststellendes Zeigen. Dieser Übergar muss durch Üben gangbar gemacht werden. Die Zeichnung bringt dann zurück zur Sprache, der sie sich verdankt.

breitete sich der Zustand des Gelingens aus. Mit anderen Worten: Wirklich können kann man in der Kunst nur das, was man nicht kann. Es gab nichts zu verstehen, aber viel zu entdecken. Ungreifbare Worte, Ahnungen weckend, überdeckten die Teilnehmer mit einem Nebel der Träume, brachten sie in den produktiven Zustand des Nichtverstehens. Nur wer Ahnungen hat, kann träumen. Es war wie ein Atemzug. So stark, wie in solchen Momenten, konnte auch ich selbst das sonst nicht so ohne weiteres erreichen. Das Passiv des Passierens zeigte seine Wirkung.

Nur die Vögel, von uns wegen ihrer Fähigkeit zu fliegen beneidet, haben einen starren Blick, sie können nicht blinzeln, haben keine Augenlider, sie träumen nie. Wir hingegen können in solchen Momenten unser körperlich bedingtes Blinzeln als Fluchtpause des Augenblicks nutzen, hin zum Unbedingten. Durch das Schließen der Lider entfernen wir uns von den Dingen, verlieren sie aus dem Blick. Durch das Wiederöffnen der Augen kehrt unser Blick zurück zu den Dingen, einen Augenblick lang. Wiederholung. Wir waren schon dort und kehren zurück. Nichts kann so bleiben, wie es jetzt ist. Alles wird sich verändern, durch die unentwegten Blicke von hier nach dort und von dort nach hier. Umkehr, ausgelöst durch Bewegung im wittgensteinschen Muskelgefühlsraum. Im Jetztereignis der ästhetischen Erfahrung liegt die Vergangenheit vor uns und die Zukunft hinter uns. Das geschieht sehr schnell, unmerklich für unser Bewusstsein, im Bruchteil einer Sekunde. Da hilft nur Aufmerksamkeit. Aber wie lange kann man aufmerksam sein? Erst in der Aufmerksamkeit können wir uns Zeit lassen. Die ablaufende Zeit, fluxus vulgaris, erscheint uns dann, verwandelt als empfundene Zeit: Wir verlieren keine Zeit, wir gewinnen Zeit. Das längst verloren Geglaubte schießt in uns empor, gewinnt Bewusstsein, breitet sich aus. In solch bereichernden Augenblicken, wahrscheinlich nur in der Kunst möglich, wird das sonst voneinander Getrennte verbunden. Alles Ästhetische kommt aus der Vergangenheit und geschieht im Jetzt. Auf den Wegen des noch voneinander Getrennten zueinander, in diesen Zwischenräumen entzündet sich unser Denken. Der Funke zündet das Verwandlungsfeuer. Dieses Dritte. Dieses in uns unerwartete Aufsteigen der eigenen Erinnerungen angesichts des fremden, weil noch nicht verstandenen, meist dinglichen Gegenüber. Wir brauchen das Dritte für diese Zusammenkunft. Wir sehen dann, was wir denken. Wir sehen, was uns anblickt.

Und es, dieser fremde Blick, ist immer der verwandelte eigene Blick in der/durch Reflexion. So gesehen haben wir im zurückkehrenden Blick zum Betrachteten das Gefühl, alles schon einmal gesehen, alles schon einmal erlebt zu haben. Wir merken den bedenklichen Unterschied. Wir können beginnen, umsichtig zu denken, eine Wertung zulassen. Interpretation, gefüllt mit eigener Erinnerung, findet darin ihren Anfang, kann stattfinden, indem sie die Wertung begründet und dadurch rechtfertigt. Erst danach ist Äußerung sinnvoll. Flüsternd oder schweigend aber sagen wir zu uns: „Kann ich das behalten? Ich möchte, dass es immer so bleibt wie jetzt." Nicht wenige nennen diese Sehnsucht, angesichts der Schwundgestalt Kunst, Glück. Wenn das zutrifft, macht Kunst nicht glücklich.

Über mich kann ich nur sprechen, wenn ich von anderen und anderem erzähle. Ich und du, eine Beziehung der Andersheit: Zeige mir dein Gesicht, damit ich weiß, wie ich aussehe, was ich denke, was ich denkend fühle. Meist haben wir Angst vor dem, was in uns aufsteigt, was uns erwartet. Sagen sie mir nicht, dass ich das getan habe, ich das gewesen bin. Ich will nicht mehr daran denken. Ich will nur an diesen einen Augenblick denken, ihn festhalten. Es gibt keine Zukunft, es gibt kein Morgen. Das Jetzt soll ewig währen, sich langsam in mir ausbreiten, wie zuvor, wie früher in den Ereignissen meiner Kindheit. Aber auch dort, so erinnere ich mich, habe ich manches Mal davon geträumt, sie einfangen zu können und mitzunehmen, die erlebten Ereignisse. Erfahrungen machen. Alles Erinnerte geschieht im Jetzt. Vielleicht war das alles und wird es immer wieder sein, nur eine Zeichnung auf den Papieren meiner Angst. Ausdruck meiner Sorge, es zu verlieren. Wann kann ich begreifen, was geschieht und nicht nur das sehen, was geschehen war. Dort suchte ich stets nach einem Versteck, einer Art von Äußerung, um zu verschwinden, damit niemand mich finden und erblicken könne. Vielleicht wünschte ich das tatsächlich. Worte sind dazu da, die Gedanken zu verbergen. Das Verborgene. Die wahre Kunst lässt uns das Bemühen der Entbergungsarbeit als Entängstigung erleben. Sie bietet uns für einen Augenblick lang, einen kurzen Blick auf die Wahrheit, die wahre Wahrheit über uns und die Welt, in uns und/oder die Welt da draußen.

Ich suchte das Unübersichtliche mit den Augen ab. Doch das eben noch Begriffene blieb verschwunden. Vogelgleich mit Augen ohne Lider. Es gibt keine Welt der Vernunft. Nur noch die

An manchen Tagen schreibt er nur einen einzigen Satz. Zu mehr reicht es nicht.

Die Belastung, die daraus entsteht, ist nicht etwa das Gefühl, faul zu sein, sondern der Anspruch, dieser Satz müsste in seiner Tageseinzigartigkeit ein „Fundamentalsatz" sein.

Welch eine falsche Einschätzung!

In der Zeichnung ist das Fragment ein erwarteter Moment. In der geschriebenen Sprache sollte es auch so sein.
Er ist eben mehr Sprecher, Vortragender und kein Schreiber. Obwohl das Geschriebene häufig genug als Basis für den Vortrag dient.

Ausspruch eines Kindes angesichts seiner Zeichnungen: „Der kann ja nicht einmal Hände zeichnen!"
Eine „richtige" Einschätzung.

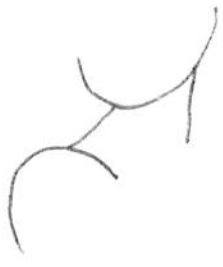

Welt der Träume, hineingeraten mit lidlosen Augen, die auf das Tageslicht warten, wunschlos, traumlos. Der unbekannte Blick, dieser Blick ohne Lider – ein Wortbild, das ich J.M.G. Le Clézio verdanke – dieser Blick des Vogels im Flug, von oben auf das dann unter mir liegende, in Draufsicht, in ausgebreiteter Übersichtlichkeit, eingebettet in das tiefe Dunkel der Nacht. Auf dem Weg wer weiß wohin, unterwegs auf der Suche nach dem Ort, wo der Rauch aus dem Feuer der Ereignisse niemals niedergegangen ist, keine Asche, empor gehoben mit dem Rauch, dann erkaltet herabgefallen. Keine Erinnerung. Ein Ort, wo es nicht die geringste Erinnerung gibt. Dort wollte ich sein, fernab. Hier hat sich so vieles ereignet, so vieles aufgelöst und neu zusammengesetzt, unsere Gefühle, unsere Gedanken und sogar unsere Art, die Dinge zu betrachten, zu reden und zu gehen. Blieben wir im Hier, würden wir niemals mehr so sein können wie zuvor. Wir müssen vom Hier zum Dort, vom Jetzt zum Morgen. In einem Dort, das sich nicht, wie es sonst der Fall ist, bei unserer Ankunft in ein Hier verwandelte, dort würden wir Kinder des Traums sein können. Wir würden uns fühlen wie im Flug, bodenlos. Es ist ein uralter Traum, der dem Anfang ähnelt, welcher bekanntlich die Hälfte vom Ganzen bildet. All das liegt weit weg, ist verschwommen, eben wie im Traum. Wie jeder Traum lässt er uns empfinden: Alles muss neu sein. Fernab vom Hier. Das Auge der Erinnerung hat dann seine Lider gesenkt. Alles erscheint meinem Blick jetzt so, als hätte ich niemals zuvor etwas Ähnliches gesehen. Ein Sehnsuchtsort.

Traf mein derart suchender Blick auf den der anderen, konnte ich häufig genug erkennen, dass einige, vermutlich aus Angst, vergaßen zu blinzeln. Sie starrten auf die Dinge und Ereignisse bis ihre Augen trocken wurden und sich schmerzhaft röteten. Wer nicht denken will, muss sich die Augen reiben. So oder so, es gibt keine Wahl, auch das führt bekanntlich zum Staunen, wenn auch anstrengend und mühsam. Ob wir wollen oder nicht, ohne Denken können wir nichts betrachten. Wir müssen blinzeln. Wir müssen symbolisieren. Wir müssen unterscheiden. Und das alles, indem wir vergleichen.

Ich denke, um ein Beispiel zu geben, an die Arbeit „Künstleratem" von Manzoni. Wenn ich mich recht erinnere, waren das einfache Luftballons, die der Künstler, so behauptete er glaubhaft, mit seinem Atem aufgeblasen hatte. In der Handlung einer Performance ließ er diese später, wenn alle die schönen prallen

Ballons hatten sehen und bewundern können, platzen. Es liegt allein im Machtbereich des Künstlers, Dinge auf- und abzuwerten, die Form, den Körper des Kunstwerks zu verändern, durch Zerstörung, Hinzufügung oder Wegnahme. Eine vieldeutige Arbeit, wie jede gute Arbeit es ja sein sollte, die Luftballons erst mit Luft zu füllen, ihnen eine ansehnliche Form geben und dann diese Blase platzen lassen. Die Erfüllung einer Erwartung damit ebenso wie ein Ansehnliches platzen zu lassen, mit einem Knall den Inhalt der Form im wahrnehmungslosen Nichts der umgebenden Luft aufzulösen, ist die Macht des Autors. Die Grenze, die jede Form, jedes Ding braucht, um sich zu bilden und zu zeigen, wurde durch den Eingriff des Künstlers ins Nichts entlassen. Der Inhalt der Arbeit wurde durch das Platzen der Grenze vollständig vernichtet, er verschwand auf Nimmerwiedersehen ohne jede Chance der Rekonstruktion. War er je da gewesen, dieser Künstleratem, dem Atem des Schöpfergottes gleich? Der dingliche Teil, die schützende Haut, die das Innen vom Außen trennte und es dadurch verbarg, wurde derart zerfetzt, dass auch bei bester Absicht ein Auffinden lediglich in Form von Fragmenten möglich war. Immerhin. Eine Verwandlung durch Zerstörung, Auseinandernahme auf dinglicher Ebene. Der Künstler hat die Blase von Form und Inhalt platzen lassen. Damit hat er aktiv den üblichen Verdacht bestätigt, dass das Kunstwerk über gar keinen Inhalt verfügen würde, könnte man diesen nicht sehen. Scheinbar. Er hat nämlich klar gemacht, dass ein Kunstwerk seinen unbedingten Inhalt, getrennt von der dinglichen Form oder verbunden mit ihr, nicht etwa in sich oder an sich trägt, sondern seinen wahren Inhalt durch Interpretation des Betrachters erfährt. Der Inhalt, die Bedeutung war eben nicht in der Blase enthalten, sondern der Inhalt war die Auflösung von Form und Inhalt, und damit die Beseitigung dieser stets unterstellten Abhängigkeit. Eine Ankunft auf der Nullebene von Ding und Bedeutung hatte sich angekündigt. Das Verschwundene, das Unsichtbare, das anwesende Abwesen musste gedacht werden. Unübersehbar, allerdings nur für diejenigen, die auf ein künstlerisches Ereignis orientiert und vorbereitet waren, wie immer. Für alle anderen blieb es wahrscheinlich Blödsinn, oder was.

Worauf ich hinaus will, ist, verschreibt er sich diesem Extrem für einen Augenblick, die machtvolle Verwandlungsmöglichkeit des Künstlers, und das nicht nur anhand seiner Dinge, sondern auch ohne diese, nämlich sich selbst vom Produzenten

Er will einfach zeichnen, anfänglich macht es gar keinen Spaß. Er zeichnet meist langsam und wenig, einen Anfang machen, das ist mühsam und manchmal sogar schmerzlich. Die Freude, der Spaß kommt später, wenn es klar wird – im Unklaren. Er spürt dann, dass er sich was zeigen kann.

~~(kommt)~~
Der zurückgehaltene Ausruf kam stets aus einem geschlossenen Raum.
~~(verschlossenen)~~

Man sollte nur wissen, dass es diesen gibt

seiner Werke, freigegeben zur Betrachtung, zum bloßen Betrachter zu verwandeln. Er löst etwas aus und betrachtet was passiert. Er nimmt damit eine Umkehr vor, die nicht die Änderung des einen oder anderen individuellen Standpunkts und nicht den Wechsel von einer zur anderen Perspektive bedeutet, es ist vielmehr der Versuch, jede individuelle Sichtweise aufzugeben. Er ist Null, angekommen im Zustand der Meinungslosigkeit. Er ist Null in dem Sinne, dass er nur noch betrachtet. Eine Radikalität, die den Künstler befähigt, zu einer Annullierung des Selbst vorzudringen, – wie es Boris Groys in seinem wunderbaren Aufsatz „Sprachversagen" formuliert – einer Annulierung, die nicht zu einem Verschwinden im buddhistischen Sinne führt, sondern lediglich zu einer kontemplativen Position veranlasst, die ihn ins Denken über sich selbst und das System Kunst bringt. Eine Ästhetisierung der eigenen Existenz greift Raum. Zugegeben ein Extrem, dem ich mich übrigens selbst, wen kann es angesichts des bisher gesagten wundern, in meiner eigenen künstlerischen Arbeit seit vielen Jahren verschrieben habe, hier in Wolfenbüttel, in Frankreich und anderswo. Auf die Nullebene der Meinungen zu kommen, bedeutet Meinungsfreiheit, verstanden als frei von Meinungen zu sein und nicht, frei zu sein, um seine Meinung sagen zu können. Es ist dann Meinungsverlassenheit. Der Künstler als bloßer Betrachter des von ihm ausgelösten, indem er Situationen schafft, in deren Folge die anderen aktiv sein können. Er selbst bleibt passiv, vorderhand. Dieser Gedanke, im kontemplativen Zustand auf Null zu gehen, ist konstitutiv für meine eigene künstlerische Arbeit geworden. Jetzt und hier ist es mein Sprechen, das ich als künstlerische Praxis verstehe und in der ich mich auch so verstanden wissen will.

Gemeinhin herrscht ja in unserer europäischen Kultur die Ansicht, aktiv zu sein sei schwierig und passiv zu sein sei einfach. Das Gegenteil ist der Fall, alle sind aktiv, passiv zu sein ist schwer und bringt in Verdacht. Sich einem Extrem zu verschreiben, kleine Ekstasen zuzulassen, aus sich herausgehen, fordert unbedingt, den Rückweg nicht aus den Augen zu verlieren. Aufmerksamkeit, geschärft.

Jargon- und Zeitwechsel im Vortrag sollte die Flucht aus den Verpflichtungen der Diskurssprache ermöglichen. Von der philosophisch geprägten Ansicht über die Fachsprache des Kunstdiskurses, den es ja gibt, bis hin zur Alltagssprache, das sollte es sein. Allerdings, so muss ich unumwunden zugeben, was als Befreiungsschlag „von" gedacht war markierte gerade dadurch den Raum der künstlerisch ästhetischen Erfahrung und verpflichtete dazu, Verantwortung in und für die Kunst zu übernehmen, also frei „für".

Alle, die jetzt hier sitzen und mehr oder weniger meiner Sprache folgen, haben auf Befragen hin gesagt, sie seien wegen der Kunst gekommen. Sie wollen lernen, was man bekanntlich nur kann, wenn man bereit ist, mit etwas in Kontakt zu treten, von dem man so nicht die geringste Vorstellung hatte. Die meisten aber wollen so etwas nicht, vielleicht weil sie befürchten, es nicht zu können, sondern suchen lediglich die Bestätigung dessen, was sie zu wissen glauben, selten mehr. Und gerade das ist es, was uns ständig am Lernen hindert. Erinnerung: „Wirklich können kann man in der Kunst nur das, was man nicht kann."

Wie ich hören konnte, sind sie bestrebt, hier mit meiner Hilfe der Kunst auf die Spur zu kommen, diesen Weg zu begehen, ihre Grundierung zu erahnen, zu sehen, was ich sprechen werde, in den Traum einzudringen. Ich muss zu verstehen geben, dass ich dabei nur unter bestimmten Umständen behilflich sein kann.

Nur wer zeigen kann, dass er etwas nicht kann und nicht versucht, sein Nichtkönnen zu verbergen, der wird es können. Anders als Kinder, welche nur die Gegenwart kennen und denen darum alles gehört, die darum nichts verlieren können und keinen Namen oder Begriff dafür brauchen, suchen sie, die Zuhörer nach dem Namen, nach dem Begriff, der alles hebt und quasi heiligt, dem Kunstbegriff. Auf diesem Weg wird vorerst alles gleich gültig und flach werden müssen. Sie gelangen dann in einen Raum, wo die künstlerisch ästhetische Erfahrung beginnen kann. Es fühlt sich an, als würden alle eigenen Bedingungen verschwinden, als würden sie sich in eine andere Welt begeben, fernab. Und nur eine dünne Haut, die die Kunst zugleich sichtbar und unsichtbar macht, trennt sie von ihr. Kunstberührung.

Seltsam. Was man durch Sprechen alles entdecken kann. Gilt auch fürs Schreiben, fürs Lesen, fürs Hören und so weiter.

Jeder kann wissen, was ich hier tue. Es ist kein hoffnungsloses Unterfangen. Ich habe es zuvor getan, werde es wieder tun, hier, woanders, irgendwo. Ich kenne niemand, der es mir vorwirft. Es ist ganz einfach meine Aufgabe geworden, eine Situation zu schaffen, in der die Berührung mit Kunst möglich wird. Dort ist man dann hier, angekommen in der Wirklichkeit jenseits der Worte, wo die Mittel vom Zweck getrennt werden. Das ist alles.

STEFFEN TIGGELER

Die Bundesakademie für kulturelle Bildung Wolfenbüttel – Chronik eines Anfangs

Das fünfundzwanzigjährige Bestehen einer Institution, der viele kritisch Gesonnene in ihrer Gründungsphase mehrmals nur eine „kurze Lebenszeit" zutrauen wollten, ist Anlass genug, sich der ersten sechs Jahre ihrer Aufbauphase spontan zu erinnern. Diese Zeit wird für mich beim Schreiben dieses Beitrags in „Schlaglichtern" wieder höchst lebendig.

1980/81: Mehr zufällig erfahre ich vom 1977 gefassten Beschluss der Bund-Länder-Kommission, eine Akademie mit dem Auftrag, kulturelle (Weiter-)Bildung zu fördern, ins Leben zu rufen. Die Auftragsbeschreibung erscheint mir äußerst unkonkret, wenn nicht gar „nebulös".

1984/85: Hannoversche Freunde berichten, die Planungen für eine „Bundesakademie für ‚multikulturelle Bildung'" nähmen konkrete Formen an; die Stadt Wolfenbüttel habe angeboten, Teile des Schlosses und die leerstehende „Schünemannsche Mühle" (eine aufgegebene Industrie-Mühle) als Basis für eine solche Akademie unentgeltlich zur Verfügung zu stellen, und sei daher unter den Bewerbungen zahlreicher anderer Orte, die ebenfalls im „Zonenrandgebiet" liegen, als „Gewinner" hervorgegangen. Die Zonenrandlage sei eine unverzichtbare Prämisse, um „kulturellen" Bundeszuschüssen eine legale Grundlage zu verleihen. Wolfenbüttel, das ich bislang nicht kenne, sei zudem als Stadt sehr einladend und als Standort der berühmten Herzog August Bibliothek „kulturell prädestiniert".

1986: Fast überraschend erreicht mich die Einladung durch den ehemaligen Ministerialdirigenten im Niedersächsischen Ministerium für Wissenschaft und (damals noch) Kunst (MWK), Reinhard Wilke, an der Gründungsversammlung der Bundesakademie am 13. Mai im Lehrerfortbildungsheim am Philosophenweg in Wolfenbüttel als Gast teilzunehmen. Reinhard Wilke hat den „Sonderauftrag", die Gründung der Akademie auf den Weg zu bringen, und offenbar meine unterschiedlichen Tätigkeiten an der Niedersächsischen Staatsoper Hannover, bei den Bayreuther Festspielen und als Fachbereichsleiter Musik an der Schule Schloss Salem seit längerem beobachtet.

Die Versammlung unter Leitung des damaligen niedersächsischen Wissenschaftsministers Cassens soll der Ausarbeitung einer Satzung für den künftigen „Verein Bundesakademie" dienen, deren Entwurf durch das MWK nun zumal durch

Vorschläge des damaligen Präsidenten der Hochschule für Musik und Theater Hannover, Prof. Dr. Richard Jakobi, und von Vertretern des Landesmusikrates Niedersachsen eine praktikablere Form erhält. Sehr wesentlich scheint die Einrichtung eines künstlerischen Beirates, dem pro Fachbereich der Akademie zwei ausgewiesene Fachleute angehören sollen. Der endgültige Name der Neugründung: „Bundesakademie für kulturelle Bildung Wolfenbüttel e.V."

Schon während – und erst recht nach – der Gründungsversammlung gibt es lautstarke Proteste diverser eigens angereister künstlerischer Verbände, die sich offenbar ein Mitgestaltungsrecht bzw. eine Teilnahme an der Versammlung erhofft haben. Der Protest steigert sich, als man mir die Aufgabe des „Gründungsrektors" anbietet, da ich anscheinend gewisse Vorgaben zu erfüllen scheine: „Politisch neutral" (da die Akademie in Bund und Ländern von beiden „großen Fraktionen" gewollt wird), berufliche Qualifikation als Musiker, Theaterregisseur (sogar mit Auslandserfahrung), Manager (in Hannover und Bayreuth) und neuerdings auch Lehrer. Gerade angesichts der vehementen Proteste beschließe ich, diese spannende Herausforderung anzunehmen und die „sichere" Salemer Position aufzugeben.

Große Unterstützung erfahre ich durch den neugewählten dreiköpfigen Vorstand der Akademie, Prof. Dr. Wilhelm Totok (damals Leiter der Landesbibliothek Hannover), Dr. Karl Heinrich Schnöckel (als Vizepräsident der Bezirksregierung Braunschweig Vertreter des federführenden Landes Niedersachsen) und Hans-Peter Albrecht. Nach Vertragsabschluss im September und Bezug dreier angemieteter Räume in der Kanzleistraße, Wolfenbüttel, Berufung des Beirates durch den Vorstand in Übereinstimmung mit dem MWK. Zur Vorsitzenden des Beirates wird Dr. Lore Auerbach gewählt, die mich in meiner gesamten „Amtszeit" wohlwollend mit bestfundierten Ratschlägen unterstützen wird.

Gleichzeitig laufen Gespräche sowohl mit den Architekten Martin Schumacher (Schloss) und Hans-

Steffen Tiggeler, geb. 1931 in Mönchengladbach; Abitur 1949 („G 9"), Studium an der Musikhochschule Detmold, 1953 Solorepetitor und Regieassistent der Oper in Krefeld-Mönchengladbach; 1957 Oberspielleiter, Konzertdramaturg und künstlerischer Betriebsdirektor an der Staatsoper Hannover; Gasttätigkeiten in Deutschland, England, USA; 1975 Fachbereichsleiter Musik an der Schule Schloss Salem; 1986 Gründungsdirektor der Bundesakademie für kulturelle Bildung Wolfenbüttel (bis 1992); 1987 Mitglied d. Landesmusikrates Nds.; 1970-1990 Assistent der Bayreuther Festspielleitung; Lehraufträge an Musikhochschulen in Hannover und Stuttgart.

Joachim Witt („Mühle") als auch mit den Vertretern des aufsichtsführenden Staatshochbauamtes Braunschweig. Der Vorstand trifft sich wöchentlich in Wolfenbüttel, Beiratsvorsitzende Lore Auerbach nimmt erfreulich oft an diesen Gesprächen teil. Wesentlich und zugleich kompliziert ist die Ausarbeitung der Stellenbeschreibungen der nun zu gewinnenden Leiter der fünf Fachbereiche der Akademie. Die inhaltliche Beschreibung der Aufgabengebiete wird von zähem Ringen mit den „Haushältern" im MWK um eine angemessene Einstufung der künftigen Fachbereichsleiter begleitet. Bei diesem fast einjährigen „Kampf" – und auch bei vielen anderen Problemen – ist die (inzwischen leider verstorbene) Ministerialrätin Georgia Augusta Mlynek eine wesentliche und vor allem immer wohlwollende Hilfe.

1987: Eine erste Stellenausschreibung für den Fachbereich Musik kann erscheinen. Die erste Vorstellungsrunde von fünf Bewerbern „in engerer Wahl" verläuft unbefriedigend; als „Nachrücker" kann dann Franz Riemer – kurz vor seiner Promotion in Berlin stehend – gewonnen werden.

Im Januar wird eine große Krise der Finanzen bei Bund und Ländern offenbar. Die Bundesregierung kündigt die zugesagten paritätischen Zuschüsse – sowohl für die Umbaumaßnahmen als auch für den künftigen laufenden Betrieb. Das Land Niedersachsen legt die Baumaßnahmen (die im Februar hätten beginnen sollen) sozusagen „auf Eis". In dieser mehr als depressiven Situation erfolgt – wie ein „Deus ex machina"! – eine gemeinsame Initiative des Wolfenbütteler Stadtdirektors Helmut Riban und des Oberkreisdirektors Dr. Hartmut Koneffke: Ein zinsloses (!) Darlehen von Stadt und Landkreis Wolfenbüttel in Höhe von 2 Millionen DM an das Land Niedersachsen, um dennoch mit den Baumaßnahmen zu beginnen!

Die damalige niedersächsische Finanzministerin Birgit Breuel lehnt dieses Angebot ab – wohl aus Sorge wegen der sich dann zwangsläufig ergebenden Folgekosten. Eine Zufallsbegegnung mit dem damaligen Ministerpräsidenten Dr. Ernst Albrecht hilft, diese Ablehnung dann doch noch zu überwinden. Auf Initiative des örtlichen Bundestagsabgeordneten Wilhelm Schmidt erreichen die MdBs Kübacher (SPD) und Deres (CDU) im Haushaltsausschuss des Bundestages in letzter Minute die Freigabe der von „Bonn" eigentlich schon anderweitig verplanten Zuschüsse für die Bundesakademie. Erste Baumaßnahmen können daraufhin im April beginnen.

Diese aufregende, zugleich aber immer wieder auch spannende „Wartezeit" kann von mir immerhin dahingehend genutzt werden, die vom MWK ursprünglich vorgegebenen – gut gemeinten, aber der Aufgabenstellung der Bundesakademie nicht immer gerecht werdenden – Baupläne der genannten Architekten in erfreulicher Harmonie mit diesen zu überdenken und weitestgehend funktionsgerecht umzugestalten. Die „Entkernung" von Schloss und Mühle (den damaligen Zustand beider Objekte mit „äußerst desolat" zu bezeichnen, wäre geschmeichelt) fördert manche höchst unangenehmen Überraschungen zutage, sodass ein Teil der eigentlich für einen zweiten Bauabschnitt vorgesehenen Gelder für die Sanierung des Untergrundes der beiden Objekte verwendet werden muss (ein Problem, mit dem die Stadt Wolfenbüttel seit Jahrhunderten immer wieder konfrontiert wird).

Auf Initiative des Landesmusikrates Niedersachsen kann im September ein erster Kurs angeboten werden: Orchester-Dirigieren für Chorleiter mit dem Göttinger Symphonie-Orchester unter Hermann Breuer – mit Assistenz von Franz Riemer und mir. (Dieser Kurs wird sich in späteren Jahren immer wieder als ein „Renner" erweisen). Quartier für die Kursteilnehmer muss in Göttingen gefunden werden (für die seitdem in Wolfenbüttel stattfindenden Kurse aller Fachbereiche bleibt – bis zur Fertigstellung des Gästehauses „Schünemannsche Mühle" – die Quartiersuche bei den örtlichen Hotels ein ständiges Problem, ebenso eine einigermaßen erschwingliche – und dennoch schmackhafte – „Verköstigung" der jeweiligen Kursteilnehmer).

Anregungen erfahren der Vorstand und ich bei Besuchen der ähnlich wie „Wolfenbüttel" strukturierten Akademien in Trossingen und Remscheid; Ministerialrätin Mlynek nimmt ebenfalls an diesen Visiten teil.

1988: Dr. Ulrich Teske kann als Fachleiter des Bereichs Bildende Kunst gewonnen werden. Später folgen Dr. Hartmut Kasper (Literatur), Horst Forester (Theater) und zuletzt Dr. Idis B. Hartmann (Museumspädagogik). Nach der Berufung Dr. Hartmanns zur Kulturdezernentin der Stadt Magdeburg wird deren Fachbereich seit 1991 von Dr. Andreas Grünewald Steiger geleitet. Bei all diesen Besetzungen sind Rat und Wissen sowohl des Vorstandes als auch vor allem des Beirates ungeheuer wichtig. Auch kann nun das ganze Haus Kanzleistr. 5 angemietet werden, wodurch Verwaltung und Fachbereichsleiter einigermaßen angemessene Arbeitsbedingungen vorfinden. Manche Kurse, insbesondere die der Bildenden Kunst, können gleichfalls hier stattfinden, für anderes helfen die örtlichen Schulen mit ihren Räumen aus; manchmal müssen auch temporär weitere Möglichkeiten angemietet werden.

1989: Für den Fachbereich Theater kann als großer Probenraum das ehemalige „Schauburg"-Kino (direkt gegenüber dem Gästehaus gelegen) durch einen günstigen zehnjährigen Pachtvertrag vom Bankhaus Seeliger gemietet werden. Für die dringend notwendige Renovierung des schon seit langem leerstehenden Gebäudes dürfen jedoch keine öffentlichen Gelder eingesetzt werden; gottlob findet sich ein Sponsor!

Ende Oktober veranstaltet die Stadt Wolfenbüttel eine „Woche der Begegnung mit der DDR". Die Künstler und die sonstigen Gäste aus Ostdeutschland – unter Leitung des damaligen stellvertretenden DDR-Kultusministers Keller – werden auf Bitten der Stadt im beinahe fertig gestellten Gästehaus untergebracht. Äußerst spannend ist zu beobachten, wie alle Teilnehmer immer wieder das Radio bzw. den eigens aufgestellten Fernseher „konsultieren", um zu erfahren, ob Erich Honecker wohl noch im Amt ist. Sehr aufschlussreich die positiven, kritischen, aber auch z. T. äußerst negativen Kommentare dieser ja eigentlich „offiziellen" Besucher!

Ausstattung und Möblierung sowohl des Gästehauses als auch später des Schlosses werden von den jeweiligen Architekten und mir in sorgfältiger Auswahl festgelegt; zudem können günstige Preise ausgehandelt werden: Es gelingt uns, die beteiligten Lieferfirmen davon zu überzeugen, dass es sich bei der „neu-erfundenen" Bundesakademie um ein „Prestige-Objekt" handele, deren Bestückung der jeweiligen Firma einen Image-Gewinn verschaffen werde. Ähnliches gelingt noch einmal bei der Anschaffung der Musikinstrumente, vor allem der kostspieligen Flügel sowohl für die „Mühle" als auch für das Schloss. Dr. Riemer steht mir dabei mit listigem Rat zur Seite.

1990: Zu Beginn des Jahres wird dann das Gästehaus mit einem kleinen, musikalisch umrahmten Festakt durch Minister Cassens der Öffentlichkeit übergeben. Ein „Tag der offenen Tür" am 10. Februar findet bei der einheimischen Bevölkerung und auch bei vielen auswärtigen Interessierten eine hocherfreuliche Resonanz, – die Bundesakademie scheint in der Stadt Wolfenbüttel „angekommen" zu sein!

Die „Wende" bringt dem bis dahin doch ziemlich isoliert nahe der Zonengrenze liegenden Standort der Bundesakademie ungeheuren Auftrieb. Kollegen aller Fachbereiche aus den „Neuen Ländern" suchen Rat und Hilfe; vor allem erweist sich der Kontakt und die kurz darauf beginnende Zusammenarbeit mit Dozenten und Studenten des „Johannes-R.-Becher-Institutes" in Leipzig als äußerst fruchtbar. Es gibt auch sonst mannigfache gegenseitige Konsultationen, speziell auf dem Gebiet der Musik – fachlich und ganz besonders auch durch Beratung in Bezug auf verwaltungstechnische Modalitäten des „Westens".
Bei den Baumaßnahmen im Schloss ergeben sich immer wieder Differenzen mit dem Denkmalschutz. Im Endeffekt kann dieser dann doch von den „Funktionsbedürfnissen" der werdenden Bundesakademie überzeugt und mancher für beide Seiten tragfähige Kompromiss erzielt werden. Das „Ergebnis" lässt dann auch – fast – alle vorher kritischen Stimmen verstummen (selbst der wiederbelebte rote Außenanstrich des Schlosses findet bei der zunächst murrenden Wolfenbütteler Bevölkerung – „Das Schloss war doch immer nur weiß!" – ganz allmählich Akzeptanz).

Für den Fachbereich Bildende Kunst unter Dr. Teske ergibt sich unverhofft die große Chance, eine von der Arbeitsverwaltung Braunschweig geförderte Jahres-Maßnahme zur Weiterbildung arbeitsloser bildender Künstler bzw. Kunsterzieher durchzuführen. Um den „normalen" Kursbetrieb der Akademie dadurch nicht räumlich einzuengen, kann glücklicherweise als Ausweichquartier ein komplett leerstehendes Haus der Jugendherberge der Braunschweiger Waisenhaus-Stiftung ganzjährig angemietet werden, das sowohl Werkstatträume als auch Wohngelegenheit für die ca. 25 Teilnehmer bietet. Ein großer Erfolg: 22 Teilnehmer dieser Jahresmaßnahme „KAIROS" finden nach Abschluss der Kurse wieder ins Berufsleben zurück!

1991: Sehr hilfreich für die Anliegen der Bundesakademie ist im Februar der Besuch der damaligen niedersächsischen Wissenschaftsministerin Helga Schuchard. Überhaupt hat der „Regierungswechsel" in Hannover im Juni 1990 erfreulicherweise nie zu einer Infragestellung der Aufgaben der Bundesakademie und der dafür unverzichtbar notwendigen Maßnahmen geführt!

Am 17. April kann Prof. Totok den „symbolischen Schlüssel" zum Schloss in Empfang nehmen und an mich weiter reichen.

Nachdem die örtliche Feuerwehr in einer Art „Generalprobe" die Fluchtwege im Gästehaus für ausreichend erklärt und also auch der große Dachboden der „Mühle" ausgebaut und für Unterrichtszwecke genutzt werden kann, steht einem vollen Kursbetrieb aller Fachbereiche der Akademie nun nichts mehr im Wege. Dennoch muss immer wieder durch mannigfache Besuche in Bonn und Hannover, bei anderen Behörden und vor allem Verbänden auf Bedeutung und Aufgabenstellung der Bundesakademie nachdrücklich hingewiesen werden.

Leider wird bei mir im Herbst eine schwere gesundheitliche Beeinträchtigung festgestellt (ärztlicher Befund: „Überarbeitung"). Da eine Rehabilitationsmaßnahme – bei der Dr. Riemer mich sehr kompetent und loyal vertritt – zu keiner dauerhaften Genesung führt, muss ich – nach reiflicher und zugleich bitterer Überlegung – den Vorstand bitten, eine zeitlich angemessene Regelung für meine Nachfolge zu erwägen.

1992: Mit dem langjährigen Beiratsmitglied (Fachgebiet Literatur) Prof. Dr. Gotthardt Frühsorge wird ein mit den Belangen der Bundesakademie wohl vertrauter neuer Leiter des Institutes gefunden, sodass ich diesem – mit wehmütigem Herzen! – am 30. April in einer kleinen Feierstunde im Gästehaus mein – ja manchmal auch nicht unkompliziertes – Amt übergeben kann.

1992/2010: Ein Fazit: Eine aufreibende, aber wunderbare und faszinierende Zeit. Ich durfte ein „Institut", das bis dahin ohne jedes Vorbild war, sowohl „äußerlich bauen" als auch „innerlich planen", d.h. die Bundesakademie für ihre Aufgabe zum Leben erwecken! Diese vielfältigen Herausforderungen wurden – auch Dank der engagierten und ideenreichen Arbeit aller Mitarbeiter bzw. Mitstreiter – m.E. mit Anstand und mit sich als dauerhaft erweisendem Erfolg gemeistert. Und dass diese Akademie seitdem wachsen und gedeihen konnte, erfüllt mich bei diesem so beachtlichen Jubiläum mit dankbarer Freude!

Wolfenbütteler Zeitung 28.04.1989

Eine halbe Million Mark jährlich für Planspiele am Schreibtisch?

Die Kulturakademie hat den Brutkasten noch nicht verlassen

Baustop in Wolfenbüttel bringt Ärger und zusätzliche Kosten / Jugendherberge „vertrieben"

Von Eyke Gerster

Wolfenbüttel

„Sie haben das Kind geboren. Jetzt müssen Sie ihm Hose und Jacke kaufen, im Brutkasten wird es auf Dauer zu teuer." Mit diesen Worten appellierte jetzt der Direktor der Bundesakademie für kulturelle Bildung in Wolfenbüttel, Steffen Tiggeler, an die Landesregierung, ihre vor Jahresfrist eingegangene Verpflichtung gegenüber der neuen Akademie zu erfüllen und keiner weiteren Verschleuderung von Steuergeldern Vorschub zu leisten. Die im Mai 1986 gegründete Akademie konnte ihre Aufgaben bisher nicht erfüllen. Es fehlt am Geld.

Steffen Tiggeler, Regisseur und Dozent für Opernregie an der Musikhochschule Hannover, wurde zum Direktor dieser Akademie ernannt, nachdem das Land Niedersachsen und die Bundesregierung ihre vor zehn Jahre begonnenen Planungen beendet hatten. Aufgabe der Akademie ist es, Lehrer im Bereich der bildenden Kunst, der Literatur, der Musik und des Theaters weiterzubilden, um die, wie es heißt, außergewöhnliche Ausweitung kultureller Aktivitäten überall im Lande zu unterstützen.

„Wir wollen arbeiten"

Die bloße Existenz der Akademie in angemieteten und provisorisch hergerichteten Räumen verschlingt eine halbe Million Mark jährlich. Doch der Tag, an dem mit der eigentlichen Arbeit begonnen werden kann, ist nach der Etatberatung des Landtages in weite Ferne gerückt. Tiggeler meint dazu: „Wir haben eine Jugendherberge vertrieben, ein Loch ins Wolfenbütteler Schloß gerissen und eine Menge Leute verärgert. Wir wollen endlich vernünftig arbeiten."

Dafür aber fehlen die Räume, die mit einem Kostenaufwand von insgesamt 22 Millionen Mark geschaffen werden sollen. Von den für 1987 zunächst vorgesehenen 3,5 Millionen sind nach Streichungen durch die Landesregierung nur noch 500 000 Mark übriggeblieben. Und diese Summe reicht nach den Worten Tiggelers gerade aus, um die Planer zu bezahlen.

Das Vorhaben des Landes, eine Akademie in Wolfenbüttel zu gründen, hatte seinerzeit so bestechend geklungen, daß Tiggeler mit fliegenden Fahnen von Baden-Württemberg nach Niedersachsen übersiedelte, obwohl sein Lehrauftrag an der Klosterschule Salem und die gleichzeitig betriebene Leitung der Festspiele in Bayreuth ihm auch viel Freude bereiteten.

In mehreren Bauabschnitten wollte das Land, so hieß es 1984, Räume schaffen, in denen Sänger, Literaten, Museumsleute, Maler, Bildhauer, Musiker und Schauspieler unter fachkundiger Anleitung lernen sollten, ihre Kunst und ihre Fertigkeiten auch anderen Menschen zu vermitteln. Platz für Unterrichtsräume und Verwaltung soll in zwei Etagen des Wolfenbütteler Schlosses geschaffen werden, die jedoch teils von einer Jugendherberge, teils vom Museum belegt waren. Wohnen sollen die Kursusteilnehmer in einer leerstehenden Wassermühle, die in ein Internat mit 42 Betten umgewandelt werden soll. Konferenzräume und Begegnungsmöglichkeiten in gehobenem Komfort sollen im Prinzenschloß, einem kleineren Gebäude neben dem repräsentativen Schloß, eingerichtet werden.

1,2 Millionen Mark pro Jahr will das Land Niedersachsen zusätzlich zu den Baukosten für den ständigen Unterhalt bezahlen. Knapp 600 000 Mark fließen jetzt bereits für Miete und Personalkosten.

Planmäßig wurde zum Ende des Jahres 1986 der Mietvertrag mit dem Deutschen Jugendherbergswerk gekündigt, dessen im Schloß angemietete Räume von der Akademie genutzt werden sollen. Handwerker zogen ins Schloß ein. Sie rissen die Etagenbetten aus der Verankerung, schlugen Zwischenwände ein, bauten Duschen und Toiletten aus, klopften Putz von den Wänden. Mit diesem ersten Bauabschnitt sollten Unterrichtsräume, Werkstätten und Büros geschaffen werden. Ende 1988 sollte der Unterricht beginnen.

Doch nun, da das Schloß „entkernt ist", wie der Fachmann sagt, und der Wind durch die Mauerritzen pfeift, droht ein zweijähriger Baustopp. Nach dem derzeitigen Stand der Planungen kann die Akademie ihre Arbeit in eigenen Räumen nicht vor 1991 aufnehmen. Dem bisherigen dreiköpfigen Mitarbeiterteam, das vertragsgemäß noch in diesem Jahr auf fünf Vollzeitkräfte aufgestockt werden soll, bleiben vorerst nur Planspiele am Schreibtisch. Denn auch wenn die Suche nach provisorischen Unterrichtsräumen und Unterbringungsmöglichkeiten für die Kursusteilnehmer Erfolg haben sollte, „kann das alles nur Stückwerk bleiben", fürchtet Tiggeler.

Getragen wird die Akademie von den Ländern Niedersachsen, Bremen und Schleswig-Holstein. Mitglied im Trägerverein sind außerdem die Stadt und der Landkreis Wolfenbüttel sowie 21 Verbände, angefangen beim Bund Bildender Künstler über den Landesmusikrat bis hin zum Landesverband der Volkshochschulen Niedersachsens. Erster Vorsitzender ist der bisherige Direktor der Landesbibliothek in Hannover, Professor Dr. Wilhelm Totok.

Alte Tradition

Die Stadtväter der 40 400 Einwohner zählenden Stadt Wolfenbüttel erwartet von der neuen Akademie eine deutliche Belebung ihres von mehr als 400 liebevoll restaurierten Fachwerkhäusern geprägten Stadtbildes. Wenn Künstler im Schloß studieren und arbeiten, in der alten Mühle oberhalb der Oker wohnen und in der ehemaligen Residenz des Erbprinzen Rudolf August ihr Wissen und Können auch an Einheimische weitergeben, wird eine gute Wolfenbütteler Tradition gewahrt. Immerhin lebten und lehrten Gotthold Ephraim Lessing und Gottfried Wilhelm Leibniz zweitweise in den Mauern der Herzogstadt.

Da die Bundesregierung zugesagt hat, 40 Prozent der Kosten für die Bundesakademie aus Mitteln des Zonenrandförderungsprogramms zu bezahlen, können die geplanten Investitionen nach Auffassung der Beteiligten auch als kleine Ausgleichszahlung für eine Stadt gelten, die an ihrer Zonenrandlage mindestens ebenso leidet wie an dem Verlust des Residenzsitzes vor 234 Jahren

Siehe auch Beitrag von Wilhelm Schmidt.

FLORIAN VASSEN

„Literatur muß dem Theater Widerstand leisten." Das Theater der Sprache – eine Annäherung

Vom 27. bis 29. Juni 2002 fand in der Bundesakademie Wolfenbüttel die Tagung „Theater der Sprache" der Ständigen Konferenz Spiel und Theater an deutschen Hochschulen statt. Die Konferenz ist ein Zusammenschluss aller Hochschulen, die sich mit Theaterpädagogik, Darstellendem Spiel und Theaterausbildung beschäftigen, und ist der Ansprechpartner der Hochschulrektorenkonferenz. Nachdem auf Tagungen zuvor die Performance und das Bildertheater Thema waren, stand 2002 der analog zum Theater der Bilder gebildete Begriff *Theater der Sprache* im Mittelpunkt, nicht um neue Grenzen zu ziehen, sondern um, angesichts der Konjunktur von Körperbewusstsein, Bildertheater und Visualisierung, insbesondere in der virtual reality, auf die zentrale Stellung von Sprache auch in Theater und Theaterpädagogik hinzuweisen und einen Anstoß für Diskussion und Analyse zu geben.

Aber nicht nur Bilder sind allgegenwärtig, auch bei der Sprache lassen sich inflationäre Tendenzen feststellen: Über alles und nichts wird geredet, nicht nur in den viel gescholtenen Talkshows, auch in Millionen von SMSen und (Handy-)Telefonaten, beim Twittern und bei Facebook; Nähe wird suggeriert und zugleich wird Intimität zerstört. Auch Politik machen heißt reden, ohne etwas zu sagen. Sprache kann aber auch neue Möglichkeiten bieten bzw. Widerstand leisten, gerade auch in ästhetischen Zusammenhängen – von der hochartifiziellen Poesie der ästhetischen Moderne bis zu Gebrauchstexten von Schüler/innen, vom professionellen Sprechen der Schauspieler/innen auf der Bühne bis zur Alltagssprache von theaterspielenden Jugendlichen.

Die Konzentration auf den Text negiert nicht, dass der Körper des Schauspielers, des Spielenden im Zentrum theatraler Prozesse steht und die Retheatralisierung des Theaters, die sich in unterschiedlichen Schüben und Akzentuierungen durch das ganze vergangene Jahrhundert zieht, nicht revidierbar ist und auch nicht zurückgenommen werden darf. Aber nach der Bilder- und Körper-Dominanz gibt es inzwischen, wie ja so oft, eine gegenläufige Tendenz: Auf dem Theater werden wieder Geschichten erzählt, biographische, dokumentarische und ästhetische Sprachformen gewinnen zunehmend an Bedeutung.
Anders als die Formulierung Theater der Bilder existiert der Begriff *Theater der Sprache* nicht im allgemeinen Sprachgebrauch

und man findet ihn auch nicht, wenn man die gängigen Theaterlexika zu Rate zieht. Dort gibt es zwar das Stichwort „Sprechen" und natürlich viele andere Genitivkonstruktionen vom Theater der Grausamkeit, der Mechanik oder der Unterdrückten über das Theater der Nationen, der Welt oder der Freundschaft bis zum Theater des Absurden, dem Theater der Behinderten oder dem Theater der Aufklärung. Auch Staats- und Stadttheater gehören im weitesten Sinne zu diesen grammatikalischen Formen und natürlich das berühmte theatrum mundi, aber *Theater der Sprache* – Fehlanzeige!

Bei all diesen Begriffen bezeichnet der Genitiv sehr Unterschiedliches, der genetivus subjectivus etwa den Träger des Geschehens, also etwa das Theater der Nationen, dessen Sonderfall, der genetivus auctoris, die Agierenden, hier das Theater der Behinderten, der genetivus objectivus dagegen eine Zielgruppe, in unserem Fall die Unterdrückten, bzw. eine Zielsetzung, nämlich Freundschaft; weiterhin drückt der Genitiv eine Zugehörigkeit aus, etwa die zeitliche der Aufklärung bzw. die institutionelle beim Staatstheater, oder eine Eigenschaft, ein Charakteristikum, so der genetivus qualitatis beim Theater des Absurden – und eben beim *Theater der Sprache*.

Und doch bleibt die Genitivkonstruktion *Theater der Sprache* ambivalent, sie hat etwas Paradoxes, denn in ihr verbindet sich Widersprüchliches, sichtbar etwa in der Etymologie: Theatron als der Raum zum Schauen und nicht als Raum der Sprache wird in dieser Wortzusammenstellung dennoch mit Sprache verknüpft. Auch ist Theater immer Raum, Bild und Körper. Man könnte aber auch von einer gewissen tautologischen Tendenz sprechen. Denn zentrales Medium von Chor und Protagonist, später auch des Antagonisten in der antiken Tragödie war die Sprache, und Theater und gesprochenes Wort bilden in der Regel auch heute noch eine Einheit. Gerade aber die Verdichtung unterschiedlicher Aspekte in dieser grammatikalischen Konstruktion und die daraus folgende Ambiguität macht, so meine These, die Produktivität dieser neuen Bezeichnung aus.

Florian Vaßen, Prof. Dr. phil., Jg. 43, Studium der Germanistik, Romanistik, Philosophie und Geschichte in Frankfurt, Aix-en-Provence und Marburg, Professor für neuere deutsche Literatur an der Leibniz Universität Hannover, Mitherausgeber der „Zeitschrift für Theaterpädagogik. Korrespondenzen", Vorsitzender der Gesellschaft für Theaterpädagogik Niedersachsen, Mitglied im Vorstand des Landesverbandes Theaterpädagogik Niedersachsen. Forschungsschwerpunkte: Drama und Theater; Theaterpädagogik in Theorie und Praxis; Schrift und Bild; Literatur des Vormärz; Bertolt Brecht; Heiner Müller.

Im Gegensatz zum *Theater der Sprache* ist die Bezeichnung Sprechtheater als Abgrenzung zum Musiktheater oder Tanztheater durchaus geläufig, und die Formulierung Literaturtheater artikuliert die Dominanz des literarischen Textes, wie wir es aus den letzten Jahrhunderten kennen. Der Begriff *Theater der Sprache* dagegen ist ein Neologismus, gebildet analog zum Theater der Bilder. Es ist eine pointierte Formulierung, die bestimmte Präferenzen und Dominanzen zum Ausdruck bringen will. Dennoch geht es nicht um einen Kontrast hie Bilder, da Sprache, denn auch ein Theater der Bilder kommt nur selten ganz ohne Sprache aus und ein Theater der Sprache ist überhaupt nicht denkbar ohne Bilder.

Literarisch-theatraler Text und Inszenierung stehen zweifelsohne in einem engen Verhältnis zueinander. Darüber hinaus aber sind auch die szenisch-theatralen Aspekte im dramatischen Text selbst von besonderer Bedeutung; es handelt sich hierbei um das theatrale Potential oder, wie Hajo Kurzenberger mit Volker Klotz formuliert, um die potentielle szenische Energie von Theatertexten. Die theatralen Konstituenten des Textes sind als intentionale Brücke zwischen Text und Inszenierung zu verstehen, als Hinweise des Autors auf die Theatralisierung seines Stückes. Ausgehend von einem weiten Textbegriff, könnte man das Verhältnis von Text, Inszenierungskonzeption und realer Aufführung als eine spezifische, sehr enge Intertextualitätsrelation verstehen. Daraus folgt, dass kein einseitiges, linear sich entwickelndes Verhältnis vom Drama zur Aufführung existiert, diese schon gar nicht eine reduzierte Realisierung von dessen Komplexität darstellt, sondern jede Inszenierung neue Perspektiven und veränderte Sichtweisen auf den Theatertext eröffnet.

Der Begriff des *Theaters der Sprache* artikuliert demnach die komplexen Beziehungen von Theater-Text und Inszenierung, theatralem Potential im Theatertext selbst und szenischer Theatralität, literarischer Produktion der Theaterautoren und nicht professionellem szenischem Schreiben, geschriebener Sprache und Sprechen auf der Bühne.

Sprache steht im Theater in einem anderen Verhältnis zur Realität als in der Realität selbst, als Gegenwelt ermöglicht sie Widerspruch und Fremdheit, Ausnahmen und Abweichungen und damit Heterotopien. Vielleicht liegt ihre politische Relevanz eher in ihrer Wendung gegen eine Politik in Form von Reduzierung auf Bilder, Signale und Gesichter als in der direkten politischen Aussage.

Lesen von Texten und Sprechen, auch von schriftlich fixierten Texten, ist wichtig zum Verständnis von Welt. Sprache erfüllt gerade in Bereichen wie Problemlösungen und Verarbeiten von Erfahrungen Funktionen, die Bilder nicht in gleichem Maße erfüllen können, zumal Sprache innere Bilder hervorruft. Sprache und damit auch das *Theater der Sprache* spielt auch eine besondere Rolle in der Herausbildung von Identität, akzentuiert die historische Dimension, produziert im Modell die Möglichkeit von Erinnerung und Erfahrung – vor allem auch als Differenzerfahrung – und initiiert die Verbindung von Imagination und Reflexion.

Das Verhältnis von Theater-Autor und Theater ist sehr komplex, zumal wenn im Regietheater der Text nur noch als Vorlage oder sogar nur als Anregung für die eigene Textproduktion oder Textcollage der ‚Theatermacher' verstanden wird. Viele Schriftsteller und Regisseure arbeiten dennoch eng zusammen, was dem Text zu einer intensiven Theater-Realisierung verhilft. Andere Autoren beklagen sich über die ‚Zerstörung' ihrer Texte auf dem Theater. Wieder andere fordern mit ihren Texten die Institution Theater und die dortige künstlerische Arbeit extrem heraus, so dass eine neue produktive Spannung entsteht. John von Düffel z. B. kritisiert in seinen Anmerkungen zum Regietheater die Autoren, die das Theater mit ihren Texten unterfordern und sich in die Konventionen einpassen. Man darf „dem Theater die Vorherrschaft über die Bilder nicht einfach (...) überlassen." „Ein Text", so von Düffel weiter, „der das Theater sein will, nichts weniger als das ganze Theater, braucht den Regisseur nicht als Erfüllungsgehilfen, sondern als Gegner. Ein Text, der sämtliche Bilder usurpiert, braucht die Bühne als Gegenwelt. Die Kraft des Theaters lag schon immer in der Konfrontation" („Die Unbekannte mit dem Fön"). Vergleichbare Überlegungen finden wir bei Heiner Müller, wenn er 1989 in einem Gespräch mit Robert Weimann sagt, „mir scheint", „daß wir im Theater noch gar nicht wirklich mit Texten gearbeitet haben, daß Texte da noch immer nicht als Material, noch immer nicht als Körper gebraucht worden sind." Die Schauspieler seien gewohnt „mit dem Text umzugehen, den Text bestenfalls zu verwalten. Oder sogar zu administrieren. Eben daran denke ich, wenn ich meine, daß die Zeit des Textes im Theater erst kommen wird." Diese Sichtweise führt bei Müller schon 1975 zu der pointierten Formulierung: „Literatur muß dem Theater Widerstand leisten."

Lob der Akademie

Alle Jahre wieder.
Klar.
Trotz langer Anfahrt.
Natürlich.
Zur Bildung.
Mit ICE, Bus oder Bummelbahn.
Wir dürfen kommen.
Ja.
Schon viele Jahre.
Zur Akademie.
Und loben sie.

Schnuppern die Kleinstadt, die engen Gässchen,
lauschen der Pflastermusik, wenn unser Koffer über den Marktplatz rollt,
staunen, dass es das immer noch gibt, überall,
dieses Fachwerk, als hätte hier nie …
als würde nicht gerade …
Wie weit ist eigentlich die Asse? Egal
Auch das leerstehende Warenhaus und die geschlossenen Läden,
letztes Jahr oder das Jahr davor, da haben wir doch noch ….
Egal.
Kleinstadtidylle mit Damencafés, Bierpinten und Bundes-akademie.
Alle Jahre wieder.
Wir loben sie.

Lauschen dem Mühlbach, betreten die Mühle,
noch commode, ohne Code,
lächelnd begrüßt von Kaffee- und Plätzchengeruch
und den Sabinen,
die sagen, Hallo,
herzlich willkommen,
und bald erscheint Olaf, unser bester Geist, in Fahrradmontur,
pünktlich auf die Uhr, das gehört sich so hier,
wie die Privilegien und der Hauscode,
und bringt ins Fließen, was?
auch die Zimmer zum Wasser, das Rauschen im Ohr,

und dankbar sagen wir wieder
Kulturelle Bildung
In der Akademie.
und loben sie.

Auf ans Werk, zur Werkstatt? Ja?
Und schon wandern wir, wirklich,
zum Schloss, das muss sein, das Schloss,
das ist der Ort, unser Hort,
wenn auch nur in wie vielen Etagen???
Immerhin, unser Lieblingssaal, er sei uns gegönnt,
wieder einmal, sagt Olaf, und schmunzelt,
und alles andere auch.
Dank dir Olaf, unserem besten, dank all den anderen,
den Geistern,
die wir meist nicht sehen, die hier aber residieren und wirken,
mit Tafeln, Stiften, Papier, elektronischem Gerät und was man
heute sonst noch braucht
zur kulturellen Bildung
all die Jahre wieder.
In der Akademie.
Wir loben sie.

Sag, gibt's Neues?
Klar, immer wieder, immer anderes.
Alles im Fluss und im Bau. Auch hier.
Für neue Namen. Kleine, größere, die großen Geister,
aus Musik, Kunst, Literatur, Theater,
von weither, von nah,
was Euch immer alles einfällt.
Und uns? Heute?
In unserem Kurs?
Mit wie vielen?
Und woher?
Mit welchen Erwartungen?
Und wieder kommen einige zu spät oder einer, egal
Und wieder hat einer oder eine etwas zu schicken vergessen,
egal,
Und wieder ist einer oder eine gar nicht gekommen, egal ...
Auch das ist Akademie.
Wir loben sie.

Hilke Veth, Hörspieldramaturgin beim NDR in Hamburg und Autorin; bietet an der Bundesakademie seit über zehn Jahren gemeinsam mit Leonhard Koppelmann Werkstätten zur Praxis und Geschichte des Hörspiels an.

Und beginnen,
alle Jahre wieder, endlich,
was? Unsere Spiele, mit Kultur (manchmal auch ohne)
mit Bildung (oder nicht),
Stundenlang. Zweitagelang. Oder drei.
Staunen und Lachen
Irritationen und Schweigen,
Neugier, Debatten,
mit Energie, Engagement, Freude, Passion, Pathos, Intelligenz,
Humor und Witz
und seltsamen Höhenflügen und Höllenfahrten,
in phantastische Welten, in utopische Reiche,
wie es allen gefällt oder nicht
Und selten ist da ein Spielverderber, der nicht mitreist,
allein auf die Fahrt will
Daran sind wir gewöhnt.
damit können wir umgehen,
Und manchmal sind wir selber auch
Spielverderber?
Davon reden wir hier nicht.
Schwärmen lieber, auch von langen Nächten und
Geplauder, Gesprächen, Diskussionen,
und was sonst noch alles passiert,
Im Schloss. In der Mühle,
und den akademischen Mittagspausen,
beim Italiener,
schon wieder,
nein, nicht der alte, es gibt einen neuen,
den kennt ihr noch nicht,
letztes Jahr neu eröffnet.
Alle Jahre wieder.
Auch der Vietnamese
Sag mal, Olaf, die gute deutsche Küche, in der Provinz,
wo finden wir die, egal, sollte man nicht da auch mal,
kulturell küchenkünstlerisch tätig werden?
Nein, wir sprechen nicht von den Künstlerinnen in der
Mühlenküche
die verdienen ein Danke
wie die Akademie
und wir loben sie.

Schließlich der Abschied, die Schlüsselabgabe,
Bettbezüge abgezogen?
Nein, das war einmal,
aber dass jeder bezahlt, was er schuldet,
das wäre doch zu erwarten.
Nein, natürlich nicht!
Jochen, der Rechenkünstler,
wir danken auch ihm, als freundlichem Geist
der Akademie
und loben sie.

Auf ...
Ein Neues?
Vielleicht! Mal sehen!
Und wenn nicht?
Warum nicht selber mal einen Kurs buchen,
haben wir auch.
Hauptsache, wir können mal wieder reisen,
Unterwegs zur Akademie
Und zur Kulturbildung
Kultbildung?
Natürlich
Wir loben sie.

Wandmalerei im Schloss, entdeckt bei Restaurierungs- und Umbauarbeiten für die BAW

Von den Ergetzlichkeiten und Annehmlichkeiten des Lebens

Ein kleiner Zitaten-Geburtstagsstrauß aus vergangenen Jahrhunderten zu 25 Jahren Bundesakademie für kulturelle Bildung Wolfenbüttel, zusammengestellt von Bernd Wagner

»Der Tanz zum Gesange ist etwas überaus Ansehnliches und Gefälliges, ich meine besonders, wenn der Gesang von einem erhöht aufgestellten Chore ausgeführt und von Streichmusik begleitet wird und wenn der Text zu der Handlung passt. Gebärdenspiel mit Gesang, zumal im Zwiegesange, hat einen außerordentlichen Reiz: ich sage, Gebärdenspiel beim Singen, nicht gleichzeitiges Singen und Tanzen; denn das ist etwas Gemeines und Pöbelhaftes. ... Die Verwandlung von Tänzen in bildliche Darstellungen ist eine kindische Liebhaberei ... Hauptsächlich aber muss die Musik dazu ergötzlich und voll überraschender Abwechslung sein.«

Francis Bacon: *Essays* (1625, Wiesbaden: Dietrich'sche Verlagsbuchhandlung 1940, S. 174 f.)

»Endlich dienet auch zu erwegen, dass dem gemeinen Hauffen zu gewisser Zeit eine Ergetzlichkeit müsse gegönnet werden, ... als das Volck mit Sauffen und Karthen-Spiel in Häusern, und faullentzendem Spatzier- und Müssiggang, occupirte ... So kan auch niemand Comödien tadeln, die unärgerlich, und also angestellet würden, daß sie gute Sitten nicht verderbeten, noch auch Göttliche und geistliche Dinge zum Gespött machten.«

Veit von Seckendorff: *Teutscher Fürsten-Stat* (1665, Frankfurt am Mayn in Verlegung Thom. Matthiä Götzens, Additiones ad Part. II, »Beym achten Capitel«, S. 205 f.)

»Derowegen da die Comödien Vorstellungen der freudigen Begebenheiten der Menschen durch lebendige Personen sind; hingegen *Tragödien* der Trauerfälle: so sind Comödien und Tragödien sehr dienlich zur Besserung des Menschen, wenn die Tugenden und Laster nach ihrer wahren Beschaffenheit vorgestellet werden, absonderlich aber darauf gesehen wird, daß man zeiget, wie die freudigen Begebenheiten aus der Tugend, hingegen die Trauer-Fälle aus den Lastern kommen ... Das Auge wird belustiget durch Gemählde, Statuen und andere Bilder. Und diese Lust ist nicht allein unschuldig, wenn dieselben Wercke der Lust nichts vorstellen, was zu bösen Begierden Anlaß geben kann ... gar nützlich, wenn sie uns auf gute Gedancken zu bringen geschickt sind ... Hingegen wenn man sich an einem nackenden Bilde belustiget; und dardurch zur Geilheit gereitzet wird; so ist es eine schädliche Lust. ... Es sind noch viel andere Wercke der Kunst, die den Augen ein Vergnügen machen, und hier nicht alle sich erzehlen lassen. Wir rechnen darunter Wercke der Künstler im Raritäten-Kammern und was dergleichen mehr ist. ... Es machen auch diejenigen Personen dem Auge ein Vergnügen, welche durch Ubungen sich zu wunderswürdigen Bewegungen geschickt gemacht. Dergleichen sind Täntzer, Seil-Täntzer, Taschen-Spieler und so weiter. ...

Zur Ergötzlichkeit der Ohren gehöret die Music, sowohl die Instrumental- als Vocal-Music, oder das Singen. Und in dieser Absicht hat man im gemeinen Wesen auch Musicanten von nöthen, die bey sich ereignenden Freuden-Fällen durch das Ohr ein Vergnügen machen können. ... Man weiß aus der Erfahrung, daß im Gedächtnisse nichts besser bleibet als Verse, die man absinget, und, da die Music geschickt ist allerley Arten der Affecten zu erregen, die Regeln der Tugenden und anständigen Sitten mit gehörigen Affecten vermittelst derselben sich verknüpfen lassen ... Man erkennet aber zugleich hieraus, daß man dabei den Mißbrauch so wohl der Instrumental- als Vocal-Music zu verhüten hat, wodurch man zur Geilheit, Uppigkeit und anderen unanständigem Wesen verleitet wird.«

Christian Wolffen: *Vernünfftige Gedancken von dem gesellschafftlichen Leben der Menschen Und Insonderheit Dem gemeinen Wesen Zu Beförderung der Glückseligkeit des menschlichen Geschlechts* (1721, Halle im Magdeburgischen, Zu finden in der Rengerischen Buchhandlung, S. 269, 373f. 378f.)

»Die Comödie ist unstreitig eine der erlaubtesten und angenehmsten Vergnügungen vor das Volk; und es soll so leicht kein ansehnlicher Staat seyn, der nicht in seiner Hauptstadt und andern ansehnlichen Städten des Landes, dem Volke diese Ergetzlichkeit durch sehr geschickte Schauspieler verschaffet. Die Comödie bey einer guten Einrichtung ist vortreflich geschickt, die Tugend und guten Sitten zu befördern. ... Allein sie müssen, mit mehrern Verstande geschrieben seyn als sie unsre jungen Witzlinge abfassen, deren Verstand noch allzu unreif ist, als daß sie die Zuschauer zu ergetzen, und zugleich zu unterrichten wüsten. Dahingegen fallen die ernsthaften Köpfe in einen andern Fehler, daß sie das Comische und Scherzhafte allzu sparsam anbringen, oder zu sehr verstecken, und mit Ernsthaftigkeit bekleiden. Dergleichen Comödien so vortreflich auch die Sittenlehre darinnen sey kann, werden nur von sehr verständigen Leuthen und mithin von zuwenig Zuschauern besuchet, als daß die Comödie dabey bestehen könnte. Indem sie also die Kosten nicht abwirft; so muß sie eingehen. ... Wenn die Comödie die Tugend und guten Sitten zu befördern im Stande ist; so können schöne Trauerspiele gewiß viel beytragen, edle Grundsätze dem Volke einzudrücken, dessen Caracter und Genie vortreflich zu bilden, und dasselbe zu großen bürgerlichen Tugenden aufzumuntern. ...

Die Concerte, bey welchen jederman vor sein Geld der Eintritt frey stehtet, sind eine der aller anständigsten Ergetzlichkeiten, welche der Staat auf alle Art zu begünstigen hat; und mich deucht, daß einer ansehnlichen Stadt allemal etwas ermangelt, wenn sie diese unschuldige Ergetzlichkeiten nicht hat. Das, was die Concerte vor angesehene Leuthe sind, das ist die Music in denen Wirths- und Schenkhäusern, mit oder ohne Tanz, vor den Pöbel; und ich glaube nicht, daß man Ursache hat, ihnen diese Vergnügung bey ihrer sauern Arbeit zu mißgönnen.

Johann Heinrich Gottlob von Justi: *Die Grundfeste zu der Macht und Glückseligkeit der Staaten; oder ausführliche Vorstellungen der gesamten Policey-Wissenschaft* (1761, Königsberg und Leipzig: Verlag seel. Gebhard Ludewig Wolterstorfs Witwe, S, 375, S. 377, S. 378)

»Nicht allein bildende Künste, nicht allein Tonkunst, Redekunst, Dichtkunst; auch die wichtige Kunst des Baumeisters, die schätzbare Kunst des Schauspielers, die angenehme Kunst des dramatischen Tänzers, die Noverre geschaffen hat, kurz alle schönen Künste, die bereits erfunden sind, oder künftig erfunden werden, müssen den harmonischen Dreiklang des sittlich Nützlichen, des geistig Angenehmen und des sinnlich Schönen in sich vereinigen, sonst verdienen sie nicht den Namen einer schönen Kunst. ...

Die schönen Künste vereinigen Kopf und Herz, sie entziehen den Menschen der thierischen Rohheit der Sinne, und der Trockenheit eines unbegrenztabstrakten Denkens, indem sie das Schöne mit dem Wahren und Guten. ...

... Gute Regenten, Väter des Vaterlandes, wollt ihr in euren Staaten Wahrheit, Schönheit und Tugend vereinigen? Wollt ihr auf eine dauerhafte Weise die schönen Künste, diese Blüthe der Menschheit erhalten: so errichtet gute Kunstschulen!«

Karl Theodor von Dahlberg: »Kunstschulen«, in: *Die Horen*, Jahrgang 1795, Fünftes Stück, Tübingen in der J. G. Cottaischen Buchhandlung

Bernd Wagner, Dr. phil., geb. 1948, ist wissenschaftlicher Leiter des Instituts für Kulturpolitik der Kulturpolitischen Gesellschaft, stellvertretender Geschäftsführer der Kulturpolitischen Gesellschaft in Bonn und verantwortlicher Redakteur der Kulturpolitischen Mitteilungen sowie des Jahrbuches für Kulturpolitik; Studium der Sozialwissenschaften in Frankfurt/Main, langjährige Tätigkeit im Verlagsbereich und als kulturpolitischer Publizist; Arbeitsschwerpunkte sowie Buch- und Zeitschriftenbeiträge zu Kulturpolitik, interkultureller Kulturarbeit, kultureller Globalisierung, bürgerschaftlichem Engagement und Nachhaltigkeit. Jüngste Veröffentlichung: „Fürstenhof und Bürgergesellschaft. Zur Entstehung, Entwicklung und Legitimation von Kulturpolitik" (2009). Lebt in Frankfurt am Main.

Die Bedeutung von Kultur für unsere Gesellschaft

Immer wenn ich ins Wolfenbütteler Schloss oder in die Schünemannsche Mühle komme, wenn ich das Jahresprogramm der „Bundesakademie für kulturelle Bildung Wolfenbüttel" studiere, denke ich, wie wichtig kulturelle Bildung ist und welchen unverzichtbaren Beitrag die Bundesakademie hierzu leistet. Aber was meine ich, wenn ich von Kultur rede?

Der Begriff „Kultur" mit seinen verschiedenen Deutungsmöglichkeiten

Im Sprachgebrauch werden mehrere Bedeutungen des Wortes „Kultur" unterschieden.

Im weitesten Sinne verwendet wird das Wort, wenn von Kultur als „Zivilisation" gesprochen und damit das Ganze der gestalteten und geformten menschlichen Lebenswirklichkeit beschrieben oder eben – theoretischer ausgedrückt – der Gegenstand von Kulturanthropologie und -soziologie benannt wird.

Zweitens existiert eine Grundbedeutung des Begriffes, die mit dem Wort „Kultur" neben Wirtschaft, Wissenschaft und Politik einen dritten Lebensbereich der Gesellschaft beschreibt, bei dem es nicht um Macht und Gewinnmaximierung geht, sondern vielmehr um Fragen der persönlichen Vervollkommnung im Blick auf Kunst und Bildung.

Drittens schließlich kann man die „Kultur" auch als eine Domäne künstlerischer Gestaltung in Wort, Bild, Darstellung, Tanz, Musik und Architektur verstehen.

Wenn ich im Folgenden die Bedeutung von Kultur und die Rolle der Bundesakademie im Prozess kultureller Bildung nachfrage, dann beziehe ich mich im Wesentlichen auf den Kulturbegriff als Lebensbereich der Gesellschaft neben Politik, Wissenschaft und Wirtschaft.

Kultur im Kontext von Pluralisierung und Globalisierung

Durch die Dynamik des Globalisierungsprozesses werden Menschen einem immer stärkeren Einheitsdruck ausgesetzt, der natürlich auch die Kultur betrifft. Man bedenke beispielsweise die Dominanz der englischen Sprache in unserer Konsumwelt, die uniforme Mode und internationale Küche, die Dominanz der Kinos durch Holly- und Bollywood. Dabei soll die gegenseitige Durchdringung von Kunst und Kultur keineswegs kleingeredet werden. Stets hat man ja voneinander gelernt, sich angeregt und Neues hervorgebracht.

Jüngst hatte ich das Vergnügen, den Wandmalereien im Braunschweiger Dom auf dem Gerüst der Restauratorin ganz nahe zu kommen. Dabei war es nicht nur berührend zu sehen, wie diese Kunstwerke gemalt worden sind und sich jede Linie den Wölbungen des Natursteinputzes anpasst. Es springt einen auch regelrecht an, dass hier Eindrücke und Ideen von einer Reise nach Byzanz mit heimgebracht worden sind bzw. ein Maler von weit her Bilderwelten mitgebracht hat und sie den Menschen eines ganz anderen Kulturkreises vermittelte. Im Dom wurden sie ihnen dann allmählich durch Anschauung vertraut. Insofern ist Globalisierung nichts Neues. Mir ist es wichtig festzuhalten, dass Globalisierung an sich nicht gut oder schlecht ist, denn sie erweitert und verdichtet Beziehungen und eröffnet neue Handlungsspielräume. Gleichzeitig verbindet sie die äußersten Enden der Erde miteinander. Nicht zu Unrecht ist das world-wide-web zum Grundsymbol der Globalisierung geworden.

Unsere Gegenwart, also auch die Gegenwart in und für die kulturelle Bildung, ist aber nicht nur durch die Sehnsucht nach Restauration und Rückbesinnung bzw. die Tendenz bestimmt, Sichtweisen und Darstellungsformen per Globalisierung zu vereinheitlichen, sondern auch von der zunehmenden Pluralisierung von Lebenskonzepten, Werthaltungen und Stilen. Das daraus erwachsende Nebeneinander von Möglichkeiten, wie man leben, denken und gestalten kann, prägt Kunst, Kultur und Theologie gleichermaßen und führt folgerichtig zu Konflikten, die die Dimensionen des „heute für morgen" eindrücklich illustrieren. Sie müssen Themen der Arbeit einer Akademie für kulturelle Bildung sein.

Nun könnte man diese Problemfelder sicherlich sehr kleinteilig für Braunschweig durchbuchstabieren, aber dies wird ein echter Braunschweiger, also ein hier Geborener, besser können. Daher verweise ich nur kurz auf die folgenden Konfliktfelder, deren Bearbeitung nicht unwesentlich für die Entwicklung der Region ist, in der die Bundesakademie genau wie meine Kirche arbeitet:

› Konflikt zwischen Forschungsfreiheit und Menschenwürde (Biotechnologie), denn die Region ist Standort zahlreicher Forschungseinrichtungen und einer Universität, dessen Gründervater bereits am interdisziplinären Dialog gelegen war,

Friedrich Weber, Prof. Dr. theol., Jg. 1949; Studium der ev. Theologie, Geschichte und Pädagogik. 1972–1991 Vikar, Pastor und Dekan in Greetsiel/Nordsee und Oppenheim/Rhein. 1991–2002 Regionalbischof der Ev. Kirche in Hessen und Nassau in Wiesbaden und Vorstand der Ev. Akademie Arnoldshain/Taunus. Seit 2002 Landesbischof der Ev.-luth. Landeskirche in Braunschweig und Vorsitzender des Hochschulrates der TU-Braunschweig.

› Frage nach den Verantwortungsträgern für die ethisch-moralische Erziehung unserer Kinder (Elternhaus – Schule – Kirche?)
› Sonntagsschutz,
› Frage nach der Gefährdung der realen Lebensbezüge von Menschen durch das Leben in virtuellen Welten.

Kirchen und Kulturträger tragen hier besondere Verantwortung, Diskurse zu ermöglichen und zu moderieren, vor allem aber auch, Wertmaßstäbe zu finden und anzuwenden.

Schließlich muss unabhängig von all dem klar sein, dass Menschen enormen Gewinn daraus ziehen, an Kulturgütern teilzuhaben und sich mit ihnen schöpferisch oder rezipierend auseinander zusetzen. Erst die Teilhabe daran ermöglicht erfülltes Leben, denn wir reden von „Kultur" ja nicht nur im Sinne der Möglichkeit, ins Museum oder Theater zu gehen, sondern auch in Blick auf die Aneignung von diversen unentbehrlichen Lebenstechniken.

Hier wirkt die Bundesakademie seit 25 Jahren beispielhaft.

Kultur ist Fundament nicht Ornament

Im Dezember 2007 hat die Enquetekommission „Kultur in Deutschland" des deutschen Bundestages die bis heute umfassendste Bestandsaufnahme der kulturellen Situation in Deutschland vorgelegt.[1] In der Bestandsaufnahme kommen die Kirchen gut weg. Ich zitiere durchaus mit Stolz: „Kaum eine andere Institution verfügt über ein derart weit gefächertes kulturelles Angebot, das darüber hinaus auch noch erreichbar, qualitätsvoll und erschwinglich ist. Gerade im ländlichen Raum sind die Kirchen ja oftmals die einzigen Kulturträgerinnen vor Ort."[2]

Wirklich spannend ist aber, dass in der Präambel des Enqueteberichtes die Notwendigkeit betont worden ist, „Freiräume für das Unverfügbare" vorzuhalten, wenn Kultur ihren Beitrag zur Entwicklung einer humaneren Gesellschaft leisten will. Selbstverständlich ließe sich diese Präambel theologisch engführen. Bereits Dietrich Bonhoeffer hatte die Kultur als „Spielraum der Freiheit" beschrieben und damit hinsichtlich der Unverfügbarkeit markiert, dass „in der Perspektive des christlichen Glaubens die Rede von der Unverfügbarkeit eine doppelte Pointe hat. Sie bezieht sich nämlich auf Gott und den Menschen. Im Licht Gottes kann der Mensch nicht auf die Summe seiner Zwecke verrechnet werden. Er ist immer mehr und

anderes. Das ist nicht nur der Grund seiner Geschöpflichkeit, sondern auch der Grund seiner schöpferischen Tätigkeit, seiner Arbeit an der Wirklichkeit (Hans Blumenberg)."[3]
Die Enquetekommission fasst den Begriff des Unverfügbaren allerdings weiter und hält fest: „Wer Kultur als Gut begreift, das sich permanent verändert und ins Offene führt, weil Kultur immer Bedeutung im Werden ist, der muss sich für Rahmenbedingungen einsetzen, in denen auch das Unverfügbare, das Überraschende, das Riskante, das Improvisierende, jedenfalls das Unverzweckte immer wieder neu zur Geltung kommt."

Hier wird eine klare Handlungsoption formuliert, die Theateraufführungen, Ausstellungen und auch die auf punktuelle Projektförderung angelegte Kulturfinanzierung gleichermaßen anfragt. Es geht also – und dies sage ich auch in Richtung der Bundesakademie für kulturelle Bildung – um die langfristige Sicherung exklusiver Räume für die Entfaltung des Unverfügbaren, die allen zugänglich sind. Der Bundesakademie gelingt genau dies.

Ausblicke

Die Strukturentwicklung der Region und leider oft auch die Strukturschwäche des Arbeitsmarktes zwingen zum Wandel, der folgerichtig auch das Leben der Menschen betrifft und, wenn er denn gelingt, seinen Ausdruck in neuen Kulturformen und einer Kunst findet, die mehr ist als nur eine Abrechnung mit der Vergangenheit.

Ich mache dies an einem Ort des Braunschweiger Landes deutlich: Der alte neue Standort Ilseder Hütte ist ein beredtes Beispiel für diesen Prozess. Wo einst 4.000 Menschen in der Roheisenherstellung beschäftigt waren, wächst etwas Neues. Es entsteht ein Gewerbepark, der Leben, Lernen und Arbeiten, Industrie und Kunst, Vergangenheit und Gegenwart miteinander in Beziehung zu setzen versucht, indem man sich auf die eigene Identität, Traditionen und Wurzeln besinnt.

Wir haben inzwischen gelernt, dass die verschiedenen verwurzelten Daseinsformen vor Ort, seien es dörfliche Strukturen oder eben solch eine gewachsenes Industrieensemble wie die Ilseder Hütte, ihre Energien bündeln müssen, wenn die Fläche und mit ihr die Region nicht veröden soll. Ich bin außerordentlich dankbar, dass die Bundesakademie in vielen dieser Fragen präsent ist, dass sie als überregionale „Spielerin" doch erkennbar gut mit den hiesigen kommunalen, staatlichen und kirchlichen Kulturträgern zusammenarbeitet.

Gleichzeitig steht sie aber vor der Notwendigkeit, neue Wege zu finden, muss sich einstellen auf den demographischen Wandel, die zurückgehenden finanziellen und personellen Ressourcen.

Eine reformatorische Grundeinsicht hieß: „ecclesia semper reformanda" – Kirche muss sich immer neu finden und wandeln, wenn sie nicht erstarren will.

Das macht uns die Bundesakademie seit 25 Jahren vor. Sie bewegt sich und ist für immer neue Überraschungen gut. Sie zeigt, dass sich zu bewegen ein Kennzeichen des Lebens ist, denn: Wandel an sich ist keine Gefahr, sondern eher eine Chance – und immer eine Herausforderung.

1 Deutscher Bundestag (Hrsg.): Kultur in Deutschland. Schlussbericht der Enquete-Kommission des Deutschen Bundestages. Regensburg 2008. Hier siehe das Kapitel „Die kulturelle Tätigkeit der Kirchen" (S. 206–214). Die Kulturbeauftragte der EKD Petra Bahr hat zu dieser Studie ein Statement abgegeben, dessen Grundthese lautet: „Kultur ist Fundament nicht Ornament", in: epd-Dokumentation Nr. 17 vom 15. April 2008.

2 Ebd., S. 4.

3 Zitiert nach Petra Bahr, ebd. S. 6.

Rosenwall 16, Schünemanns Wohnhaus

KAREN WEINERT & SUSANNE HANUS

KAREN WEINERT & SUSANNE HANUS

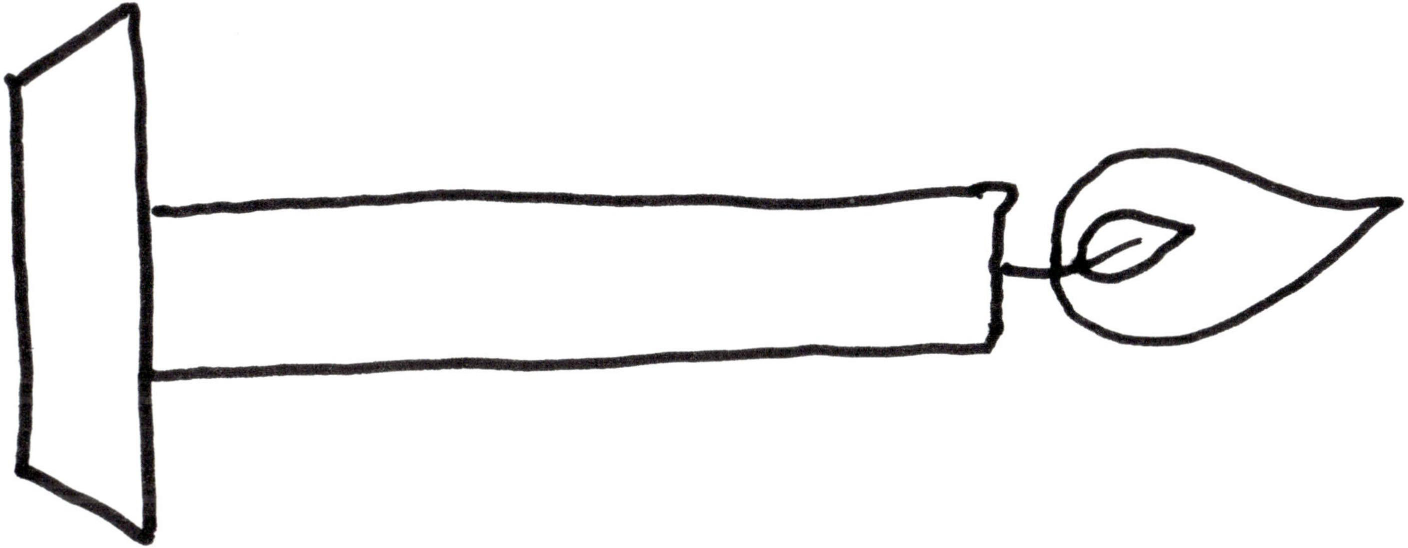

Karen Weinert, Jg. 1976; 2 Kinder, Studium Visuelle Kommunikation/Fotografie an der Bauhaus-Universität Weimar, Meisterschülerin von Prof. Martin Honert, Hochschule für Bildende Künste Dresden und Aufbaustudium „curating“, Zürcher Hochschule der Künste. Seit 2003 Ausstellungsraum bautzner69 in Dresden, beruflicher Schwerpunkt: konzeptuelle Fotografie und Ausstellungs-/Grafikdesign.
Susanne Hanus, Jg. 1975; 1 Kind, Studium Bildende Kunst an der Hochschule der Künste Berlin, der Hochschule für Bildende Künste Dresden, der Glasgow School of Art und der Akademie München, Diplom und Meiserschülerin bei Prof. Martin Honert in Dresden. Beruflicher Schwerpunkt: Installation, Zeichnung und Holzschnitt; Illustration
Karen Weinert und Susanne Hanus haben sich 2003 während eines Seminars in Wolfenbüttel kennengelernt und arbeiten seitdem u. a. an gemeinsamen Projekten; zahlreiche Preise/Stipendien & Ausstellungen im In- und Ausland.

Lieber Herr Ermert,

der hohe Anspruch an die Gestaltung Ihrer Festschrift und das uns unterbreitete reichhaltige Angebot an Gestaltungsmöglichkeiten entspricht gewiss der Bedeutung des Jubiläums, dem sie gewidmet ist. Hier in der Maßstäblichkeit einer Landeskulturstiftung eine überzeugende Platzierung zu finden, haben wir als kreative Herausforderung betrachtet. In Abwägung der spontan zusammengestellten Optionen kamen wir zu der Überzeugung, dass das 1919 entstandene Gedicht Kurt Schwitters „Anna Blume" die richtige Widmung für die Bundesakademie für kulturelle Bildung ist.

Das Gedicht ist herzzerreißend emotional und daher nahezu in jeder affektiv geladenen Lebenslage einsetzbar. Sein Schöpfer hat mit größtem Selbstbewusstsein der Umwelt schon frühzeitig mitgeteilt, für wie bedeutsam er sich in der Kunstentwicklung ansieht:

„Ich weiß", schrieb er bereits 1931, „daß ich als Faktor in der Kunstentwicklung wichtig bin und in allen Zeiten wichtig bleiben werde. Ich sage das mit aller Ausdrücklichkeit, damit man nicht nachher sagt: ‚Der arme Mann hat ja gar nicht gewusst, wie wichtig er war.'"

Eine ähnliche Einsicht mag Rudolf Augstein beflügelt haben, als er im Jahre 1990 der von Marcel Reich-Ranicki herausgegebenen Frankfurter Anthologie seinen einzigen Beitrag insoweit gewidmet hat. Er hob hervor, dass es keine Kunstform gegeben habe, in der Schwitters sich nicht hervorgetan habe und rühmt das „glühende Liebesgedicht" als eines, „das einen Unbefangenen in haarsträubendste Verwirrung zu versetzen mag". Und auf die zahlreichen Fragen, die sich der ratlose, aber fröhliche Leser stellt, konstatierte er:

„... Kunst ist es, wenn auch eine Bodenlose!"

Und, um mit Schwitters zu reden:

„Ein restloses Verstehen ist ja auch bei so ganz außergewöhnlichen Dingen nicht erforderlich".

Mit Rudolf Augstein rufe ich der Bundesakademie ein herzliches „fümms, bee" zu (ein aus Schwitters „Sonate in Urlauten" entnommenes, onomatopoetisch übersetztes „ad multos annos!").

Als vorangestelltes Postskriptum kündige ich an, Ihnen als handfesten Beleg für die Jubiläumsannalen auf dem Postwege eine seinerzeit von der Stiftung Niedersachsen geförderte, typographisch von Hans Witte gestaltete und handsignierte Ausgabe des Handpressendrucks Nummer 17 der Edition Einstein mit diesem Gedicht von Kurt Schwitters zu übersenden.

Ihr

Joachim Werren

An Anna Blume

Oh Du, Geliebte meiner 27 Sinne, ich liebe Dir!
Du, Deiner, Dich Dir, ich Dir, Du mir, – – – – wir?
Das gehört beiläufig nicht hierher!

Wer bist Du, ungezähltes Frauenzimmer, Du bist, bist Du?
Die Leute sagen, Du wärest.
Laß sie sagen, sie wissen nicht, wie der Kirchturm steht.

Du trägst den Hut auf Deinen Füßen und wanderst auf die Hände,
Auf den Händen wanderst Du.

Halloh, Deine roten Kleider, in weiße Falten zersägt,
Rot liebe ich Anna Blume, rot liebe ich Dir.
Du, Deiner, Dich Dir, ich Dir, Du mir, – – – – – wir?
Das gehört beiläufig in die kalte Glut!
Anna Blume, rote Anna Blume, wie sagen die Leute?

Preisfrage:
1.) Anna Blume hat ein Vogel,
2.) Anna Blume ist rot.
3.) Welche Farbe hat der Vogel.

Blau ist die Farbe Deines gelben Haares,
Rot ist die Farbe Deines grünen Vogels,
Du schlichtes Mädchen im Alltagskleid,
Du liebes grünes Tier, ich liebe Dir!
Du Deiner Dich Dir, ich Dir, Du mir, – – – – wir!
Das gehört beiläufig in die – – – Glutenkiste.

Anna Blume, Anna, A – – – – N – – – – N – – – – A!
Ich träufle Deinen Namen.
Dein Name tropft wie weiches Rindertalg.
Weißt Du es Anna, weißt Du es schon,
Man kann Dich auch von hinten lesen.
Und Du, Du Herrlichste von allen,
Du bist von hinten, wie von vorne:
A – – – – – – N – – – – – – N – – – – – – A
Rindertalg träufelt STREICHELN über meinen Rücken.
Anna Blume,
Du tropfes Tier,
Ich – – – – – – – liebe – – – – – – – Dir!

Joachim Werren, geb. 1948. Nach dem 2. Juristischen Staatsexamen wissenschaftlicher Mitarbeiter im Landtag NRW, Wirtschaftsministerium NRW, Regierungspräsident Köln, 1986 stellv. Sprecher der nds. Landesregierung, 2000 Abteilungsleiter in der nds. Staatskanzlei, 2003-2008 Staatssekretär im nds. Ministerium für Wirtschaft, Arbeit und Verkehr, seit Oktober 2008 Generalsekretär der Stiftung Niedersachsen. Neben dem Beruf sind Bücher und – seit 40 Jahren – Chorgesang und jede Form von Musik seine Lieblingsbeschäftigungen. Derzeit könnte allerdings Leonie, das erste Enkelkind, den Spitzenrang insoweit erlangen. werren@stnds.de.

Wolfenbüttel darf nicht Wien werden!
Eine Gratulation aus Wien mit ein paar ungeordneten Gedanken aus gegebenem Anlass

Jubiläen sind traditionell ein Grund zum Feiern. Sie bieten eine gute Gelegenheit, das Positive des eigenen Tuns herauszustreichen und sich über die erreichten Erfolge zu freuen. Geht es nach diesen, dann haben alle, die zum Gelingen der Akademie Wolfenbüttel beigetragen haben, jeden Grund, auf den bisherigen Verlauf ihrer Einrichtung stolz zu sein. Und so freuen wir uns, Ihnen über die Grenzen hinweg gratulieren und auch für die nächsten 25 Jahre alles Gute wünschen zu dürfen.

Folgt man dem Leitbild der Akademie Wolfenbüttel, dann steht sie für die Weiterentwicklung kultureller Bildung in der Gesellschaft, um dabei „neue Erkenntnis- und Handlungsperspektiven aktiv zu erschließen". Sie ist eine Facheinrichtung, die mit ihrem Diskursangebot Lernen ermöglicht und sich zugleich als eine permanent lernende Organisation begreift, die – wie sie selbst es ausdrückt – „Impulse aus der aktuellen ästhetischen Praxis zu erspüren" vermag, um diese an Interessierte weitergeben zu können.

Diese Selbstbeschreibung ermutigt mich, aus spezifisch österreichischer Sicht einen besonderen Impuls anzusprechen. Dieser könnte vor allem im Zusammenhang mit dem öffentlichen kultur- und bildungspolitischen Auftrag der Akademie intensiver verhandelt werden. Denn Grund zu feiern gibt es derzeit leider auch für andere: Hierzulande errang unlängst die rechtspopulistische Freiheitliche Partei Österreichs ihren fulminanten Wahlsieg bei den Landtags- und Gemeinderatswahlen in Wien. Besonders junge Männer mit niedrigem Bildungsabschluss fühlten sich von diesem politischen Angebot in einem Ausmaß wie nie zuvor angesprochen, sodass diese Partei zumindest in einigen Bezirken bereits knapp an der Mehrheit vorbeischrammte.

Die Ziele der FPÖ bestehen in der Kulturalisierung sozialer Konflikte. In Slogans wie „Wien darf nicht Chicago werden!" drückt sie ihre Absicht aus, unterschiedliche soziale Gruppen entlang ihrer kulturellen Besonderheiten gegeneinander auszuspielen und daraus politisches Kapital zu schlagen. Da ist es nur konsequent, dass es diese Partei in besonderer Weise versteht, sich in ihrer Wahlwerbung einer ästhetischen Sprache zu bedienen, die bei ihren Zielgruppen unmittelbare Wirkungen erzielt. Sie spielt dabei virtuos auf unterschiedlichen medialen Klavieren, bot da ein „Minarett-Spiel" mit rassistischen Inhalten im Internet an, versendete dort einen Comic über eine erneut drohende Türkenbelagerung von Wien an junge WienerInnen oder ließ bei Wahlveranstaltungen Rockmusik aus der rechtsradikalen Szene aufspielen.

Darüber hinaus aber gab sich die FPÖ ganz seriös, etwa mit der Forderung nach einer Verbesserung der musikalischen Bildung. Mit Zitaten des Dirigenten Nikolaus Harnoncourt (auch wenn der mit dieser Einvernahme nur wenig Freude haben mag) versuchte sie sich im traditionellen Feld der kulturellen Bildung auch bei Wiener BildungsbürgerInnen zu positionieren. Das Vorenthalten einer musikalischen Ausbildung bezeichnete sie dabei als Verbrechen und forderte in Postwurfsendungen den Ausbau städtischer Musikschulen.

Der Erfolg kann sich sehen lassen: Während die Sozialdemokratie ihre absolute Mehrheit verlor, erzielte die Freiheitliche Partei im Herzen der „Kulturgroßmacht Österreich" einen Stimmenanteil von rund 27%. Zur gleichen Zeit kassierten die Konservativen als traditionelle Repräsentanten des klassischen Bildungsbürgertums mit nur mehr rund 13% eine „furchtbare Watschn", und auch die Grünen hatten Einbußen bei der Wählerzustimmung hinzunehmen. Was offenbar zählte, waren ästhetisch aufbereitete Botschaften, um bei der wachsenden Zahl der verunsicherten Krisenverlierer noch einmal kulturelle Homogenitätsphantasien zu wecken, die sich aus dem Raisonnement gegen alles Fremde lukrieren[1] lassen.

Und so haben wir jetzt ein Problem: Immerhin ist dieser Wahlsieg vor dem Hintergrund einer erfreulichen Hinwendung der offiziellen Kultur- und Bildungspolitik zur Verbreitung und Intensivierung kultureller Bildungsmaßnahmen zu sehen, die in den letzten Jahren auch Österreich erfasst hat. Die Grundannahme dieses „Arts Education Turns" beruht auf der Hoffnung, kulturelle Bildung wäre in besonderer Weise in der Lage, einen Beitrag zu sozialer Integration, darüber hinaus zu interkulturellem Dialog zu leisten, in der Hoffnung, damit die Kohäsionskräfte der vielfältig zusammengesetzten lokalen und regionalen

1 etwas erwerben/bekommen/Gewinn erzielen

Michael Wimmer, Dr. phil., geb. 1950 in Wien, Direktor von EDUCULT – Denken und Handeln im Kulturbereich (www.educult.at), Musikerzieher, Politikwissenschafter. Von 1987 bis 2003 Geschäftsführer des ÖKS (Österreichischer Kultur-Service); Berater des Europarats, der UNESCO und der Europäischen Kommission in kultur- und bildungspolitischen Fragen, 2006 Consulting Editor for The Journal of Arts, Management, Law, and Society, seit 2007 kulturpolitischer Berater der österreichischen Bundesministerin für Unterricht, Kunst und Kultur; lehrt an der Universität Wien zu österreichischen und vergleichenden kulturpolitischen Fragen; Verfasser von Studien u.a. zu „Kulturpolitik in Österreich", „Kulturpolitik in Slowenien", „Funding and Ressourcing of Youth Art" für den Europarat; Projektleiter von Studien zur qualitativen und quantitativen Erfassung der Rahmenbedingungen kultureller Bildung in Österreich.

Gemeinwesen zu stärken. Das ist aber ganz offensichtlich – wie der Wahlausgang zeigt – nur die eine Seite der kulturellen Medaille. Die andere, oft gerne vernachlässigte Seite, mit der wir es hier zu tun haben, macht deutlich, dass sich die Beschäftigung mit Kultur zumindest ebenso für exkludierende, auf soziale Desintegration gerichtete Zwecke instrumentalisieren lässt.

Und so ist das Beispiel Wien nur ein – möglicherweise besonders drastischer – Fall einer Entwicklung, die dazu führt, dass einerseits eine Hausse kultureller Bildung in vielen europäischen Ländern zu verzeichnen ist, der andererseits ein Bedeutungszuwachs rechtspopulistischer und rechtsradikaler Bewegungen gegenübersteht, die zunehmend die (kultur-)politische Agenda bestimmen. Daraus auf einen unmittelbaren Zusammenhang zu schließen, wäre verfrüht. Und doch lohnt ein Blick in die Geschichte: Die besondere Bedeutung kultureller Bildung gerade in anti-demokratischen und totalitären Regimes sollte uns nachdenklich machen.

In den Analysen zur Wiener Wahl wurde immer wieder darauf hingewiesen, dass sich hinter dem Wahlerfolg der FPÖ ein, von den wachsenden Krisenerscheinungen zunehmend verunsichertes, Kleinbürgertum verbirgt. Ihrem Status als „Underdog" eben erst entkommen, sehen sich ihre VetreterInnen knapp vor dem existentiellen Abgrund und erweisen sich in diesem Zustand in besonderer Weise bedürftig, sich gegen andere, in der gesellschaftlichen Hackordnung unter ihnen angesiedelten sozialen Gruppen abzugrenzen. Das waren noch vor hundert Jahren die „Proleten", in deren Rolle heute die „Zuwanderer" gedrängt werden, gegen die es gilt, auf einer eigenen, in jedem Fall als besser imaginierten „kulturellen Identität" zu beharren.

Vor diesem Hintergrund könnten wir uns daran erinnern, dass kulturelle Bildung seit ihren institutionellen Anfängen die Begleitmusik für den politischen Machtanspruch eines mittelständigen Bürgertums in der kapitalistischen Konkurrenzgesellschaft abgegeben hat. Entsprechend lässt sich die aktuelle Renaissance dieses Genres auch als nochmaliger Versuch der sozialen Selbstversicherung mit dem bewährten Instrumentarium kultureller Bildung interpretieren, deren Träger den zunehmend verzweifelten Versuch unternehmen, ihr mittelständiges Reservat zu retten und gegen die neuen politischen, sozialen, ökonomischen und wohl auch kulturellen Verhältnisse zu verteidigen.

Unter diesem kulturellen Überlebenskampf des von allen Seiten bedrohten Mittelstandes aber brodelt es. Die Krisenverlierer werden immer mehr. Die soziale Ungleichheit wächst. Die Leidtragenden werden gerne zu „bildungsfernen Schichten" stigmatisiert, wohl um eine Entschuldigung dafür zu finden, warum sie sich durch das überkommene Repertoire kultureller Bildungsmaßnahmen immer weniger angesprochen fühlen. Und so wählen diese statt einem Theaterbesuch lieber „Unterschicht-TV" und besuchen eher ein FPÖ-Clubbing, auf dem der Parteiführer als jugendlicher strahlender Held auftritt, als eines der Bundesmuseen, obwohl diese neuerdings für Jugendliche gratis sind.

Die Wahlen in Wien haben deutlich gemacht, dass sich da etwas auseinander entwickelt, mehr, dass hier soziales Auseinanderdriften in durchaus kultureller Bildungsabsicht geschürt wird. Die VertreterInnen kultureller Bildung haben es bislang – bis auf wenige Ausnahmen – weitgehend vermieden, hinter der Monstranz eines nebulösen Allgemeinanspruchs („Kulturelle Bildung für alle") auch einen fokussierten Blick auf die politische Brisanz der eigenen Arbeit zu richten. Entsprechend unreflektiert blieben die Ergebnisse in Bezug auf ihre politischen Konsequenzen. Dabei sollten wir uns – so mein Impuls – die Entscheidung, in welcher Form die Ergebnisse kultureller Bildungsbemühungen politisch genutzt werden, nicht aus der Hand schlagen lassen.

Voraussetzung dafür aber wäre die Erarbeitung einer politischen Theorie kultureller Bildung, die sich auf der Höhe der aktuellen sozialen und kulturellen Entwicklung weiß. Aus ihr könnten Entscheidungshilfen erwachsen, um herauszufinden, ob Maßnahmen bloß gut gemeint oder anschlussfähig sind an die konkreten gesellschaftlichen Bedingungen, die allesamt auf eine Verschärfung der sozialen, politischen, in jedem Fall zunehmend ästhetisch kodierten bzw. kulturell überformten Konflikte hindeuten.

Es ist ein Privileg, über diese Probleme auch in Zukunft mit den AkteurInnen der Akademie Wolfenbüttel nachdenken zu dürfen und daraus eine neue Generation von Maßnahmen zu entwickeln. Die Qualität dieser Beschäftigung wird über die Relevanz des kulturellen Bildungssektors entscheiden. Aufgrund der bisher geleisteten Arbeit bin ich zuversichtlich, dass sich das Haus der Herausforderung einer janusköpfigen Kulturarbeit zu stellen vermag und wünsche für die nächsten 25 Jahre viel Erfolg!

Es klappert die Mühle am rauschenden Bach...

Es klappert die Mühle am rauschenden Bach, dieses Volkslied passt gleich in mehrfacher Hinsicht zur Bundesakademie Wolfenbüttel, wie sie zumeist kurz und knapp genannt wird. Ganz naheliegend ist die Assoziation zum Mühlenbach, der neben der ehemaligen Schünemannschen Mühle, dem Haupthaus der Bundesakademie, entlang läuft. Wer in der Bundesakademie übernachtet, bekommt diesen Mühlenbach zu hören.

Wichtiger ist mir die klappernde Mühle aber im übertragenen Sinne. In der Bundesakademie lernen Künstler und Kulturverbände, dass auch Klappern zum Handwerk gehört, dass es nicht reicht, gute Kunst zu machen, sondern dass diese Kunst an den Mann bzw. die Frau gebracht werden muss. Seit den 1990er Jahren bietet die Bundesakademie Wolfenbüttel sogenannte Professionalisierungsseminare an, in denen Künstlerinnen und Künstler ihre Managementkompetenzen erweitern können. Hier lernen sie in einem kulturellen Kontext, dass die Vermarktung ihrer Kunst zum integralen Bestandteil der Arbeit werden muss, wollen sie auf dem Markt erfolgreich sein und von ihrer Arbeit leben können. Als ich in diesen Seminaren unterrichtet habe, hatten die meisten Teilnehmer bereits einige Erfahrungen auf dem Kunstmarkt gesammelt. Das war jeweils ein sehr guter Anknüpfungspunkt. Hier ging es nicht um Trockenübungen, um theoretische Marketingüberlegungen, sondern die Teilnehmer konnten anhand ihrer eigenen Erfahrungen mitreden, mit überlegen und daraus Ideen für ihr jeweils eigenes „Klappern" entwickeln.

Karl Ermert hat als Direktor der Bundesakademie zwei weitere „Klapperschwerpunkte" gesetzt: er mischt sich ein in kulturpolitische Debatten und ist in den Diskussionen und Gremien präsent. Darüber hinaus hat er die Kulturverbände als Kooperationspartner an das Haus gebunden. In verschiedenen Seminaren für Kulturverbände oder auch in Kooperation mit ihnen wurde ebenfalls vermittelt, dass niemand davon ausgehen kann, dass die Arbeit und Angebote automatisch wahrgenommen werden, sondern dass auch die Kulturverbände für ihre Arbeit und Anliegen werben müssen. Werben um Gehör bei den Verantwortlichen in Politik und Verwaltung, Werben um Mitglieder.

Dieses Klappern ist auch eine Maxime der eigenen Arbeit der Bundesakademie Wolfenbüttel. Die Bundesakademie Wolfenbüttel lehrt nicht nur Öffentlichkeitsarbeit für Künstler, Kulturvereine und Kulturinstitutionen, sie steht selbst für eine offensive Öffentlichkeitsarbeit unter Nutzung der neuen technischen Möglichkeiten. Das ist gut und wichtig, um als Player präsent zu bleiben.

Insofern wünsche ich der Bundesakademie Wolfenbüttel weiterhin alles Gute, den Mitarbeiterinnen und Mitarbeitern viele gute Einfälle und bleiben Sie dabei: Klappern gehört zum Handwerk!

Olaf Zimmermann, geb. 1961 in Limburg a.d.Lahn; verh., 2 Kinder; Tätigkeiten als Kunsthändler und Geschäftsführer verschiedener Galerien; 1987 Gründung einer Galerie für zeitgenössische Kunst in Köln und Mönchengladbach, seit 1991 zusätzlich Journalisten- und Beratungsbüro in Mönchengladbach; seit März 1997 Geschäftsführer des Deutschen Kulturrates e.V.; Herausgeber der Zeitung des Deutschen Kulturrates, „politik und kultur". Zahlreiche weitere (ehrenamtliche) Aktivitäten, u.a.: Mitglied der Enquete-Kommissionen des Deutschen Bundestages „Zukunft der Bürgerschaftlichen Engagements" (1998–2002) sowie „Kultur in Deutschland" (2002-2007); Lehraufträge an der Hochschule für Musik und Theater, Hamburg und der Hochschule für Musik Franz Liszt, Weimar (Studiengang Kulturmanagement).

Vorstände

Prof. Dr. Wilhelm Totok 1986–1994 Gründungsvorstand, Vorsitzender
Dr. Karl Heinrich Schnöckel 1986–1994 Gründungsvorstand
Hans-Peter Albrecht 1986–1995 Gründungsvorstand
Prof. Dr. Hajo Kurzenberger 1994–1998 Vorsitzender
Barbara Kisseler 1994–1998
Dr. Hans Georg Bulla 1995–1998
Dr. Marianne Glogowski-Horstkötter 1998–2005
Dietrich Burggraf ab 1998 Vorsitzender 1998–2004 und 2010 bis heute
Klaus Hoffmann ab 1998 Vorsitzender 1994–2010
Susanne Degener 2005–2006
Heike Fliess 2006–2008, 2010 bis heute
Dr. Hans-Jörg Siewert 2009

Beiräte

am 12.3.87 fand die konstituierende Sitzung statt

Lore Auerbach 13.03.87–28.05.2002 Vorsitzende dito
Prof. Heinz Ludwig Arnold seit 30.03.92, stellvertretender Vorsitzender 2003–2007, Vorsitzender seit 2008 bis heute
Prof. Dr. Stephan Berg 04.05.00 bis 2008, Vorsitzender 2003–2007
Gerd Biegel, M.A. 30.03.92–23.07.97
Prof. Dr. Susanne Binas-Preisendörfer 27.04.07 bis heute
Gitta Connemann, MdB 27.04.07 bis heute
Dorothee Dennert 23.06.97–2002
Dr. Hugo Dittberner 15.03.88–30.03.92
Siegmund Ehrmann, MdB 29.04.09 bis heute
Siegmar Faust 30.03.92 bis 1996
Bernd Fesel 27.04.07 bis heute
Dr. Sabine Fett 03.05.01–27.04.07
Prof. Dr. Gotthardt Frühsorge 13.03.87–30.03.92
Prof. Dr. Bernhard Graf 28.05.02 bis heute
Monika Griefahn, MdB 27.04.07–29.04.09
Hans-Hermann Groppe 23.06.97–27.04.07
Kirsten Haß 28.05.02–27.04.07
Prof. Dr. Ulrike Hentschel 27.04.07 bis heute, stellvertretende Vorsitzende 2008 bis heute

Prof. Dr. Hans-Otto Hügel 11.10.99–27.04.07

Dr. Frank Jürgensen 30.03.92–23.07.97

Pius Knüsel 27.04.07 bis heute

Prof. Dr. Helmut Korte 28.05.02–27.04.07

Eva Krings 23.06.97–11.10.99

Mario Krüger 13.03.87–30.03.92

Thomas Lang 30.03.92–07.12.98

Prof. Dr. Eckart Lange 25.04.02 bis heute

Dr. Udo Liebelt 13.03.87–30.03.92

Richard Pietraß 23.06.97–27.04.07

Norbert Radermacher 13.03.87–30.03.92

Peter Reichel 11.10.99–28.05.02

Dr. Gerhard Ribbrock 13.03.87–30.03.92

Prof. Reinhold Rüdiger 30.03.92–23.07.97

Bettina Sattelmacher 23.06.97–03.05.01

Denis Scheck 29.04.09 bis heute

Eckard Schneider 16.04.91–30.03.92 und 23.06.97–04.05.00

Prof. Michael Schoenholtz 30.03.92–19.06.95

Prof. Gert Selle 19.06.95–23.07.97

Hans Wilhelm Sotrop 13.03.87–12.03.90

Prof. Dr. Raimar Stielow 30.03.92–23.07.97

Dr. Udo Tetzner 13.03.87–23.07.97

Prof. Peter Tuma 12.03.90–30.03.92

Prof. Peter Voigt 13.03.87–13.9.90

Dr. Wolf-Rüdiger Wagner 23.06.97–28.05.02

Dr. Walter Weidmann 13.03.87–23.07.97

Feridun Zaimoglu 27.04.07–29.04.09

René Zechlin 29.04.09 bis heute

Prof. Dr. Harro Zimmermann 23.06.97–27.04.07

MITGLIEDER DES TRÄGERVEREINS
Stand Februar 2011

Institutionelle Mitglieder

1. **Arbeitsgemeinschaft Deutscher Kunstvereine**
   Wilhelmstr. 5, 10117 Berlin
2. **BDK e.V., Fachverband für Kunstpädagogik**
   Jacobistraße 40, 30163 Hannover
3. **Berufsverband Information Bibliothek e.V. (BIB)**
   Universitätsbibliothek Braunschweig, Pockelsstraße 13, 38106 Braunschweig
4. **Bund Deutscher Amateurtheater e.V.**
   Lützowplatz 9, 10785 Berlin
5. **Bundesarbeitsgemeinschaft Spiel und Theater e.V.**
   Simrockstraße 8, 30171 Hannover
6. **Bundesministerium für Bildung und Forschung**
   53170 Bonn
7. **Bundesverband Bildender Künstlerinnen und Künstler (BBK)**
   Bundesgeschäftsstelle, Wilhelmstr. 50, 10117 Berlin
8. **Bundesverband Museumspädagogik e.V.**
   c/o Stefan Bresky, Deutsches Historisches Museum, Unter denLinden 2, 10117 Berlin
9. **Bundesverband Theater in Schulen BVTS**
   Fritz von Röth-Str. 13, 90409 Nürnberg
10. **Bundesvereinigung Kulturelle Jugendbildung e.V.**
    Küppelstein 34, 42857 Remscheid
11. **Deutscher Bühnenverein, Bundesverband der Theater und Orchester**
    St.-Apern-Str. 17-21, 50667 Köln
12. **Deutscher Künstlerbund e.V.**
    Rosenthalerstraße 11, 10119 Berlin
13. **Deutscher Musikrat e. V.**
    Oranienburger Str. 67/68, 10117 Berlin
14. **Europa-Cantat**
    Generalsekretariat, Weberstraße 59, 53113 Bonn
15. **Freier Deutscher Autorenverband (FDA)**
    Bundesgeschäftsstelle, Coppistraße 49, 04157 Leipzig
16. **Freie Hansestadt Bremen, Senator für Kultur**
    Altenwall 15/16, 28195 Bremen
17. **Hochschule für Bildende Künste Braunschweig**
    Johannes-Selenka-Platz 1, 38118 Braunschweig
18. **Jugend zeichnet und gestaltet e.V. (JZG) Niedersachsen**
    Papenstieg 3, 30171 Hannover
19. **Kulturwerk deutscher Schriftsteller e.V.**
    c/o VS in ver.di, Paula-Thiede-Ufer 10, 10179 Berlin
20. **Landesmusikrat Niedersachsen e.V.**
    Arnswaldstr. 28, 30159 Hannover.

21. **Landesverband der Volkshochschulen Niedersachsens e.V.**
Bödekerstraße 16, 30161 Hannover

22. **Landesvereinigung kulturelle Jugendbildung Niedersachsen e.V.**
Arnswaldtstraße 28, 30159 Hannover

23. **Landkreis Wolfenbüttel**
Bahnhofstraße 11, 38300 Wolfenbüttel

24. **Land Niedersachsen, Ministerium für Wissenschaft und Kultur**
Postfach 261, 30002 Hannover

25. **Museumsverband für Niedersachsen und Bremen e.V.**
Prinzenstraße 23, 30159 Hannover

26. **Niedersächsischer Heimatbund e. V.**
Landschaftsstraße 6 A. 30159 Hannover

27. **Regionalverband Museumspädagogik Nord e.V.**
c/o Schwedenspeicher, Wasser West, 21682 Stade

28. **Stadt Wolfenbüttel**
Stadtmarkt 3-6, 38300 Wolfenbüttel

29. **Verband Deutscher Musikschulen VdM**
Plittersdorfer Straße 93, 53173 Bonn

30. **Verband Deutscher Schriftsteller/VS**
in ver.di – Geschäftsstelle, Postfach, 10785 Berlin

Persönliche Mitglieder

31. **Dietrich Burggraf**
Celle

32. **Heiner Herbst**
Braunschweig

33. **Klaus Hoffmann**
Isernhagen

34. **Horst Horrmann**
Peine

35. **Prof. Dr. Hajo Kurzenberger**
Bruchsal

36. **Wilhelm Schmidt**
Salzgitter

37. **Dr. Karl Heinrich Schnöckel**
Braunschweig

38. **Prof. Dr. Wilhelm Totok**
Leverkusen

39. **Prof. Dieter Welzel**
Veltheim

Akademieleitung

Steffen Tiggeler Direktor	16.10.86 – 30.04.92
Prof. Gotthardt Frühsorge Direktor	01.05.92 – 30.09.98
Dr. Karl Ermert Direktor	01.04.99 – bis heute

Verwaltung

Christina Hotopp Verwaltungsleiterin	05.01.87 – 30.04.95
Dirk Naumann Verwaltungsleiter	01.05.95 – bis heute
Ingrid Scherpe Sekr., Sachbearbeitung	01.01.87 – 30.06.94
Sylvia Janus Sachbearbeitung	01.07.89 – bis heute
Widorna Frieders Bibliothek	16.10.89 – 30.06.95
Christine Mahlstedt Sachbearbeitung	01.11.89 – 30.09.93
Gisela Stenke Buchhaltung	01.02.90 – 30.11.06
Ingrid Tacke Sekr., Gastbelegung	01.10.90 – 31.05.92
Elke Bäker Sekr., Gastbelegung	15.06.92 – 28.02.08
Arlette Kokon Bibliothek	01.08.93 – 13.10.97
Sabine Oehlmann Sachbearbeitung	01.11.93 – bis heute
Ute Goedecke Biblothek	22.11.93 – 14.04.00
Andrea Wiedenbach Sekr.	18.07.94 – 28.02.98
Maria Burghardt Bibliothek	01.09.97 – 31.12.03
Christina Baker Sekr., Bibliothek	01.02.98 – bis heute
René Schaaf EDV	01.01.00 – bis heute
Marietta Wissmann Buchhaltung	01.12.06 – 31.05.08
Doris Brohn Sekr., Gastbelegung	01.03.08 – bis heute
Kirsten Sander Buchhaltung	01.01.08 – bis heute
Bettina Deike Buchhaltung	01.06.08 – bis heute
Dorothea Behrens Hauswirtschaftltg.	16.10.89 – 30.06.92
Kerstin Voigt Hauswirtschaftsltg.	01.07.92 – 31.12.92
Fahriye Aydin Hauswirtschaftsltg.	01.07.92 – 31.03.00
Ilona Erhardt Hauswirtschaftsltg.	01.07.00 – 30.06.02
Sabina Basciani Hauswirtschaftsltg.	01.07.02 – bis heute
Sabine Katscher Hauswirtschaft	01.07.94 – bis heute
Eva Zabijako Hauswirtschaft	01.01.00 – bis heute
Wilhelm Klein Tontechniker	01.11.93 – 30.06.95
Ulrich Pelzner Haustechnik	16.09.89 – 06.02.90
Klaus Dieter Schimmke Haustechnik	01.04.90 – 31.12.90

Uwe Kloss Haustechnik 15.02.91 – 30.06.05
Jochen Gdynia Haustechnik 01.01.92 – bis heute
Michael Schuhardt Haustechnik 01.08.05 – bis heute

Programmleitung
Dr. Ulrich Otto Teske Bildende Kunst 01.02.88 – 31.07.94
Waltraud Tänzler Ass. Bildende Kunst 01.02.92 – 30.09.99
Dr. Sabine Baumann Bildende Kunst 01.04.96 – bis heute

Dr. Hartmut Kasper Literatur 01.10.89 – 31.08.95
Dr. Jörg Bong Literatur 01.07.96 – 30.11.96
Dr. Frauke Meyer-Gosau Literatur 01.04.97 – 31.10.97
Dr. Olaf Kutzmutz Literatur 01.04.99 – bis heute

Dr. Iris Hartmann Museum 01.10.88 – 30.09.90
Dr. Andreas Grünewald Steiger Museum 01.02.91 – bis heute

Prof. Dr. Franz Riemer Musik 01.01.88 – 31.03.98
Markus Lüdke Musik 01.10.99 – bis heute

Horst Forester Theater 01.04.89 – 30.01.96
Matthias Günther Theater 01.06.97 – 30.06.98
Thomas Lang Theater 01.09.98 – bis heute

Andrea Ehlert Öffentlichkeitsarbeit, Koordination, Programmbereich Präsentation | Managment | Organisation 01.06.92 – bis heute

Freiwilliges Soziales Jahr
Serge Laurion 01.09.01 – 28.02.02
Jan Gdynia 01.03.02 – 31.08.02
Sonja Klein 01.09.02 – 31.08.03
Sabine Huzikiewic 01.09.03 – 31.08.04
Simona Noreik 01.09.04 – 31.08.05
Sina Pardylla 01.09.05 – 31.08.06
Maria Rehmann 01.09.06 – 31.08.07
Friederike Putz 01.09.07 – 31.08.08
Anna-Lena Homes 01.09.08 – 31.08.09
Karl-Gustav Geißler 01.09.09 – 31.08.10
Julien Rathje 01.09.10 – bis heute

Wolfenbütteler Akademie-Texte (WAT)

In der Reihe WAT publiziert die Bundesakademie Arbeitsergebnisse aus ihren Veranstaltungen. Bis auf gekennzeichnete Ausnahmen handelt es sich um Tagungsdokumentationen. Nähere Informationen zu den Bänden finden Sie auf der Website der Bundesakademie: www.bundesakademie.de/publikationen.

Die Reihe WAT wird im Verfahren „print on demand" produziert und vertrieben. Alle lieferbaren Bände sind auch über den Buchhandel oder direkt bei http://www.libri.de. zu beziehen.

Destillate. Literatur Labor Wolfenbüttel 2010. Hrsg. von Friederike Kohn, Olaf Kutzmutz & Peter Larisch. WAT 48

Was können wir dafür? Über Kultur als gesellschaftliche Instanz. Hrsg. von Karl Ermert, Andreas Grünewald Steiger, Sabine Dengel. WAT 47

Bestseller. Das Beispiel Charlotte Link. Hrsg. von Olaf Kutzmutz. 2010. WAT 46

Uwe Timm – lauter Lesarten. Beiträge zur Poetik der Gegenwarts-literatur. Hrsg. von Olaf Kutzmutz. 2010. WAT 45

Auf der Suche nach der "Seele"? Kultur und Kulturpolitik in Europa. Hrsg. von Karl Ermert, und Christoph Helm. 2010. WAT 44

Destillate. Literatur Labor Wolfenbüttel 2009. Hrsg. von Katrin Bothe, Friederike Kohn,Olaf Kutzmutz und Peter Larisch. 2010. WAT 43

Harry, hol schon mal den Besen! Ein Kehraus nach zehn Potter-Jahren. Hrsg. von Olaf Kutzmutz. 2010. WAT 42

Musik und Verantwortung. Perspektiven der Musikpolitik in Deutschland. Hrsg von Karl Ermert, Christian Höppner, Karl-Jürgen Kemmelmeyer, Markus Lüdke. 2010. WAT 41

Kulturwirtschaftsberichte heute. Erwartungen und Tendenzen. Hrsg. von Karl Ermert, Hans-Jörg Siewert. WAT 40

Kunstvermittlung zwischen Konformität und Widerständigkeit. Hrsg. von Sabine Baumann, Leonie Baumann. 2009. WAT 39

Visionen für Generationen. Kommunale Strategien im demografischen Wandel aus kultureller Pers-pektive. Hrsg. von Karl Ermert, Almuth Fricke. 2009. WAT 38

Destillate. Literatur Labor Wolfenbüttel 2008. Hrsg. von Katrin Bothe, Friederike Kohn,Olaf Kutzmutz & Peter Larisch. 2008. WAT 37

Zwischen Kunst und Gesellschaft. Zur Zukunft soziokultureller Arbeit. Hrsg. von Gerd Dallmann, Karl Ermert. 2008. WAT 36

"Alte Meister". Wie Ältere Kompetenzen in kultureller Bildung leben und nutzen. Hrsg. von Karl Ermert, Gerd Dallmann, Andrea Ehlert, Thomas Lang. 2008. WAT 35

Evaluation als Grundlage und Instrument kulturpolitischer Steuerung. Hrsg. von Karl Ermert. 2008. WAT 34

Destillate. Literatur Labor Wolfenbüttel 2007. Hrsg. von Katrin Bothe, Olaf Kutzmutz, Friederike Kohn und Peter Larisch. 2007. WAT 33

Forum Kultur: Kulturtourismus. Qualitäten kultivierten Reisens. Hrsg. von Andreas Grünewald Steiger, Jörn Brunotte. 2007. WAT 32

Geld, Ruhm und andere Kleinigkeiten. Autor und Markt – John von Düffel. Hrsg. von Olaf Kutzmutz. 2007. WAT 31

Forum Kultur: Die Praxis der Interkultur. Hrsg. von Andreas Grünewald Steiger, Rita Klages. 2007. WAT 30

Professionalisierung: Konzepte in den Künsten. Hrsg. von Sabine Baumann, Bettina Pelz. 2007. WAT 29

Kulturelle Bildung und Schule – Netzwerke oder Inseln? Hrsg. von Karl Ermert. 2007. WAT 28

Staatsziel Kultur. Symbolpolitik oder mehr? Hrsg. von Karl Ermert. Wolfenbüttel: 2007. WAT 27

Destillate. Literatur Labor Wolfenbüttel 2006. Hrsg. von Katrin Bothe, Andrea Ehlert, Friederike Kohn und Peter Larisch. 2007. WAT 26

Alte Meister. Über Rolle und Ort Älterer in Kultur und kultureller Bildung. Hrsg. von Karl Ermert, Thomas Lang. 2006. WAT 25

Halbe Sachen. Wolfenbütteler Übersetzergespräche IV-VI. Erlanger Übersetzerwerkstatt I-II. Hrsg. von Olaf Kutzmutz & Adrian La Salvia. 2006. WAT 24

Wolf N. Büttel: Sie hatten 44 Stunden. Roman und Dokumentation. Hrsg. von Andreas Eschbach, Klaus N. Frick & Olaf Kutzmutz. 2006. WAT 23

Wo laufen S(s)ie denn hin?! Neue Formen der Kunstvermittlung fördern. Hrsg. von Sabine Baumann, Leonie Baumann. 2006. WAT 22

Destillate. Literatur Labor Wolfenbüttel 2005. Hrsg. von Katrin Bothe, Andrea Ehlert, Friederike Kohn, Peter Larisch. 2005. WAT 21

Künstlerische Erfolgsstrategien – ein Dialog zwischen Ost und West. Hrsg. von Sabine Baumann. (dt/engl.). 2005. WAT 20

Destillate. Literatur Labor Wolfenbüttel 2004. Hrsg. von Katrin Bothe, Andrea Ehlert, Friederike Kohn und Klaus Thiele. 2004. WAT 19

Evaluation in der Kulturförderung. Über Grundlagen kulturpolitischer Entscheidungen. Hrsg. von Karl Ermert. 2004. WAT 18

Ästhetische Erziehung und neue Medien. Zwischenbilanz zum BLK-Programm „Kulturelle Bildung im Medienzeitalter". Hrsg. von Karl Ermert, Annette Brinkmann, Gabriele Lieber. 2004. WAT 17

Destillate. Literatur Labor Wolfenbüttel 2003. Hrsg. von Katrin Bothe, Andrea Ehlert, Friederike Kohn und Peter Larisch. 2004. WAT 16

Wie aufs Blatt kommt, was im Kopf steckt. Beiträge zum Kreativen Schreiben. Hrsg. von Karl Ermert und Olaf Kutzmutz. 2004. WAT 15

Halbe Sachen. Dokument der Wolfenbütteler Übersetzergespräche I-III. Hrsg. von Olaf Kutzmutz und Peter Waterhouse. 2004. WAT 14

Aktiv im Kunstverein. Strategien zur Arbeit mit Ehrenamtlichen. Sonderband. Hrsg. von Sabine Baumann und Annette Gisevius. 2004. WAT 13

Bürgerschaftliches Engagement in der Kultur. Politische Aufgaben und Perspektiven. Hrsg. von Karl Ermert. 2004. WAT 12

Kunst–Griffe. Über Möglichkeiten künstlerischer Methoden in Bildungsprozessen. Hrsg. von Karl Ermert, Dieter Gnahs, Horst Siebert. 2003. WAT 11

Destillate. Literatur Labor Wolfenbüttel 2002. Hrsg. von Katrin Bothe, Andrea Ehlert, Friederike Kohn und Peter Larisch. 2003. WAT 10

Warum wir lesen, was wir lesen. Beiträge zum literarischen Kanon. Hrsg. von Olaf Kutzmutz. 2002. WAT 9

Destillate. Literatur Labor Wolfenbüttel 2001. Hrsg. von Katrin Bothe, Andrea Ehlert, Friederike Kohn und Peter Larisch. 2002. WAT 8

Künstlervertretungen im 21. Jahrhundert. Hrsg. von Sabine Baumann. 2002. WAT 7

Kultur als Entwicklungsfaktor. Kulturförderung als Strukturpolitik? Hrsg. von Karl Ermert. 2002. WAT 6

Harry Potter oder Warum wir Zauberer brauchen. Überlegungen aller Geschmacksrichtungen. Hrsg. von Olaf Kutzmutz. 2001. WAT 5

Nachts – Bilderbücher mit allen Sinnen erfassen. Hrsg. von Sabine Baumann. 2001. WAT 4 (vergriffen)

Nicht von dieser Welt? Aufsätze und Dokumente zur Sciencefiction. Hrsg. von Klaus N. Frick und Olaf Kutzmutz. 2001. WAT 3

Die Förderung von Kunst und Kultur in den Kommunen. Kommunikationsformen, Willensbildung, Verfahrensweisen. Hrsg. von Karl Ermert und Thomas Lang.: 2000. WAT 2

Ehrenamt in Kultur und Arbeitsgesellschaft. Hrsg. von Karl Ermert. 2000. WAT 1

QuAM 2005 – 2009:

CD-R Dokumentationen der jeweiligen Themenschwerpunkte

Die CD-Rs sind unter der Bezeichnung "QuAM + Jahrgang" direkt über den Programmbereich Museum zu beziehen: sabine.oehlmann@bundesakademie.de. In dem dokumentierten QuAM Lehrgängen mit Seminarmodulen und einem Abschlusskolloquium ging es um ein tieferes Verständnis für die kommunikativen und sozialen Bedürfnisse von Menschen in den unterschiedlichsten museumsspezifischen Situationen und daraus angemessene und handhabbare Strategien zu entwickeln, die sowohl den Bedarfen der Besucher als auch der jeweiligen Institution entsprechen sollten.

· QuAM 2005:
Dokumentation des Themenschwerpunktes *Das familienfreundliche Museum*

· QuAM 2006:
Dokumentation des Themenschwerpunktes *Museumspädagogik – Kulturelle Bildung im Museum*

· QuAM 2008:
Dokumentation des Themenschwerpunktes *Das Museum und seine Besucher*

· QuAM 2009:
Dokumentation des Themenschwerpunktes *Engaging Museum*

Die Teilnehmerinnen und Teilnehmer der Bundesakademie für kulturelle Bildung Wolfenbüttel: Merkmale – Motive – Erfahrungen.

Als Grundlage ihrer Qualitätssicherung führt die Akademie in regelmäßigen Abständen repräsentative Befragungen unter ihren Teilnehmenden durch. Es geht um die Einschätzungen der Arbeit der BAW und um die Merkmale und Interessen der Teilnehmenden.

Bislang liegen Ergebnisse der Befragungen aus 2003 (162 S.), 2005/6 (117 S.) und 2008/9 (136 S.) vor. Die Berichte sind im pdf-Format zusammen erhältlich auf CD-R. Sie sind auch als kostenfreier Download auf der Webseite der Bundesakademie zu finden.

Kunstkataloge – Kunstbücher

· EINZELGÄNGER. Marie-Jo Lafontaine
Hrsg. von Sabine Baumann, Bundesakademie für kulturelle Bildung Wolfenbüttel. Köln: Salon Verlag 1998. 116 Seiten, mit zahlreichen Abbildungen in Farbe und s/w.
Katalog zur I. Internationalen Sommerakademie für Bildende Kunst Wolfenbüttel, Dokumentation des Projektes mit Ausstellungen, mit Beiträgen u.a. von Otto Neumaier, Salzburg, Ulrike Grossarth, Berlin, Annabelle Görgen, Hamburg.

· EINZELGÄNGER. Silke Leverkühne. Peter Mell
Katalog zur II. Internationalen Sommerakademie für Bildende Kunst Wolfenbüttel.
Hrsg. von Sabine Baumann, Bundesakademie für kulturelle Bildung Wolfenbüttel, 140 Seiten, mit zahlreichen Abbildungen in Farbe und s/w. Köln: Salon Verlag 2001.
Dokumentation des Projektes mit Ausstellungen; u.a. mit Beiträgen von Stephan Berg, Hannover, Michael Glasmeier, Berlin, Wien, Ute Maasberg, Braunschweig, Franz Ackermann, Berlin, Sabine Baumann, Wolfenbüttel.

· Rolf Thiele: Ästhetik der Überforderung. Versuch einer Künstlerästhetik. Aufzeichungen. Band 2. Wolfenbüttel 2006. 501 S.; Band 3. Wolfenbüttel 2006, 505 S. Die Bände sind nur geschlossen und über die BAW beziehbar. Zwei Bücher von Rolf Thiele mit Zeichnungen und Texten in Form von Tagesnotizen aus den Jahren 2001 -2003. Wie schon im ersten Band "Aufzeichnungen - Die Haut der Tage" werden auch hier die Bilder der Sprache der Sprache der Bilder vergleichend gegenübergestellt.

Diese drei letztgenannten Publikationen können Sie direkt bei der Bundesakademie Wolfenbüttel bestellen.

Und außerdem:

· G. Meinsam: Mord in Wolfenbüttel. Kriminalroman mit einem Vorwort von Jürgen Kehrer. Kassel: Prolibris 2006.
Unter Leitung des Krimiprofis Jürgen Kehrer, bekannt durch seine Wilsberg-Krimis im ZDF, haben zehn Autoren während des Seminars „Mord in Wolfenbüttel – ein Kettenroman" vom 28.–31. Oktober 2005 in der Bundesakademie gemeinsam diesen Roman verfasst.

· Erst lesen. Dann schreiben. 23 Autoren und ihre Lehrmeister. Was Robert Gernhardt von Lichtenberg, Daniel Kehlmann von Nabokov oder Hanns-Josef Ortheil von Hemingway lernten ... Hrsg. von Olaf Kutzmutz, Stephan Porombka. 272 Seiten.
Kreatives Schreiben – lässt sich das lernen? Autoren wie Daniel Kehlmann, Robert Gernhard, Marcel Beyer oder Ulrike Draesner und Hanns-Josef Ortheil erläutern im Detail, wie sie sich Vorbilder gesucht und an den Texten dieser Autoren schreiben erlernt haben. Damit geben eine große Anzahl namhafter Schriftsteller in diesem Band Einblick in den intimen Vorgang, wie ihre Werke entstehen.

· Aus einem Guss. Formenbau und Bronzeguss.
Praktische Erfahrung aus der Werkstatt der Bronzegießer mit Klaus Kriebel und Henning Haeger. Hrsg. v. Ulrich Teske. Braunschweig, Wolfenbüttel, Hannover 1992, 65 Seiten, mit zahlreichen Abbildungen in s/w. Zu beziehen direkt bei der Bundesakademie Wolfenbüttel.

· Die Bundesakademie. Texte zur Kulturellen Bildung.
Hrsg. Horst Forester, Gotthardt Frühsorge, Andreas Grünewald Steiger, Hartmut Kasper, Franz Riemer, Ulrich Teske, Leipzig 1994, vergriffen

LÖSUNG DES RÄTSELS VON S. 201

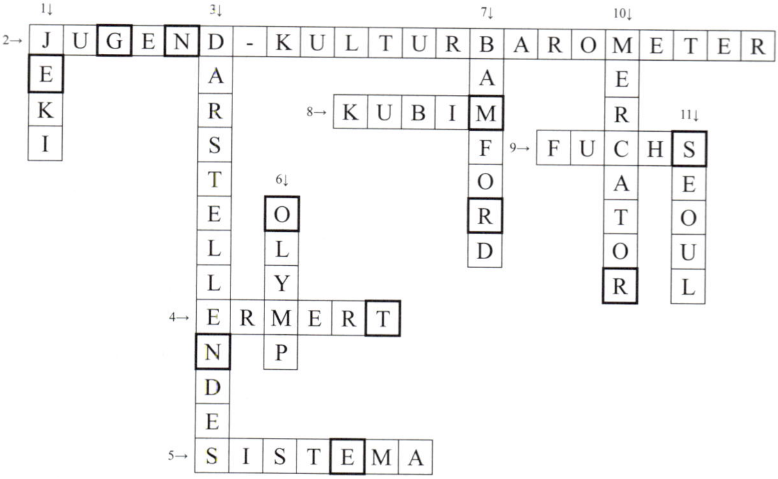

Lösungswort: MORGENSTERN

:VON

Aufkleber zur postalischen Prüfung abziehbar

Bundesakademie
für kulturelle Bildung
Wolfenbüttel

Postfach 1140
3340 Wolfenbüttel